JN409769

북한의 사회와 문화 그리고 통일

이온죽 외 지음

북한의 사회와 문화 그리고 통일

이온죽 외 지음

철학과현실사

머리글

명문장의 글귀는 머리에 남고, 명곡의 선율은 가슴에 남습니다. 어떤 이의 흔적이 다른 이의 머리와 가슴에 동시에 머무른다면 우리는 그것을 단순한 '발자국'이라 말하지 않고 '발자취'라고 말합니다. 우리는 이제 우리의 은사님이신 이온죽(李溫竹) 교수님께서 정든 교단에 남기신 발자취를 추억하고, 이를 영원히 잊지 않기 위해 한자리에 모였습니다.

우리 한국사회는 이미 다문화 사회로 진입하였습니다. 개화기 이후 한국사회가 직면한 각종 사회문제는 전 인류가 해결해야 할 윤리적 문제들의 축소판이라 할 수 있습니다. 지난 20세기의 한국사회는 전통적 가치와 서구적 가치의 충돌과 갈등을 겪어왔고, 남북 분단과 이로 인한 이념적 대립이 팽배했습니다. 또한 압축적 근대화로 인한 가치의 왜곡과 아노미 상황, 사회 양극화로 인한 계층 갈등 양상의 심화, 저출산 · 고령화 사회의 급속한 진전으로 인한 세대간의 갈등 심화, 제3국 이민자의 유입으로 인한 새로운 갈등 요인의 증폭 등 다문화적 사회 갈등을 겪어왔습니다. 이러한 맥락에서 한국사회에는 사회적 소통과 화합을 위한 신뢰의 회복이 요청되고 있으며, 세계화의 물결 속에서 급격하게 다인종 · 다문화 사회를 맞이하고 있는 작금의 현실에서 한국사회의 디문화적 지형을 고려한 사회문화적 처방이 요구되고 있습니다.

이온죽 교수님의 학문적인 궤적을 추적해 보면, 사회학의 바탕 위에서 '여성, 가족, 사회'를 아우르는 가족사회학의 영역을 발전시키셨으며, 북한사회에 대한 사회적, 문화적 접근을 통해 남북한 통합의 새로운 접근법을 제시하셨다는 것을 한눈에 확인할 수 있습니다. 무엇보다 교수님의 사회학적 관심사는 '신뢰(Trust)'라는 화두에서 극명하게 엿볼 수 있습니다. 이러한 교수님의 학문적 역량은 『북한사회연구: 사회학적 접근』(1988), 『북한사회의 체제와 생활』(1993), 『여성 · 가족 · 사회』(공저, 1999), *The Two Koreas: Social Change and National Integration*(공저, 2003) 등의 저서에서 유감없이 드러나고 있습니다.

더욱이 교수님께서는 당신의 학문적 관심사를 저술활동에만 국한시키지 않으시고, 국제학술회의나 초청강연 시리즈와 같은 학술행사를 통해 국내외의 전문가들과의 교류의 장을 마련하여 제자들의 학문적 성장과 학술교류의 기회를 자주 베풀어주셨습니다. 지금도 생생하게 기억나는 행사는 '신뢰: 지구촌 시대의 사회적 자본'을 주제로 한 국제학술회의(2001년 11월 2-3일, 서울대 호암교수회관)가 아닐까 싶습니다. 40명이 넘는 국내외 전문가들을 초청하여 '신뢰'라고 하는 단일 주제로, 한국사회의 정치, 경제, 노사관계, 전통 가치, 커뮤니케이션, 교육, 그리고 남북한 관계와 통일의 문제까지 폭넓은 논의를 한 바 있습니다. 이 행사는 '신뢰'라는 '사회적 자본(social capital)'이 우리 사회 구석구석에 뿌리내릴 수 있도록 하는 중요한 계기가 되었다고 봅니다. 이 행사의 결과물은 『신뢰: 지구촌 시대의 사회적 자본』(2004)이라는 학술서로 빛을 보기도 하였습니다(2004 문화관광부 우수학술도서 선정).

그런가 하면 교수님께서는 누구보다도 일찍이 '여성' 문제에 깊은 관심을 가지고, '여성과 사회'라는 교양강좌를 대학에 설치하신 장본인이십니다. 교수님은 1983년에 서울대학교에서 '여성과 사회' 강좌를 개설하셨으며, 강좌 개설 20주년이 된 2003년에는 '여성주간'을 지정하여 영국의 줄리엣 미첼(Juliet Mitchel)과 같은 저명한 여성학자를 포함한 5개국의 전문가들의 강연을 통해 국내외 여성문제를 비롯하여 여성의 시각에서 사회문제나 남북한 통합 문제 등을 조망하는 국제초청강연 시리즈 행사도 주관하신 바 있습니다. 이 행사의 일환으로 지난 20년간 교수님의 '여성과 사회' 교양강좌를 수강한 졸업생들이 한자리에 모이는 홈커밍 데이가 개최되었으며, 이 날 행사에 참석한 졸업생들은 '여성과 사회' 강좌를 둘러싼 추억과 일화를 즐겁게 나누는 뜻 깊은 시간을 보내기도 했습니다.

이제 우리는 이온죽 교수님의 정년퇴임(2010년 2월)을 기념하여 기쁨과 아쉬움의 만감을 하나의 기념물로 담아두고자 책자를 펴냅니다. 집필자 모두 서울대학교 윤리교육과의 학부나 대학원에서 교수님으로부터 가르침을 받은 제자들입니다. 이번에 기획한 『북한의 사회와 문화 그리고 통일』은 교수님의 가르침을 받은 제자들의 작은 학문적 보은이라고도 할 수 있겠고, 더 정진하겠다는 의지의 표명이라고도 할 수 있겠습니다.

이 책 『북한의 사회와 문화 그리고 통일』은 한국사회의 다문화적 지형 위에서 '동일성'과 '차이'의 하모니를 지향하고 있는 학술서입니다. '제1부 북한의 사회와 문화'에서는 북한사회를 있는 그대로 들여다보고자 하는, 이른바 현상학적 접근법을 중심으로 북핵문제, 북한의 체제와 외교, 북한의 문화예술, 북한의 청소년과 조선소년단, 북한의 종교와 여성, 그리고 과학기술 등을 다루고 있습니다. '제2부 통일 및 탈북자 문제'는 남한과 북한 간의 차이에도 불구하고 통일을 지향해야 한다는 당위적 요청에 바탕을 두고 남북한의 통일문제를 중심으로 조명하고 있습니다. 주요 주제로는 통일교육과 교육과정의 통합, 안보와 평화의 융합, 통일교육의 기본 개념이라 할 수 있는 민족정체성 개념, 다문화 공동체 윤리 및 다문화주의, 남한 내의 북한이탈 주민의 심리사회적 적응 문제 등을 들 수 있습니다.

이온죽 교수님께서는 이와 같은 한국 현대사의 많은 사회적 질곡 속에서 도덕적 의무의 길을 고수해 오셨습니다. 국가공동체의식에 기반한 윤리교육(국민윤리교육)의 중요성을 강조하시면서, 사회학적 학문에 기반을 두고 다양한 선진 방법론을 북한사회와 통일문제 연구에 접목하여 한국사회의 북한 연구에 있어서 이정표 역할을 해오셨습니다. 객관적 북한 연구라고 하는 기치 아래 국가정체성을 저버리는 소위 '내재적 접근법'의 위험성을 지적하면서 '현상학적 접근법'을 주창하신 점 등은 사실에 근거한 사회과학자로서의 큰 면모를 보여주신 한 예라고 하겠습니다. 또한 한국사회의 영원한 소수자로 폄하되어 온 여성의 문제를 부임 이래 계속해서 정규 교육과정으로 개설, 운영해 오신 점은 오늘날 여권신장과 양성평등의 문화를 형성하는 데 중요한 기여를 하셨다고 봅니다.

교수님은 학자로서는 제자들에게 무척 엄격하시면서도 학문의 정도를 걷기를 독려해 주셨고, 인간적으로는 제자들의 기쁨과 아픔을 함께해 주신 한없는 자상함을 가지신 분이셨습니다. 집필자 모두 교수님의 그러한 은혜를 잊지 않고 있습니다. 교수님께서 보여주신 치열한 문제의식과 올곧은 학자로서의 태도는 학문의 길에 접어든 저희 제자들에게 소중한 귀감이 되고 있습니다. 집필자 모두는 교수님의 가르침을 영원히 잊지 않고 학자로서 그리고 교육자로서 맡은 바 소명을 다할 것을 다짐합니다.

2010년 5월

박 균 열

차 례

제 2 부 통일 및 탈북자 문제

서장
북한사회 연구의 회고와 전망

이온죽*

1. 북한사회에 관한 교육 · 연구와 인연 맺기

우리나라에서 북한문제에 대한 학술적 연구를 학계에서 본격적으로 시도한 시기를 정확히 지목하기는 어렵겠지만, 적어도 연구의 실적을 중심으로 보면 대략 1970년대 초라 할 수 있다. 그전까지는 북한을 비롯한 공산권에 대한 자료 자체가 국가관리 하에 있어서 일반에게는 공개하지 않는 것이 원칙이었고, 국가의 관련기관에서 자료를 수집하고 내부의 전문가들이 분석하여 정책에 반영하는 실천적 목적으로 연구활동을 주로 수행하였다. 따라서 특별한 허가를 받지 않고서는 자료에 접할 수 없었으므로 대학이나 연구기관의 학자와 전문가에 의한 연구활동은 제약을 받을 수밖에 없었다. 이와 같은 환경에서 북한에 대한 종합적인 분석을 학자들이 참여하여 연구하도록 시도한 기관이 북한연구소(대표 김창순)와 극동문제연구소(대표 강인덕) 정도였고 이들이 연구와 출판을 시작한 때가 1970년대 초다. 그

* 서울대학교 명예교수. 11victory@naver.com

렇더라도 정치학 분야 외에는 대부분 공산권 연구 전문가들이 아니어서 이들의 연구나 출판물 내용은 대체로 외국의 공산권 연구 이론을 소개하든지, 이를 바탕으로 하는 자료의 정리와 분석의 수준에 머물렀고 학문적인 접근에 의한 이론적 해석이나 연구방법론의 적용과 같은 면에서는 한계가 있었다고 할 수 있다.

실제로 연구성과물에 대한 수량적 분석에 의하면 광복 후 1960년대 말까지도 북한 관련 논문과 자료집 등이 나온 예가 있으나 이들은 단지 수량적으로만 미미한 것이 아니라 내용에서도 주로 통일과 남북관계를 다루는 데 그치는 정도였다. 그러다가 1970년대부터는 수량도 그전의 몇 배로 증가하는 동시에 내용의 다양성도 훨씬 더 뚜렷해지는 경향을 보였다. 이 분야의 석사학위논문도 그전까지는 20편에 불과하던 것이 1970년대에는 140편으로 대폭 늘었고, 박사학위논문은 1970년부터 등장하기 시작하였다. 특히 북한사회를 주제로 한 연구 실적은 논문이나 단행본 모두 1960년대에는 한두 종에 그쳤다.[1)]

이런 상황에서 내가 처음으로 북한 연구와 인연을 맺게 된 것은 1970년대 말 서울대학교 사회과학연구소(당시 소장 이홍구 교수)의 연구원으로 사범대학 국민윤리교육과(현재 윤리교육과)의 이용필 교수(정치학) 및 사회과학대학 경제학과의 임종철 교수(경제학)와 함께 북한에 대한 연구과제에 사회학자로서 참여하게 되었을 때였다. 아마 내가 미국 듀크 대학 사회학과에서 박사학위를 취득한 직후가 아닌가 기억한다. 이 과제는 정치학, 경제학, 사회학의 다각적 관점에서 접근하는 학제적 연구였다. 그때 나는 주로 북한사회의 여성문제를 다룬 논문을 제출하였다. 이 시기 서울대학교 사회과학연구소는 소위 '공산권 연구'라는 지역 연구(area studies)의 큰 테두리 안에서 주로 소련과 동구권 사회에 대한 범사회과학적 연구과제를 수행하고 있었

1) 이온죽, 『북한사회 연구: 사회학적 접근』(서울대학교 출판부, 1988), p.6.

고 북한사회를 본격적으로 다루는 과제는 내가 참여한 것이 효시라 할 수 있다.

이런 인연으로 하여 1981년 사범대학의 학사 과정에 국민윤리교육과를 설치했을 때 북한사회 담당 교수로 취임하였고 이로써 서울대학교에서 '북한사회'에 관한 강좌를 처음으로 개설하게 된 것이다. 대학원 과정에서는 이미 북한에 대한 정치외교 분야의 교육을 실시한 바 있으나 북한사회에 초점을 맞춘 전공 교과목은 없었다. 그 무렵 국방대학원의 도흥렬 교수가 사회학자로서는 유일하게 북한에 대한 강의를 하고 있었지만 기관의 성격상 대상은 일반 학생이 아니었다. 그때부터 퇴임하기까지 윤리교육과에서 내가 맡아 가르친 북한 관련 교과목은 학사 과정에서 '남북한 사회비교', 대학원 과정에서는 '북한사회론', '북한사회와 교육' 등이었다.

거의 30년의 세월이 흐르는 사이 우리 사회의 내부사정과 남북관계의 성격에도 많은 변화가 있었기 때문에 이제는 학과의 명칭도 국민윤리교육과에서 윤리교육과로 바뀌었고 북한 전공 교수도 모두 정년퇴임하였다. 애당초 1979년에 서울대학교 대학원 과정에 국민윤리교육과를 설치했을 때는 국민이념교육 내지 정치교육의 차원에서 마르크스주의 비판과 아울러 남북관계와 통일문제를 중심으로 북한 관련 교육도 포함했던 것인데, 시대적 변화와 더불어 오늘의 상황에 비추어 앞으로는 윤리교육과 내의 북한 연구와 교육의 장래가 불투명한 상황이다.

2. 북한사회 교육의 문제

주지하다시피 윤리교육과에서 북한사회 강의를 시작했던 1980년대는 정치적 민주화운동의 테두리 안에서 대학생과 노동계급을 중심으로 한국사회의 이념적 분열이 급작스럽게 표면화하던 때다. 국제적으로 미국과 소련을 주축으로 서방세계와 동구권 등이 대치하는 냉전 체제 하에서 반공을 국시로 하고 38선으로 나누어진 분단 상황에서 국가는 친북, 좌파적인 이데올로기의 확산을 억제하려 했고, 그 연장 선상에서 이념교육의 강화를 추구하였다. 당시의 국민윤리교육에서는 그러한 이념교육의 일환으로 북한에 관한 연구와 교육을 실시하였다고 볼 수 있다.

그런 관점에서 보면 철학, 정치학 및 국제정치학 분야의 국민윤리교육은 일단 국가적 이념의 틀 안에서 북한의 체제와 이념, 마르크스주의와 주체사상 비판, 통일정책, 남북관계, 국제관계 등에 관한 분석에 집중하는 것으로 자리매김되어 있었다고 볼 수 있다. 이런 주제에 관한 교육을 위해서는 국토통일원(통일부 전신)과 산하의 통일연구교육기관 및 민간의 제한된 북한연구단체 등에서 입수, 정리한 자료를 활용할 수 있었다.

그러나 사회학의 시각에서는 북한교육에 대한 접근의 성격이 달라야 한다는 문제가 있었다. 이 문제는 곧이어 북한 연구의 전반적인 쟁점들을 중심으로 자세한 논의를 할 것이므로 여기에서는 요점만 언급하기로 한다. 요는 연구대상의 사회를 정확하게 분석해야 하는 학문적 요구 때문에 사회학적 접근은 되도록 북한사회를 있는 그대로 객관적으로 묘사하고 설명해야 하므로 일방적인 이념교육의 성격을 유지할 수 없는 특성이 있다. 우선 사회학적 관점에서 북한사회에 대한 교육을 하려면 북한과 같은 소위 공산주의 내지 사회주의적 전체주의 국가의 사회체제와 생활세계의 성격을 규정하는 이론적 패러다임과 이를 뒷받침하는 객관적 자료가 필요했다.

적어도 정치학과 국제정치학 분야에서는 여러 가지 정책수립을 위한 실질적인 이유로 북한을 포함하는 공산권 국가에 대한 지역 연구가 국내외에서 비교적 활발하게 진행하고 있어서 어렵지 않게 교육을 위한 자료를 얻을 수 있었다. 그러나 사회학에서는 국내는 물론 국제학계에서도 공산권 연구 자체도 희소했을 뿐만 아니라 북한 연구는 학계의 관심사가 아니어서 거의 이루어지지 않고 있었기 때문에 교육을 위한 자료를 구하기가 어려울 수밖에 없었다. 우선 이론적 틀은 일부 서양의 사회과학 분야에서 시도한 공산권 사회연구에서 제공한 것들이 있기는 했지만 이를 북한의 사례에 직접 적용하는 데에는 한계가 있었으므로 저들의 견해를 일부 참고하면서 북한이라는 특수성이 강한 사례를 설명할 수 있는 이론의 도출을 우리 스스로가 시도해야 하는 과제에 직면하고 있었다.

그보다 더 심각한 것은 객관적 자료의 한계였다. 두말할 나위도 없이 북한사회에 대한 교육의 객관성이라는 관점에서 보면 북한 자료의 성격에 대한 기본적인 이해와 더불어 그에 대한 분석과 해석에서도 상당한 주의가 필요한 것이 사실이다. 무엇보다도 어느 사회든 그 자체의 성격을 사회학적으로 규명하려 할 때는 이념적 요소를 개입하면 바로 왜곡이 일어날 개연성이 높다는 것이 하나의 특징이다. 더구나 교육과정에서는 그러한 왜곡은 결정적으로 차세대의 북한사회관에 직접적인 영향을 미치기 때문에 신중할 수밖에 없다. 따라서 북한사회 관련 강의에서는 가능한 대로 객관적으로 왜곡이 심하지 않다고 판단할 만한 자료를 가지고 강의에 임하는 것이 필요했다.

결국 북한사회에 대한 교육을 올바루 실시하기 위해서는 북한사회를 제대로 인식하는 지침이 될 만한 이론적 패러다임과 그에 접근하는 연구방법론의 강구가 선결과제로 떠올랐던 것이다.

3. 북한사회 연구의 이론적 패러다임

북한사회 연구를 위한 이론적 지침을 정립하는 일은 크게 세 가지 접근으로 이해할 수 있다.

첫째는 기존의 사회과학적 이론을 그대로 적용하는 방법이다.

둘째는 기존 이론을 수용하되 북한사회의 특성을 고려하여 수정해서 원용하는 접근이다.

셋째는 북한사회와 문화의 특수성을 감안하여 새로운 패러다임을 제안하고 이를 적용하는 길이다.

1) 기존 이론의 유용성

지금은 소련과 동구권의 붕괴로 공산권에 관한 일반론은 이미 실질적인 유관성을 상실하였지만, 북한은 아직도 큰 변화 없이 과거의 체제로 존속하고 있는 상황에서 우리에게는 그러한 일반론의 유용성을 완전히 무시할 수는 없는 것이 현실이다. 따라서 과거 공산권 연구에 적용했던 기존의 이론적 관점을 상기해 보면 수렴론, 관료조직화론, 엘리트지배론, 전통론, 갈등기능론과 같은 일반이론과 특별히 공산권 사회에 적용하려 했던 전체주의론과 자유화론 등이 있었다. 여기에 덧붙여 공산권 사회의 경험적 연구를 인도하기 위한 이론적 틀로서 모형론적 접근도 몇 가지 나타났다. 사회, 정치, 경제 발전의 지표 개발을 위한 서술적 연구 모형, 공산주의 경제체제 유형별 분류 모형, 자유화 모형, 사회주의 체제 분석을 위한 연속선상의 정태비교 모형, 권력안정과 효과적 활용 모형 등이 대표적인 것이다.

나는 처음부터 남북한의 문화적 차이와 특수성 때문에 이런 이론적 관점과 분석 모형들을 원형 그대로 적용하는 데는 문제가 있다는 전제 아래 선별적으로 채용하면서 가능하면 새로운 패러다임의 정립을 시도하는 것이 중요하다는 생각으로 북한사회 연구에 임하였다. 먼저 기존 이론의 선별적 원용에 대한 견해를 밝히고자 한다.

(1) 수렴론은 근대화와 발전론의 영역에서 제시한 이론인데 일반론적 견지에서 볼 때나 공산권 사회에 국한시켜서 관찰할 때나 북한의 사례에는 거의 해당이 없는 것으로 결론지을 수 있다. 북한사회의 성

격은 국제사회의 어떤 형태와도 유사한 방향으로 변해 오지 않았다는 말이다. 물론 북한도 경제개발 초기에는 공업화로 인한 도시화 현상이 나타났던 것은 사실이다.

(2) 관료조직화론과 엘리트지배론은 일단 그 나름으로 북한사회의 특징을 묘사하는 데 적용할 수 있다. 다만 관료조직화와 엘리트지배의 양상이 1990년대 김일성 사망 후, 경제적 타격을 입은 뒤부터 당 중심에서 군부 중심으로 이행한 북한의 사례는 특이한 면이 있다고 보아야 할 것이다.

(3) 갈등기능론과 권력 유지 · 활용 모형은 김일성 · 김정일 체제유지의 설명에 유용한 모형으로 채택할 여지가 있다. 특히 북한은 미사일과 핵무기 개발 등의 호전적인 정책에 의하여 대외갈등을 의도적으로 조장함으로써 대내적인 결속을 강화하고 체제유지에 이용하는 측면이 있다.

(4) 전체주의론은 일부 해당되지만 자유화론은 아직은 적용 가능성이 거의 없다.

(5) 그 밖에 각종 경험적 모형들은 일부 채용해서 분석에 이용할 수는 있으나 그것에 의거하여 북한사회의 특이한 성격을 규명하는 데는 한계가 있다.

(6) 전통론은 상당 정도 유관성이 있는 관점이므로 원용하고자 하였다. 이에 대해서는 추후 상론할 것이다.

2) 기존 이론의 수정 원용에 의한 새로운 패러다임의 모색

내가 특별히 관심을 가졌던 접근법은 이상의 여러 가지 기존 이론들을 선별적으로 수정 원용하면서 북한사회의 특수성을 고려하여 북한사회의 성격을 규명하기 위한 사회학적 패러다임을 모색하는 것이었다. 이 내용을 간략히 소개하면 다음과 같이 집약할 수 있다.

첫째, 북한사회는 엄밀한 의미의 공산주의 내지 사회주의 사회의 이념형에서는 상당한 거리가 있는 독특한 사회다. 경제적 생산과 분배 구조에서 사회주의적 집단주의와 평등주의 이념형에 기초한 보상체제를 채택한 것은 틀림없으나 1990년대 이후의 경제난 속에서 배급 중단, 개인 생산과 시장의 부분적 허용 등에 의하여 그러한 체제 자체가 변질하는 모습이 특징이다.

둘째, 정치적으로는 일당독재와 개인 전제정체를 유지해 오면서 최근에는 군부의 세력 강화가 두드러진 변형 전체주의 체제라고 할 수 있다. 여기에는 개인숭배와 이를 정당화하는 역사왜곡 및 정치교양 형식의 반복적 학습을 통한 세뇌작용이 특징이다. 또한 체제유지 수단으로서 끊임없는 감시와 물리적 제재 및 억압과 같은 사회통제가 아직은 유효한 것으로 보인다.

셋째, 경제적인 측면에서는 종래 종속이론이 한창 위력을 떨치고 있는 상황에서 나는 바로 그 종속이론의 틀을 북한에도 적용하는 시도를 하였다. 북한의 주체적 자력부강의 선전에 현혹하여 일부 종속이론가나 좌파 내지 수정주의 사회과학자들은 주체사상에 근거하여 대외종속에 굴복하지 않는 북한의 자주적 경제정책을 공개적으로 치켜세우고 있던 시절, 나는 자료에 입각하여 북한의 경제개발이 초기부터 얼마나 대외의존적이었는지를 김일성 저작선집이나 로동신문 등 정권 수립 초기인 1950년대 이후의 일차자료를 인용하여 밝힌 바 있다. 북한의 아이러니는 그와 같은 대외의존적 경제를 운용하던 시기에는 오히려 경제성장을 할 수 있었던 데 반해, 주체사상 시대의 고립과 폐쇄(autarky)는 북한경제를 궁지에 몰아넣는 결과를 초래했다는 점이다. 종속이론의 한계가 여기서 드러난 셈이다.

넷째, 북한사회의 성격과 변동과정을 전반적으로 파악하고 규정하기 위해서는 기존의 이론에만 의지하지 않고 새로운 패러다임의 탐구가 필요하다고 보고 이를 선택적 근대화와 적응적 변동의 이론으로 접근하고자 하였다. 이 내용은 좀 더 자세히 소개하려고 한다.

(1) 문화접변론

북한사회가 성립하고 변동하는 과정을 가장 적절하게 해명하기 위해서는 문화접변론(acculturation theory)의 유용성을 제기하고자 한다. 물론 이것은 사회학과 문화인류학에 이미 존재하는 이론틀이다. 그러나 이 개념은 선택적 근대화와 적응적 변동 이론에서는 핵심 요소의 하나이기 때문에 매우 중요한데도, 이를 북한사회에 적용한 예는 아직 볼 수 없다. 근대화 과정에서 서양의 문화가 일방적으로 흘러들어오는 형태로 문화와 문화가 만나는 문화접변이 일어나면 거기에 대응하는 방법으로 적응을 하면서 새로운 외래문화를 선별적으로 수용하여 토착화하는 시도가 일어나기 마련이다.

북한도 정권 수립 과정에서는 소련의 소비에트형 사회주의 체제(특히 법, 제도 면에서)를 도입하는 문화접변에서 출발하였다. 그리고 체제유지를 위한 집단주의적 사회조직과 사회통제의 메커니즘 같은 것도 상당 정도는 소련 체제의 변형이다. 가령 '소년단'을 비롯한 '김일성청년동맹'(구 사로청)과 '여성동맹' 등의 조직체들은 소련의 모형을 도입하여 집단주의 원리 아래 정치교육과 집단동원 및 사회통제 기능 등을 수행하고 있다. 그러나 1960년대 초 중소 갈등과 북한 내부의 권력투쟁 결과 등장한 주체사상 선포와 김일성 숭배 강화(신격화) 등의 과정을 거치면서 대외 폐쇄의 길을 채택하기 시작함으로써 문화접변에는 담을 쌓게 되었다.

최근의 남북 접촉과 중국 국경지대의 왕래 및 컴퓨터, 휴대전화 등 정보통신기기의 사용에 의하여 극심한 통제에도 불구하고 외부의 정보가 북한으로 침투하는 통로가 다양해지고 그 정도나 범위가 확대되고 있는 점을 감안하면 앞으로 어느 정도의 문화접변이 일어날지는 더 관망할 필요가 있다. 하지만 적어도 지금까지의 상황은 대외 폐쇄에 의한 고립으로 문화접변이 지극히 저조했다는 것이 지배적인 현상이라 규정할 수 있다. 그러므로 여기에는 자연히 전통적인 토착 문화가 더 큰 비중을 차지할 여지가 생긴 것이다.

(2) 준거집단 비교론

북한은 폐쇄정책으로 고립을 자초한 시기에 체제유지를 위한 독특한 시책을 시도하게 되는데 그것은 주로 '회상기 학습'이라는 사회화 프로그램이다. 이것만이 체제유지의 유일한 요인일 수는 없지만 적어도 북한사회가 현재와 같은 국제적 고립 속에 경제적 궁핍과 싸우면서도 체제를 유지하고 있는 문제를 이해하기 위해서는 회상기 학습이라는 독특한 사회화와 세뇌의 작용을 생각해 볼 필요가 있다.

회상기 학습이란 주로 과거 근대화되기 전의 전통사회에서 양반 대 상민이라는 신분계급적 구도에서 발생할 수 있는 착취와 인민의 고충, 일제강점기의 나라 잃은 백성의 분통하고 비참한 삶, 6 · 25 전쟁 때 미군이 저지른 '만행'(?) 등을 과장해서 선동적으로 묘사하여 엮은 이야기를 어릴 때부터 반복해서 들려주고 과거의 어렵게 살던 시절에 비하면 오늘의 고생은 비교가 되지 않는다는 식의 사회화 방법이다. 물론 이런 교육을 하는 과정에는 과거 조국해방을 위한 독립운동과 일제 말의 경제적 궁핍에서 해방시킨 공은 오로지 김일성에게 있다는 선전이 항상 동시에 이루어진다. 이런 방식으로 심지어는 북한이 '지상낙원'이라는 표현도 서슴지 않았다. 교육 일반론에서도 소위 이야기 들려주기(story telling)라는 접근이 어린이들의 사회화에 얼마나 중요한지에 대한 논의가 허다한데, 북한은 바로 이와 같은 독특한 방법으로 타문화와 접촉할 길이 막힌 인민의 현실 인식에 각종 매체를 동원하여 낙관적인 방향으로 왜곡, 정화하여 허상을 심어주는데 노력하였다. 오늘날처럼 기아 상태에 있는 인민이 대규모로 나타나는 현실에서 이런 방법이 과연 얼마나 실질적인 효험이 있는지는 재검토가 필요하겠지만, 적어도 과거에는 이런 접근이 인민의 가치관과 인식을 바꾸는 데 어느 정도 보탬이 되었음을 추론할 근거는 있다.

이와 같은 사회화의 효과를 설명하는 이론적 틀은 사회학의 준거집단 비교론에서 찾아볼 수 있다. 준거집단이란 사람이 자신의 가치판단과 이루고자 하는 포부의 기준으로 삼는 집단을 말하는데, 그것은 공간적으로 자신이 현재 소속되지 않은 집단일 수도 있고 시간적으로 과거의 특정 집단일 수도 있다. 그러한 준거집단을 표준으로 하여 현재 자신의 처지를 비교하는 집단이라고 할 수 있다. 그러한 비교집단의 제반조건이 현재보다 나을 수도 있고 못할 수도 있기 때문에, 비교 결과 현재의 처지에 대한 만족 또는 불만을 초래할 수 있다.

만일 북한이 활발한 문화접변을 경험하는 상황이라면 선진 외국이나 남한이 준거집단이 될 수 있을 것이고 그런 나라와 비교를 한다면 인민의 상대적 박탈감은 심각할 수가 있다. 그러나 문화접변을 어렵게 하는 대외적인 고립 상태에서 인민의 불만을 달래기 위하여 북한당국이 체제유지를 염두에 두고 비교 준거집단으로 삼은 것은 다른 나라가 아니라 북한 자체의 과거의 어렵고 고통스러웠던 극한 상황에 처했던 사회상이라는 점이 특이한 것이다. 항상 선진국을 비교 모델로 삼아온 남한과는 매우 대조적이다. 발전이라는 측면에서 볼 때 이처럼 상이한 남북한의 사회화 방법이 초래한 결과는 부언의 여지가 없을 줄 안다.

(3) 전통적 요소

근대화 과정에서 밖으로부터 오는 문화접변에 접한 사회는 자체적인 적응적 변동을 시도할 수밖에 없다. 이때 가장 중요한 요소로 작용하는 것이 전통이다. 일단 외래문화를 수용하더라도 거기에 수정이 가해지지 않을 수 없고 이때 정치적 선택에 의해서 의도적인 변질을 초래하게 된다. 북한사회의 변동에 이 관점을 적용하면 한두 가지 특이하면서도 중요한 전통적 요소의 작용을 놓칠 수 없다.

하나는 유교적 전통이다. 여기서 유교적 전통이란 유교라는 철학, 이념체계, 정치이론 등을 망라하는 것이 아니고 한국 사람들의 실생활 속에서 뿌리깊이 남아 있는 유교적 신념, 가치관 및 행동유형에 국한하는 매우 특수한 문화를 가리킨다. 한민족이 역사적으로 중국보다도 더 유교의 진수를 유지한 사회로 알려져 있지만, 남한은 적극적으로 서구문화를 수용하는 개방정책을 추구했기 때문에 국제적인 문화접변의 영향 아래 상당 정도 유교적 전통이 약해지고 희석되었다고 할 수 있다. 특히 근대화 과정에서는 한때 유교적 가치가 근대화의 걸림돌이 되는 요소를 지니는 것으로 간주된 때도 있었다. 이에 비하면 북한은 폐쇄정책으로 말미암아 정권 수립 초기의 소비에트화 시도를 제외하고는 기존의 유교적 요소를 크게 손실하지 않은 채 유지하는 측면이 상대적으로 강하고 체제유지를 위해 정략적으로 더 강조한 측면이 있어 보인다.

그 대표적인 보기가 강력한 가부장적 가족주의(familism) 정치문화다. 일종의 유교적 가산제(patrimonialism) 정치체제라 할 수 있다. 엘리트층의 가족주의적 결속, 국가를 하나의 대형 가족으로 선전하는 이념과 시책, 김일성이 인민의 '어버이'라는 프로파간다와 김 부자의 세습, 유훈정치, 그리고 이들 정치지도자에 대한 효도와 '대를 이은 충성'의 강조 등에서 우리는 유교적 정치문화를 그대로 엿볼 수 있다. 실제로 김일성의 통치 스타일에서 특이한 현장시찰 정치는 가부장적인 온정주의(paternalism)의 대표적인 보기라 할 만하다.

일상생활에서도 북한의 유교적 유산은 남한보다 더 현저하다. 평등을 중시하는 사회주의 이념을 무색하게 하는 위계서열적인 권위주의적 인간관계와 관습, 남아선호 등의 가치관, 자녀양육법, 생활세계에 뿌리박힌 여성폄하적 남녀관계 등의 행동유형을 포함하여 여러 면에서 그 흔적을 읽을 수 있다. 그리고 무엇보다도 북한이 초기부터 집단주의적 사회주의를 수용하는 과정에는 유교적 가족주의에 뿌리를 둔 집합주의(collectivism)가 기여했음을 부인할 수 없다. 게다가 북한 정권이 인민을 쉽사리 통제할 수 있는 배경에는 국가의 명이면 무조건 따르는 태도를 포함하는 유교적 국가중심주의도 한몫을 했을 것이다.

다음은 식민지 유산이다. 식민지 경험은 우리 민족에게는 고통스러운 과거이지만 이 또한 부인할 수 없는 역사적 경험이다. 그 중에서도 북한의 김 부자 개인숭배의 성격은 일제시대의 천황숭배와 매우 흡사하다. 물론 히틀러와 스탈린, 모택동 등의 정치인들이 추구했던 개인숭배가 김일성 집단에도 영향을 미쳤을 것이나, 이들과 근본적으로 다른 한 가지 측면은 국가 최고지도자의 신격화다. 서양에서나 중국에서는 신격화를 시도하지는 않았다. 북한의 예는 바로 일본의 천황 신격화의 모형에서 온 것이다. 신격화를 위해서는 역사왜곡도 서슴지 않는 것까지도 닮아 있다. 그뿐 아니라 이를 위해서 인민을 신민으로 만들기 위한 세뇌의 방법도 닮았다. 철저한 정신교양, 정치교육의 반복에 의해서 이를 가능케 한 것이다.

식민지 유산은 거기에 그치지 않고 북한의 선군정치 또한 일본의 군국주의를 모방하고 있는 형국이다. 그리고 북한의 동원체제 역시 일제시대의 전쟁과 식민지 동원의 경험이 하나의 유산으로 남은 것이라는 추론도 가능하다. 결국 유교적 권위주의와 일본식 군국주의적 권위주의의 유산은 북한당국이 인민을 동원하고 통제하는 데 중요한 문화적 자원으로 작용했을 가능성을 배제하기 어렵다.

체제 차원을 떠나서 일반주민의 생활세계에서 관찰할 수 있는 태도와 가치관의 수준에서 고찰할 때도 과거의 유교적 전통과 식민지 시대의 유산이 은연중에 남아 있는 것을 발견할 수도 있다. 가령 북한사람들에게 강조하는 일상생활의 덕목 중에는 근검, 절약, 근면, 순종 등이 자주 포함된다. 사유재산을 허용하지 않는 사회주의적 체제에서 국가의 부를 증대하기 위해서는 구성원의 생산 에너지를 극대화할 필요가 있기 때문에 이런 요소는 체제유지를 위해서도 매우 유용한 덕목이어서 국가 차원에서도 장려하고자 했을 가능성은 충분히 있다.

4. 북한사회 연구의 방법론적 쟁점

북한 연구의 방법론적 쟁점에는 크게 두 가지가 있다. 하나는 자료의 문제이고, 다른 하나는 접근방법의 메타이론 또는 방법론의 철학이라 할 수 있다.

1) 자료의 문제

북한 연구에서 가장 근원적인 제약은 바로 자료의 성격과 결여로 집약할 수 있다. 첫째, 자료를 구하는 데 제약이 있었다. 우선 북한의 폐쇄정책과 정권의 특수성 때문에 누구도 사회과학의 주류 연구방법인 실증적 조사연구를 위한 현지답사나 직접 관찰이 불가능하다. 그러므로 연구자가 수집하는 원자료는 존재할 수가 없다. 게다가 앞서도 언급했듯이 북한이 창출하는 일차자료는 있어도 입수하기는커녕 접근하기조차도 어려웠다. 과거에는 이들 자료를 금서로 분류하여 당국의 특정한 허가 없이는 접근 자체가 불가능했던 시기가 있었다. 자칫 잘못 소유하기만 해도 국가보안법 위반으로 처벌을 받을 수도 있었다. 그러므로 대학당국에서 발행하는 '불온문서취급허가증' 같은 신분확인 증명서를 소지해야만 자료에 접근하여 분석할 수 있는 제약 아래 연구를 수행하지 않을 수 없었다. 이때는 홍콩의 서적상에게 간접적으로 구입하는 방법으로 자료를 입수하는 외국의 대학이나 공공 도서관의 북한자료를 이용하기도 하였다. 그러다가 공산권의 붕괴와 남북관계의 변화에 따라 정부가 공식적으로 북한자료를 공개하게 되었으므로 현재는 이런 제한이 없어졌다.

아마도 자신들의 체제나 현실에 대해 부정적인 글을 일절 포함하지 않는 북한 출판물의 특징도 자료 접근에 제약을 둔 조처에 한몫을 했을 것이다. 사실 북한 출판물이 주민의 교양에 좋지 않다는 이유로 부정적인 내용을 일절 담지 않고 항상 저들의 이상을 반영하는 데만 치우쳐 있으므로, 만일 당시에 북한 현실을 직접 관찰할 수 없는 남한의 일반시민이나 특히 감수성이 예민한 학생이 그런 자료를 본다면 북한에 대해 현실과는 동떨어진 환상을 심어줄 개연성도 없지 않았다고 본다. 이러한 우려도 특정한 전문가 이외에는 북한 출판물을 접할 수 없게 하는 데 한몫을 했을 것이다.

둘째, 그러나 자료 열람이 가능하다고 해도 자료의 성격에는 여전히 문제가 있다. 북한에 대한 자료라고 하면 거의 전부가 북한의 공식적인 일차자료이고 거기에 추가로 해외의 대중매체 보도자료가 고작이라고 해도 과언이 아니다. 그런데 이런 자료는 북한의 정치경제를 분석하는 데에는 어느 정도 용도가 있겠지만 북한사회의 모습을 자세히 서술하거나 성격을 규명하는 데 필요한 자료로서는 한계가 있다. 특히 북한에서 출간하는 자료는 당국의 공식 견해를 일방적으로 고지하거나 선전 홍보를 위한 문서의 성격을 거의 벗어나지 않는 것이다. 그나마 1990년대 식량난으로 부분적인 개방을 한 뒤로는 해외의 방문자들이 출간한 서적이나 제작한 영상물 기록이 약간 있고, 북한이탈주민의 증언과 기록물도 생겨서 어느 정도 도움이 되기 시작하였다.

하지만 탈북자들과 인터뷰를 하여 자료를 수집하는 데에도 한계가 있다. 그들 각자의 북한 탈출 진 나이, 성별, 학력, 직업 및 기타 인구학적, 사회경제적 지위에 상당한 개인차가 심한데다, 이동이 자유롭지 않은 북한에서 자신이 살던 지역 외의 사정에 대해서 널리 일반적인 지식이나 정보를 보유하거나 자기들끼리 공유하기가 쉽지 않다는 변수가 있다. 그뿐 아니라 사람마다 실제로 경험한 삶이 다양하기 때문에 개별적으로 면접을 해보면 동일한 성격의 내용에 대한 정보가 일관성을 결여할 때가 많다. 다시 말해서 자료로서 일반화의 여지가 그만큼 크지 않고 대표성이나 신뢰성에도 한계가 있다는 말이다.

이러한 자료의 한계를 극복하고 가능한 대로 북한사회의 실상을 파악하기 위해서는 특단의 접근이 필요하게 된 것이다. 이 점에서는 과거 냉전시대가 열리기 시작할 무렵 서구의 사회학자들이 철의 장막 너머 소련과 중동부 유럽권의 사회주의 국가의 사회현상에 대한 연구를 할 때 시도한 접근이 유용한 시사를 제공하였다. 그들은 주로 공산권에서 탈출한 인사들과 면접을 하는 방법을 채택하였고 한때는 이런 연구가 상당한 주목을 끌었다. 그러나 서구 사회학의 공산권에 대한 관심 자체가 시들해지면서 더 이상의 방법론적 진전은 보이지 않았다. 다만 우리나라에서는 북한이탈주민에 대한 면접이 자료수집의 방법으로서 상당히 널리 활용되고 있다.

그런 상황에서 마침 1986-1987년 존스홉킨스 대학에 객원교수로 방문하게 되었을 때 워싱턴 D.C.에 있는 국회도서관을 이용할 수 있었다. 그곳에서는 다양한 종류의 북한 일차자료를 홍콩 등지로부터 구입하여 상당수 보유하고 있었으므로 그것을 자유로이 접할 수 있었다. 이때 착안한 것이 문학작품의 내용 분석이었다. 이 방법은 서구 사회학계에서 일부 학자들이 한때 시도했던 것인데 워낙 실증주의적, 수량적 접근이 지배하고 있는 미국 사회학계에서는 별로 주목을 받지 못하고 방법론의 주류를 이루지 못한 상태에 있었다. 그러나 현지조사가 불가능한 북한에 대한 자료의 한계가 극심한 점을 감안할 때 이야말로 안성맞춤의 접근이 아닐 수 없었다.

물론 사회학 분야의 연구에서 문학작품을 자료로 사용하는 데 대한 문제제기도 있었다. 이때는 주로 소설작품의 내용을 가지고 그 시대의 사회상을 유추하는 방법으로 실재가 아닌 작가의 상상에 의한 허구(fiction)를 실제 사회의 묘사로 간주해도 좋은가 하는 쟁점을 제기한다. 이 문제에 대해서는 두 가지 문학이론을 제시할 수 있다. 그 중 하나는 소위 소설의 사회구조 반영론이다. 프랑스의 바슐라르(Gaston Bachelard)가 주로 마르크스주의적 관점에서 모든 이념적 요소는 사회경제구조를 반영한다는 이론을 문학작품 특히 소설에도 적용하여, 소설은 아무리 허구라 할지라도 사회구조를 반영한다는 이론을 제시한 바 있다. 다른 하나는 주로 공산권에서 주창한 사회주의적 사실주의(realism) 문학론이다. 이 역시 마르크스주의를 토대로 하고 있지만, 특히 이 문학론은 사실주의라는 이름이 시사하는 것처럼 사회주의 사회에서 소설, 기타 문학작품을 쓸 때는 반드시 현실사회의 모습을 있는 그대로 묘사하도록 하라는 국가의 지침을 따르게 되어 있다는 특징이 두드러진다. 문학작품 중에는 공장, 농어촌, 광산촌 같은 곳을 배경으로 기층민의 일상을 다루는 소설이 대부분인데, 작가 자신이 실제로 현장에 머물면서 소설을 쓴다는 내용도 소설 속에 기록하고 있다. 이런 소재를 다루는 데에는 이유가 있다. 주로 생산활동을 하는 곳에서 노동자의 생산동기를 자극하려는 목적으로 소설을 쓰도록 하는 정책적 요구가 숨겨져 있다.

이와 같은 두 가지 주요 문학이론을 고려할 때 북한과 같은 폐쇄사회에 대한 사실적인 묘사, 특히 남녀관계나 일상적 가족 또는 인간관계를 다루는 표현 같은 것을 발견할 수 있는 원천은 논픽션 다큐멘터리(non-fiction documentary)를 제외하면 소설류의 문학작품 외에는 애당초 존재하지 않는다. 북한이 과연 자체 제작이나 외부인의 제작으로 그와 같은 객관성을 인정받을 만한 논픽션 다큐멘터리를 내놓는 사회인가를 물어보면 이는 거의 불가능에 가깝다. 최근에 와서야 비로소 극소수의 외국인 기자나 의사 같은 방문객에게 극히 제한된

다큐멘터리 형식의 영상물 제작을 허용하고 있지만, 이 또한 북한당국이 허용하는 범위 안에서만 가능하다는 한계가 있다는 데는 의심의 여지가 없다. 그리고 북한당국에서 제작하는 다큐멘터리 형식의 문서나 영상물이라 해도 그것은 어디까지나 선전용이다.

그와 같은 근거에서 나는 북한의 소설작품을 내용 분석의 자료로 이용하기로 한 것이다. 다만 역사소설이나 정치이념적 색채가 강한 것은 제외하였다. 물론 소설 이외에 각종 잡지나 신문에 실린 사람들의 수기와 같은 기사도 분석의 대상으로 삼았다. 다만 이런 수기류의 기사 역시 내용상으로는 선전물의 범주를 크게 벗어나지 않는다는 사실을 부인할 수는 없다. 다만 목적이나 동기가 선전선동에 있다 해도 내용에서는 일상적인 삶과 느낌 등 그들의 정서와 구체적인 행동 같은 것을 엿볼 수 있는 여지가 있기 때문에 유용성이 있다. 심지어 소설작품에서조차도 내용은 갖가지 인물의 일상생활에서 일어나는 극적이고 일상적인 사건과 인물 묘사를 담고 있지만, 중요한 대목이나 말미에 가서는 반드시 '위대한 김일성 수령님'을 찬양하든지, 아니면 '수령님'의 감화를 받아 주인공이 새로운 인간이 되는 글귀들을 포함하고 있다. 여기에는 예외가 없다. 그럼에도 불구하고 소설의 전반적인 내용은 역시 북한사회의 현실을 사실적으로 그리고 있다는 점에서 중요한 사회학적 자료가 된다고 할 수 있다.

실제로 소설의 내용을 분석하면 북한 인민의 가치관, 의식, 인간관계, 관습과 규범, 행동양식, 조직생활, 사회구조적 특성 등 다방면의 특징을 추출할 수 있으므로 어떤 의미에서는 매우 풍부한 서술적 조사연구의 자료 내지 참여관찰의 자료와도 기능적 등가성을 인정할 만하다고 해도 무방하리라 생각한다. 여기서 중요한 것은 이처럼 북한 소설작품의 내용 분석이라는 접근을 이때 처음으로 시도했다는 사실이다. 그때까지만 해도 국내에서는 자료의 접근성에 제한이 있었으므로 외국 도서관에서 풍부한 소설작품을 자유롭게 접하여 분석할 수 있었기에 가능했던 것이고, 그런 문서에 접했을 때 문학작품을 자료로 활용할 수 있겠다는 생각을 하게 된 것이다. 그런 분석을 국내에서 발표한 뒤에도 다른 연구자들은 접근성의 제약이 풀리기 전까지는 소설 분석이라는 방법을 적용하지 않았으나, 자료를 개방한 뒤부터는 북한사회 연구자들이 이 방법을 자주 채택하는 모습을 볼 수 있게 되어, 나로서는 나름대로 북한 연구 방법론의 측면에서 기여를 할 수 있었던 점에 대하여 자부심을 갖게 되었다.

2) 북한 연구 방법론의 메타이론적 쟁점

북한 연구에서 두 번째로 중요한 쟁점은 바로 방법론의 철학 내지 메타이론에 관한 것이다. 이것은 우선 수량적인 형태의 원자료를 공개한 사례가 드물어서 입수 자체에 한계가 있고, 있다 해도 접근성에 제약이 있음은 이미 앞에서도 언급하였다. 그런데 혹시 입수 가능하다 해도 그 자료 자체의 객관적 신빙성이 문제가 된다. 거기에는 이미 대다수 문서자료나 영상자료 등처럼 북한당국의 선전선동이 주목적이라는 근본적인 한계가 있는 것이다. 그러므로 이들을 액면 그대로 채용할 수 있는가 하는 쟁점이 떠오른다. 그렇다고 연구자가 직접 북한을 방문하여 현지조사를 실시할 수도 없다. 이런 여러 각도의 문제점을 감안할 때 북한사회 연구를 위해서는 특별한 메타이론에 기초한 방법론적 접근의 필요성이 제기될 수밖에 없다. 이를 위해서 내가 제안한 방법론에는 크게 두 가지가 있다.

첫째는 어느 사회에서나 공식적인 이상을 천명한 것과 현실적인 실제 현상 사이에는 어느 정도 괴리와 간극이 있는 것이 실존적인 상황이다. 그렇더라도 특별히 북한사회처럼 폐쇄적이고 이념적 왜곡이 심한 사회에 대한 연구를 할 때는 저들이 제시하는 이론이나 이념적 언명과 실제 사이의 괴리가 그 어느 사회보다도 더 심각하다는 점에 주목해야 하고 이를 분명히 지적하는 것이 필수다. 다시 말해서 일종의 이념형적 접근이 필요하다는 말이다. 북한이 공식적으로 주장하는 자신들의 사회의 모습이 자기들 나름의 이념형에 해당한다면, 실제적인 상태는 반드시 그 이념형에 잘 부합하지 않는다는 점에서 그 간극을 밝혀내도록 해야 한다.

예를 들어, 북한이 사회주의 사회로서 마르크스-레닌주의 이념에 기초했다는 주장에 대해서 검토할 때, 우리는 고전적인 프롤레타리아 혁명에 의한 체제 혁신 없이 위로부터 소비에트화를 하는 형식으로 정권이 출현했다든지, 마르크스가 예언한 국가나 계급적 불평등 구조의 소멸 같은 것은 일어나지 않았을 뿐더러 오히려 어떤 면에서는 더 강화된 현상을 지적할 필요가 있다. 또는 앞에서 언급한 대로 주체적 개발이 아닌 대외종속의 현실 같은 문제는 정확하게 분석해야 하고 개인숭배와 정치지도자의 신격화 같은 현상은 상상을 초월하는 역사 왜곡과 현실 오도가 수반되었음을 명백하게 지적해야 한다. 미국의 사회학자 치롯(Daniel Chirot)은 이런 식으로 공산권 사회가 체제를 지탱해 온 모습을 가리켜 '거짓말 정권(regimes of lies)'이라 비판하기도 하였다.

둘째로 내가 강조한 것은 일종의 현상학적 접근이었다. 북한자료가 처음부터 규범적 성격이 강한데다 획일적이고 공식적인데, 이를 액면대로 수용한다면 거의 무의미한 결과밖에 기대할 것이 없다. 그러므로 불가피하게 저들의 언명의 행간(行間)을 읽고, 발언의 이면에 숨겨진 동기를 추리하며, 의미유형을 제대로 파악하고, 거기에 해석적인 설명을 시도하는 접근을 요한다. 사회조사연구에서는 질적인 방법의 메타이론이며 과학철학의 관점에서는 현상학적인 원리에 해당한다.

사회연구법에서 질적인 접근의 현상학적 방법론의 요체는 관찰자의 자세가 핵심이다. 관찰자는 일단 자신의 가치관, 선입관, 편견 같은 것을 괄호 속에 넣는(bracketting) 식으로 판단중지(epoche)를 전제하고 현상의 본질을 직관하려 한다. 보통 실증주의적 관찰에서는 관찰자가 어떤 이론적 가설 같은 틀을 가지고 대상의 외현적 행동을 객관적으로 관찰하여 그것의 이론적인 의미를 해석하지만, 현상학적 방법론의 접근은 연구자의 기존 이론이나 관점을 배제한 상태에서 연구대상의 주관적인 세계 속에 스스로를 위치시키고 그들의 주관적인 사유와 가치관과 의미와 동기 등을 저들의 관점에서 생각하고 판단하고 해석하여 이해(verstehen)하려고 한다.

언어학과 인류학에서는 소위 에틱 접근법(etic approach)과 이믹 접근법(emic approach)이라는 구분에서 후자, 즉 이믹 접근법이라고 할 수도 있다. 에틱 접근법에서는 언어나 인간의 행위에 대해 물리적이고 즉물적인 관점에서 연구에 임하는 데 반해, 이믹 접근법은 언어나 인간 행위의 전반적인 기능에 대한 내면적 이해를 중시한다. 인류학자가 어떤 특정 사회의 문화를 연구할 때 눈으로 볼 수 있는 행동과 사물만을 관찰해서 보고하기보다는 그 사회의 문화 전체를 이해해야 하는데, 그러기 위해 자신도 하나의 구성원처럼 함께 느끼고 판단하고 해석하고 관찰하는 자세로 임하는 것이 이믹 접근법이다.

이처럼 북한 연구에서는 단순히 겉으로 드러나는 자료나 행동만을 관찰한 것으로 사실을 정확하게 간파하기는 어렵다. 연구자는 스스로 북한사람의 관점에서 그가 이해하는 의미의 세계를 준거틀로 삼아 북한사회 자체를 바라보고 그들의 삶의 경험과 역사를 통찰해 봄으로써 의미와 동기를 해석하려는 접근으로 그 사회의 성격을 파악하는 것이 필요하다. 대한민국 또는 서구의 관점에서 북한사회를 관찰하고 이해하다가는 '이상한 나라의 앨리스'와 같은 결론만이 도출될 것이다. 따라서 제대로 이해하려면 그 사회의 구성원들이 과연 어떤 생각을 하며 왜 그런 행동을 하며 그런 것을 어떻게 합리화하면서 살아가는지를 알아보려 해야 한다. 쉽게 말해서 어떤 문서나 언명을 액면 그대로 수용하기보다는 행간(between lines)을 읽는 해석적 분석 방법이 필요하다. 이런 방법은 오랜 연구와 분석의 경험을 쌓아 정확한 파악을 가능하게 하는 훈련된 통찰력을 요구한다. 하여간 이런 접근을 위해서 나는 소설이나 수기 같은 자료를 활용하는 것이 유용하다는 것을 제안한 것이다.

그런데 이런 제안을 한 뒤 우리나라 학계에서는 소위 '내재적' 접근이라는 말이 등장하였다. 그들이 말하는 내재적 접근이란 우리가 북한사회를 연구할 때는 북한의 이념과 체제와 생활을 그대로 받아들이고 그에 기초한 이해를 시도해야 한다는 것이었다. 명목상으로는 그러한 내재적 접근이 내가 말한 현상학적 방법론과 유사하기 때문에 그들은 이것이 곧 자기들이 말하는 내재적 접근인 것처럼 동일시하려 하였다. 그러나 현상학적 방법론은 그들이 말하는 내재적 접근과는 철학적 근거 자체가 다르다.

그들은 북한사회 연구를 위해서는 대한민국의 이념적 관점을 일단 배제하고 북한의 이념과 체제 자체를 인정할 뿐만 아니라 연구자 스스로도 그들의 이념에 동조하고 체제를 수용하면서 연구에 임해야 한다는 식으로 내재적 접근을 해석한다. 우리의 선입관을 일단 배제하는 것까지는 동일하지만 북한을 있는 그대로 이해하려 한다고 해서 저들의 이념과 체제를 우리 스스로가 그대로 받아들인다면 그 또한 하나의 선입관에 불과하므로 과학철학적 관점에서 보면 그런 접근은 결코 현상학적이거나 이믹 접근법에 입각한 것이 아니다. 그 어떤 선입관이나 가치판단도 개입을 허용하는 순간 이미 현상학과는 거리가 멀어지기 때문이다. 이 점에서 오해를 불식할 필요가 분명히 있다.

특히 같은 민족이라는 동족의식을 가진 한국사람으로서 북한사람들을 '이해'한다는 명목 아래 저들의 이념과 체제까지도 그대로 수용하면서 접근한다면 연구자 스스로가 상당히 심각한 아이덴티티의 혼란에 빠질 수도 있기 때문이다. 북한 연구에서는 연구자의 가치판단이나 선입관을 배제하자는 방법론적 접근이 주목적이지, 북한을 그대로 인정하자는 이념적 동조라든지 체제 인정이 목적이 아니다. 이런 방법론적 오류로 말미암아 실제로 어떤 한국계 외국 체재 사회과학자는 북한을 방문하여 김 부자를 찬양하고 정치적으로 동조하는 행동을 했다는 설도 있었던 것을 기억한다. 이것이 내가 말하는 현상학적 메타이론 혹은 이믹 접근법의 취지는 아니라는 것을 명백히 할 필요가 있다. 이런 지적을 하는 이유는 섣부른 학문적 순진함(naivety)을 내걸고 북한사회를 이해한다는 뜻으로 저들의 모든 것을 수용하고 동조하면 오히려 북한의 지배층으로 하여금 자신들의 모습에 대한 성찰적인 자세를 갖도록 유도하는 데에는 장애가 될 수 있기 때문이다.

5. 북한 연구의 미래

북한 연구의 장래를 생각할 때는 적어도 두 가지 기본적인 문제의식과 관련해서 출발할 필요가 있다. 하나는 우리가 왜 북한 연구를 하는가라는 것이고, 다른 하나는 북한사회가 앞으로 어떻게 변할 것인지, 아니면 변해야 하는지, 또는 변화하도록 유도할 것인지에 대한 관심도 동시에 고려해야 한다는 것이다.

1) 북한 연구는 왜 하는가?

이제까지 북한사회 연구를 30년 가까이 해오면서 북한 연구 분야에서 왜 우리가 북한 연구를 하는지, 해야 하는지에 대한 공개적인 논의를 별로 접해 보지 못한 것 같다. 누구나 당연시하는 태도로 일관하고 있지 않나 하는 생각이 든다. 오히려 그런 질문 자체가 이상하다고 할 것이다. 물론 우리의 역사적인 배경과 현재의 남북관계를 감안하면 당연시하는 것이 옳다. 그렇더라도 왜 우리가 이런 연구를 해야 하는지에 대한 성찰을 소홀히 하다 보면 타성에 젖어서 변화의 역동성에 둔감해질 수 있는 법이다.

북한 연구의 필요성을 열거하자면 얼마든지 가능할 것이다. 민족통일의 지상과제를 내세워도 좋고, 북한 동포의 삶에 대한 측은지심이라도 해도 좋고, 대한민국의 안보와 번영 때문이라 해도 좋고, 복잡한 국제관계의 역학을 앞세워도 좋고, 또는 객관적으로 지리적으로 가장 인접해 있고 우리와는 떼려야 뗄 수 없는 미묘한 관계에 있는 이웃의 한 사회에 대한 지역 연구 차원에서라고 해도 좋고, 제시할 근거는 많다. 다만 여기서 굳이 이 문제를 제기하는 뜻은 그런 정당화의 근거를 열거하자는 것이 아니라 북한 연구자들은 언제든지 자신이 하는 연구의 의미와 중요성에 대한 성찰을 게을리 하지 않아야 한다는 말이다.

특히 미래세대를 위해서는 막연한 통일교육이 아니라 북한 자체에 대한 실질적이고 객관적인 교육이 절실하다. 이를 위해서라도 북한에 대한 연구는 방법론적 메타이론이나 구체적 연구방법이 더욱 기초가 탄탄해야 한다는 요청이 따른다. 이것이야말로 북한 연구의 필요성을 뒷받침하는 가장 중요한 이유라 할 것이다.

2) 북한사회의 변화와 북한 연구

북한 연구자에게 있어, 특히 실증적 연구가 주류방법론을 이루고 있는 사회학자의 시각에서 가장 곤혹스러운 것은 북한의 폐쇄성 때문에 그 사회의 실제 모습을 파악하기가 어렵다는 것 말고도 그 사회가 도대체 어떻게 변화할 것인지를 예측하기가 거의 불가능하다는 사실이다. 어떤 사회든지 미래의 변화를 예측하는 일은 쉽지 않지만,

북한이 그동안 보여준 행동의 특징에서 가장 두드러진 것은 바로 이 예측 가능성이 희박하다는 점이다. 현재 진행 중인 화폐개혁 이후의 사태만 해도 체제 자체의 근본적인 변혁 가능성마저 배제할 수 없을 정도라고 하지만 지금까지 반세기 이상을 지탱해 온 북한의 지구력을 보아서는 쉽사리 체제붕괴(system breakdown)로 결과하지는 않을 수도 있다.

다만 과거의 경험을 참고하자면 1990년대 중반 이후의 식량난으로 수백만의 인구가 사망하는 상황까지 이르렀으나 결국은 살아남았을 뿐 아니라 오히려 핵무기를 개발할 만큼 자원을 지니게 되었음은 당시로서는 전혀 예견하지 못한 결말이었다. 여기에는 대한민국을 비롯한 국제사회의 원조가 중요한 기여를 한 것으로 밝혀졌는데, 핵무기 개발 이후 우리의 대북정책이나 국제사회의 태도가 변했으므로 북한의 장래를 예측하기가 더 어렵게 되어 있다. 중국의 도움을 얻고자 하는 북한의 시도가 눈에 띄지만 그 결과는 더 두고 봐야 할 상황이다.

여하간 북한의 내부 사정이 어렵다는 것은 추정할 수 있지만 북한 사회의 변화에서 가장 핵심적인 요소는 국제적 문화접변이라는 이론적 관점은 계속 유효하다고 생각한다. 지금이라도 대외개방에 의한 문화접변이 활발해지느냐 아니냐에 따라서 그 사회의 체제 유지와 변화에 중대한 영향을 미칠 확률이 크기 때문이다. 아마도 지속적으로 폐쇄 일변도로 간다면 북한은 견뎌내기 어렵지 않을까 싶다. 실제로 인류문명사에서 극단적인 쇄국을 고집하고서도 발전한 사회는 찾아볼 수 없다. 어떤 사회나 대외접촉과 문화접변의 영향으로 변화하고 발전했음을 알 수 있다. 현재까지는 소위 벼랑 끝 외교술로 국제사회를 좌지우지해 왔지만 핵무기 보유 문제로 국제사회가 연대하여 북한문제 대처에 공조하고 있는 지금의 상황에서 앞으로도 그런 술책이 반드시 효과를 거둘지는 의문이다. 따라서 북한의 핵문제는 하루속히 해결을 보는 것이 관건이 될 것으로 보인다. 이 문제를 해결하면 국제적인 도움과 협력도 활성화할 수 있고 그로 인한 북한의 경제여건 개선도 기대해 볼 수 있을 것이며 체제 유지나 변화도 영향을 받을 것이다. 솔직히, 6 · 25 남침을 경험하였고 지금도 북한 측에서는 남한의 적화통일이나 무력도발을 언행으로 보여주고 있는 현실에서, 대한민국이 핵무기를 비롯한 군사적 위협이 존재하는 북한을 상대로 아무런 조건 없이 마음을 열고 우리 동포니까 도와야 한다는 자세로 나가기를 기대하는 것은 상식에 어긋나는 생각이다.

최근(2010년 3월 초) 뉴스에서 이동전화로 남한에 있는 친척과 통화를 했다고 사형을 당한 사례를 보도한 일이 있다. 이런 사례로 보아서는 북한이 아직도 대외개방에 대한 알레르기 반응을 극복하지 못한 것은 사실이라는 추정이 가능하다. 그러나 바로 그 현상이 암시하는 것으로서, 지금도 마음만 먹으면 북한의 인민이 적어도 비밀리에나마 외부와 접촉할 길이 다각도로 열려 있고 앞으로는 더 확대될 가능성이 크다는 점에 주목하게 된다. 특히 정보통신기술의 발달과 그러한 기술을 이용할 기회의 확대가 북한의 일반 인민에게도 미치지 말라는 법은 없는 것이 기술변동의 한 특징이기 때문이다.

결론적으로 북한 연구를 하면서 항상 염두에서 떠나지 않는 생각은 어떤 방법으로든 북한이 문호를 개방하고 문화접변에 적극 나서지 않으면 체제유지 자체가 어려울 수도 있다는 것이었다. 북한당국의 관점에서 보면 오히려 개방이 소위 '거짓말 정권'의 와해를 초래할 만한 독이 된다고 볼 이유도 충분히 있지만 장기적인 안목에서는 결국 국제사회 속의 정상적인 일원으로서 공존을 추구하는 것만이 유일한 생존의 길임을 인식할 필요가 있다. 오늘날과 같은 전 지구화(globalization)의 시대에 고립이란 언어도단의 시대착오에 불과하기 때문이다. 북한당국이 이런 각성에 이르기를 바라지만 만일 그렇지 못하면 정말 오래 지탱하기가 어려울 수도 있다. 우리 쪽에서 할 수 있는 것은 이와 같은 북한의 각성을 촉구할 뿐 아니라 현실을 직시할 수 있도록 도와주는 일이라 생각한다. 북한 연구도 이런 견지에서 더욱 내실을 다지기를 기대해 본다.

6. 북한 연구와 우리의 정체의식의 문제

북한 연구를 할 때 마지막으로 한 가지 유의할 사항은 북한에 대한 연구를 함으로써 갖게 될지 모르는 순진한 북한관이 자칫 우리 사회의 정체의식을 바로 정립하는 데 장애가 될 수 있다는 점이다. 아울러 우리가 북한 연구를 제대로 함으로써 북한이 스스로 새로운 정체의식을 갖고 글로벌 시대의 국제적 동반자로서 정정당당하게 살아갈 수 있도록 하는 데 기여하겠다는 염원이 담겨 있다. 한마디로 남북한 모두의 아이덴티티의 문제가 북한 연구의 중심에 도사리고 있다.

위에서 북한 연구 방법론을 논의하면서 현상학적인 해석의 방법을 잘못 이해하여 마치 연구자가 북한을 있는 그대로 인정하고 수용하는 것인 양 왜곡하는 문제점을 지적한 바 있다. 이런 관념이 특히 문제가 되는 대목이 바로 대한민국의 자기정체의식에 혼란을 초래한다는 점이다. 지난 10여 년 사이의 대한민국을 통치해 온 정권의 성격상 북한을 보는 눈에는 상당한 정도 변화가 생긴 것이 사실이다. 그전까지는 반공 위주의 경직된 북한관에 대한 일종의 반작용이기도 하였다. 그러나 북한 체제를 인정하고 교류와 협력을 확대하는 정책을 시행하면서 북한에 대한 연구에서도 이른바 내재적 접근이라는 이름으로 북한의 체제와 이념을 그대로 받아들이는 것은 물론 더 나아가 대한민국도 어느 정도 북한과 같은 사회주의적 체제를 도입하는 것이 바람직하다는 이념적 편향을 드러냄으로써, 우리 국민 일반과 특히 어린 학생 세대의 관념 속에 우리 사회 자체의 성격에 대한 혼란을 초래한 것을 지적하지 않을 수 없다.

아무리 북한이 우리와 역사와 문화적 전통을 공유하는 동일 민족

사회이고 북한 동포의 고난을 인도적으로 접근하여 도움의 손길을 제공하는 것이 중요하다 해도 체제의 차이는 차별성이 있음을 명백히 할 필요가 있다. 우리는 북한과는 달리 국제사회에 대하여 개방적인 자세로 임하면서 국제적 표준을 중시하고 세계시장에서 경쟁하면서 우리의 국력과 국격을 드높이고자 하는 자유시장경제 체제와 자유민주주의 체제를 견지하는 사회다. 여기에 사회주의적 복지이념의 요소를 도입 적용하는 것은 우리의 기본 체제의 틀 안에서 적절히 소화하는 수준에서 이루어져야지 무조건 동족이라는 이유로 북한과 같은 체제를 우리도 그대로 수용하려는 자세는 상당히 왜곡된 견해에 기초하고 있다. 따라서 개인의 기본적인 '자유'를 존중하는 대한민국 국민의 일반 정서와는 거리가 있다. 더구나 북한은 극단적인 독재체제에다 정치인의 신격화 수준의 개인숭배를 바탕으로 체제유지를 위해서는 어떤 인권 유린도 서슴지 않는 비민주사회다.

그러므로 앞으로는 확실한 우리의 정체의식을 정립한 위에 동족으로서 북한 인민의 생존과 발전을 위해 어떤 도움을 주는 것이 마땅한지를 연구해야 하는 것이 우리의 과제다. 여기에 추호라도 우리 스스로의 정체의식을 왜곡하거나 혼란케 하는 연구 태도를 갖는다면 이는 남북한 모두에 부정적 결과를 초래할 것이다. 그리고 북한당국의 대외관계나 남북관계에 임하는 자세가 지나치게 폐쇄적이고 자기중심적이라는 사실은 참으로 아쉬운 일인 만큼, 앞으로 북한 연구의 주요 과제의 하나로서 북한이 국제사회에서 정상적인 자기정체의식을 정립하는 데 도움이 되기 위해서는 어떤 것이 필요한지를 연구하는 데에도 관심을 경주해야 할 것이다.

제 1 부

북한의 사회와 문화

제 1 장
북한의 체제급변과 동북아 정세 추이*

박갑수**

1. 머리말

북한은 경제적으로는 비중이 적으나 정치군사적으로는 동북아시아에 매우 중요한 위상을 차지해 왔다. 체제 그 자체로서는 생산성이 저조한 미개발국이지만 강대국에 끼치는 지리적 영향력, 무기수요 유발인자로서의 역할 등 제2차 세계대전 이후 북한의 변수는 동북아는 물론 세계사에 끼친 파급효과가 엄청났다고 할 수 있다.

신생국 북한에서 1948년 9월 9일 정부 수립 후 2년 만에 일으킨 6 · 25 전쟁은 제2차 세계대전 직후 평시 산업체제로 전환하려는 미국의 전시형 산업구조를 재가동시켰을 뿐 아니라, 일본의 재건 및 NATO 가맹국들의 미국 무기 대량 수입 등 유럽의 마셜 플랜과 더불어 미국 중심의 세계경제 형성에 매우 큰 영향을 끼쳤다. 북한의 군사적 행동은 냉전체제에서 세계사적 의미를 부여하여 왔고 현재에도 미일 해양세력권의 군비 증가, MD에 대한 정당성 논리를 높여주고

---

* 이 장은 2009년 통일교육원 자체 연구논문을 수정 · 보완한 것이다.

** 통일교육원 교수. ar0418@hanmail.net

있다.[1])

만약, 북한에서 체제급변 사태가 발생한다면 동북아에 어떠한 영향을 줄 것이며, 급변 사태를 유발하는 가능성은 어디에서 기인하는 것일까? 이 연구에서는 북한의 대내외 여건을 참작하여 유형별로 가능성을 예단하고 그로 인해 동북아 정세는 어떠한 결과를 유발할 것인지에 대해 주안점을 두고 검토 분석하고자 한다. 북한의 체제변화에 대한 선행연구 자료를 일차적으로 수립 검토한 뒤 현실성에 기초한 가치척도로 분석하고 이어 최근 탈북민과 대북 전문가들의 의견을 청취하여 보완해 가기로 한다. 동구 사회주의권 붕괴 이후 나타난 체제급변 사태와 안정화 과정도 이 연구의 내용 분석에서는 비중 있게 다룰 것이다.

2. 북한의 당면과제와 체제유지

1) 북한사회의 당면과제

제2차 세계대전 직후 전범국가 일본 대신 한반도가 분할되면서 북한은 김일성을 중심으로 선발된 소련 국적 한인들이 38선 이북 지역을 위성국가로 접수하여 소련이 설계한 대로 출발한 적화 전진기지 국가였다. 이 결과 입법, 사법, 행정 등 국가의 형태를 갖춘 지 2년도 안 되어 동족간에 전면전을 벌였을 정도로 강대국의 대리전을 수행하였고, 그 악영향과 여파는 지금까지 반세기 이상 이어져 오고 있다.

준전시상태 하 병영국가(Garrison State)를 유지하면서 김일성 부자의 1당 독재체제가 연속됨으로써 권력의 이동, 엘리트의 순환이 거의 이루어지지 않고 부정부패, 비생산성, 형식요령주의 등이 사회 전반

1) 다케나카 치하루(竹中千春), 노재명 옮김, 『왜 세계는 전쟁을 멈추지 않는가?』(서울: 갈라파고스, 2009), pp.242-244.

에 관습화되었다. 오랜 기간 이러한 문제들이 쌓여 현재 북한은 크게 5개의 난제를 안고 있다.

첫째는 시장과 당의 영향력 대결이다. 인적 물적 자원을 당이 독점, 배분하다가 장마당이 등장하면서 주민들의 생존과 생활을 보장하는 시장의 비중이 매우 커졌다. 이에 비해 당의 위상은 상대적으로 위축될 수밖에 없었다. 이 문제는 북한의 화급한 과제가 되고 있다. 주민들로서는 시장에서 정보 공유 및 확산, 생존방법 터득, 다각도의 통찰 인식이 이루어짐으로써 단순하고 일방적인 당의 지시보다 시장에서의 거래 활동이 더 중시될 수밖에 없다. 지난해 연말에 종합시장을 폐지하고 농민시장만 부활시킴으로써 도깨비 시장, 메뚜기 시장 등 당국의 눈을 피하는 거래 행위가 더욱 증가하였고, 이와 곁들여 주민 불만이 한결 고조되어 가고 있다.

두 번째 큰 문제는 대량살상무기(WMD) 확산에 대한 국제사회의 질책과 견제이다. 2009년에 들어 북한의 장거리 로켓발사(4. 5), 2차 핵실험 강행(5. 25) 등으로 국제사회의 여론이 극도로 악화되면서 대북 지원 물량(곡물, 의약품 등)이 급감함에 따라 고위층은 타격이 별로 없으나 일반 주민들은 1990년대 '고난의 행군'을 다시 시작할 정도로 경제적 난관에 부딪히고 있다. 약 3천여 조 원 이상으로 평가되는 지하자원이 있다고 하나 채굴장비, 시설, 운송수단, 전력 등이 거의 구비되어 있지 않은 상태에 놓여 있다. 북한이 UN 안보리 결의 등의 통제로 외부 지원 및 무역거래가 힘들게 되면서 한국에 대해 화해 제스처를 보내고 있지만 인도적 분야 외 우리 역시 국내 여론과 국제사회와의 코드를 무시하고 일방적으로 지원할 수도 없는 입장이다.

셋째는 통치자의 건강문제, 후계자 문제로 레임덕에 앞서 김정은을 내세워 권력의 안정을 꾀하려 하나, 깊은 내부 갈등, 날카로운 대립각, 해묵은 원한 등이 쉽게 풀리지는 않을 것으로 보인다. 장기간의 일인 일당 독재체제를 유지함으로써 너무나 많은 측근들이 사라졌고, 15만 명에 가까운 정치범들이 특별구역에서 인권을 유린당하고 있는 실정이다. 자아(ego)가 강인하게 확립된 통치자들은 정적(政敵)을 온건하게 다루나, 미성숙 또는 불안증을 앓고 있는 통치자일수록 동조성이 없는 상대를 적으로 인식하고 피해 예방 차원에서 무자비하게 다루게 된다. 북한에서는 김정일의 건강과 후계자 문제, 권력의 향배가 맞물려 진행되고 있어 단순하게 예단할 수 없는 상황으로 권력의 축이 이동될 가능성이 높다.

넷째로는 엘리트와 주민들의 각성이다. 매스컴과 교육으로 북한사회를 자폐화 단계까지 이르게 하였지만 정보통신의 발달, 세계화의 여파, 시장과 거래 활동 등으로 남과 북, 국제사회와 비교하고 이제는 조직을 믿기보다는 개인이 알아서 살아야 한다는 독립 생존 의식이 팽배해 있다. 장기간의 경제난을 거치며 엘리트 그룹에서도 현실감각이 생기면서 국제사회에서 힘겨운 북한의 위상을 새롭게 인식하고 있다. 또 엘리트 그룹은 자신들이 개혁의 주체가 되느냐, 아니면 개혁의 객체가 되느냐 하는 기로에 있기도 하다.

다섯째로는 민수경제의 파탄 상태이다. 외부 자원이 단절되면 경제순환 시스템이 마비될 정도에 이르고 있지만 한국과 국제사회의 협력지원, 중국의 지원, 중국과의 생필품 거래, 화교무역 등이 북한의 숨결을 이어주고 있다고 할 수 있다. 중국은 동북공정의 마무리 차원과 북한경제권의 중국권 이입을 고려하여 북한에 지원하는바, 이 기간이 장기화되면 북한 내 친중 세력이 강화되면서 중국의 대북 영향력이 대폭 신장되는 결과를 가져올 수 있고 이는 분단의 고착화로 연결될 가능성도 없지 않다.

2) 북한의 체제유지 전략

이상의 5대 난제를 안은 채 북한당국이 체제를 유지하기 위해서는 어떠한 전략적 방책을 강구하고 있을까? 이에 대한 다양한 진단이 있겠지만 앞서 제시한 5대 난제를 중심으로 북한의 인적 물적 자원이 풀가동된다고 가정하고 다음과 같이 추론하고자 한다.

첫째, 북한에서는 2008년 12월 종합시장을 폐지시키고 농민시장으로 전환시켰으나 이미 10년 가까이 시장에 의존하여 생계를 도모한 주민들을 사실상 통제하기 어려운 실정이다. 주민통제로 체제를 유지해 온 입장에서 북한 지도층은 시장을 제도권 내로 정착시키면서 세금과 기부금 제도의 활용 등으로 시장 수입과 국고와의 연결고리를 마련하고자 진력할 것이다. 2000년대 중반까지 시장에서의 수익 일부를 정무원 봉급으로 배분한 사례도 있다. 개정헌법에도 세금(헌법 25조)은 없다고 하지만 특단의 편법으로 국고, 김정일 사금고를 감안한 조치가 내려질 가능성이 높다.

둘째, 대량살상무기로 인한 국제고립을 탈피하기 위해 대미외교를 중시하여 미국과의 직접 대화 방식을 고집하고, 미국의 입장을 살려주면서 자신들의 생존 돌파구를 찾으려 할 것이다. 예전의 중국과 소련 사이의 그네(줄타기) 외교를 미중 사이에도 적용하려는 시도도 마찬가지다. 일부 핵무기의 해체, 기존 핵무기의 은닉 등 여러 가지 방법으로 핵 능력을 보유하고자 할 것이며, 테러교육의 본산이었으면서도 대테러 방어교육 등으로 국제사회의 시선을 돌리려 할 것이다.

셋째, 후계자 문제에서 자신의 의사결정을 재점검할 정도로 심신의 선상이 회복되면 결코 후계자 문제 논의가 나오지 않도록 할 것이다. 김정일 본인의 성격으로도 미리 권력을 이양시키기도 어렵거니와 주변을 신뢰하지 않고 의심이 많아 견제장치를 계속 가동시키려 할 것이다. 그러나 건강문제가 극도로 악화될 시에는 혈통과 가족, 친인척 안전 위주로 권력승계 방식을 결정할 것이다.

넷째, 주민 여론과 엘리트 지지를 얻기 위해 다양한 선심정책, 연속되는 축제 등으로 볼거리, 먹거리, 놀거리 행사를 계속 제공하고자 할 것이다. 예술단의 순회공연, 군부대, 지방주민들의 평양아리랑축제 조치 참관, 각종 장학제도, 훈장 등 특혜의 남발이 있을 것이다.

다섯째, 민수경제를 살리기 위해 우선 아랍, 중남미 등 비동맹권의 금융, 합작투자를 유인할 것이고, 일본과의 수교로 배상금을 경제개발 종자돈으로 삼고자, 명분만 찾으면 납치문제에 대해 성의를 갖고 논의하려는 움직임을 보여줄 것이다. 아울러 계획경제의 구조적 모순과 비생산성을 보완하기 위해 150일 전투, 100일 전투 등 새로운 운동을 계속 만들어나갈 것으로 보인다. 해외 노동력 인력 송출, 양질의 우라늄 광산 개발에 대한 영국 회사와의 접촉도 있었던 만큼 다루기 쉬운 노동력과 제한자원을 현금화하려는 거래도 나타날 수 있을 것이다.

3. 북한의 체제급변 가능성

북한은 제2차 세계대전 후 일본의 분할을 요구하는 스탈린에게 일본 대신 위성국으로 넘겨진 한반도의 북반구라고 할 수 있다. 전범국가 독일을 분할 통치하듯 일본을 할양받지 못하는 대신 1천 4백-2천여 명의 소련 국적 한인들을 선발하여 북한에 이주시켜 김일성을 대리인으로 하는 통치체제를 완성시켰다.

정부 수립 불과 1년 만에 전국의 마을마다 목욕탕, 도서관, 공회당을 만들 만큼 개혁에 박차를 가하자 남쪽에서 대표단으로 방북한 김구 선생 일행도 무척 놀랐을 정도로 북한은 평양 주재 소련대사관 주도로 식민지에서 신생국가로의 면모를 갖추어나갔다.

그러나 6 · 25 전쟁 이후 김정일을 후계자로 선정하면서 북한의 계획경제의 취약점과 오류가 서서히 나타나기 시작하였고 1970년대 초반 이후에는 한국에 비해 경제는 더욱 낙후되기에 이르렀다. 1990년대 초반 동구 사회주의권의 도미노 붕괴 현상과 더불어 북한 내부에서도 개혁 의견이 태동하기 시작했으나 모두 직초에 제압당하고 지속되는 군사우선정책에 이어 강화되는 선군정치의 구호 아래 개혁 가능성은 더욱 지연되는 양상을 보여주고 있다.

1) 북한 내부의 권력투쟁

북한 체제가 급변할 경우에는 무엇보다도 권력투쟁에서 오는 결과가 많을 것으로 보는 견해가 다수이다. 정치사에 기록된 사건의 막후에는 거의 권력투쟁이 개입하거나 엄존해 있었다. 특히, 북한 체제는 제2차 세계대전 직후 정권 출범 시기부터 연안파, 소련파, 갑산파 등으로 내부 권력투쟁이 극심하였고 소련의 비호 아래 6·25 전쟁 이전까지는 소련파가 중심이 되어 체제를 이끌어갔다.

패전 책임 소재를 두고 김일성은 위기에 몰렸으나 빨치산 출신, 갑산파의 지원으로 다시 권력을 장악해 나갔으며 그 뒤에는 중국의 홍위병처럼 최고 3대 혁명소조를 통해 김일성 우상화와 1인 독재체제를 완성시켰다. 그러나 동구 사회주의권 붕괴 과정을 보면서 김정일은 군을 파격적으로 우대하는 선군정치의 기치 아래 군을 최후의 최대의 권력 보루로 활용하고 있다.[2]

구소련의 분열과 사회주의권 붕괴 이후 북한에서는 프룬제아카데미 사건, 6군단 사건 등 엄청난 군부 대숙청 사건도 발생하였으나 그물처럼 짜인 밀고 감시 조직으로 저항이나 대응 액션도 취하기 전에 사전 제압당하였고 그 뒤의 무자비한 처형으로 북한에서는 여타 사

2) 권양주, 『남북한 군사통합구상』(서울: 국방연구원, 2009), pp.23-30.

회주의권 국가에서 볼 수 있는 정도의 반체제 활동을 볼 수가 없었다.

현재 북한의 권력 엘리트의 구성과 분포를 보면 대략 4개 정도의 그룹으로 인맥이 나타나고 있다.

A 그룹은 김정일의 혈통, 혼맥으로 구성된 인척으로 가장 신뢰하는 인물들이다.

B 그룹은 항일 빨치산 출신 2-3세들, 만경대 혁명학원 출신들로 대를 이어 충성을 서약한 인물들이다.

C 그룹은 김일성대학, 강건군관학교 출신으로 실력을 인정받아 고위직에 진출한 인물들이다.

D 그룹은 노동영웅, 3대 혁명소조 출신으로 따라 배우기, 모범 인물로서 우상화나 근검절약, 생산성 등에서 괄목할 만한 성과를 보여주어 출세한 경우이다.

이상의 4개 그룹 외 대남 대외 관계에서 이익과 영향력을 보여주는 공작기관 또는 외화벌이 전문기관 출신들도 상당수 포함되어 있다.

북한에서 김정일과 지도층에 포진한 이러한 인물들의 권력투쟁이 가능할 것인지 성패 여부를 예단하기는 어렵지만 독재정권일수록 변화 상황에 따라 빚어지는 결과는 더욱 클 수밖에 없다. 1인이 권력의 축으로 작용하며 전방위적인 정책결정과 인사, 재정을 좌우하였기 때문에 그 축이 무너지게 되면 혼란상과 변화상은 더욱 격렬해지게 되는 것이다. 김일성 사후에는 이미 1969년부터 근 30년 가까운 후계체제 실습이 있었고 시행착오를 거치며 다듬어져 김정일이 김일성을 능가하는 내치의 권한을 갖고 있었기 때문에 큰 혼란은 없었다.

김정일 주변의 측근들 중 이상 4개의 그룹 중에서 김정일에 직접 반기를 들 수 있는 그룹은 거의 없다고 하겠지만, 김정일 중심의 북한 체제가 자신의 생존을 보장하기 어렵다고 판단될 시에는 김정일과 운명을 달리하는 선택도 가능할 것이다. A 친인척 그룹, B 항일 빨치산 2-3세, 만경대 혁명학원 출신 그룹들이 북한 체제의 유지를 위해 개혁과 개방의 필요성으로 김정일을 설득하거나 이해시키려 할 수 있으나 김정일의 성격과 최측근 실세들의 입장으로는 수용하기도 용이하지 않다.

이미 지난 반세기 동안 김일성 부자에게 직언, 충간으로 개인 당사자가 희생된 사례를 너무나 많이 보았기 때문에 다수의 침묵 속에 개인과 가정적으로만 무사하려는 분위기에 더욱 젖어 있다. 그 누구도 감히 사회와 국가를 위한 진정성 있는 대안과 지적 비판을 하기가 어렵다. 그 결과 반세기 가까운 장기간 동안 1인 1당 독재가 지속되어 와도 쇄신이나 혁신, 제도 발전이 이루어지지 않게 된다.[3] 또 정권교체가 되지 않는 상태에서 숙청이나 인사태풍 등 자신의 의도에 반하는 집단과 인맥을 제거하는 방식으로는 자연스러운 엘리트의 충원도 이루어지지 않는다.

북한 정치사에서 정년퇴임이나 자연스러운 세대교체가 거의 없고 무지비한 말살, 격리 등 초사법적 조치에 의해 인사가 순환되었다는 사실은 전문가, 경험자를 없애고 충성심 일변도의 추종자들이 요직을 점유하고 있음을 의미한다. 북한 내에서도 북한이란 조국을 발전시키려는 진지한 엘리트들이 적지 않지만 그들이 제대로 일을 할 수 있는 보직이나 분위기가 마련되어 있지 않은 실정이다.

이러한 상황에서 김정일을 위한 4개 그룹의 측근 중에서 자신의 생존과 사회의 발전을 도모하고 기득권 그룹과 붕괴를 기피하는 세력들이 미약하나마 힘을 얻어가고 이들이 북한의 우방인 중국, 러시아 능의 지원 지지를 받았을 경우에는 장악력이 생겨날 수도 있을 것이다. 김정일도 외부와의 연계에 두려움을 갖고 북측 엘리트와 외부,

---

3) 기무라 마쓰히로(木村光彦) 외, 차문석 외 옮김, 『전쟁이 만든 나라, 북한의 군사 공업화』(서울: 미지북스, 2009), pp.105-112.

외국과의 연결을 철저히 조사하는 것으로 알려져 있다.

그러나 북한사회에서 좋은 토대와 성분을 갖고 국제사회와 북한의 현실을 익히 알고 있는 엘리트들 중에서 내심 북한의 미래를 걱정하는 인재들도 적지 않다. 혁명학원 출신, 강건군관학교 출신이나 김정일의 측근 중에도 자신과 조국의 미래를 염려하며 고민하는 인재들이 정책결정과정에 개입하거나 행동화할 것으로 보이지, 북한 체제가 완전 붕괴할 때까지는 방치하지 않을 것으로 보이고 있다.[4)]

2) 김정일의 신상 변화

김정일은 이미 1960년대 후반부터 당조직 지도부를 통해 인사권을 장악해 왔으며 그 결과 당간부의 대다수, 북한 장성 1천 4백여 명의 90% 이상을 본인이 진급, 임용시켰다. 김정일의 서기실로 권력이 집중되면서 인사권, 예산권도 모두 장악하게 되자 김정일은 정치, 군사, 경제, 사회, 문화 등 북한사회 전반에 관여하게 되고 김정일을 피라미드 정점으로 하는 1인 지배체제가 구축되었다.

이에 따라 모든 길이 로마로 간다는 말처럼 북한에서는 모든 일이 김정일로 집결되고 김정일은 업무 과로가 주는 부담에서 벗어나기 어려울 뿐 아니라 북한은 김정일의 외연이 확대된 양상으로 이미지화되어 있다. 그러한 만큼 김정일의 위상과 신상은 확대된 북한이라고 해도 과언이 아닐 정도가 되었고 김정일의 신상 변화는 북한의 사태 변화라고 할 수 있다.

김정일은 성장 시기부터 일찍 사별한 생모 때문에 애정결핍을 앓아야 했고 생부 김일성에 대한 존경과 혐오(생모 사별)를 양면적으로 느껴야 했다. 그는 자신의 내면을 감추기 위해 김일성에 대해 더욱

---

4) 제정관, 『한반도 통일과 군사 통합』(서울: 한누리미디어, 2008), pp.34-38.

효성과 충성으로 섬기고 김일성의 내심을 인지하고 만족시키는 데 최대한 정성과 공을 들였다. 김정일은 먼저 3대 혁명소조의 리더를 자신의 사람들로 임용하면서 김영주 세력, 군부, 당 실세들의 틈을 비집고 들어가 자신에 유리한 환경을 조성하기 시작하였다. 이때 만경대 혁명학원 출신 2-3세들과 김일성대학 엘리트 동문들의 인맥을 적극 활용하였다.

북한사회에서는 빨치산 해외 유학파들과 소련에서 정통으로 배워 온 군부 엘리트들은 안목이 제대로 형성되어 개혁의 씨앗이 될 수 있었지만, 개혁의 밑그림도 그리기 전에 충성 일변도로 핵심 권력 주변에 포진하고 있는 항일 빨치산 원로 그룹들이 북한으로서는 신지식인이자 세계정세를 파악하고 있는 이들 개혁 가능 세력을 제거함으로써 김일성의 권력이 김정일에게 승계될 수 있었다. 그 과정에 피비린내 나는 숙청이 수차례 있었고 김정일에 대한 도전은 죽음이라는 등식을 만들 정도로 엄격한 권력기반 조성을 추진해 왔다. 정치범 수용소, 독재 대상 구역에 초기에는 2만여 명이 수용되어 있었으나 김정일의 권력승계 과정에서 10만 가까이 증대되었고 1990년대 후반부터 경제난이 거듭 악화되면서 15만 명으로 인원이 더 증가하였다.

김정일은 성장 시 자아형성에 있어 6 · 25 전쟁 시기의 불안과 생존위협, 애정결핍 등이 작용하여 수행인처럼 자아가 확고하다고 보기 어렵다. 따라서 히틀러나 스탈린 같은 독재자와 마찬가지로 조금만 자신이 불안하거나 위협을 받으면 죽음의 공포로 연결될 수 있어 사전에 과감하게 위협요소를 제거함으로써 심리적으로 안도하고 안정을 되찾는 자아미약성을 보이게 된다. 김정일 권력승계 과정에서 지나친 희생 상요, 과도한 라이벌 의식은 이러한 원초적 불안에 기인하고 있으나 막상 역전되어 김정일이 비교가 불가능할 정도로 강력한 상대를 만나게 되면 즉각 승복이나 굴복으로써 생존을 도보하려는 안전 희구 욕구가 나타나는 것으로 추정할 수 있다. 이러한 김정일의

의식구조와 가치관을 참작해서 북한사회의 급변 사태와 연결해 보면 주변에 모두 '예스맨(yes man)'으로 가득한 북한 고위 정책결정기구에서 김정일의 신상 변화는 북한 권력 판도와 사회에 엄청난 변화를 야기할 수가 있다.

일본 측에서는 이미 김정일은 사망하고 대타로서 김정일이 연기하고 있다고 주장하는 학자도 있으나, 히틀러가 자신과 닮은 사람을 꾸며서 동서 전선에 보내듯 김정일도 자신과 닮은 자(영화배우 등)를 시찰 훈시 코스에 활용할 수는 있지만, 본인이 유고한 상태에서 한미 측에서 가짜 김정일의 역할에 속을 정도는 아닐 것으로 판단된다.

만약 김정일 신상에 변화가 일어난다면 북한의 권력 엘리트 그룹에서 자신을 살리고 북한 체제의 붕괴를 방지하기 위해 어떻게 전력을 기울일 것인가? 먼저 당과 행정조직을 통해 배급체계와 시장의 유통이 작동되도록 조치하고 위기관리를 위한 헌법상의 국방위원회와 권력 중추였던 당중앙위원회에서 위기 대응 관련 명령을 내면서 혼란을 수습할 것으로 보인다. 이때 바른 생각을 갖고 있었으나 바른 소리는 못했던 위원들이 의사표시를 제대로 하며 북한 체제의 변화 방향을 제시할 것이고, 또한 바른 소리로 정치범 수용소에 격리되었던 인재들을 찾아 체제 생존 관련 의견을 구하고 복직 가능성도 보일 것이다.

여기에서 김정일 생존 시 측근들은 모두 김정일 비위에 어긋날 경우의 생명에 대한 불안과 제거 공포를 가지고 있었기에, 김정일 신상에 변화가 생기면 그 측근들은 같은 공동운명체로서 미래에 대한 불안을 같이 느끼고 공감대 형성이 이루어져 내분보다는 통일된 사고와 행동이 나올 가능성이 더 높다. 그렇게 되면 같이 죽는 방향보다는 같이 사는 길이 무엇인가 고민하게 되고 중간층과 인텔리겐치아 그룹들이 진언하고 제시한 아이디어대로 자신들이 온존하는 범위 내에서 개혁되는 방향으로 정국 운영의 틀을 잡아갈 것으로 보인다. 북한에서도 가끔 여론조사를 실시하며 민심의 흐름을 감지하여 정책을 전개하고 있어, 김정일이 핵심 결정을 내리지 못할 경우에는 대내외 여건과 환경을 고려하여 주요 결정을 내릴 것이다.

3) 급진개혁의 성공

권력의 공백기에 처하거나 체제의 위기에 당도해서 권력의 주도세력이 가장 선차적으로 고민하게 되는 사안은 바로 자신의 안위문제이다. 일단 자신이 사는 방향으로 새로운 세력과 야합하는 것이 누적된 역사적 경험이자 가장 흔한 사례에 속한다.

일찍이 부수상 김환의 건의에서부터 주중국 북한대사관의 보고 등 생산성 향상을 위한 개혁적 조치를 건의하였으나 개혁대상이 될 것을 우려한 기존 실세들과 개혁의 중요성을 제대로 이해하지 못한 김일성에 의해 채택되지 않았고 건의자들은 숙청을 면하지 못하였다.[5] 그 당시는 계획경제라도 배급체계가 살아 있어서 체제는 그럭저럭 지탱해 왔으나 1990년대를 넘기며 가중되는 경제난, 중첩되는 김정일의 실정, 자본 및 자원 결핍 등으로 북한경제는 붕괴 직전 상태에서 3백만 명 가까운 영양실조, 아사자들이 생겨나기 시작했다. 2009년 11월의 화폐개혁도 북한사회보다는 북한 권력 당국자들을 위한 조치로 보이고 있어 북한의 미래상은 예측하기 힘든 양상으로 전개되고 있다.

자본주의 시장의 싹이 터 전국적으로 종합시장만 3백여 개에 달하고 있고 수입원의 70% 이상을 보장해 주던 시장을 화폐개혁으로 위축시키자 양극화 현상으로 중산층과 신흥부자에 대해 차별의식을 느끼던 다수 근로자들의 위화감은 해소시켰으나 북한사회에서 자본이

---

5) 장팅빈(張庭賓), 차혜정 옮김, 『중국과 미국의 힘겨루기, 기축통화전쟁의 서막』(서울: 위즈덤하우스, 2008), pp.231-235.

축적될 기회를 상실케 함으로써 신규 투자 내지 시민자본 형성이 불가능하게 되기에 이르렀다. 북한 집권층이 오래전에 준비한 화폐개혁은 이렇게 엄청난 문제를 안겨주고 있는데 북한 집권층의 입장에서는 인구의 대다수를 점유하고 있는 일반 노동자들의 편익 제공을 우선하고 그들의 지지를 얻는 것이 정권 유지에 더 유리할 것으로 판단한 것으로 보인다.

결과적으로 주민이 보유한 외화와 화폐는 국고로 강제 환수되고 국가는 이를 바탕으로 재투자할 수 있으니, 신흥부자들의 미움은 받았지만 국가의 권력과 통제력을 확보할 수 있었다. 그러나 역사적으로 볼 때 정변의 대다수 경우는 측근에 의해 발생한 사실에 비추어 보면 북한의 권력층이 안심하기에는 이르다고 판단되고 있다.

북한이 베트남이나 루마니아, 폴란드처럼 급진개혁을 강행할 수 있을까? 먼저 급진개혁이 가능한 조건을 살펴보자면, 쇄신을 주도할 인적 자원과 밀어주는 정치세력, 투자 자금과 예산, 세밀하고 구체적인 프로그램, 청사진, 그리고 계획대로 움직일 수 있는 노동력이 필요하다.[6)]

북한은 여기에 대해 급진개혁을 구상할 수 있는 인적 자원은 매우 적지만 있다고 본다. 오랜 기간 동구권, 중국, 소련에 유학생을 보낸 바 있고 지금도 40여 명이 조총련 등의 신분으로 바꾸어 미국에서도 유학하고 있는 실정이다. 북한 최고위직들과 군부 실세들은 자신이 다치지 않는 범위 내에서 이들의 구상을 밀어줄 수 있고 119만 명의 대병력이 확보되어 있으며, 전문대생, 기사급 수준의 현장 대학 수준의 기술자들이 많이 배출되어 있어 노동력 문제도 해결하기가 용이하다.

문제는 자금 동원과 구체적인 청사진을 제시하는 것으로 상명하복

6) 오열근 외, 『상생협력과 갈등관리』(서울: 한국학술정보, 2009), pp.264-267.

의 매너리즘에 빠져 있고 단순 업무에 종사하는 체질이 형성되어 있어 북한사회에서는 격을 달리하는 새로운 아이디어와 플랜을 종합적으로 만들어내기 어려운 상태에 있다. 북한의 대륙간 탄도미사일 실험도 30여 년 이상 준비해 온 데다 소련 붕괴 시 우수한 과학기술자들을 북한에 유입시켰기 때문에 가능한 일이었지, 자체로는 거의 불가능한 수준이었다.

북한으로서는 군사 분야와는 달리 경제개발과 시장 형성 등에 대해 바람직한 연구소 하나 제대로 만들어지지 않은 상태에서 북한경제의 재건이나 자본주의 경제로의 전환이 용이하지 않다. 북한 자체에서 조건을 갖추기가 어려울 때 한국으로부터의 경제자문단 위촉 또는 한반도 경제산업개발 공동연구 프로젝트를 통해 북한은 결정적으로 부족한 부분을 보충할 수 있고 전 세계로부터 한국의 신용을 통해 투자를 유치할 수가 있을 것이다.[7] 평양의 전문가들과 서울의 전문가들이 합동으로 업무를 추진하기에 무리수가 있다면 일본, 미국 내의 교민들 중의 전문가를 포함시켜 구체적인 프로그램을 마련할 수도 있다.

4) 외부의 대북 영향력 행사

북한의 내부적 조건과 여건으로 체제가 변화할 가능성에 비해 외부적 요소가 한결 더 큰 영향력이 발휘될 수 있을 것으로 추정할 수도 있다. 유학파 또는 외국의 정보기관이 활동할 가능성을 염두에 두고 판단하는 것이다. 중국의 천안문 사태나 남미의 잦은 쿠데타 등에서 외부세력이 개입되었다는 이설을 참작할 때 북한에 대한 중국, 러시아의 영향력을 비중 있게 추정해 볼 수 있다.

7) 박병환 외, 『시베리아 개발을 한민족의 손으로』(서울: 국학자료원, 2009), pp. 135-140.

중국이 북한에 대해서는 북한 생필품의 80%를 공급하고 있는데다 북한의 양대 자금력이라 할 수 있는 화교의 자금과 재산이 북한경제를 좌우할 수 있을 정도가 되고 있다. 백화점, 목욕탕, 광산, 대형식당 등을 보유한 북한 내 화교는 북한의 신흥부자들 못지않게 큰 경제적 비중을 갖고 있다.

인맥에서도 북한 내의 정치군사적 영향력이 결코 작지 않은 실정이다. 조선의용군 출신으로 6·25 전쟁에 참전한 3만여 명이 대다수 전사하였지만 생존한 사람 중 3천 여 명의 간부들이 평양에 남아 북한을 재건하고 그들 2세들이 친중파의 핵심으로 성장하여 북한사회의 엘리트로 군림하고 있다. 조선의용군 출신 참전자들은 6·25 전쟁 초기 북한군 간부의 60% 정도를 차지하였으나 중국 내 정치세력으로 확대될 가능성을 우려한 중국 내 중국공산당의 견제와 전후 권력 상실을 우려한 김일성의 견제로 한반도 전투에서 소멸과정을 거치며 세력이 약화되었다.

1940년대 초반 일본군에 포위당한 팔로군 사령부를 무정이 이끄는 조선의용군이 지게부대를 편성해서 게릴라전으로 대항하여 보급로를 개척하여 중국공산당을 살려내어, 이로써 아시아 역사를 바꾸었다. 장개석의 국민당 군대가 대만으로 쫓겨 간 후 의용군의 활약상은 중국대륙 내의 조선인의 사기를 드높이고 단결을 고양시켜 일본군 항복 직후 김학규 광복군 제2지대장은 만주로 가서 현지의 조선거류민단장 등 세력가들과 합쳐 정치조직을 만들어 대륙 광복의 꿈을 펼치고자 하였다. 그러나 임시정부의 광복군이 입국 후 무장해제를 당한 것처럼 북한에 진입한 조선의용군도 압록강 철교를 건너자마자 무장해제를 당하고 소련군정 하의 인민군에 편입되었다.

남로당 계열 중심의 지리산 빨치산이 휴전협정 시 버림받으며 사라졌듯 조선의용군도 중국공산당과 친소 김일성 그룹 양측으로부터 견제를 받으며 사라졌지만, 전후까지 생존한 일부 조선의용군들이 북에 잔류하고 그들 2-3세들이 북한 내에 두각을 드러내며 큰 인맥과 영향력을 형성한 것이다. 김일성 부자의 독재정치에 부대끼어 중국으로 망명, 도주하여 중국에 살고 있는 약 4천-5천 명의 전직 북한 간부들은 중국의 보호 하에 온존해 있고 이들은 중국의 대북 영향력 행사에 큰 지렛대 역할을 하고 있다.

북한에서 자란 조선의용군의 6·25 이후 세대는 중국 내의 전직 북한 간부들과 함께 핵심 친중파로서 활동할 가능성이 높고 이들이 중국과 연계될 시에는 그 영향력이 상상을 초월할 정도이다. 또한 러시아를 거친 유학파, 군 장교단들도 무시할 수 없는데, 가장 우수한 인재들이 반세기 이상 러시아에서 배워 옴으로써 그들이 북한 내의 학계, 과학기술 계통에서는 절대적이라고 할 만큼 러시아와 밀착되어 있다.

1990년대 중반 프룬제아카데미 사건으로 러시아 유학을 다녀온 상당수의 장교단이 희생되었지만 러시아 유학파들을 모두 배제하면 러시아의 무기체계로 갖추어진 북한의 고급 군장비가 운용되기 어렵다. 지금도 첨단 과학기술, 군장비는 물론 레이더 기지나 고급정보의 공동 활용이란 측면에서 러시아의 영향력은 절대적이라고 할 수 있다. 미국과 일본의 영향력이 북한 내에서 확대되는 것을 기피하는 중국과 러시아 측에서 미일 해양세력의 진입을 막기 위해 북한 내에 특단의 조치를 구상한다면 성사될 가능성은 높다고 볼 수 있다.

4. 북한의 체제급변과 동북아 정세 관계

북한은 폐쇄국가라도 동북아에서 북한이 차지하는 정치군사, 경제적 비중이 매우 크기 때문에 북한의 체제급변 사태는 동북아의 역할 구도 형성에 매우 큰 후속적 결과를 초래할 수 있다.[8)]

1) 남북한에 끼치는 영향

북한의 점진적 변화는 남북한 관계에도 서서히 영향을 줄 것이나 북한 체제의 급변은 남북한 관계에 충격을 줄 것으로 전망되고 있다. 북한 내의 신흥세력이 한국과의 관계를 대폭 개선하고 한국과 더불어 공존공영하길 기대한다면 한국의 상생 공영 정책도 순조롭게 이행되고 이상적인 통일 미래상을 다듬어 갈 수 있다. 그러나 북경의 원격조종과 평양 내 친중 인사들의 활약으로 친중정부가 들어선다면 영구분단에 가까운 결과로 이행될 수도 있다. 동북 3성의 풍부한 물산과 에너지로 북한의 생존을 보장하고 평양의 지배 엘리트와 북한 주민들이 중국의 조치를 환영하고 친중정치로 기울어질 때 한국의 대안과 행동수단이 제한된다면 통합 기회의 상실로도 이어질 수 있다.

다행스러운 사실은 김정일을 포함해 북한 상층 엘리트 그룹 중에서는 중국을 매우 싫어하는 자들이 많으나 이들 역시 별로 한국도 선호하지 않기 때문에 급변 시의 권력중추의 방향을 가늠하기가 용이하지가 않다. 중국 내 조선족 사회도 중국화되어 있고 고령자를 제외하면 우리들이 생각하는 만큼 민족정신이 투철하지 않은 실정이다.

이러한 상황에서는 동독이 서독을 모범사회로 보고 통합을 먼저 요청하였듯이 한국이 북한의 이상적 모델이 되면 북한 주민들과 간부들이 한국을 선택할 수 있으나, IMF 사태 이후 한국의 정치 경제 현실이 북한이 본받을 만한 뉴스가 많다고 보기 어렵다. 이에 따라 북한의 간부들은 잘사는 한국이 경제적으로는 부럽기는 하나 부정부패, 양극화 등을 비판하며 심리적으로는 저평가하는 경우도 없지 않다. 그렇게 되면 따라 배우거나 존경하기보다는 경쟁의식이 발동하여

---

8) 김수희, 『세계화와 한국의 대응전략』(서울: 신아사, 2009), pp.320-337.

긴장이 고조된다. 따라서 한국 측에서는 통일을 내치의 연장선상에서 인식하고, 모범적 한국사회의 확산이 북한에까지 영향을 끼치고 북한에 건전한 변화의 흐름이 일어나게 함으로써, 북한 간부들과 주민들이 한국을 지향하고 한국을 본받으며 선택하게 하는 데 대북정책의 주안점이 맞추어져야 할 것이다.[9)]

2) 주변 정세와의 관계

북한의 체제급변은 현재로서는 지근거리에 있는 중국의 영향력이 대북 영향력 행사 관련 인적 자원과 물적 자원도 가장 많이 확보된 상태에 있다. 그러나 중국에의 예속을 기피하는 북한 내의 권력 엘리트들이 적지 않아 중국의 행동에는 제약이 있을 것으로 보인다. 그래도 안심할 수 없는 이유는 중국이 미국과 한국전을 치를 때 전광석화처럼 티베트를 장악하였듯이 북한을 동북 4성처럼 지배관리하려는 의도를 포기하지 않으려 한다는 점이다.

이미 북경 근처 10킬로미터까지 사막화가 진행되고 있는 시점에서 북경정부는 인력으로는 기상이변과 사막화를 방어하기가 결코 용이하지 않음을 인식하고 무공해 가운데 물산이 풍부한 동북 3성 지역으로 발전 중심을 이동시키려는 대안을 마련하고자 구상하게 된다. 중국과 러시아 국경선에 배치한 15만 명의 경찰을 2003년부터 정규군으로 대체하고 심양군구에 3천여 대의 기갑으로 군사력을 강화하고 있는 이유도 탈북자 문제보다는 더 큰 구도의 전략을 추진하려는 것으로 가늠해 보아야 할 것이다.

특히나 2012년 한국의 작전통제권 환수와 한국군의 단독작전, 한국군의 선두배치 등으로 주변국에 대응할 수 있는 군사력에서 한계

9) 김성진, 『작지만 강한 나라를 만든 사람들』(서울: 살림출판사, 2009), pp.19-25.

를 인지할 수밖에 없다면, 북한 체제급변 시 한국이 대응할 수 있는 길은 모두 외교, 교섭 등 연성적 행동이 주종을 이루게 된다. 만약 중국이 남북한의 자연스러운 접근과 관계 개선, 상호 의존을 방해하거나 북한을 장악하려는 행동을 취한다면 한국은 즉각 미국과 함께 중국의 자유화 내지 소련과 같은 분열을 기대할 것이라는 강력한 메시지가 준비되어야 할 것이고 육군 전체가 미공수부대의 훈련을 받고 있는 몽골처럼 대중국포위망 형성에 적극 가담할 것이라는 의사도 표현되어야 할 것이다. 그러나 이러한 주변 강국과의 갈등, 마찰이 생기기 이전에 주변국에 대한 통일외교가 점진적으로 사전에 추진되어야 하고 남북한의 밀착이나 북한 체제급변이 주변국에 손실을 주지 않고 한국을 통해 이익이 더 크다는 것을 인지시켜야 할 것이다.[10]

북한 체제급변 시 새로 변화된 북한은 미국과 적대관계를 정리하면서 남북한의 항구적인 평화정책의 제도화를 이루고 상호 감축된 병력이 남북한의 산업 클러스터, 개성공단의 확대 등에 활용되어야 할 것이다.[11] 한민족 근대사에 크나큰 잘못을 저지른 주변 강국들을 안심시켜 가고 북한사회를 안정시킬 수 있는 외교, 경제력의 향상이 바로 통합의 원동력이 될 것이다.

5. 결언

북한은 지구상에 신정(神政) 국가처럼 개인 우상화가 극치에 달하고 1인 중심의 독재체제가 반세기 이상 내려오면서 교시와 같이 독재자 개인의 발언, 행동양식이 국가사회 전체로 확대되어 왔다. 따라서 독재자의 권력 상실, 신상 변화는 단시간에 북한사회 전반에 파급

10) 김종찬, 『실용외교의 탐욕』(서울: 새로운 사람들, 2009), pp.221-238.

11) 서훈, 『북한의 선군외교』(서울: 명인문화사, 2008), pp.283-290.

될 수밖에 없고 만약 개혁이 성공한다면 북한처럼 작은 나라는 개혁의 긍정적인 여파가 전 지역에 바로 미칠 수가 있다.12) 설사 외부의 영향력이 개입하여 북한에 급변 사태를 유발시켜도 북한의 사회변동과 엘리트의 충원은 유사한 패턴을 보여줄 것으로 전망되고 있다.

주변 강국들 중에는 중국이 인접해 있고 북한 내의 중국 외곽에 북한에 직접 영향을 끼칠 인적, 물적 자원이 확보되어 있어서 2012년 작통권 반환 이후를 감안한 한국의 다양한 상황 변화 대비책이 마련되어 있어야 할 것이고, 준비과정에서 한국은 북한 주민들이 본받고 따라야 할 내치의 연장선상에서의 모범사회 건설, 주변국들을 안심시킬 수 있는 통일외교를 선행하여 추진해야 할 것이다.13)

[참고문헌]

다케나카 치하루(竹中千春), 노재명 옮김, 『왜 세계는 전쟁을 멈추지 않는가?』(서울: 갈라파고스, 2009).

권양주, 『남북한 군사통합구상』(서울: 국방연구원, 2009).

기무라 마쓰히로(木村光彦) 외, 차문석 외 옮김, 『전쟁이 만든 나라, 북한의 군사 공업화』(서울: 미지북스, 2009).

제정관, 『한반도 통일과 군사 통합』(서울: 한누리미디어, 2008).

장팅빈(張庭賓), 차혜정 옮김, 『중국과 미국의 힘겨루기, 기축통화전쟁의 서막』(서울: 위즈덤하우스, 2008).

오열근 외, 『상생협력과 갈등관리』(서울: 한국학술정보, 2009).

박병환 외, 『시베리아 개발을 한민족의 손으로』(서울: 국학자료원, 2009).

김수희, 『세계화와 한국의 대응전략』(서울: 신아사, 2009).

김성진, 『작지만 강한 나라를 만든 사람들』(서울: 살림출판사, 2009).

김종찬, 『실용외교의 탐욕』(서울: 새로운 사람들, 2009).

---

12) 최영종, 『글로벌 한국의 신외교전략』(서울: 오름, 2008), pp.271-280.

13) 권기헌, 『미래예측학』(서울: 법문사, 2008), pp.56-57.

서훈, 『북한의 선군외교』(서울: 명인문화사, 2008).
최영종, 『글로벌 한국의 신외교전략』(서울: 오름, 2008).
권기헌, 『미래예측학』(서울: 법문사, 2008).

제 2 장

북한의 외교: 북일 국교교섭의 정책결정*

손기섭**

1. 서론

1990년 9월 북한과 일본의 '3당 합의'를 통하여 시작되어 2007년 4월까지 16년 반을 넘긴 북일 국교교섭은, 탈냉전기 초기의 국제환경이 급변하던 시기에 대다수의 정책결정자들이 상당히 낙관적 전망을 갖고 시작했던 것을 생각한다면 참으로 장기화된 것이며, 또한 1951년에서 1965년까지 14년 동안 수차례 중단을 거듭하면서 난항했던 한일 국교정상화 교섭 기간을 능가하는 수준이다.

북일 국교정상화 교섭은 일본 국내의 정책결정과정에서 본다면 1990년 9월의 자민당-사회당 합동 방북단에 의한 정치적 결단으로 성립되었고, 이 방북회담을 통해 북일 국교교섭 개시의 전체적 윤곽이 잡히고 예비회담과 본회담이 진행되었다. 당시 탈냉전기의 급변하

---

* 이 장은 현대일본학회 학회지인『일본연구논총』제25권(2007)에 실린 필자의「일본의 대북한 국교교섭의 정책결정: '실력자정치'에서 '관저정치'로」라는 논문을 수정 · 보완한 것이다.

** 부산외국어대학교 인문사회대학 외교학과 교수. sonks@pufs.ac.kr

는 국제환경 속에서의 결단이긴 했으나 정책에 따라서는 자민당 실력자가 정부 공식 라인보다 더 영향력을 행사하기도 한 일본 자민당 정권의 속성을 잘 나타내주는 정치행위이기도 했다. 이후 북일 국교정상화 교섭을 둘러싼 중요 정책결정은 다섯 단계의 정책결정과정을 거쳐 진행되어 왔으며 북일교섭은 시기에 따라 진전과 중단을 반복했다.

시기별로 세분해 본다면, 첫째는 일본 자민당-사회당 합동 방북단[1]에 의한 북한 방문으로 자민당, 사회당, 북한노동당 '3당 합의'의 도출 및 이로 인한 북일 국교교섭의 예비회담 및 본회담의 개시와 관련된 일본의 정책결정이다.

둘째는 1991년 1월에서 1992년 11월까지의 약 2년간 제8차 회담까지 진행된 북일 국교교섭 본회담과 관련된 정책결정이다.

셋째는 '제1차 북핵위기'가 북미 간 제네바 합의로 타결되어 한반도에너지개발기구(KEDO) 시스템이 창설되고 제도화되었으나 북일 간 교섭은 답보상태를 면치 못한 시기로 주로 무라야마 내각(村山內閣), 하시모토 내각(橋本內閣) 및 오부치 내각(小淵內閣)에 있어서의 정책결정이 된다.

넷째, 모리 내각(森內閣)의 본회담 재개에 이어 2002년 9월의 고이즈미 내각(小泉內閣)의 전격적 방북이 실현된 정책결정이다.

다섯째, 고이즈미 방북 이후 국교정상화 자체의 문제보다는 국교정상화를 위한 국내외적 환경 요인, 즉 납치문제로 인한 국내 여론의 악화와 제2차 북핵위기로 인해 교섭이 중단되어, 고이즈미 이후 아베 내각(安倍內閣)에 이르기까지 국교교섭이 중단된 상황이다.

2002년 9월에 실현된 고이즈미 수상의 방북 결단은 고이즈미 내각의 명운을 좌우할 만큼 일본 외교에 있어서는 매우 중대한 정치적 결

1) 당시 자민당 부총재이자 실력자였던 가네마루 신이 단장으로 이끌어 속칭 '가네마루 방북단'이라고 한다.

단을 의미했다. ‘고이즈미 방북’은 전후 미일 협조 외교에 치중해 온 수동적이고 소극적인 기존의 일본 외교 방식에서 벗어나 고이즈미 내각의 적극적인 정치결단으로 성사되었다.

이는 북일 국교교섭의 조기 타결에 대한 기대감을 전제로 한 것이었지만, 기대와는 달리 방북 이후에 생긴 두 가지 큰 외생적 변수에 직면해 불가능한 상황이 되었다. 두 외생적 변수란 일본인 납치문제로 인한 일본 국내 여론의 악화와 ‘제2차 북핵위기’의 발발이었다. 특히, 2002년 10월경부터 가속화된 북한의 농축 핵개발의 표면화 및 일련의 북미 제네바 합의 파기 사태는 제2차 북핵위기의 긴장을 초래했고 북일 국교정상화에 대한 전망을 불투명하게 만들어버렸다.[2) 이렇듯 북일 국교교섭은 장기간에 걸친 다양한 과정을 보여왔고 진전과 중단, 재개와 정체를 반복해 왔던 것이다.

이 연구에서는 ‘가네마루 방북단’에서 ‘고이즈미 방북’ 실현까지의 북일 국교정상화 교섭에 관련된 중요 정책결정을 일본 외교 및 북한 외교의 관점에서 시기별로 분석해 그 특징을 도출하고, 동시에 북핵위기와 관련된 북일 국교교섭의 진전과 중단을 둘러싼 정치적 요인을 분석하는 데 연구의 주요 목적을 둔다.

2. 북한과 일본의 정책결정 구조

북한의 외교정책의 결정 및 집행과정에 있어 주요 역할을 담당하는 인물들은 최고정책결정자(김일성, 김정일), 정치국원과 국가부주석 등 원로 및 지도급 인사로 구성되는 ‘영도핵심’, 당부장과 부부장 그리고 정무원 부장 등 실무급 인사들로 구성되는 ‘지도핵심’, 전문가 등으로 대별된다.[3)]

---

2) 『読売新聞』, 2003년 1월 11일자, 2면. http//yomiuri.co.jp/01/20030110ia25 (검색일: 2003. 10. 20).

북한은 외교정책결정에는 최고정책결정자의 인식과 판단이 지극히 중요하나, 정책결정의 요인이 일면적이지만은 않다. 북한의 외교정책 사안에 따라서는 북한의 역사적 경험, 경제 및 기술적 능력, 군사적 능력, 국내의 결정구조와 정책결정과정, 사회와 국가 간의 관계, 국제질서, 대내외적인 위협의 성격 및 정도, 정책결정자들의 정치성향과 능력 등이 강력히 작용하는 것이다.4)

북일 국교정상화 교섭이 개시되고 전개된 시기는 북한의 권력구조가 김일성 시대에서 김정일 시대로 넘어가는 전환기였고, 또한 김정일 체제를 공고히 하는 시기와 맞물린다. 김정일의 체제 장악력과 관련하여 여러 가설이 존재한다. '실질적 거세설', '군부통제설', '유훈통치설', '당적 지배체제 형성설' 등이 그것이다. 북한의 권력구조는 외형상 노동당과 정부 및 군이 삼각구도를 형성하고 있으나 실제 권력은 최고권력자에 점진적으로 집중되어 온 것으로 파악된다. 김정일은 형식적이고 공식적인 것은 당과 정부의 실무자에게 맡기지만 실질적이고 비공식적, 공작적인 것은 직접 지도하고, 체제유지를 위해 군부에 대한 의존도를 심화시켰다. 그 결과 '유일 지배체제 지속설'이 가장 타당하다.5)

김일성 사망 이후 북한에는 김정일을 둘러싼 소수정예 핵심그룹인 당서기실에 의한 하의상달식 정책결정과정과 김정일의 외교부에 대한 직접 지도에 의한 상의하달식 정책결정과정 두 가지가 병존하는 것으로 분석된다.

한편, 일본의 외교정책결정에 관한 기존의 다수설은 자민당 보수

---

3) 허문영, 『북한 외교정책의 결정구조와 과정: 김일성시대와 김정일시대의 비교』(민족통일연구원, 1997), p.4.

4) 전인영, 「북한의 외교정책: 특징과 변화」, 『아세아연구』 제32권 1호(1989), p.46.

5) 허문영, 앞의 책, p.6.

본류 노선이 추구하는 '미일 기축외교'6) 혹은 미일 협조외교의 틀이 주는 제약 때문에 일본이 국제환경을 통제할 만한 자율적 능력이 없고, 자민당 정권의 정치적 리더십의 부재와 파벌정치 등의 영향으로 일본의 외교정책은 국제정세에 능동적으로 대응하기보다는 사태의 추이에 반응(reactive)한다는 것이 다수설이었다.7)

북일 국교교섭에서도 미국의 동아시아 정책 내지 대북한 정책은 일본의 정책결정에 가장 큰 제약요인으로 작용한 것은 틀림없지만, 전적으로 타율적이거나 반응적인 것만은 아니다. 탈냉전기의 국제정치 구조가 변화하는 가운데 일본 외교는 동북아에서 단편적으로나마 새로운 역할을 모색하고 있음을 알 수 있기 때문이다. 일본의 대북한 국교교섭의 정책결정에서는 '55년 정치 시스템'8)에서 막강한 영향력을 행사한 자민당 정치 내지 일본 정치가 '실력자 정치'9)에서 '관저 정치'10)로 이행하는 과정을 여실히 보여준다.

---

6) 渡辺昭夫,『日本の外交: 講座国際政治』(東京大学出版会, 1989), p.8.

7) 대표적으로 Kent E. Calder, "Japanese Foreign Economic Policy Formation :Explaining the Reactive State", *World Politics*, Vol. XI, No. 4(July 1988), pp.517-542이나 Karl G. van Wolfern, *The Enigma of Japanese Power* (London: Macmillan, 1989).

8) 佐藤誠三郎 · 松崎哲久,『自民党政權』(中央公論社, 1986); 山口二郎,『危機の日本政治』(岩波書店, 1999); T. J. Pempel(ed.), *Uncommon Democracies: The One-Party Dominent Regimes*(Cornell University, 1990); 이원덕,「55년 체제 붕괴의 정치사적 의미」, 한국일본학회 편,『일본정치의 이해』(서울: 시사일본어사, 1998); 손기섭,「고이즈미 내각기의 중일 '72년 체제'의 갈등과 전환」,『국제정치논총』 제45집, 4호(한국국제정치학회, 2005) 등 참조.

9) '실력자 정치'는 나가타초 정치(永田町政治)의 일환으로서, 1980년대 이후 당고관저의 영향과 더불어, 자민당 실력자, 특히 수상을 지내거나 당고문, 당부총재, 파벌영수 등이 주요 정책이나 주요 인사의 결정에 최종적이고도 결정적인 정책결정을 하거나 할 수 있도록 영향을 미치는 정치이다. 中野実,『現代日本の政策過程』(東京大学出版会, 1992), pp.83-112.

10) '관저 정치'란 수상이 여당 내부의 복잡한 영향 요인으로부터 일정한 거리를 두면서 수상관저의 측근을 중심으로 특정정책의 정책결정을 주도하는 수상

일본의 대북한 국교교섭의 정책결정에 대한 분석틀은 '내외압 조정적 관저정치' 모델을 창안해 볼 수 있다. 직접적인 주요 정책결정자는 수상관저와 관련 성청이 되겠다. 최고정책결정자는 수상이며, 수상관저의 관방장관실이나 내각부가 수상관저의 정책결정을 돕는다. 관련 성청은 교섭 주관청인 외무성을 비롯하여, 예산의 대장성(재무성), 산업무역의 통산성(경산성), 군사안보의 방위청(방위성) 등이 된다.

간접적인 정책결정자로서 내외압 요인은 자민당과 미국이 된다. 외압 요인으로서 정책결정에 결정적인 영향 요인은 미국이 되며, 그 외 한국이나 중국 요인도 무시할 수는 없다. 반면, 국내의 최대 내압 요인은 일본 정치 시스템의 변화에 따라 차이는 있으나 자민당이며, 제한적으로 국회에서의 야당 또는 국내 여론, 시민단체 등이 된다.

3. '가네마루 방북단'의 정책결정과 교섭합의

1) '가네마루 방북단'과 '3당 합의'

전후 45년이 넘도록 단절되어 왔던 일본과 북한이 국교정상화를 위한 교섭을 결단하는 직접적인 계기가 된 것은, 1990년 9월 일본 자민당의 당시 최고실력자 가네마루 신(金丸信)이 이끄는 자민당-사회당 국회의원 23인으로 구성된 합동 방북단(이하 '가네마루 방북단')의 방북으로 평양에서 김일성과의 회담이 실현된 후 발표된 북한노동당, 자민당, 사회당 간에 작성된 3당 공동선언이었다. 방북단장이었던 일본의 가네마루는 정부여당인 자민당 부총재이자 다케시타 파벌

주도의 정책결정 시스템을 말한다. 대표적 케이스로는 요시다 외교(1948-1953), 일중 국교정상화 교섭 시의 다나카 외교 등이 있다. 같은 책, pp.83-95.

의 회장으로서 당시 일본 정치에 막강한 영향력을 행사하는 실력자 의원이었다. 이러한 가네마루 부총재가 다나베 마코토(田辺誠) 사회당 부위원장과 더불어 북한을 방문한 것은 북일관계 개선에 좋은 환경조건을 조성했다.11)

북한은 공식 외교 라인이 아니라 친분이 두터웠던 일본 사회당 라인을 이용해 당시 일본 정계의 최고 실력자인 가네마루에게 은밀히 접근하여 방북을 성사시켰고,12) 김일성은 가네마루의 예상을 넘어 전격적인 북일 국교정상화 교섭을 제안했다. 1990년 9월 26일 김일성과 가네마루, 다나베 3자회담의 석상에서 가네마루는 '과거에 대한 속죄와 보상'을 약속했고, 이에 김일성은 북일 국교정상화 교섭을 진행할 것을 제안했던 것이다. 그 결과 3당의 공동성명이 9월 28일에 조인되어 공식적으로 발표되었는데, 총 8개 항목의 이 공동성명에는 첫째 항목에, "3당은 과거에 일본이 36년간 조선인민에게 행한 커다란 불행과 재난에 대하여, 그리고 전후 45년간 조선인민이 받은 손실에 대해서 공식적으로 사죄하고 충분히 보상해야 한다는 데 합의"한다는 조항이 삽입되었고, 양국 관계의 조기 정상화, 북한 적대조항의 철폐, 지구상의 핵위협 해소, 국교수립 등 현안문제 해소를 위한 정부간 교섭 권고, 3당간의 관계 강화와 상호 협력 등의 내용이 기술되었다.13)

그런데, 이 '3당 합의'는 '전후 45년간에 대한 배상' 규정을 수용함으로써, 일본의 외무성과 자민당 강경파의 거센 반발을 불러일으켰고 일본 국내 여론도 극히 악화되었다. 이에 따라 자민당 실력자였던 가

---

11) 방북 원래 목적은 억류된 후지산마루 일본 선원 2인의 석방과 향후 교류문제라는 제한적인 것이었다.

12) 『讀売新聞』, 2002년 12월 24일자 및 http://yomiuri.co.jp/oo/20021224i104.htm(검색일: 2003. 10. 20).

13) 姜尙中 · 水野直樹 · 李鐘元 編, 『日朝交渉ー課題と展望』(岩波書店, 2003), pp.215-216; 강태훈, 『일본 외교정책의 이해』(서울: 오름, 2000), pp.170-171.

네마루 부총재의 정치적 입지는 크게 약화되어 결국 그로 하여금 '3당 공동선언'이 일본정부를 구속시키지 않음을 언명케 만들었다. 이 3당 공동선언은 미묘한 동북아 정세 속에서 한국정부와 미국정부의 반발까지 초래하게 되었다.

한국정부는 3당 공동선언이 한국과의 사전협의 없이 실현된 점을 비판하면서, 같은 해 10월 8일에 한국을 방문한 가네마루에게 노태우 대통령은 '북일교섭에 관한 5원칙'[14]을 제시하였고, 가네마루도 앞으로 한국과 충분히 상의할 것을 약속했다. 전후 냉전적 국제질서를 주도한 미국정부도 북한의 핵사찰 수용을 촉구하면서 '전후 45년 배상 불가'를 주문했다.[15]

2) 북일교섭의 국내외 환경

'가네마루 방북단'을 통해 북한이 일본과 관계 개선을 결심하게 되는 배경에는 탈냉전기의 급격한 국제정세의 변화에 대응할 수밖에 없는 절박한 사정이 존재했다.

첫째, 1987년 12월의 미소 간 냉전 종결 선언의 영향으로 구소련을 비롯한 동구권 전체의 사회주의 정권들이 붕괴되기 시작했다는 점이다. 미소 간의 냉전 종결은 소련 및 동구권의 자유화와 체제붕괴로 연결되었고, 동아시아에서는 중국에서 정치적 자유를 희구하는 천안문 사건을 야기했다. 미소 간의 냉전 종결은 소련을 비롯한 사회주의 정권의 사실상의 패전을 의미했으며, '유격대 국가'[16]로서 정치적

---

14) 5원칙은 (1) 한국과 사전협의, (2) 남북간의 대화, 교류와의 연계, (3) 북한의 IAEA의 안전사찰협정 체결, (4) 국교정상화 이전의 경제협력, 배상 거부, (5) 북한의 개방 및 국제사회에의 협력 촉구이다.

15) 이 외에도 식민통치에 대한 보상과 경제원조의 군사목적 전용 불허, 남북대화 고려 등을 주문했다.

16) 和田春樹, 『北朝鮮: 遊擊隊国家の現在』(岩波書店, 1988).

자유를 억압하고 있던 북한으로서도 체제존속과 생존을 위한 활로를 모색해야 할 상황에 직면하게 된 것이다.

둘째, 남북간의 경제격차가 심화된 가운데 1988년 '7 · 7선언'을 통해 제한적이나마 정치발전을 이룩한 한국의 노태우 정권이 북방정책을 선언하여 소련 및 동구권과의 관계 개선을 적극적으로 추진한 결과, 1990년 상반기까지 헝가리를 필두로 폴란드, 유고, 불가리아 등을 제외한 동구의 모든 국가와 국교정상화를 실현한 것이 영향을 미쳤다. 특히, 북한이 군사적으로 크게 의존했던 소련이 한국과 국교수립의 의사를 밝힌 점은 큰 충격을 주었다. 1990년 9월에 평양을 방문한 세바르드나제 소련 외상은 북한 외교부장 김영남에게 한국과의 국교정상화를 통보하였고, 김영남은 소련이 한국과 국교를 정상화하면 독자적으로 핵개발하고, 북일 국교정상화를 추진할 것을 언명했다.17)

셋째, 북한을 둘러싼 국제환경이 급변하는 가운데 북한경제가 극도로 악화되는 상황이었기 때문이다. 소련의 정책 변화는 북한의 외교적 고립을 심화시키는 데 그치지 않고 침체 일로에 있는 북한경제를 더욱 악화시킬 가능성이 높았다. 북일 수교는 북한의 경제회생 카드로서 식민지 지배의 배상에 해당하는 막대한 재산청구권 자금을 제공받을 수 있다는 기대가 대일 접근을 촉진시키는 변수로 작용했다. 1965년의 한일 국교정상화 당시 일본이 한국에 재산청구권 자금의 일환으로 제공한 무상 3억 달러, 유상 2억 달러는 물가상승과 외환율 변동을 고려한 1990년 당시의 기준으로는 50억 달러를 상회하는 막대한 자금 규모였다.

한편, 일본이 '가네마루 방북단'을 통해 북한과의 국교정상화 교섭을 시도한 의도는 다음 세 가지로 집약된다. 먼저, 일본의 대북한 국

17) 『朝日新聞』, 1991년 3월 1일자.

교정상화는 전후처리외교의 완성을 의미한다. 일본의 전후처리외교는 1951년의 샌프란시스코 강화조약과 그 후의 양국 간 조약, 즉 1950-60년대 초의 인도네시아, 필리핀, 소련, 버마와의 정상화, 1965년의 한국과의 정상화, 1972년의 중국과의 정상화를 통해 거의 달성되었지만, 유일하게도 북한과는 아직 관계를 정상화시키지 못하고 있었기 때문이다. 일본의 전후처리외교의 방식은 대부분의 케이스에 있어서 유사성을 나타내고 있는 점은 흥미롭다. 즉, 전후배상과 더불어 경제협력방식이 도입되는데,[18] 이는 동아시아 각국이 일본 경제와의 의존관계를 구조적으로 심화시키는 데 결정적으로 기여했다.

다음으로, 일본으로서는 탈냉전이 시작된 1990년대 초에 더 안정적인 동아시아 관계의 구축이 필요했으며, 정부여당인 자민당은 중국과 북한에 적극적으로 접근했다. 외무성과 수상관저 및 자민당 사이에는 반드시 일치된 의견이 존재하지는 않았지만, 북일 국교수립의 필요성에 대해서는 공감하고 있었다. 당시, 한소관계의 정상화가 실현되고 미국의 동아시아 전략이 재고되는 등 동북아 국제관계가 냉전적 구도에서 탈피하여 관계 재편이 시도되었다. 일본 외교는 미중관계 등 동북아 국제환경의 변화에 민감하게 반응했고, 북미관계의 추이를 주목하면서 전격적으로 북일관계 개선에 나설 가능성을 배제할 수 없었다.[19]

18) 각각 상당한 정도의 상이성도 있다. 예를 들어 한국의 경우는 배상을 인정하지 않고 재산청구권 및 경제협력 방식으로 하고 있으며, 일중 국교정상화 때는 중국이 조기의 국교정상화를 위해 배상청구권을 포기하면서 간접적으로 정부간 경제협력을 추구했다. 우츠미 아이코, 「일본의 전후처리와 아시아의 보상 요구」, 하영선, 『한국과 일본』(서울: 나남, 1997), pp.107-145; 이원덕, 『한일 과거사 처리의 위험: 일본의 전후처리외교와 한일회담』(서울대학교, 1996); 손기섭, 「동아시아에 있어서의 일중 국교정상화의 정치과정」, 『일본연구논총』 제17호(현대일본학회, 2003년 여름호).

19) 일본 외교의 국제환경에의 민감성, 특히 미중관계 구도 변화에의 민감성은 특별한 것으로 보이는데, 다나카 내각의 1972년 일중 국교수립도 닉슨 미

셋째, 북일 국교정상화는 일본이 의도하는 동북아 경제권 구상에 일보 다가섬을 의미한다. 오히라 내각(太平內閣) 때 주창된 환일본해 경제권 구상과 같이 소련 극동지역의 천연가스 등 천연자원 개발이나 중국의 농산물 시장, 광물자원과의 연계를 위해서도 북한은 해상 수송로와 철도와 같은 육상 수송로에 있어서 일본의 중요한 전략적 거점이 된다.

4. 북일 국교교섭 제8차 회담까지의 정치역학

1) 북일회담의 쟁점

일본과 북한의 3당 합의로 정부간 국교교섭이 개시된 이후 1992년 11월에 이르기까지 북일 간에는 3차례의 예비접촉을 포함하여 8차례의 수교회담이 열린 후 중단되었다. 일본의 경우 8차에 걸친 본회담은 일본 외무성이 주도하였으며 양국 간에 합의된 의제에 대한 실무적 회담이 중심을 이루었는데, 주요 의제는 1990년 11월의 북경의 예비회담에서 합의된 국교정상화에 관한 기본문제, 북핵위기 등 국제문제, 식민지 지배 청산과 관련된 경제문제, 일본인 처 고향방문이나 재일 북한동포의 법적 지위, 일본인 납치사건과 같은 기타문제 등 네 가지 쟁점으로 대별된다. 이 중 북일 간 교섭과정의 주요 쟁점이 된 사항은 전후 45년 배상문제와 북한 핵문제 및 납치사건이다.[20)]

첫째, 기본문제와 경제문제에 대한 핵심은 식민지 지배에 대한 인식과 '전후 45년 배상'에 집중되었다. 북한은 제1차 본회담에서 식민

정부의 미중 접근의 영향에 의한 것이다. 添谷芳秀, 「1970年代の米中関係と日本外交」, 日本政治学会, 『危機の政治学』(岩波書店, 1997).

20) 진창수, 「북일관계: 국교수립의 정치적 요인」, 백학순 · 진창수 편, 『북한문제의 국제적 쟁점』(세종연구소, 1999). pp.272-273.

지 지배가 불법 내지 무효이며 국제법상 교전관계를 주장하여 이에 대한 배상 및 식민지 지배에 대한 보상을 요구하였다. 또한 전후 45년에 대한 피해와 손실에 대한 보상도 제기하였다.[21] 이에 대해 일본은 식민지 지배에 관한 한일합방조약을 포함한 과거의 모든 조약은 현재는 무효이지만 당시는 유효했으며 국제법상 전쟁상태가 아니었다고 주장했다. 따라서 이에 대한 배상 및 보상은 받아들일 수 없으며, 1965년 한일 기본조약과의 정합성 속에서 북일 국교를 추진할 것임을 강조했다.

둘째, 국제문제와 기타문제에 있어서는 일본이 북한에 공세를 취했다. 국제문제의 중심 의제는 핵개발 의혹의 제기와 해소, 기타문제는 '이은혜 납치문제'가 중심이 되었다. 일본은 국교의제를 설정할 당시부터 교섭전략 차원에서 핵개발 의혹을 중점적으로 부각시켰으며, 핵개발 의혹이 있는 나라에 경제적 지원을 전제로 한 관계정상화는 국내 여론의 지지를 얻을 수 없다는 점을 강조했다.

북일 국교교섭을 위한 예비회담은 상기의 주요 의제에 합의했지만, 이미 미국은 북한의 핵개발 의혹에 대한 우려를 표명하면서 북일교섭에 이 문제를 결부시키도록 일본정부에 압력을 가하고 있었다. 일본정부는 예비회담을 통해 전후 45년 배상을 규정한 '3당 합의'라는 정당 간 합의에 일본정부가 구속받지 않으며, 핵사찰 수용을 의제화할 것을 주장했고,[22] 본회담에 임하는 일본의 입장을 한반도의 평화와 안정에의 공헌, 한일 우호관계와의 조화, 전후 45년 배상 불가, 핵사찰 수용이라는 네 항목으로 정리했다.[23]

---

21) 전후 보상의 근거로 북한이 주장한 것은 일본의 조선분열의 책임, 한국전쟁에의 일본의 미군지원 및 작전참가, 전후의 적대정책에 의한 피해 등이다. 같은 논문, p.268.

22) 『読売新聞』, 1990년 12월 7일자.

23) 『朝日新聞』, 1991년 1월 30일자.

2) 북일교섭 본회담과 북미일

제1차 북일교섭은 1991년 1월 30일 평양에서 시작되었으며, 상호 입장의 확인과 탐색전이었다. 일본은 나카히라(中平立) 단장의 모두 발언을 통해 일본과 북한은 전쟁상태에 있지 않았으므로 배상을 할 수 없으며, 북한이 NPT 조약의 의무를 조속히 이행할 것을 촉구했다. 북한의 전인철 단장은 식민지 지배에 대한 공식사죄의 명기와 1910년의 합병조약의 불법 무효 선언, 그리고 교전국으로서의 보상과 재산청구권의 적용 및 전후 45년의 피해와 보상, IAEA 사찰은 주한미군과 동시진행 등을 주장했다.

제2차 북일교섭은 1991년 3월 11일부터 12일에 걸쳐 동경에서 열렸다.[24] 이 회담에서 나카히라 단장은 한국병합이 합법이었으며, 당시의 김일성 장군을 중심으로 한 빨치산은 중국공산당의 일부에 지나지 않았으며 북한은 IAEA 사찰을 수용해야 한다고 주장했다. 제2차 회담 후 미국은 북핵문제에 대해 개입했다. 3월 21일 베커 미 국무장관은 나카야마 외상에게 북일교섭에 핵사찰 문제를 거론해 줄 것을 정식으로 요청했다.

제3차 회담은 5월 20일에서 22일에 걸쳐 북경에서 열렸고 이후 제8차 회담에 이르기까지 남북교섭은 북경에서 개최되었다. 그 회담석상에서 일본은 핵사찰의 수용은 '국교정상화의 전제조건'이라고 주장한 반면, 북한은 3당 공동성명의 위반이라고 강력히 반발했다. 북한은 '선 외교관계 수립, 후 경제문제 교섭'이란 해법을 제안했다. 이 문제에 대한 토론이 진행되기 전에 일본은 '이은혜 문제'[25]에 대해

---

24) 회담에 앞서 나카야마(中山) 외상은 북한 대표단에게 IAEA 사찰을 수용하기 위한 보장조치 체결과 '일본인 처' 문제를 해결하고 싶다고 피력하였다.

25) '이은혜'는 대한항공 폭파사건의 실행범 김현희의 일본어 교육담당으로 납치된 혐의이다.

조사를 요구했다. 북한은 이 문제를 의제로 상정할 수는 없으며 사죄를 요구하고 회담을 거부했다.

제4차 회담은 8월 30일에서 9월 2일에 걸쳐 북경에서 재개되었다. 일본은 핵사찰협정의 조기비준과 조기사찰 수용, 일본인 처의 조기왕래 및 통신 허용을 요청한 반면, 북한은 전후보상은 북한과 미국의 문제로서 일본과는 무관함을 강조하면서 '일본인 처' 문제는 전향적으로 검토할 것을 천명하는 신축성을 보였다. 제4차 회담이 끝난 후 IAEA 이사회는 북한이 핵사찰협정에 조인하여 사찰을 수용할 것을 결의했는데, 북한은 한국에 배치한 미군의 핵병기를 철거하지 않은 이상 협정에 조인할 수 없다고 표명하여, 미국정부는 한국을 포함한 전술 핵병기의 해외 배치를 중지한다고 발표했다.[26)]

제5차 회담은 11월 18-20일에 개최되었는데, 북한은 '일본인 처' 문제에 관한 12명의 안부를 확인한 조사결과를 발표했고 '전후 45년 보상'과 교전상태에 대해선 언급을 피했다. 핵문제에 있어서는 종래 입장을 되풀이했으나, 회담 후 핵사찰의 남북 동시 수용과 북미회담을 주장했다. 노태우 정부는 한국에는 핵병기가 없음을 선언했고 12월 22일 북한은 안전보장협정에 서명했다. 이에 따라, 12월 31일 남북간에는 '한반도 비핵화에 관한 공동선언'에 합의하여 가조인했으며, 1992년 1월 22일에는 북미 차관급회담이 개최되었다.

제6차 회담은 1992년 1월 30일에서 2월 1일에 걸쳐 진행되었지만 별 진전이 없었고, 5월 13-15일에 걸쳐 진행된 제7차 회담에선 일본은 남북 상호 사찰의 실시를 주장했으나, 북한의 태도는 경화되어 상호 접근 가능성은 더욱 어려워졌다. 핵사찰은 남북합의로 이미 해결되었다는 입장을 취했고, 5, 6차 회담에서 거론하지 않던 전후보상을

26) 노태우 정부는 11월 8일 '한반도의 비핵화와 평화구축을 위한 선언'을 발표하고 핵연료 재처리시설이나 핵 농축 시설을 보유하지 않을 것을 선언하였다.

다시 주장했다. 1992년 8월 24일에는 한국과 중국과의 국교가 정상화되어 북한은 더욱 고립되었다.

제8차 회담은 11월 5일에 북경에서 열렸는데, 일본이 핵문제와 더불어 '이은혜 납치문제'를 꺼내자, 북한은 "존엄과 원칙을 포기하면서까지 일본과 관계 개선은 하지 않을 것"이라고 언명하면서 대표단을 철수시켜 회담이 결렬되었다.[27]

이처럼, 제3차 회담 이후 IAEA 핵사찰 수용문제와 '이은혜' 문제는 본회담의 중요한 테마이자 논란의 대상이 되었고 결국은 회담 결렬의 주요한 원인이 되었다. 표면적으로는 '이은혜' 문제가 북일교섭을 결렬시킨 원인이 되었으나, 북일교섭의 실질적인 원인은 북한의 핵사찰 문제에 있었다. 일본은 당초부터 북핵 의혹의 완전 해소를 주장하는 입장이었으며 미국과 공조하여 핵문제에 강경했다.

1992년 11월까지 8차례에 걸친 정부간 교섭이 결렬된 이후에도 핵의혹 문제는 해소되지 않고 더욱 악화되었다. 특히 1993년 6월 북한이 NPT 탈퇴를 일방적으로 선언하고 동해상에서 노동1호 미사일 발사시험을 하는 등 공격적인 모습을 보임에 따라 북일교섭의 재개 전망은 불투명해졌다. 1994년 10월 21일 북한과 미국 간에 제네바 기본합의가 성립되어 KEDO 시스템이 발족됨에 따라 북한 핵문제는 일단 해결의 실마리를 찾고 북일교섭의 최대 장애요인은 해소되었으나, 북일교섭은 장기간 중단된 상태를 호전시키지 못했다.

---

27) 북일교섭의 세부적인 내용에 대해서는 제1차 회담에서 제12차 회담에 이르기까지 상세히 분석한 양기웅 · 김준동, 「북일 수교협상(1990-2006)의 결렬과 재개의 조건」, 『일본연구논총』 제23호(현대일본학회, 2006년 여름호), pp. 122-150; 진창수, 앞의 논문 참조.

3) 일본 국내정치의 대립

북일 국교교섭과 관련하여, 일본 국내 정치과정은 적극론과 신중론이 대립구도의 축을 이루었다. 교섭 시작 단계에서는 적극론도 상당히 탄력을 받을 것으로 예상되었지만, 가네마루 외교의 한계[28]와 더불어 막상 국교교섭이 진행된 1991년 초부터 1992년 11월까지의 정치과정에선 일본 외무성을 중심으로 하는 신중론이 우세했다. 미국과 한국의 견제 등 국제환경 요인도 신중론에 가세했다.

당시 북일교섭을 가능케 했던 가네마루 자민당 부총재 주도의 '3당 공동선언'을 바탕으로 하는 적극론은 일본 국내에 돌아와 호된 비판을 받았다. 본회담이 시작되자 외무성을 중심으로 일본정부는 계속 신중론의 입장을 견지하였다. 핵사찰 수용과 전후 45년 배상에 반대하는 한국과 미국 정부의 전제조건을 수용하여, 1990년 12월 제3차 예비회담에서 핵사찰 문제를 북일 수교협상의 의제로 상정할 것을 요구했고, 3당 공동선언의 '전후 45년 배상'에 관해서는 법적 책임이 없는 정당 차원의 합의라고 일축했다.

적극론은 사회당을 중심으로 하는 혁신진영과 자민당 내의 가네마루, 와타나베 미치오 전 외상, 가토 고이치 의원 등 요시다 노선을 이어받는 자민당 보수본류 노선에 속하는 중진의원이 많았다. 이에 비해 외무성 및 자민당 보수방류 노선을 비롯한 다수의 보수세력들은 북일 조기교섭에 신중한 자세를 취하였다. 외무성은 핵문제가 결부되었기 때문에 북미관계의 추이가 우선시되었고, 북한이 경제위기의 가속화로 북일교섭을 서두르고 있던 상황이라 교섭전략 상 일본 쪽에서 서두를 필요가 없다고 판단했다. 또한 일본 외무성은 기본관계와

28) 가네마루의 최대 외교적 실수는 '전후 45년 배상'에 동의해 준 것이었다. 이는 자민당 실력자 정치인의 자신감의 발로이자, 당시 일본 경제가 버블기의 최전성기를 구가한 것과 무관하지 않을 것이다.

경제문제에 있어 원칙적 입장, 즉 식민지 지배에 대한 배상, 보상은 할 수 없으며, '전후 45년 배상'은 정부간 협상의 대상이 될 수 없다는 점을 분명히 하였다.

북일교섭이 결렬된 제8차 회담까지 일본정부는 북핵문제와 관련해 한미일 공조체제의 유지에 중점을 두었고, 북일교섭에 적극성을 보이지 않았다. 일본은 외무성을 중심으로 한미일 공조체제를 강화했으며 사회당과 자민당 일각의 적극론 입장을 봉쇄했다.

이 결과 일본은 북한의 조기 국교수립 방침과는 반대로 장기교섭의 태도를 취하게 되었고, 북한이 '선 국교수립, 후 기본관계 및 경제문제 타결'의 교섭카드를 빼들었을 때 응하지 않고 핵사찰 문제를 거론했던 것이다. 외무성은 대북 온건파에 의한 '3당 공동선언'은 북한의 입장에 말려드는 것으로 간주했고 일본정부는 '3당 공동선언'과 무관하다고 주장하면서 반발했던 것이다.

일본 국내정치상 외무성의 신중론이 강화될 수 있었던 것은 미국과 한국의 외압을 적절히 이용할 수 있었기 때문이었다. 이 제8차 본회담 진행시기는 대북한문제에 일본 자민당의 실력자 정치가 구심점을 잃고, 수상관저도 뚜렷한 리더십을 발휘하지 못한 가운데 외무성과 자민당의 대북 강경론이 미국과 국제환경을 등에 업고 주도했다고 볼 수 있다.

5. KEDO 시스템 하의 정책결정

1) 방북외교와 정책 갈등

북일 국교교섭이 중단된 이후 핵개발 의혹이 증폭됨에 따라 북한은 그 해결을 위해 미국과의 직접 접촉에 몰두했다. 이는 북한이 남북회담이나 일본 중시에서 벗어나 미국과의 '북미 일괄타결전략'으로 전략을 수정했음을 의미한다.29) 비자민 연립정권이었던 일본의 호소카와 내각(細川內閣)이 1993년부터 1994년 초까지 회담 재개를 위한 노력을 보였음에도 불구하고 북한은 아무런 응답을 하지 않았다.

제1차 북핵위기는 북일교섭 중에 표면화되고 1994년부터 가속화되었다. 미국은 1989년에 이미 위성으로 잡은 영변지역 시설물들이 핵시설이란 의구심을 가졌으며, 북일교섭을 추진하는 일본정부에 핵사찰 문제를 결부시켰다. 북한은 남북관계와 북일관계를 이용해 북미관계를 압박하고자 했으나 이는 효과를 나타내지 못하였다. 남북한관계는 1991년 12월 '남북기본합의서'가 서명되고, 이듬해 1992년 2월 18일에는 '한반도 비핵화 공동선언'이 합의되는 등 호전되었으나, 북한이 '군사시설에 대한 IAEA 특별사찰'을 거부하고 1993년 3월 12일 NPT 탈퇴를 선언함으로써 북핵문제를 둘러싼 북핵위기의 긴장감은 고조되었다.

미국 내의 강경론이 강화되는 가운데, 북미 전면충돌의 가능성까지 점쳐지는 위기상황이 긴박해졌으나, 미 카터 특사의 방북과 김일성과의 회담에서 북미 일괄타결과 남북정상회담이 수용되어 위기가 해소되면서 1994년 10월 북미 제네바 합의가 도출되었다. 제네바 합의를 바탕으로 1995년 3월에는 한반도에너지개발기구(KEDO)가 발족되어 북한에 경수로 2기의 건설과 제1기 경수로가 완성될 때까지 매년 중유 50만 톤을 지원하기로 합의했다.30) KEDO가 발족함에 따라 북일간에도 수교회담의 재개가 기대되었고 다각도의 방법론이 모색되었다.

29) 양기웅, 『일본의 외교협상』(소화, 1998), p.163. 북한은 '이이제이 전략'에서 북미 '일괄타결 전략'으로 수정했다.

30) KEDO는 46억 달러를 상회하는 경수로 2기 공사비 중 한국 32억 2천만 달러, 일본 10억 달러, 나머지는 미국과 EU의 책임으로 조달하며, 중유 50만 톤은 미국이 부담하는 것으로 합의했다.

1994년 10월 제네바 합의로 제1차 북핵위기가 KEDO 시스템으로 동북아의 제도적 안전장치가 확보되자, 국제환경의 여건에 따라 무라야마 내각은 정부간 교섭이라는 정면 승부보다는 정부여당의 합동 방북이라는 간접적인 정치 절충을 통해 중단된 국교교섭을 위한 상황 타개를 지속적으로 시도했다.

그 첫 작품이 1995년 3월 28일부터 30일까지 실현된 일본 연립여당의 합동 방북과 수교 재개에의 합의였다. 일본 측 대표단은 와타나베 전 자민당 부총리 겸 외상을 단장으로 하여 구보 사회당 서기장, 하토야마 사회당 대표간사 등이 포함된 자민당, 사회당, 신당 사키가케로 구성된 정부여당 합동대표단이었고, 3당 대표가 회의를 주재하였으나 실질적으로는 자민당 정무조사회 회장이었던 가토 고이치가 회담을 주도하였다. 북한노동당과 이루어진 방북단의 회담을 통해 '북일교섭 재개를 위한 4당 합의서'가 조인되었다.[31] 이 합의에는 조기 북일 국교수교의 필요성이 역설되어 있긴 하나 정당 간 합의 수준에 그쳐, 북일 국교교섭의 직접적인 창구 역할을 하지는 못했다.

두 번째로, 일본정부의 대북 쌀 지원정책이다. 1995년 5월 북한의 요청을 받은 무라야마 내각은 1995년 6월 22일 대북 쌀 지원을 결의하여, 일본의 식량청과 북한 측의 국제무역촉진위원회를 중심으로 교섭을 지속하여 7월 1일 유상 15만 톤, 무상 15만 톤, 합계 30만 톤의 쌀을 지원하기로 합의했고, 이어 북한의 추가 지원요청을 받아 10월 3일 20만 톤의 쌀을 10년 거치 30년 분할 상환 방식으로 추가 제공하기로 결정했다. 당시 일본은 4년간 연속된 풍작으로 쌀 재고가 남아돌아 그 처리에 고심하였다. 농민의 이해를 대변하는 농협과 자민당의 농림족 의원은 쌀 재고 처리를 위해 대북 쌀 지원에 적극적이었

31) 첫째, 조기 국교정상화를 위해 적극 노력할 것, 대화와 협상에 조건을 달지 않을 것, 자주적 독자적 입장에서 협상할 것, 정부가 협상을 적극 추진할 것 등 네 항목이 합의되었다. 『朝日新聞』, 1995년 3월 30일자.

고, 노나카 히로무 정조회장, 가토 고이치 간사장도 적극적이었다. 하지만 북한의 100만 톤 지원 요청 규모를 생각하면 무라야마 내각의 지원 규모는 그다지 큰 규모는 아니었다.

제네바 합의로 북일 국교교섭을 위한 일차적 장애요인은 제거되었지만, 북일 간에는 여전히 쉽게 극복할 수 없는 국내외적 환경이 존재했다. 즉, 자민당-사회당 연립정권이었던 무라야마 내각에 있어서 사회당은 적극적 입장을 견지하였지만, 국교를 추진하는 공식 라인인 외무성이 여전히 부정적 태도를 견지하였고 자민당 내의 갈등도 상당했다.[32] 이러한 흐름은 1995년 이후 일본 국내정치의 보수화 경향과 크게 연관성이 있다. 북일 국교수교 문제는 이러한 정부와 연립여당 내의 정책갈등으로 인해 무라야마 내각은 물론이고 무라야마 내각 이후의 일본정부는 북일 국교 추진에 힘을 실을 수가 없었고, 북핵위기와 납치문제에 관련된 국내외적 부정 여론에 수동적으로 반응할 수밖에 없었다.

1996년 1월 25일 하시모토 내각은 북한의 제3차 쌀 지원 요청을 거절하고 있으며, 이후 대북한 외교의 창구는 가토 고이치 간사장에 의해 주도되었으나, 이 가토 채널은 자민당 보수파들의 견제와 더불어 오자와 이치로가 이끄는 신진당의 반대로 잘 기능하지 못했다.[33] 미 클린턴 정권과 더불어 미일 공동선언을 도출했던 하시모토 내각은, 자민당 및 신진당의 견제로 인한 일본 국내정치상의 합의 부재, 납치 여론의 악화, 미일동맹의 재정의 문제 등 악화된 일련의 국내외 환경 속에서 중단된 북일교섭의 물꼬를 트지는 못했다.

---

32) 이종석 · 백학순 · 진창수 · 홍현익, 『남북정상회담 이후 주변 4강의 대북정책 변화와 우리의 대응방향』, 세종연구총서, 2001-7(세종연구소, 2001), pp.27-30.

33) 오자와는 북한 핵의혹이 완전히 해소되지 않으면 북일 수교협상 재개에 반대하는 입장을 견지하였다.

세 번째, 1997년 중반 이후 1998년 8월에 이르기까지 북일 양국 간 국교교섭에 본격 임하기보다는 주요 현안 타결을 위한 정중동의 노력이 표출되는 시기로서 양국 간의 비공식적 실무회담과 더불어 심의관급 회담의 개최, 북송 일본인 처의 고향방문, 자민당 대표단의 방북 등이 시도되었다. 그동안 북한 공작원에 의한 납치사건, 대북 식량지원 문제, 각성제 밀수의혹사건, 북송 일본인 처 방일문제, 국교수교 본회담 재개문제 등을 두고, 불완전하나마 1996년 3월 이후 비공식 과장급 실무회담이 계속 진행되어 1997년 8월 21-22일 북경에서 심의관급 회담이 개최되었다.[34] 북경 심의관급 회담의 결과, 주요 현안 중에서 납치의혹사건은 '계속 협의' 형태로 뒤로 미루어졌지만, 대북 식량지원이나 일본인 처 방일문제에서는 기본 타결원칙이 마련되었고, 국교수교 본회담 조기개최에 합의가 이루어졌다.

자민당 방북단은 1997년 11월의 모리 총무회장을 단장으로 하는 방북대표단과 1998년 3월의 나카야마 납치의원연맹회장을 단장으로 하는 방북대표단이 대표적이다. 1997년 11월 모리 대표단은 방북하여 국교정상화 환경조성을 강조하고 있으며, 자민당 강경파인 나카야마 방북단도 평양을 방문하여 요도호 납치범 일본 송환 등 일본인 납치문제 현안에 대해 논의한 뒤 북한 측에 평양 연락사무소의 설치를 제안하였으나, 귀국 직후 외무성과 자민당 내 강경파의 비판에 막혀 이 제안은 실현되지 못했다.

넷째, 일본정부가 대북 신중외교 노선을 타며 북일 국교교섭이 정체된 상황에서 결정타를 가한 것이 북한의 대포동 미사일 발사사건이었다. 북한은 1998년 8월 31일 김정일 국방위원장의 취임 및 헌법 개정에 맞추어 대포동 미사일을 발사함으로써 북일관계에 결정적인

34) 북한의 적극성은 식량 사정 악화에 기인한 측면이 컸고, 일본인 처 고향방문에 호의적으로 나왔다. 일본정부는 일본인 처 고향방문에 적극적이었고, 현안 타결의 물꼬를 틀 계기를 엿보고 있었다.

타격을 가했다. 내각 성립 초기였던 오부치 내각은 9월 1일의 내각회의를 통해 대북한 제재조치를 결정하였다. 즉, 일본정부는 북한이 주장하는 인공위성의 발사를 미사일 발사로 간주하여 안보위협으로 인식함으로써, 북한과의 수교교섭을 동결하고 식량지원 중단, KEDO 협력 보류, 나고야-평양 간 항공편 취소 등의 즉각적인 강경조치를 취하였던 것이다.[35] 이로 인해 일본 국내의 대북 여론은 악화되어 북일관계의 파이프 역할을 했던 노나카 히로무 관방장관의 정치적 입지는 더욱 약화되었고, 북일 국교교섭은 좌초되었다.

일본 국내정치로 보면, 대북문제에 교섭 초기부터 막강한 영향력을 가진 실력자 정치인이었던 가네마루 신, 와타나베 미치오 등이 대북교섭 무대에서 사라졌으며, 이후 대북 온건노선을 견지했던 노나카 히로무 관방장관이나 가토 고이치 간사장이 대북외교를 주도했으나 정부여당 내 정치적 영향력에 한계가 있었다. 따라서 수상관저가 중립적인 자세를 취하면 대북정책의 주도권은 외무성으로 넘어갈 수밖에 없었고, 대북교섭은 정치주도가 아닌 법률론이나 원칙론에 시종하는 관료주도의 소극적 범주에 머무를 수밖에 없었다.

2) 무라야마 방북단과 한미일 공조

오부치 내각은 1998년 10월의 김대중-오부치 한일 정상회담 이후 '억지와 대화의 병행'을 내세우며 북한이 미사일 문제에 건설적인 대응을 하면 국교교섭을 재개한다는 입장을 밝혔다. 이러한 결정의 배경에는 한일관계의 호전, 미국 클린턴 정권의 대북 유화정책과 더불어 오부치 수상과 노나카 관방장관, 고노 요헤이 외무장관, 무라야마 전 총리로 이어지는 북일관계 개선의 축이 형성되었기 때문이었다.

---

35) 『朝日新聞』 及び 『日本経済新聞』, 1998년 9월 2일자.

이들은 일본사회의 악화된 대북한 비판에도 불구하고, 미북한 관계와 남북한 관계의 진전 상황을 고려하지 않을 수 없었으며, 또한 북한과의 갈등 해소를 위한 독자적인 외교채널을 모색하는 주력하는 움직임을 표면화시켰다.

일본정부의 유연성은 1998년 말경부터 가시화된다. 북일 간의 악화된 관계는 이미 1998년 12월 뉴욕에서 일본 외무성 동북아과장이 북한의 이근 유엔대표부대사와 접촉을 하면서 물밑작업을 계속해 오고 있었다. 오부치 수상은 1999년 1월 19일 시정연설에서 북한의 미사일 위협 등이 제거되면 북한과의 관계 개선 용의를 밝혔고, 같은 해 5월 초의 미일정상회담에서는 한미일 3국이 대화와 억지 전략으로 공동 대응하는 데 합의하면서 북일관계가 정상화되면 경제협력에도 적극 협력할 것임을 피력하였다.

북한의 대포동 미사일 발사사건 이후로 일본정부는 정찰위성의 도입과 전역미사일방어(TMD) 구상에 참가하기로 결정하였으나, 일본 내에서도 비판적인 견해도 많았던바, 일본은 한편으로 북한 미사일 위협에 대한 억지력을 키우면서 또 다른 한편으로는 한미일 공조와 대화정책을 적극적으로 추진할 수밖에 없었던 것이다. 이에 따라 1999년 5월경부터 대북관계 개선에 적극적인 무라야마 전 수상을 중심으로 방북계획을 수립하였으나, 남북간의 서해교전사태, 북한의 식량요구 등의 요인으로 인해 그 실현이 늦추어졌다. 북한은 1999년 8월 11일 중앙통신을 통해 일본에 과거청산을 통한 북일관계 개선의 메시지를 전달했다.

북일 간의 관계 개선은 결국 1999년 9월의 북미 베를린 회담[36]과 미국 클린턴 정부의 대북 포괄적 접근인 '페리 프로세스'를 통해 실현된다. '페리 프로세스'는 미사일 문제에 대한 한미일 공조를 전제

36) 북미는 미사일 발사 유예와 경제제재의 부분 해제 및 식량지원을 연계하는 타협안에 합의하였다.

로 하고 있었고 북미 국교정상화를 염두에 두고 있었으므로 일본정부로서도 적극적으로 북일관계를 진전시킬 수 있는 계기가 마련되었던 것이다.

이 결과 무라야마 전 수상을 단장으로 하는 초당파 방북단이 1999년 12월 1일 방북하여 12월 3일 북한노동당의 김용순 비서와 일본과의 수교협상 재개에 합의하는 공동성명을 발표하였다.37) 이 회담은 비록 정당 간 합의이긴 했으나, 북미 합의와 더불어 일본에서도 초당파 구성이었던 만큼 1990년 당시의 가네마루 방북단에 준하는 중요성을 가졌다. 회담에서 일본은 미사일 문제와 납치문제를 거론했으나 납치문제와 일본인 처 방일문제는 '인도적 문제'로서 정부간 회담이 아닌 적십자회담을 통해 해결할 것에 합의한 만큼 난제였던 납치문제를 비켜갈 수단을 마련했다. 일본정부는 12월 14일 북한과의 교섭재개와 동시에 식량지원 동결 해제를 발표함으로써 북한의 인공위성 발사 이후 취했던 대북 제재조치를 완전 해제하기로 결정하여 북일관계는 미사일 사태 이전 국면으로 전환되었다.

북일 수교 재개에의 합의는 페리 보고서 이후의 국제적 해빙 무드와 한미일 공조의 영향을 강하게 받아 일본과 북한의 전략적 판단에 입각한 것이었으나, 쌀 지원 문제와 연계되었던 일본인 납치문제는 쉽게 해결될 기미가 없었다. '일본인납치피해자가족연락회'와 보수언론은 진상규명을 요구하며 쌀 지원 반대운동에 나섰고, 자민당 강경파인 에토·가메이 파와 오자와 이치로 당수를 중심으로 한 자유당 보수파 등은 연립여당 내에서도 납치의혹의 해소 없이 쌀 조기지원을 결정한 정부 결정을 비판했다. 또한 2000년 3월 일본 방위청은

---

37) 3개 항의 합의 내용은 북일관계의 개선이 필요하다는 인식 하에 전제조건 없이 연내에 북일 정부간에 국교정상화 교섭을 재개하기로 합의한 점 및 적십자회담을 통해 '인도적 문제'로서 일본인 '행방불명자' 문제, 일본인 처 고향방문 문제, 식량문제 등을 협의하며 이를 양국 간 교섭과 병행하여 진행하기로 한 점이었다.

"북한의 핵개발 의혹은 완전 불식된 것이 아니며 탄도미사일 증강도 현저하다."고 우려를 표시했고, 김정일 체제는 미사일 · 핵 카드를 버리지 않을 것으로 전망했다.[38]

6. '고이즈미 방북'까지의 정책결정

1) 북일교섭 재개와 모리 내각

2000년 4월 4일부터 8일까지 평양에서 제9차 북일 국교교섭 본회담이 7년 5개월 만에 재개되었다. 제9차 회담에서 북한은 국교정상화의 전제로서 일본이 과거 식민지 지배에 대한 사죄와 보상을 할 것을 요구하며[39] 사죄나 보상 논의를 포함하여 현안에 대한 논의는 뒤로 미루고 사죄를 전제로 한 '선 수교'를 주장한 반면,[40] 일본은 북한에 식민통치기간 중에 전쟁상태에 있지 않았으므로 배상은 곤란하다는 기존의 입장을 취하면서 핵무기 및 미사일 개발 중단, 일본인 납치의혹사건에 대한 적절한 조치를 요구했다. 일본은 납치문제를 수교의 전제조건에서는 제외하여 적십자회담에 맡겼으나, 교섭의 수단으로 활용하고자 했으며, 북한은 납치사건을 행방불명자로서 계속 조사할 것을 약속하고, 적십자회담에서 이 문제를 논의하기로 했다. 양측은 협상을 진전시키는 데 노력하기로 다짐하는 데 그쳐 별 성과 없이 실무적 탐색전 성격으로 회담을 끝냈다.

2000년 5월 22일부터 26일까지 동경에서 열릴 예정이었던 제10차

38) 『朝日新聞』, 2000년 3월 8일자.

39) 첫째, 일본 최고책임자 명의의 법적 구속력이 있는 문서로 사죄 명기, 둘째, 인적 및 물적 손실에 대한 피해자가 납득할 수 있는 보상, 셋째, 문화재 반환 및 보상, 넷째 재일조선인의 법적 지위 보증.

40) 『朝日新聞』, 2000년 4월 6일자.

본회담은 6월 12일의 남북 정상회담 때문에 정상회담 이후로 연기되었다. 오부치 내각에 이어 정권을 잡은 모리 내각의 수상관저는 10차 본회담 직전까지는 자민당 내 강경파에 배려하면서도 모리-김정일의 정상회담의 추진 등 다소 낙관적인 전망과 더불어 정치적 절충을 모색했다.

첫째, 당정 간에 있어서 고노 외상과 노나카 간사장이 대표적으로 대북한 국교의 유화 분위기를 주도하면서 쌀 지원정책의 납치 및 미사일 문제와의 분리 발언에 동조했다. 둘째, 무라야마 전 수상을 회장으로 하여 아카시 야스시(明石康) 전 유엔 사무차장과 미키 전 수상의 부인 등을 부회장으로 하는 '일북 국교촉진국민협회'가 발족했다. 북일관계의 걸림돌인 광범한 국민운동이 결성되어 직간접적으로 정책결정자들을 압박했다. 모리 수상의 적극적인 수교 의사, 노나카 자민당 간사장, 나카야마 일북납치의원연맹 회장의 유연한 대응이 이러한 대북 적극파들과 잘 조화되었다.

하지만 모리 내각은 국내적으로 잦은 실언과 정책혼선으로 지지도가 점점 악화되었다. 모리 내각 하의 남북정상회담 이후에 열린 제10차 북일회담은 8월 21일에서 25일까지 일본 치바 현에서 개최되었는데, 외무성 주도의 북일교섭은 대북 신중론에 더 힘을 실어주는 결과를 가져왔고 수상관저는 별 정치적 영향력을 행사하지 못했다. 북일 양측은 외무성 직원의 상호 교류 및 민간 경제인의 상호 교류에는 합의했으나 최대 쟁점인 과거청산, 납치문제, 미사일 문제 및 교섭방식에는 이견을 좁히지 못했다. 교섭방식에 있어서는 북한은 선 과거청산, 후 현안 타결을 주장한 반면, 일본은 납치 및 미사일 문제를 동시에 다룰 것을 주장하면서 과거청산과 관련하여 무라야마 총리의 담화로 과거청산은 끝났으며 식민지 지배와 관련된 경제문제도 재산청구권 형태의 해결방식을 재확인함으로써 전혀 진전을 보지 못했다.

북일 양국은 비공식적으로는 경제문제 해결에 있어 실질적인 의미를 가지는 '자금협력 문제'를 협의했던 것으로 보인다. 총액으로 하여 북한은 약 2백억 달러, 일본은 50억-1백억 달러에 상당하는 유무상 자금 패키지가 거론되었을 것으로 추론되었다. 또한 북한은 아시아개발은행(ADB)의 장기개발자금 도입도 타진했다.[41] 심지어 북한은 연내 수교 입장도 내비침으로써 일본의 경제협력과 자금지원을 갈망함을 여실히 드러냈으며, 이는 한편으로 한국의 김대중 대통령과의 정상회담을 바탕으로 한 북일 간의 전격적 정치 절충을 통한 현상타개를 목표로 한 것이었다. 일본으로서는 대북 협상카드로서 최대한의 무기인 자금지원을 호락호락 수락할 리는 만무했다. 다카노 일본대표는 교섭전략 상 지금까지 갚지 않은 수교자금을 먼저 갚을 것을 요구하여 과거청산이나 경제지원에 유리한 고지를 선점하고자 했다.[42]

제10차 회담 이후에도 대북교섭에 의욕적이었던 모리 내각은 제11차 정상회담을 앞둔 10월 중순에 일본산 쌀 50만 톤을 북한에 지원하기로 결정했다. 지난 3월의 10만 톤 지원에는 90%가 수입미로 채운 것을 고려하면 대규모 쌀 지원이었다. 3년만의 대풍작으로 국내 잉여미를 소화하려는 자민당 농림족의 로비와 대북교섭의 촉진제로 활용하려는 수상관저의 판단이 맞아떨어진 결과였다. 하지만 국민여론이 이에 따라주지 않았다. 모리 내각의 지지율은 날이 갈수록 떨어져 10월 말경에는 15%의 바닥권을 헤매었기 때문이다.[43]

2000년 10월 30-31일에 북경에서 열린 제11차 북일회담은 조기수교 원칙에는 합의했으나, 합의사항을 담은 공동발표문도 없었고, 다음 협상 일정도 잡지 못함으로써 모리 내각의 한계를 드러내었고, 북

41) 『朝日新聞』 及び 『日本経済新聞』, 2000년 8월 8일자.

42) 김영춘, 『일본의 외교정책 결정요인: 북일 국교정상화를 중심으로』(통일연구원, 2001), p.53.

43) 『毎日新聞』, 2000년 10월 30일자.

일 국교교섭은 또다시 무기한 중단사태를 맞게 되었다. 제11차 회담의 최대 쟁점은 과거청산 문제였다. 북한은 식민지 지배 청산으로 보상을 요구한 반면, 1965년 한일회담 방식을 자세히 설명하고 원용하고자 했던 일본은 경제협력방식으로 대응했다. 일본정부는 대북 경제지원의 총액으로 약 90억 달러를 상정하고 있다는 보도를 했다. 즉 이 중 약 60%인 50여 억 달러는 무상자금, 나머지는 차관방식의 경제협력으로 추진하는 안이 유력시된다는 것이었다.

북한은 명분에 있어 예상 외의 강경 입장을 고수했다. 경제협력방식을 거부하고 계속 보상을 요구했으며, 납치문제에 있어서도 그런 사실이 없다는 입장을 고수했다. 일본정부도 한미일 공조를 넘어서는 독자적인 입장을 견지하지는 않았다. 일본으로서는 미국 클린턴 정권의 북미회담을 더 지켜봐야 할 상황이었다. 10차 회담이 북일 간 쟁점을 줄이는 데 노력한 것이라면, 11차 회담은 실무적으로 상호 접점을 찾는 과정에 그쳤다.

2) 한미의 정책전환

북일 국교교섭에 결정적인 영향력을 미친 두 국제환경 변수는 한국과 미국의 대북한 정책이었다. 한미일 3국은 대북한 정책에 있어 공조를 지향했지만 핵문제를 제외하고는 반드시 동일한 정책지향을 의미하지는 않았으며, 시기와 사안에 따라서는 한미일 간의 정책균열을 가져올 수 있었다.

북일관계에 있어 한국의 변화 및 한반도의 남북관계의 변화는 중대한 영향력을 미쳤다. 오부치 내각의 대북한 유연성은 김대중-오부치 정상회담을 통한 한일관계의 긴밀화가 크게 작용했다. 한국의 정책 변화는 한반도의 정세변화를 가져올 수 있었으며, 경우에 따라서는 동북아의 탈냉전 구도의 가속화와 평화체제의 구축까지 영향을 미칠 수 있는 요인이었다. 김대중 정권이 시도한 대북한 '햇볕정책'은 대북한 포괄적 관여정책으로서 억지력을 통해 대북한 도발을 저지하면서도 북한에 대한 적극적 관여를 통해서 평화를 구축하고 적극적인 평화를 실현시키고자 한 대북전략이었다.44)

한편, 제11차 회담 이후 미국의 정권이 대북 유화적 접근을 시도했던 클린턴 정권에서 부시 정권으로 전환되어 미국의 대북정책이 강경 일변도로 경화됨에 따라 모리 내각 하의 북일 국교교섭은 전혀 진전을 볼 수 없는 상황이 지속되었다. 부시 정부의 대북 강경 기조는 클린턴 정권기의 핵문제와 미사일 문제와 더불어 통상병기까지 문제시하여 대북 비판을 강화시켰는데, 2001년 9 · 11 테러사태 이후 북한을 이란, 이라크와 더불어 '악의 축'으로 지목하기까지에 이르렀다. 부시 행정부에는 소위 '네오콘'이라 불린 체니 부통령, 럼스펠드 국방장관, 월포비츠 국방부장관 등이 강경파 그룹으로 실세를 이루었고 온건한 유화주의자들로서의 파월 국무장관과 아미티지 국무차관 등과 대비를 이루었다. 테러사태 이후의 미국은 강경파 그룹이 득세하면서, 미국의 국익과 전략에 따라서 단독주의에 기초한 선제공격을 기본으로 하면서도 다국간 협조주의를 병행했다.45)

클린턴 정권 말기에 2000년 10월 올브라이트 미 국부장관의 역사적인 평양 방문이 실현되어 북미 국교정상화 교섭이 본격적 궤도에 오르려고 했기 때문에 북한의 낙담은 상상 이상의 것이었다. 북한은 이제 북미관계의 구도가 근본적으로 바뀜에 따라 대폭적인 정책전환을 시도하지 않으면 안 되는 상황에 직면했다.

---

44) 일본의 강상중 교수는 김대중 정권의 햇볕정책이 남긴 세 가지 과제로서, 남북한의 군사적 신뢰 구축 미흡, 한국 내의 이념 및 지역 간 분열, 한미관계의 재구축을 지적하였다. 姜尙中, 『日朝関係の克服: なぜ国交正常化交渉が必要なのか』(集英社, 2003), pp.148-149.

45) 같은 책, pp.123-124.

부시 정권은 클린턴 정권기의 대북한 부분적 관여정책을 뒤집고 북미교섭을 동결시켰다. 북한이 북미 합의를 벗어나 농축우라늄을 제조하고 있다는 기밀정보를 고이즈미 방북 직후 켈리 차관보를 통해 일본에 비밀리에 흘린 것도 북일교섭의 급진전에 제동을 걸기 위함이었다. 2002년 11월 9일 동경에서 열린 대북한 '한미일 정책조정회의(TCOG)' 이후 KEDO 이사회는 2002년 12월부터 대북한 중유공급을 중단하는 결정을 내렸다.

3) '고이즈미 방북'의 정책결정

2002년 9월 17일에 전격적으로 실현된 고이즈미 수상의 북한 방문을 통한 북일 정상회담은 그 정상회담의 전격적 실현이나 회담 결과의 양 면에서 대단한 놀라움을 일본 국내는 물론 동아시아 국제사회에 안겨줬다. 그러나 그것은 우연히 급하게 마련된 것은 아니었고, 1년여의 주도면밀한 정치적 준비와 양국 간 교섭의 결과였다.

첫째, 북일 국교교섭이 1991년 1월에 시작되어 장기간 지속되었음에도 불구하고 핵개발 의혹문제와 납치문제로 중단되고 있던 상황에서 어떻게 하여 전격적 정치결정이 가능하였는가 하는 점이 되겠다. 특히 일본은 두 문제에 있어 강경입장을 고수하였던바, 정상회담의 수용은 상당한 정책방향의 전환이었다. 고이즈미의 방북외교는 그 외교추진의 방법 면에서 기존의 미국 협조외교 내지 추종외교와는 상이한 주체적인 외교였다는 평가가 상당하다. 고이즈미 정권이 발족한 이후 그리고 미국의 9 · 11 테러 이후 약 1년간의 사전 교섭을 거쳐 전격적으로 발표되었다. 외무성의 다나카 히토시 아시아태평양국장이 실무 책임자 및 교섭 담당자가 되어 북한의 '미스터 X'라는 특사와 교섭을 벌였고, 일본 국내에서는 외무차관, 관방장관, 수상 라인으로 이어지는 대북교섭 중시 라인이 작동되었다.[46] 이 중 핵심적 역할을 담당한 것이 다나카 국장, 후쿠다 관방장관인 것으로 판명된다.

둘째, 북일 정상회담의 결과, 김정일은 일본으로부터의 자금협력을 최우선시하여 사죄와 보상을 요구하는 종전의 입장을 크게 후퇴시켰을 뿐만 아니라 최대 현안 난제가 되고 있었던 일본인 납치문제에 있어서 13명의 일본인 납치 인정에 이어 그 중 8명의 사망을 밝힌 점이다. 북한으로서는 납치문제의 솔직한 인정으로 북일관계의 획기적 개선을 모색한 것으로 보인다. 일본인 납치를 전격적으로 인정하여 사과하고 재발 방지를 약속한 것이나, 재산청구권의 포기 및 경제협력 방식으로의 전환은 북한의 획기적인 양보였던 것이다.[47] 하지만 납치 내용과 그 결과의 충격성 때문에, 정작 회담 내용에서는 큰 성공을 거두면서도 일본 국내 여론은 점차 악화되어, 귀국 후 고이즈미 수상의 입장은 난처해졌다.

고이즈미-김정일 북일 정상회담 결과인 공동선언문은 네 부분으로 구성되었다.[48]

첫째 항목은 조기의 국교를 다짐하는 것으로서 "국교정상화를 빠른 시일 내에 실현"시키기 위해 노력하며, 이를 위해 "2002년 10월

---

46) 다나카 히토시 국장의 회고록이라고 볼 수 있는 저서가 발간되어 어느 정도 고이즈미 방북을 둘러싼 국내외 환경, 교섭준비 등의 모습이 나타난다. 약 1년 간 주말을 이용해 30회 정도 만나 교섭을 한 것으로 밝혀졌다. 田中均 · 田原総一朗, 『国家と外交』(講談社, 2005), p.25, pp.28-31, pp.76-80.

47) 북한으로서는 체제생존 전략 차원에서 접근했다. 북일 정상회담과 공동선언의 내용은 대다수의 전문가의 상상을 초월하는 획기적인 것이었다. 북한이 체제생존의 차원에서 접근한 점은, 2002년 7월부터 시작된 '경제관리 개선조치'란 이름의 경제개혁 조치에서도 나타난다. 李鍾奭, 「日朝国交正常化交渉と北朝鮮の変化」, 姜尙中 · 水野直樹 · 李鐘元 編, 『日朝交渉ー課題と展望』(岩波書店, 2003), pp.67-75.

48) 姜尙中 · 水野直樹 · 李鐘元 編, 『日朝交渉ー課題と展望』(岩波書店, 2003), pp.3-30, pp.215-216; 『Mainichi Interactive』, 「小泉首相、訪朝決断」 http://www.mainichi.co.jp/eye/feature/article/koizumi/houcho/200209/(검색일: 2003. 10. 30)

중에 북일 국교정상화를 재개"함을 명기했다.

둘째 항목은 식민지 지배 청산과 경제협력에 관련된 사항으로서, "일본은 과거의 식민지 지배에 의해 조선의 국민들에게 심대한 손해와 고통을 안겨주었다고 하는 역사적 사실을 겸허히 받아들여 통절한 반성과 마음으로부터의 사죄"를 표명했다. 일본은 북한에 대해 국교정상화 후 적절한 시기에 걸쳐 무상자금, 저리의 장기차관, 국제기관의 경제협력, 국제협력은행으로부터의 융자, 신용공여 등을 실시하는 데 합의했고, 이후의 국교정상화 교섭에 있어서 경제협력의 규모와 내용을 협의하기로 약속했다. '전후 45년 배상'에 대해서는 선혀 언급이 되지 않았고, 전전의 재산청구권은 기본적으로 포기하는 데 동의하고 있다.

세 번째 항목은 납치문제 및 괴선박문제와 관련된 것으로서, "국제법을 준수하고 상호 안전을 위협하는 행동을 하지 않기" 및 "비정상적인 관계 하에서 발생한 이와 같은 유감스러운 문제가 다시는 발생하지 않도록 적절한 조치 취하기"를 확인했다.

마지막 네 번째 항목은 핵문제와 미사일 문제에 언급하여, 양국은 "동북아 지역의 평화와 안정을 유지 강화하는 데 상호 협력할 것을 확인"하고, 이 지역의 관계가 정상화되면 신뢰 양성을 위한 제도적 틀을 정비하는 데 협력할 것을 다짐했다. 또한, "한반도 핵문제의 포괄적 해결을 위해 모든 국제적 합의들을 준수할 것을 확인"하고, "핵문제 및 미사일 문제를 포함하는 안전상의 여러 문제에 관해서 관계국 간의 대화를 촉진하고 문제해결을 도모할 필요성을 확인"했다. 북한은 미사일 발사 유예를 2003년 이후에도 더 연장할 의향을 표명했다.

특히, 북일 정상회담 장에서는 양국 간의 교섭쟁점에 대해 구체적인 언급이 이루어졌다. 놀랍게도 김정일은 납치문제를 전면 인정하고, 사과했으며, 고이즈미는 핵의혹과 관련 국제적 합의를 지킬 것과 미사일 발사 유예를 계속 실시할 것을 요구했다. 김정일은 경수로 건설의 지연을 우려하고 순조로운 진행을 촉구했으며, 고이즈미는 동북아의 평화와 안정, 신뢰 양성과 연관하여 제도적 틀과 다자간 대화를 주장하고 북한의 참여를 촉구했다.

회담 결과에 대해서는 연립여당인 자민당과 공명당은 긍정적인 평가를, 야당인 민주당과 자유당은 비판적인 입장을 견지했고, 국민여론은 초기에는 고이즈미 수상의 정치적 결단을 평가하여 대단히 긍정적으로 작용하였으나, 납치가 사실로 판명된 데다 납치자 중 8명이나 사망한 사실에 대해서는 경악을 감추지 못해 비판이 점차 고조되어 갔다. 미국, 중국, 러시아 등 국제사회의 초기 평가는 대체로 긍정적인 것이었다.49)

이렇듯 상당한 정치적 위험성을 감수하고서 전격 결정된 '고이즈미 방북'의 실현은 무엇보다 정책결정과정에 있어 고이즈미 수상, 후쿠다 관방장관, 외무성의 다나카 히토시(田中均) 아주국장, 히라마츠(平松) 동북아과장으로 이어지는 대북교섭 중시의 온건 라인이 적극적으로 기능한 결과였다.

고이즈미 내각의 북일 국교교섭을 둘러싸고 일본 정치권은 교섭 중시의 온건파와 납치문제나 미사일 문제에 강경한 입장을 고수한 대북 강경파로 대별되었다. 교섭 중시의 온건파는 자민당의 하시모토파를 중심으로 한 자민당 보수본류 그룹과 사회당 계열이 중심이 되었고, 미일 정책공조와 북한 위협론을 중심으로 북일교섭에 소극적이었던 강경파는 에토·가메이 파 등 자민당의 보수방류 그룹과 자유당의 다수 의원들에게 많았다. 고이즈미 수상의 방북 판단은 이러한 대립구도에서 대북교섭 중시의 온건파를 선택한 정치적 결정이었고, 또한 부시 정권이 대북 강경정책을 추진하고 있는 상황에서 일본의

49) 세종연구소, 『북일 정상회담의 결과와 한국의 대응방향』(2002. 11), pp.7-8.

적극적 중재 역할을 모색했다고도 볼 수 있겠다.

이러한 '고이즈미 방북'과 북일 공동선언은 한국 김대중 정권기의 대북 포용정책인 '햇볕정책'과 미 클린턴 정권 말기의 '페리 보고서'의 노선과 유사한 정책이념을 지닌 것으로서, '바람직한 북한'을 상대로 교섭하는 것이 아니라 '현재 상태 그대로의 북한'을 상대로 교섭을 진행한 것으로 볼 수 있겠으며, 한반도 문제의 다국간 교섭과 동북아의 다국간 제도적 틀을 제시한 점은 새로운 진전이었다.50)

한편, 고이즈미 방북 이후의 북일 국교교섭은, 제12차 북일회담이 열리긴 했지만, 2002년 10월경부터 제2차 북핵위기의 발발과 일본 국내에서의 납치문제에 대한 여론의 악화로, 또다시 중단되는 상황을 맞았다. 제2차 북핵위기는 미국, 북한, 중국이 참가한 3자회담을 거쳐, 한국과 일본, 러시아가 추가한 6자회담으로 발전하여, 2007년 2월 2·13 합의에까지 이르고 있지만, 이 사이 북한은 2006년 7월과 10월에 각각 장거리 대포동2 미사일 발사와 지하 핵실험 선언 등 북핵위기는 북일 국교교섭의 최대 장애요인이 되었다.51)

7. 결론

1990년 9월의 '가네마루 방북'에서부터 2002년 9월 '고이즈미 방북'에 이르기까지의 일본정부의 대북한 국교교섭을 둘러싼 정책결정과정과 중단 요인 분석을 통해 다음과 같은 주요 결과들을 얻었다.

---

50) 일본의 와다 하루키, 강상중 등은 북일 공동선언이 '동북아시아 공동의 집' 구상에 튼 의의를 제공하는 것으로 높이 평가하고 있다. 姜尙中, 앞의 책, pp.171-180; 和田春樹, 『北東アジア共同の家』(平凡社, 2003).

51) 고이즈미 방북 이후의 날로 악화된 일본의 대북한 정책과, 6자회담에서의 한일 협력과 갈등 및 북일교섭의 중단과 양국의 입장에 대해서는 전진호, 「6자회담과 북일교섭을 둘러싼 한일간의 협력과 갈등」, 『한일군사문화연구』 제4집(2006), pp.65-85.

첫째, '가네마루 방북단'에서 비롯된 북일교섭 개시 합의의 정치적 결정은 자민당 실력자 정치의 진수를 보여준다. 1980년대의 자민당 다나카 파의 영향력이 막강한 때로서, 당시 가네마루는 다나카 파의 영수이자 자민당 총재선거의 킹메이커 역할을 했다. 이러한 자민당과 정부에 대한 영향력을 배경으로 가네마루는 북일 국교정상화의 교섭 개시란 중대한 외교적 성과를 이루어내었다.

둘째, 제8차 회담까지의 본회담과 KEDO 하의 정책결정을 보면, 외무성 주도의 실무라인에 의존하거나 대북 강경 여론에 밀린 나머지, 일본 수상관저의 정치적 판단이나 리더십이 강력하게 발휘되는 장면은 1990년대에는 드물었다. 1965년 사토 내각기의 한일 국교정상회담 및 1972년의 다나카 내각의 일중 국교정상화 실현의 경우, 정치적 절충을 통한 환경 조성과 수상관저 주도의 강력한 정치력이 필요했다. 자민당 단독정권을 형성했던 '55년 체제'가 1990년대에 이완되는 과정에서, 북일 국교수교는 강력한 정치력을 필요로 함에도 불구하고, 일본 정치 시스템은 이에 대응할 충분한 정치적 여건과 환경을 조성하지 못했던 것으로 보인다. 가이후 내각에서 모리 내각에 이르기까지 각 수상관저는 자주 정권이 바뀌고 연립내각 구성 등으로 정부여당의 성격이 모호했던 점도 북일 수교를 위한 돌파력과 일관성의 부족을 가져왔다.

하지만 점진적으로 자민당의 실력자 정치에서 관저주도로 정책결정의 비중이 옮겨간 점은 분명하다. 특히, 모리 내각을 거쳐 고이즈미 내각이 등장한 2001년 이후, 북일교섭이 관저주도로 전환되었다. 고이즈미의 방북 결정은 기존의 일본의 동아시아 외교 수법과는 상이한 상당한 정도의 관저주도의 자주외교였다고 평가된다. 그리고 아베 내각도 그 노선을 온건파에서 강경파로 전환하고 납치문제를 전면에 부각시킨바 정체상태를 벗어나지 못하고 있지만 대북외교를 관저주도로 이끌고 있다.

셋째, 북일 국교수교를 일관되게 추진할 자민당의 실력자 정치인이나 당내 정치적 그룹이 강력하게 형성되지 못했다는 점이다. 북일 정상화에 적극적이었던 가네마루는 방북외교를 통해 자민당 실력자 정치의 진수를 보여주었지만, '전후 45년 배상'의 약속이란 정치적 미스와 더불어 정치자금 스캔들로 본회담 과정에서 전혀 정치적 영향력을 발휘할 수 없었다. 그 뒤를 이은 1990년대의 와타나베 미치오 전 외상, 가토 고이치 간사장, 노나카 히로무 관방장관 및 2000년대의 후쿠다 다케오 관방장관 등도 제한된 시기의 한정된 역할에 그쳐, 북일 국교수교의 타개에까진 이르지 못했다. 즉, 북일 국교정상화 교섭에 있어서 자민당의 실력자가 다시 전면에 등장해 대북교섭에 절대적 영향력을 행사하는 모습은 사라졌다. 대북교섭 중시의 온건파가 수상관저와 협력하면서 일단의 정부여당의 그룹을 형성한 것은 모리 내각, 고이즈미 내각 때 어느 정도 가능했으나, 정책결정을 주도할 정도의 정치세력 형성에 실패했고, 충분한 정치력을 발휘하지는 못했다.

넷째, 외무성은 대북한 교섭에서의 강온 양 그룹이 존재했으나, 대체적으로 원칙론에 입각하여 실무적으로 신중했고 한미일 공조를 중시했다. 다만, 고이즈미 내각에 이르러 다나카 국장과 히라마츠 동북아과장을 중심으로 수상관저와 연계하여 대북교섭 중시로 전환한 점은 특기할 만하다. 이러한 온건파 내지 북한과의 교섭 중시파는 고이즈미 방북 이후 실무정책결정 라인에서 벗어나 영향력이 많이 줄어들었다. 국제환경의 호전 여하에 따라서는 실세화될 가능성을 배제할 수 없었지만, 실제적으로는 북한이 제2차 핵위기를 일으키고 납치문제에 충분한 성의를 보이지 않음에 따라 강경파가 대북정책을 주도했으며, 이러한 경향은 아베 내각의 출범 이후에도 여전하다.

다섯째, '고이즈미 방북'의 실현과 '북일 공동선언'의 합의는 일본외교의 속성인 '반응외교'의 틀을 벗어난 자주적 일본 외교의 새로운 모습을 보여주었다. 21세기 동북아에 있어서 일본 외교의 새로운 역할 모색이기도 하다. 이는 외무성의 사고 전환과 수상관저의 리더십이 결부된 결과인 동시에, 북미관계의 정체 속에 나온 일본 외교의 조정 노력의 일환으로도 볼 수 있다. 하지만 고이즈미 수상 자신이 북일 정상화를 위한 강력한 정치적 구상력을 가진 것이 아니고, 국내정치 역학관계의 조율 상 대북카드를 이용한 점이 한계성이다.

마지막으로, 북일 국교교섭에 있어서 핵·미사일 문제라는 국제문제의 영향이 가장 컸으며, 일본 외교는 이러한 북미관계 중심의 국제환경이 주는 제약적 구도를 뛰어넘을 수 없었다고 평가된다. 1992년 말의 제8차 본회담까지는 제1차 북핵위기의 제약구도가 결정적인 교섭 신중 요인으로 작용했고, 북미 제네바 합의와 KEDO 시스템이 구축된 이후에도 북핵 의혹과 미사일 발사 요인이 우선순위를 차지했고, 미일 안보동맹 재정의에 더욱 치우친 점을 무시할 수 없다. 한국의 대북정책의 변동과 김대중 정권의 햇볕정책은 미일 공조의 틀 속에서 제한적인 영향력을 미쳤다.

이렇듯 일본의 대북한 교섭 중단 내지 정체 요인은 무엇보다 핵·미사일 요인과 납치 요인이 주요인으로 작용했고, 식민지 지배에 대한 보상문제와 전후 45년 배상문제도 간접적으로 작용했다. 핵·미사일 문제는 일본 단독으로 풀기 어려운 해법을 지녔다. 북한이 '선수교, 후 경협' 방식을 주장해도 핵·미사일 의혹이 풀리지 않는 한이에 응하기 어려웠고, 일본은 시간을 벌며 오히려 교섭내용의 유리한 고지를 선점하기 위해 이를 이용했다. 납치요인은 수상관저의 정치력 여하에 따라서는 그리 큰 변수가 될 수 없는 요인이었는데, 일본의 정치력이 이를 극복하는 데 이르지는 못하고, 국내 여론에 밀리는 정치력 부재 현상을 노출했다. 1996년 이후의 일본사회의 보수화 물결을 보면, 북한의 핵·미사일 위기와 납치 요인을 미일동맹의 강화와 일본의 보수우경화의 가속화에 적절히 이용한 셈이 되었다.

북한의 경우, 북일 국교교섭이 북한에게 유리하다고 판단한 경우에는 최고정책결정자의 정책결정을 통하여 과감한 정책전환을 시도했다. 김일성이 1990년에 '자민당-사회당-노동당' 3당 공동선언을 통하여 교섭 개시를 시도한 것이나, 김정일이 2002년 '미스터 X'라는 직계 특사를 통하여 고이즈미 수상의 전격적 방북을 수용한 것이 대표적이다. 하지만 1992년과 2002년의 경우에서 나타나듯이 북일 간의 납치자 문제에는 상당한 양보와 유연성을 발휘했지만, 핵문제에 있어서는 양보를 하지 않았다. 북일교섭은 북미 간의 핵위기 타결교섭의 종속변수에 속했던 것이다.

[참고문헌]

강태훈, 『일본 외교정책의 이해』(서울: 오름, 2000).
김영춘, 『일본의 외교정책 결정요인: 북일 국교정상화를 중심으로』(통일연구원, 2001).
나카소네 야스히로 · 오카자키 히사히코, 「일북교섭의 5원칙」, 『일본포럼』 제55호(2002년 겨울호).
세종연구소, 『북일 정상회담의 결과와 한국의 대응방향』(2002. 11).
손기섭, 「동아시아에 있어서의 일중 국교정상화의 정치과정」, 『일본연구논총』 제17호(현대일본학회, 2003년 여름호).
_____, 「고이즈미 내각기의 중일 '72년 체제'의 갈등과 전환」, 『국제정치논총』 제45집, 4호(한국국제정치학회, 2005).
양기웅, 『일본의 외교협상』(서울: 소화, 1998).
양기웅 · 김준동, 「북일 수교협상(1990-2006)의 결렬과 재개의 조건」, 『일본연구논총』 제23호(현대일본학회, 2006년 여름호).
우츠미 아이코, 「일본의 전후처리와 아시아의 보상 요구」, 하영선, 『한국과 일본』(서울: 나남, 1997).
이면우, 「일본의 정치와 정책 2000: 대북정책을 중심으로」, 정은숙 편, 『미

중일러의 대북정책: 주변 4강 2000』(세종연구소, 2001).
이원덕, 『한일 과거사 처리의 위험: 일본의 전후처리외교와 한일회담』(서울대학교, 1996).
_____, 「55년 체제 붕괴의 정치사적 의미」, 한국일본학회 편, 『일본정치의 이해』(시사일본어사, 1998).
이종석 · 백학순 · 진창수 · 홍현익, 『남북정상회담 이후 주변 4강의 대북정책 변화와 우리의 대응방향』, 세종연구총서, 2001-7(세종연구소, 2001).
전인영, 「북한의 외교정책: 특징과 변화」, 『아세아연구』 제32권, 1호(1989).
전진호, 「6자회담과 북일교섭을 둘러싼 한일간의 협력과 갈등」, 『한일군사문화연구』 제4집(2006).
진창수, 「북일관계: 국교수립의 정치적 요인」, 백학순 · 진창수 편, 『북한문제의 국제적 쟁점』(세종연구소, 1999).
하영선, 『한국과 일본』(서울: 나남, 1997).
허문영, 『북한 외교정책의 결정구조와 과정: 김일성시대와 김정일시대의 비교』(민족통일연구원, 1997).
현대일본학회 편, 『21세기 한일관계』(서울: 법문사, 1997).
李鍾奭, 「日朝国交正常化交渉と北朝鮮の変化」, 姜尙中 · 水野直樹 · 李鐘元 編, 『日朝交渉ー課題と展望』(岩波書店, 2003).
姜尙中, 『日朝関係の克服: なぜ国交正常化交渉が必要なのか』(集英社, 2003).
姜尙中 · 水野直樹 · 李鐘元 編, 『日朝交渉ー課題と展望』(岩波書店, 2003).
佐藤誠三郎 · 松崎哲久, 『自民党政權』(中央公論社, 1986).
添谷芳秀, 「1970年代の米中関係と日本外交」, 日本政治学会, 『危機の政治学』(岩波書店, 1997).
田中明彦, 「日本外交と国内政治の関連ー外圧の政治学」, 『国際問題』(1989).
田中均·田原総一朗, 『国家と外交』(講談社, 2005).
中野実, 『現代日本の政策過程』(東京大学出版会, 1992).
山口二郎, 『危機の日本政治』(岩波書店, 1999).
渡辺昭夫, 『日本の外交: 講座国際政治』(東京大学出版会, 1989).
和田春樹, 『北朝鮮: 遊擊隊国家の現在』(岩波書店, 1988).
_____, 『北東アジア共同の家』(平凡社, 2003).
Calder, Kent E., “Japanese Foreign Economic Policy Formation: Explai-

ning the Reactive State", *World Politics*, Vol. XI, No. 4(July 1988).

Pempel, T. J.(ed.), *Uncommon Democracies: The One-Party Dominent Regimes*(Cornell University, 1990).

Wolfern, Karl G. van, *The Enigma of Japanese Power*(London: Macmillan, 1989).

제 3 장
북핵위기와 북한의 위기정책

정희태*

1. 서론

탈냉전은 동서간의 상이한 이념 및 체제로 인해 지속되어 온 갈등과 대결 구조가 해체되고 민주주의와 시장경제의 원리가 확산되면서 급격히 변화된 안보환경에 들어서게 만들었다. 현대국가는 급변하는 환경 속에서 다양한 도전과 위기에 직면하며, 국가는 이에 적응하거나 극복하는 과정을 통해 발전해 나간다. 이때 당면한 위기상황을 잘 관리하고 극복하는 국가는 강한 국가가 되지만, 실패할 경우 약한 국가로 전락하게 된다.[1)]

더구나 21세기 들어 세계화와 정보화의 빠른 확산은 국가간 상호의존을 심화시켜 초국가적 위협(transnational threats)인 테러, 재난, 질병, 마약, 환경, 인권 등의 문제에 관심을 증가시키는 반면, 과거와 같은 국가간 전면 전쟁의 발발 가능성은 점차 줄어듦으로써 전통적

* 동아대학교 인문대학 문화윤리학과 초빙교수. jisugeong@hanmail.net

1) Barry Buzan, 김태헌 옮김, 『세계화 시대의 국가안보』(서울: 나남, 1995), pp.139-173.

인 안보 개념에 큰 변화를 가져왔다고 전문가들은 주장하고 있다.

이러한 세계적 흐름에 비추어 국내에서도 국민들이 경험하는 안보위협에 대한 인식이 북한의 군사적 위협과 이에 따른 전쟁 발발보다는 오히려 질병, 인권, 재해, 재난 등 비군사적 위협을 더 주목하고 이를 더 심각하게 인식하는 것으로 조사되었다.[2] 이러한 결과에 마주하여 세계적 차원에서의 탈냉전과 평화 무드에 대해 긍정적 평가를 내릴 수 있을지 모르나, 동북아 차원에서도 이러한 긍정적 평가에 동의할 수 있을지는 쉽게 장담할 수가 없다.

세계적 탈냉전의 분위기 속에서 여전히 동북아 정세는 주변 강대국의 패권 추구로 인한 갈등 요인 — 과거사 문제, 영토문제, 민족감정 문제, 국가간 경제력 차이 등등 — 으로 인해 긴장과 갈등이 지속되고 있다. 이러한 동북아의 불안정한 정세에서 가장 위험스러운 장소가 한반도이며, 그 위험 유발의 주체가 바로 북한이다. 북한은 한국의 국가안보전략에서 최우선적으로 고려하고 대비해야 할 핵심 대상이다. 물론 북한의 능력에 대한 최근 평가를 보면 북한을 충분히 과소평가하여 안보위협의 대상으로 미흡하기에 주의를 소홀히 할 수 있다.

일반적으로 정부가 자국민들 대다수에게 제 기능을 할 수 없는 국가, 빈곤퇴치, 국경통제, 치안유지, 공공물자 등의 관리능력이 부재한 국가를 취약국가(fragile state)라고 한다. 취약국가가 악화되면 통치제도가 각종의 도전해 직면해 있으면서 갈등과 충격을 관리할 수 없는 국가, 즉 국가붕괴의 위협에 처한 위기국가(crisis state)로 진전된

2) 2005년 6월 15일 국무총리비상기획위원회가 (주)리서치앤리서치에 의뢰한 전화조사(전국 1천 명 이상 표본조사)에서 국민들이 위협을 느끼는 정도에 대해 자연재해(57.7%), 대형재난(44.5%), 북한의 군사위협(30.5%)의 순서로 나타났다. 정찬권, 「국가위기관리체계 변화의 결정요인에 관한 연구: 냉전기와 탈냉전기의 비교를 중심으로」, 『군사논단』 제53호(2008년 봄), p.46 재인용.

다고 본다.[3]) 더 나아가 자신의 생존을 위한 재생산을 더 이상 할 수 없고, 기본적인 치안, 행정, 법률, 정치 체계 등 여러 분야의 기능 체계가 붕괴한 국가를 실패국가(failed state)라 한다. 2008년 기준으로 북한은 '실패국가지표순위'에서 다수의 아프리카 국가들에 이어 15위의 실패국가로 상위 랭크되어 있다.[4]) 이러한 평가 결과를 보면 우리가 북한의 존재와 북한이 행하는 도발들을 너무 심각하게 고민하고 있다는 오해를 가질 수 있다. 하지만 한반도의 지정학적 특성 그리고 북한의 적화통일 의지, 가공할 군사력 등을 떠올린다면 이러한 평가 결과에 대해 결코 안심할 수 없다. 한반도에 존재하였거나 앞으로 도래할 가능성이 있는 위기들은 정치, 경제, 군사, 사회, 문화 등 다양한 분야에 걸쳐 있다. 하지만 한반도는 남북한이 극명하게 대립하는 특수한 상황 하에 있기 때문에 군사적 위기의 비중이 크게 취급되어 왔으며 다른 모든 분야의 위기들도 군사적 혹은 정치적 위기와 분리하여 생각할 수 없다.[5]) 이런 이유로 한국이 경험한 국가위기는 이미 수차례 북한의 도발에 의해 마주한 바 있으며, 앞으로도 이런 위기 사례는 계속될 것이라고 간단히 예측할 수 있다.

이에 이 연구는 한국의 대북 위기관리 능력을 고양시키고자 하는 목적에서 북한의 위기관리 정책결정의 주요 변수들과 특징을 분석하고자 하였다. 좀 더 구체적으로는 한반도 위기 사례를 통해 보여준 북한의 위기관리 조치들을 살펴보고 그 고유한 특징을 밝혀냄으로써 북한의 위기관리 능력을 평가하고자 하였다. 이러한 연구는 결국 세계 속에서 그 기행(奇行)으로 인해 불량국가(rogue state) 또는 실패

---

3) 정옥임, 「한반도안보위기 방지를 위한 주변국외교」, 국회위기관리포럼, '위기관리포럼창립세미나'(2008. 6. 17), p.5; 안성호, 「북한위기에 따른 국가위기관리방안연구」, 『한국동북아논총』 제51집(2009), p.76 재인용.

4) http://Foreignpolicy.com/story(2008. 7. 29); 안성호, 앞의 논문, pp.76-77 재인용.

5) 김현기, 「위기관리 개념과 한반도」, 『군사논단』 제31호(2002년 여름), p.112.

국가라는 낙인이 찍힌 북한이 과연 위기상황에서 정상국가가 보여주는 국익 확보 및 국익 극대화를 추구하는 합리적이고 냉정한 위기정책결정을 해나가는지, 그렇지 않은지를 밝혀보려는 것이다. 또한 이 연구의 분석 사례 선정은 전통적 안보 개념에 기초한 위기상황만을 한정하고자 하며, 위기의 정의 역시 이에 따랐다.[6] 상기 기준을 적용할 때, 북한의 위기관리를 분석할 수 있는 사례로 대표적인 것이 북한 핵과 이로 인한 한반도 위기상황이었다.

2. 이론적 논의 및 분석 틀

위기 및 위기관리에 대한 연구는 아직까지 '위기학' 및 '위기관리학'이라 부를 정도의 독자적인 학문적 위치를 구축하지 못하고 있다. 그러다 보니 이와 관련된 연구들이 다양한 학문 분야 — 정치학(도시 폭동, 노동자 파업, 국내 소요 및 전복 활동, 쿠데타, 테러 등등), 행정학(홍수, 지진, 건물 붕괴, 화재, 공장 폭발, 핵 피해), 심리학, 사회학, 경영학 등등 — 에 분산되어 개별적으로 연구되고 있다. 여기서는 이 연구의 주제에 맞게 국제관계에서의 위기, 즉 '국제위기'에 관해서만 제한적으로 다루고자 한다.[7]

---

6) 전통적 안보 개념에서 사용하는 위기의 정의는 "국제관계에서 국가라는 행위자를 중심으로 국가간 어떤 사건의 발생으로 인한 위험한 시기의 도래로 전쟁과 평화를 구분짓는 절박한 시점"이다.

7) 국제정치학에서의 국제위기 연구 방향은 다음과 같다. (1) 두 국가간의 심각한 대결로 인해 전쟁에 이르기까지 대결이 고조되는 극한 정책을 중심으로 하여 국제체계의 구조 및 국가간 혹은 최고정책결정 그룹 내의 의사소통의 위협에 관한 연구. (2) 국제적 감시체제 및 경보체계에 관한 연구. (3) 위기 관련 개별 행위자의 행태에 초점을 둔 행태분석과 위기협상 연구. (4) 위기 정책결정에 관한 주요 대내외 결정요인 분석.

1) 국제위기의 정의

'위기'라는 용어는 본래 의학에서 사용되었다. 일반적으로 환자의 회복과 죽음의 분기점이 되는 갑작스럽고 결정적인 병세의 변화를 의미하였다. 이러한 뜻에서 보면 위기란 어떤 상태의 안정을 위협하는 급격한 정세의 변화 또는 어떤 사상(事象)의 결정적이고 중대한 단계를 구분하는 분수령을 뜻한다. 점차 위기의 개념은 인간, 조직, 사회, 국가에 이르기까지 다양하게 등장하여 사용되어 왔다.[8] 국제관계에서의 위기(이하 '국제위기')는 국가간의 다양한 갈등 및 분쟁, 나아가 전쟁 등과 매우 밀접하게 관련되어 있으며, 특히 지난 1962년의 쿠바 위기는 '국제위기'에 대한 관심을 증폭시켜 이후 많은 국제위기 연구들이 이루어졌다. 하지만 대부분의 연구들을 살펴보면, 학자 개인 혹은 접근법에 따라 '국제위기'에 대한 개념 정의가 상이하고 모호하게 정의되어 있다. 그런 가운데도 국제위기는 대략 세 방향—체계접근(system approach), 정책결정접근(decision-making approach), 통합적 접근(combining of the approaches)—에서 분석되어 왔고, 이에 따라 국제위기의 개념이 정의되었다.

이러한 흐름 속에 주요 연구자들의 국제위기에 대한 정의를 살펴보면, 먼저 로빈슨(James A. Robinson)은 (1) 위기의 기원(origin)에 관한 규명, (2) 위기에 대응할 결정시간, (3) 정책결정자들의 중요 가치에 대한 인식 등을 강조한다.[9] 둘째, 로빈슨의 정의를 발전시켜 허

8) 위기는 위험과 기회라는 양면적 성격을 지니고 있다. 위기는 개인 및 조직에 부정적이고 위협적인 영향을 미침으로써 심각한 문제를 일으키는 등 위험스러운 측면도 있지만, 반대로 위기가 자극을 초래하여 효과적인 대처방안을 강구하게 함으로써 자신을 한층 더 발전시키는 계기가 될 수 있다. 유명덕, 「한국군 병사의 위기인식 유형과 관리방안」, 『군사논단』 제46호(2006년 여름), p.180.

9) James A. Robinson, "Crisis Decision-making: An Inventory and Appraisal

만(Charles F. Hermann)은 (1) 정책결정 단위의 최우선 목표에 대한 위협, (2) 반응에 응하는 데 소요되는 시간제한, (3) 정책결정자들이 예상치 못한 상황(surprise)의 발생을 국제위기로 정의한다.[10] 또한 브레처(Michael Brecher)는 국제위기를 사전적 정의보다는 운용적 개념에서 이해하고자 하는데, 그는 (1) 높은 군사적 적대감의 개연성 또는 적들 간의 분열적 상호작용의 강도 증가 및 유형 변화, (2) 심각한 갈등적 상호작용에 이은 국제체계 구조에 대한 위협, (3) 한 국가에게 하나 또는 그 이상의 외교정책적 위기상황 직면을 국제위기로 정의한다.[11] 이 외에도 윌리엄스(Phill Williams)는 국제위기란 두 국가 혹은 다수 국가들 간의 대결로서, 단기간의 상황 전개 속에서 관련국들 간에 전쟁 가능성에의 인식이 고조되는 상황으로 정의하고 있다.[12]

결국 국제위기는 위기 행위자들에게 중요한 가치나 목표에 대한 위협을 지닌 외교정책적 위기이면서 동시에 체계수준에서의 변화에 따른 전쟁 가능성을 띤 국제 및 지역체계 위기로서, 위기 관련 국가들의 생존과 번영에 중대한 분수령을 초래하는 긴박한 지점(point) 또는 과정(process)이라 정의할 수 있다.

---

of Concepts, Theories, Hypotheses and Techniques of Analysis", in James A Robinson(ed.), *Political Science Annual: An International Review*, Vol. 2(Indianapolis and New York: The Bobbs-Merrill Company, 1970), p.116.

10) Charles F. Hermann, *Crisis in Foreign Policy: A Simulation Analysis* (Indianapolis: The Bobbs-Merrill Company Inc., 1969), p.29.

11) Michael Brecher and Jonathan Wilkenfeld, *Crisis, Conflict and Instability* (N.Y.: Pergamon Press Inc., 1989.), pp.209-210.

12) Phill Williams, *Crisis Management: Confrontation and Diplomacy in the Nuclear Age*(London: Martin Robertson, 1976). p.25.

2) 위기관리의 개념과 단계

(1) 위기관리의 개념

국제관계에서의 위기에 대한 개념 정의가 다양하고 모호하듯이, 위기관리에 대한 정의 역시 이와 유사하다. 그렇다면 국제관계에서 적용되는 위기관리란 무엇인가?

위기관리(crisis management)란 양 국가간 또는 다수 국가간의 국가이익이 상충되는 지점에서 발생하는 갈등과 분쟁 상태가 전쟁으로 들어서느냐 아니면 평화로 나아가느냐를 결정하는 분수령이 되는 것으로서 어떤 사태가 급변 시에 분쟁 당사국들이 전쟁으로의 확대를 방지하고 이를 수습하기 위해 위기의 통제와 확대 방지에 노력하는 모든 활동이라고 정의할 수 있다.13) 좀 더 학문적인 수준으로 들어가서 살펴보면, 위기관리를 이해하는 데는 크게 두 가지 시각이 있다. 첫째, 위기관리란 전쟁을 초래하지 않을 행동을 선택함으로써 전쟁을 회피할 수 있는 정책결정자의 능력인데, 이는 '대결의 평화적 해결'을 의미한다. 둘째, 전쟁은 국가가 택할 수 있는 여러 전략들 중의 하나일 뿐이며, 승리가 목적이기에 위기를 좋은 기회로 삼는다는 것이다.14)

한편 윌리엄스는 위기관리를 다음과 같이 정의내리고 있다. 위기관리란 한편으로는 위기상황이 통제를 벗어나 전쟁으로 확대되지 않도록 위기를 통제하고 조절하는 과정이면서, 동시에 다른 한편으로는 위기가 당사국에 유리하게 해결되어 국가의 사활적 이익(critical interest)이 보호되고 유지될 수 있도록 하는 모든 노력이다. 즉, 위기관리란 위협을 감소시키면서 위기를 통제 가능하도록 하기 위해 유화

13) 조영갑, 『한국위기관리론』(서울: 팔복원, 1995), pp.37-38.

14) Gilbert R. Winham(ed.), *New Issues in International Crisis Management* (Boulder: Westview Press, 1988.), p.4.

정책을 선택하는 동시에 위기 상대국으로 하여금 양보를 얻어내고 자신은 자기 입장을 고수하는 등 강압외교와 위험감수 전술을 선택하는 것이라고 정의 내린다.[15] 그리하여 위기관리란 이 두 가지 상반된 목표를 어떻게 조화시키느냐가 관건이며, 이는 위기관리의 정책적 딜레마라 하겠다. 이렇듯 위기관리란 전쟁을 하지 않고서도 중요한 이익은 지켜내면서 위험한 대결 상황을 해결하려 하기에 항상 어떤 전략적 선택의 유연성을 두는 것이다. 그러기에 위기관리는 전쟁을 피하면서 자국의 이익은 극대화 그리고 손실은 극소화시킬 수 있는 강압과 절충을 효율적으로 배합하여 필요시에 적절히 활용하는 수준 높은 외교적 능력과 판단을 요구한다.

결국, 위기관리란 승리가 궁극적 목적이며, 이를 위해 매우 절제된 수준과 범위 내에서 그 목적을 추구해야 한다는 것이다. 하지만 위의 이론적 논의와 달리 실제 국가의 정책결정자들은 때때로 위기를 회피하기보다는 오히려 위기에 내재해 있는 위험성을 기꺼이 감수하거나 조작함으로써 적극적인 국가이익 추구에 나서기도 한다. 그 이유는, 위기는 그 국가가 원하거나 혹은 필요로 했던 '변화'를 가져올 기회를 제공하며, 국가간 이익추구의 상호작용 속에서 서로 충돌하더라도 '위기외교'를 통해 국가이익을 증진시킬 수 있는 인센티브가 있기 때문이다.

(2) 위기관리의 단계

위기가 발발해서 종결될 때까지의 단계를 살펴보면 다음과 같다. 먼저 국가간의 관계에는 이익의 갈등(conflict of interest)이 존재하며 이러한 갈등에서부터 위기는 시작된다. 그러나 갈등 자체만으로는 위

---

15) Phil Williams, "Crisis Management", John Baylis, Ken Booth, John Garnett and Phil Williams(eds.), *Contemporary Strategy I: Theories and Concepts* (London and Sydney: Croom Helm), p.240.

기를 유발하는 데 충분하지 않으며 어느 한쪽이 갈등을 표면화시키는 자극적인 행위(precipitant)가 있어야 한다. 자극적 행위란 "현재의 이익의 갈등을 자기에게 유리하게 바꾸기 위한 현상 타파의 행위"를 말하는데, 상대국은 이에 강하게 도전하게 되고 처음에 자극을 가했던 국가도 다시 이에 저항함으로써 긴장의 강도는 위기의 문턱(crisis threshold)을 넘어서게 되어 위기가 시작된다. 이와 같이 긴장의 정도가 위기의 문턱을 넘어서면 쌍방간에는 밀고 당기는 한 판의 대결이 지속되며 전쟁을 회피하면서 상대방으로부터 어떻게 최대의 이익을 얻어내거나 혹은 손실을 최소화할 것인가에 주안을 두고 위기협상이 전개된다. 대결 결과 협상이 실패하면 전쟁에 돌입하게 되며, 반대로 협상이 성공하게 되면 위기가 종결되는 것이다.[16]

3) 위기관리 이론

(1) 위기관리 정책결정의 유형

위기 시 정책결정 행위를 분석하기 위해 제시되는 모델들은 다음과 같다.

가. 홀스티(Ole R. Holsti)의 S-R 모델

위기관리를 위한 정책결정은 상황이 긴박하고 불확실한 가운데 가능한 대안들 중에서 어느 하나를 신속히 선택하는 복합적인 과정이다. 그러다 보니 위기관리 정책결정을 분석하기 위해서는 '인식' 측면을 주요 변수로 다루는 것이 분석에 효과적이다. 이에 해당되는 것으로 홀스티의 S(자극)-R(반응) 모델을 들 수 있다.[17] 이는 인간이 사

16) 신승원, 「국가정보와 위기관리의 실증적 연구」, 해병대전략연구소, 『전략논단』(2005), pp.148-149.

17) Ole R. Holsti, Richard Brody and Robert North, "Measuring Affects and

물을 보는 인식이 정책결정의 주요 변수로 작용된다고 주장하면서, 객관적 사실을 어떻게 인지, 분석, 평가하느냐에 따라 주요 정책결정이 내려진다는 가정 하에 형성된 이론이다.

나. 앨리슨(G. T. Allison)의 모델 : 쿠바 미사일 위기 분석

그는 세 측면에서 위기관리 정책결정을 분석한다.18) 첫째, 합리적 행위자 모델로서, 정책결정자들은 합리적 행위자로 구성되어서 예상 결과에 대한 엄격한 손익계산에 따라 이익 극대화를 추구한다. 둘째, 관료정치 모델로서, 정책결정 행위자 간에는 다양한 경쟁이 존재하기에 결국 정책결정은 이러한 관계 속에서 이루어지는 흥정의 결과라는 것이다. 셋째, 정책결정자의 개인적 측면보다는 조직 자체의 특성과 업무처리 과정이 더 중요하다는 것이다.

다. 기타

그 외에도 허만의 모델, 쿠즈민과 자만(A. Kouzmin & A. Jarman)의 위기경로 모델, 스마트와 버틴스키(C. Smart & I. Vertinsky)의 모델 등이 있다.

(2) 위기관리의 원칙과 전략

알렉산더 조지(Alexander L. George)는 정책결정자들이 위기상황을 더 정확하게 진단하고 효과적으로 관리하는 데 있어 유용한 지침으로 적용 가능한 몇 가지 원칙을 제시한다. 먼저 정치적 원칙으로서

Action in International Reaction Models: Empirical Materials from the 1962 Cuban Crisis", in *International Politics and Foreign Policy: A Reader in Research Theory*, ed., James N. Rosenau(Rev. ed.)(New York: The Free Press, 1969), pp.683-684.

18) G. T. Allison, *Essence of Decision: Explaining the Cuba Missile Crisis* (Boston: Little Brown, 1971).

(1) 위기상황에서 추구하고자 하는 목표 제한, (2) 그 목표를 달성하기 위해 사용하는 수단 제한을 제한하라는 것이다. 다음으로 작전적(operational) 원칙으로서 (1) 군사적 옵션에 대한 최고 수준의 정치적 통제력, (2) 상대에게 오해를 살 수 있는 군사작전 중단, (3) 군사적 행위와 정치 · 외교적 행위의 조화, (4) 무력 사용의 위협을 제한된 외교목표에 맞출 것, (5) 상대에게 전쟁을 원한다는 인상을 주지 말 것, (6) 외교 · 군사적 옵션과 교섭 욕구의 조화, (7) 상대의 이익 존중과 양보 등이다.19)

한편 이러한 위기관리의 원칙들은 위기관리를 위한 방책인 전략에 의해 구체화되며, 여기서 최적의 위기관리 전략 선택은 위기상황에 크게 의존한다. 위기관리 전략은 다음의 네 가지 특징을 나타낸다. (1) 위기관리 전략은 한 국가의 외교 및 군사적 측면을 모두 고려하여 개발되고 채택된다. (2) 위기상황에서 무력위협과 군사적 이동은 외교의 대체수단으로서가 아니라 이교의 도구로서 채택한다. (3) 위기관리전략은 고도의 상황 의존적으로 모든 위기를 다룸에 있어서 보편적인 위기관리전략은 존재하지 않는다. (4) 위기관리 전략은 위기확대로의 위험성을 내포하고 있다.20) 이러한 위기관리 전략에 대해선 알렉산더 조지의 논의가 대표적인데, 그는 공세적 전략과 수세적 전략으로 구분하여 각각의 전략의 유형을 제시하였다.21) 먼저 공세적 전략은 현 상황을 자국에 유리한 방향으로 전개하기 위해 위기를 유발하는 전략으로 다음과 같은 것들이 있다. (1) 공갈 전략, (2) 제한적이고 전환 가능한 탐색, (3) 통제된 압력, (4) 기정사실화, (5) 소모 전략 등이 있다. 다음으로 수세적 전략은 적국의 현상 파괴 위협에 대

19) Alexander L. George(ed.), *Avoiding War: Problems of Crisis Management* (Boulder and Oxford: Westview Press, 1991), p.89.

20) 신승원, 앞의 논문, p.151.

21) Alexander L. George, 앞의 책, pp.377-392.

응하면서 현 상황을 유지하려는 전략으로서 다음의 것들이 포함된다. (1) 강압외교, (2) 제한적 확대, (3) 동일 보복, (4) 능력시험, (5) 한계 설정, (6) 공약과 결의 전달, (7) 시간 벌기 등이 있다.

(3) 위기관리 행태 분석

윌리엄스는 위기관리의 행태 분석을 위해서는 두 가지 측면, 즉 위기통제와 강압흥정이 중요하다고 보았다.[22] 먼저 위기통제란 실제 위기발생 시 위기를 통제한다는 것은 매우 어려운 까닭에 위기는 본질적으로 통제 상실의 문제를 지니고 있다는 것이다. 그래서 그는 위기를 통제하기 위해서는 조지가 주장한 위기관리 원칙들이 필요하다고 보았다. 다음으로 강압흥정에서 강압은 심리적인 것인데 자국의 요구에 적국이 응하지 않을 시에 발생할 결과에 대해 적국으로 하여금 두렵게 만들어서 자국이 바라는 방향으로 적국의 행위가 전개되도록 영향을 미치려는 시도이다. 또한 흥정은 위기 관련국들 간에 누가 무엇을 얻었는지를 결정하고, 최종 해결에 있어 손익-분배에 영향을 미치려는 시도이다. 윌리엄스는 억지위협, 취소할 수 없는 공언, 비합리성의 합리성 전략, 고의적인 위기확대 등의 강압흥정 전술을 주장하면서, 위기 시 이것들을 효과적으로 실행하는 것이 대단히 어렵고 위험스럽다고 보았다. 그러면서 그는 강압흥정 전술의 효과를 증대시키고, 위험을 해소하기 위한 다음의 네 가지 지침을 제시했다. (1) 힘, 이익, 결의 간의 균형 유지, (2) 목표 제한, (3) 수단 제한 혹은 강압 희석, (4) 의사소통 기능의 증대 등이다.

(4) 위기관리체계

각 국가의 위기관리는 위기상황의 인지와 조기 경보에서부터 상황

---

22) Phill Williams, *Crisis Management: Confrontation and Diplomacy in the Nuclear Age*, pp.96-161.

의 평가, 초기 대응 그리고 군사적, 외교적 조치의 논의와 실행에 이르는 많은 단계의 조치를 취하는 많은 임무들의 수행으로 구성된다. 이러한 활동들에 대해 윤태영은 (1) 정치군사적 통제 및 협의 체제, (2) 군사 지휘통제 체제, (3) 정보와 조기 경보 체제, (4) 위기 조치 계획, (5) 위기 시 적대국과의 대화 채널 등 다섯 가지 메커니즘으로 구분하여 설명하고 있다.[23)]

4) 연구의 분석 틀

국가의 위기관리란 국가 행위를 철저히 구속받는 위기상황에서 자신의 국가이익을 확보하기 위해 위기상황의 전개과정을 면밀히 주시하면서 국가 자신이 위기목표를 설정하고 이를 달성하기 위한 위기해결 수단을 선택하고 이를 실행해 나가는 '위기관리 정책결정과정'이라 하겠다. 이러한 위기관리 정책결정과정을 이해하기 위해 이 연구는 앞서 논의된 위기관리의 여러 이론들에 대한 이해를 바탕으로 국가의 위기관리를 이해하기 위한 몇 가지 핵심 요인들을 추출하고 이를 통해 국가 위기관리를 위한 분석의 틀을 마련하였다. 그리하여 이러한 일반적 국가 위기관리의 분석 틀을 통해 위기 시 보인 북한의 위기관리 정책결정을 들여다보고자 한다.

이 연구에서 활용할 여러 요인들은 다음과 같다. 먼저, 위기정책결정을 분석하기 위한 요인들로는 첫째, 위기인식, 둘째, 위기목표, 셋째, 위기해결 수단이 있으며, 다음으로 위기관리의 행태를 분석하기 위한 요인들로는 첫째, 위기통제, 둘째, 강압흥정, 셋째, 위기관리 전략이 있다. 이 요인들은 이 연구에서 다음의 방식으로 적용되어 분석의 틀을 구성하게 될 것이다.

---

23) 윤태영, 「한미 연합 위기관리체제: 실제, 문제점 및 발전방향」, 『국제정치학회보』 39(3)(1999), pp.263-280.

[그림 1] 국가 위기정책결정의 분석 틀

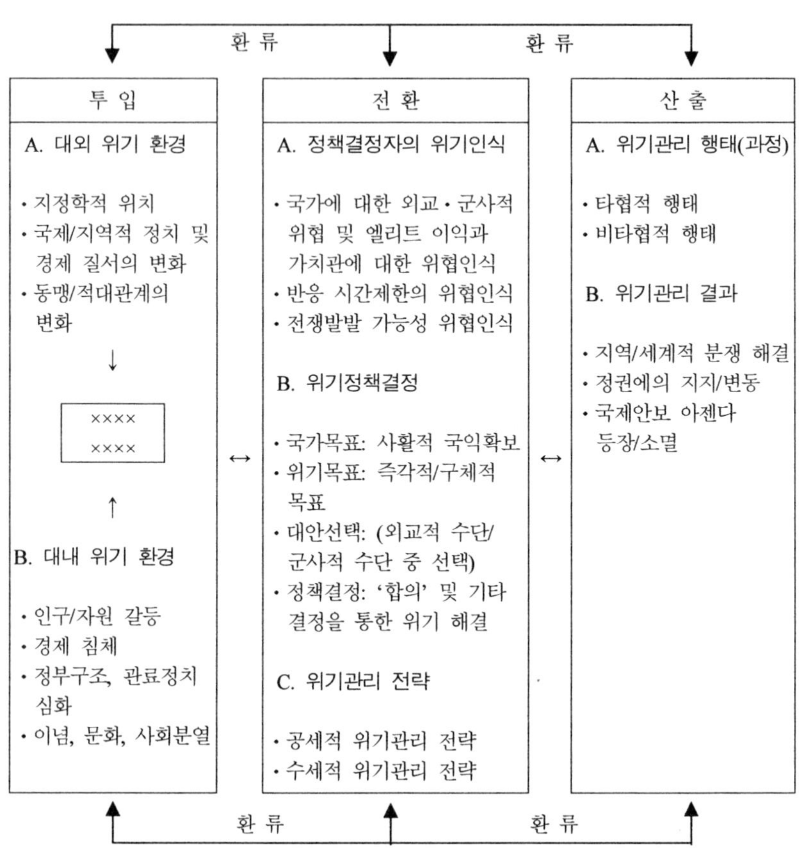

출처: Edward A. Kolodzieg and Robert E. Harkavy(eds.), *Security Policies of Development Countries*(Lexington: D.C. Health and Company, 1982), p.17 참조.

첫째, 위기목표와 관련해서, 위기 시 북한이 실제적으로 확보하려고 추구했던 즉각적이고도 구체적인 목표들에 대해서만 논의를 집중하였다. 둘째, 위기인식과 관련해서, 위기 시 상대방의 전략목표와 전쟁으로 비화될 가능성이 있는 위기확대의 본질에 관한 북한 정책결정자들의 위협 및 위기에 대한 인식을 파악하는 데 주력하였다. 셋째, 위기관리의 전략과 관련해서, 위기 시 국가의 최고 정책결정자로서 위기목표들에 부합하는 군사적 혹은 정치·외교적 고려사항들에 대한 최적의 선택을 신중히 고려하는 북한 정책결정자의 노력을 파악하는 데 주력하였다.

그리하여 이 연구의 분석 틀은 위기 시 북한이 위기목표에 부합되는 다양한 고려사항 혹은 대안들을 합리적으로 선택하고 이를 결정했는지를 보여줄 것이다. 국가 위기관리를 분석하기 위한 일반적인 분석 틀은 [그림 1]과 같다.

3. 북한의 위기정책결정 사례

1) 1차 북핵위기

(1) 위기 배경

1990년 2월 초 프랑스 인공위성이 찍은 사진을 통해 북한의 영변지역에 핵무기 개발 의혹 시설들이 촬영됨에 따라 북핵문제가 국제무대의 장에 등장하여 제1차 북핵위기의 서막을 올렸다. 북한의 핵개발 의혹이 점증함에 따라 북한과 국제사회의 갈등은 심화된다. 이러한 가운데 특히 북한은 국제사회의 여론을 주도하는 미국과의 긴장고조를 심각하게 경험한다. 사실 북핵문제로 인한 북한과 국제사회의 갈등은 북한의 시각에서 보면 북미 긴장 및 갈등 상황으로 단순화할 수 있다.[24] 북한은 미국과 국제사회가 제기한 핵개발 의혹에 대한 의혹 해소의 요구를 거세게 받게 된다.[25] 북한 입장에서 미국의 이러한

24) 1980년대 말 사회주의권의 대변혁 등 대내외적 안보환경의 악화에 직면하여 핵개발을 통한 안전보장, 체제 및 정권 유지를 최우선 국가목표로 설정한 북한과 탈냉전기 들어 세계적 차원에서의 핵확산 저지에 우선적 외교목표를 둔 미국과의 갈등은 불가피한 것이었다.

25) 당시(1990. 7. 16) 미국의 부시 대통령은 휴스턴에서 열린 G7 정상회담에서 북한은 국제핵확산금지조약의 하부협정인 안전협정에 조인하라고 요구한다.

요구는 이미 여러 차례 미국으로부터 핵사용 위협을 당했던 북한에게는 북미관계가 적대적 관계로 지속되고 있고 남한에 미국핵이 존재하는 상황에서 북한의 안보가 위협받는 심각한 안보위협 상황으로 인식되기에 충분한 것이었다.[26] 이후 미국의 대북 위협이 계속되는 가운데 북한은 대미 강온대응을 반복하면서 북미 갈등은 지속되나 갈등의 증폭은 발생하지 않는 지루한 공방이 이어진다. 그러다가 북한이 국제원자력기구의 핵사찰을 전격 수용함으로써 갈등 해결의 출구를 마련한다. 하지만 핵사찰 과정에서 북한과 국제원자력기구 간에 계속되는 의견 충돌로 인해 핵사찰은 파행을 거듭했다. 특히 북한의 핵 관련 신고 내용과 국제원자력기구의 사찰 결과 간에 중대한 차이가 발견됨으로써 핵의혹 해소를 목적으로 시작된 핵사찰이 오히려 핵의혹을 증폭시키는 결과를 초래했다. 이와 관련하여 미국은 북한에 대한 핵의혹 해소 압력을 더욱 강화시켰다. 마찬가지로 북한 역시 이러한 미국의 거센 요구를 강하게 거부함으로써 북미 갈등은 급격히 증폭되면서 본격적인 위기단계로 들어섰다.

(2) 위기관리 정책결정과정

1차 북핵위기 상황에서 나타난 북한의 위기관리 정책결정은 [그림 2]와 같이 도식화할 수 있다. 북한은 공산권 국가들의 체제 붕괴 및 전환으로 인한 대외적 안보환경의 악화에 따라 체제 및 정권 유지에 불안감이 고조된다. 또한 지속적으로 누적된 심각한 경제난에 직면하여 대내적으로도 불안정한 체제환경에 놓인다. 이처럼 대내외적 불안정과 위협이 심화되는 상황에서 북한은 생존전략적 관점에서 핵개발

26) 북한의 미국으로부터의 안보위협 인식에 대해서는 당시 북한 외교부 대변인 성명을 통해서 확인할 수 있다. "북한의 정당한 요구를 무시하고 일방적으로 이루어진 부시 대통령의 협정 가입 요구를 단호히 거부한다. … 미국은 남한에 핵 군사력을 증강하면서 핵 위협을 고조시키고 있다."

[그림 2] 북한 위기정책결정의 분석 틀

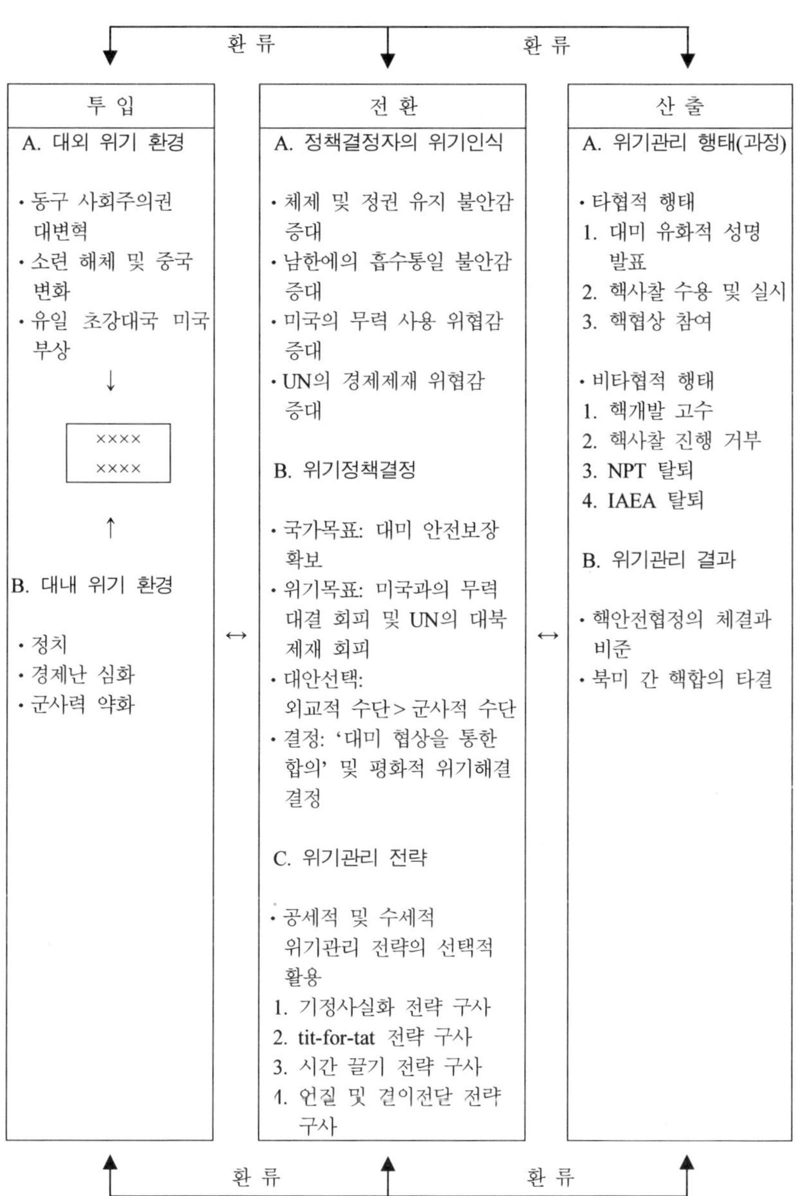

출처: Edward A. Kolodzieg and Robert E. Harkavy(eds.) *Security Policies of Development Countries*(Lexington: D.C. Health and Company, 1982), p.17 참조.

에 박차를 가하고 이러한 행위가 우연히 국제사회에 노출됨으로써 핵개발 의혹을 받게 되고 결국 핵의혹 해소라는 단계를 밟게 된다. 이러한 과정에서 북한은 철저한 손익계산에 기초하여 때로는 타협적인 위기관리 정책결정을 추진하고 또 다른 경우에는 비타협적 위기관리 정책결정을 추진함으로써 몇 차례의 북미 간 위기고조와 심지어 파국적 상황을 효과적으로 회피함으로써 그들 나름의 성공적인 위기관리 정책결정을 보여주었다.

2) 2차 북핵위기

(1) 위기 배경

미국의 부시 정부 등장 이후 북한은 미국이 대북 적대적 강경정책을 구사할 징후를 보임에 따라 깊은 우려를 나타냄으로써 불안감을 보였다.[27] 이후 2001년 9 · 11 테러가 발생하고 이에 심각한 충격을 받은 미국은 완전히 새로운 성격의 국제질서를 구축한다는 계획 하에 막강한 군사력을 토대로 세계적 차원에서의 반테러전과 대량살상무기(WMD) 제거에 나선다. 특히 미국은 2002년 1월의 연두교서에서 북한을 '악의 축(axis of evil)'으로 규정하고, 북한을 핵선제공격 대상 7개국 중의 하나로 지정하는 등 북한에 대한 공세적 위협을 노골화하였다. 이러한 미국의 대북 적대적 강경조치들은 우호적 북미관계를 소망하는 북한에게 극도의 좌절감을 주어 미국에 대한 기대를 포기하도록 종용하였다. 이후 북미관계는 소강상태가 지속됨으로써

---

27) 미국의 태도 변화를 기대하면서 북한은 외무성 대변인을 통해 다음의 성명들을 발표하였다. "(1) 미국이 대북 적대정책을 실질적으로 해소하는 행동조치를 통하여 북한의 안전을 위협하지 않는다는 것을 보장할 때 비로소 북한도 미국의 안보 우려감을 해결해 줄 수 있다. (2) 미국의 어떤 대북정책에도 대응할 준비가 되어 있다. (3) 대결로 나온다면 대결로 맞설 것이며, 선의로 나오면 우리도 선의로 대답할 것이다."

북미 갈등이 다소 해결될 여지가 있어 보였다. 하지만 2002년 6월 말 서해교전이 발생하고 미국은 이를 구실 삼아 북한과의 대화를 단절해 버림으로써 그해 10월까지 북미관계는 답보상태에 빠져들었다. 10월 초 북한은 북미관계를 개선하고자 미국 켈리 특사의 방북을 허용하고 미국과의 관계 개선을 위한 기회를 마련했다. 그러나 이렇게 어렵게 마련한 기회마저 북한의 농축우라늄 핵개발 의혹이 터져 나오면서 북미관계 개선의 조그만 희망은 사라지고 오히려 북미 간 갈등은 고조되었다. 그로 인해 지난 북핵 해결의 성과인 1994년 10월의 제네바 기본합의는 사실상 폐기되고 북미관계는 갈등 수준의 분쟁 국면을 넘어 본격적인 제2차 북핵위기 국면으로 빠져들었다.[28]

(2) 위기관리 정책결정과정

농축우라늄을 통한 북한의 핵개발 의혹이 제기됨에 따라 미국은 북한에 대해 핵개발 포기를 강하게 요구하면서 북한 측이 4개 협정 — 제네바 합의, NPT, IAEA의 안전조치협정, 한반도 비핵화 공동선언 — 을 모두 위반했다고 맹비난했다. 한편 북한은 미국의 대북 적대정책이 극에 달했다면서 미국의 궁극적 의도가 북한의 완전한 무장해제를 목표로 하고 있다고 비난하였다. 이후 북한은 미국의 거듭된 핵포기 요구를 거부한 대가로 2002년 12월부터 중유 지원의 중단을 통보받았고, 이에 북한은 미국의 조치를 격렬하게 비난하면서 잇따른 강경조치로 위기를 급속히 상승시켰다.[29] 한편 이러한 북한의 위기확

---

28) 정희태, 「'북핵위기' 사례를 통해 본 북한의 위기관리 연구: 제1, 2차 북핵위기를 중심으로」, 한국정치 · 정보학회, 『정치 · 정보연구』 제10권, 1호(2007), pp.118-119.

29) 북한의 잇따른 강경조치의 내용은 다음과 같다. (1) 2002년 12월 초 핵동결 해제 선언. (2) 국제원자력기구에 대해 봉인과 감시카메라 제거 요구. (3) 기동결된 실험용 원자로와 폐연료봉의 IAEA 봉인과 감시 장비 제거 작업 개시. (4) IAEA 사찰단원 강제 추방. (5) 2003년 1월 10일 NPT 탈퇴 선언. (6)

대를 통한 대응에 대해 미국은 다자적 압력 수단 동원과 더불어 한반도에 해군 및 공군을 증강 배치하는 등 군사력 대응조치를 현실화함으로써 위기에 대응하였다.30) 북한은 이미 공언한 부시 행정부의 선제공격 독트린의 실제적 작동을 이러한 미국의 대북 군사력 운용으로 실제 확인하게 됨으로써 더욱 심각한 위협감과 위기감을 경험하게 되었다. 이러한 상황의 악화 속에서도 북한은 위험감수전술(risk-taking tactics)을 추구함으로써 미국의 선제공격을 유인할 수도 있는 최악의 극단적 상황으로 위기상황을 몰아갔다.

이러는 가운데 중국의 중재로 6자회담이 개최되고, 북미 갈등은 회담의 틀 속에서 지속되었다. 하지만 북미는 6자회담을 통해 성과를 얻어내지 못하고, 북한은 2005년 4월 영변 원자로 가동 중단 및 폐연료봉 재처리 계획을 발표하였고, 급기야 5월 11일 북한 외무성은 영변에 있는 5MW 시험 원자력발전소에서 8천여 개의 폐연료봉 추출작업을 완료했다고 밝힘에 따라 6월 한반도 위기설은 기정사실화되어 갔다. 한편 북한의 단계적 위기확대에 대응하여 미국 역시 5월 말 F-117 스텔스 전폭기 15대를 군산 공군기지에 이동 배치하는 등 미국의 대북 군사공격이 임박한 양상으로 전개되면서 대북 선제공격이 현실화될 징후를 보여주었다. 하지만 이렇듯 북미 간의 위기확대가 한계선에 근접할수록 이에 대한 반작용으로 위기해결의 노력도 바쁘게 전개되었다.31) 이러한 북한의 위기관리 정책결정은 [그림 3]과 같다.

2003년 2-3월에 걸쳐 동해상에 지대함 크루즈미사일 시험 발사.

30) 이러한 미국의 군사력 증강조치는 북핵시설 폭격 등의 선제공격 시나리오를 뒷받침하기 위한 것이라기보다는 전쟁억제를 위한 방어적, 억제적인 군사력 운용이면서 동시에 북한에 대해 '비순응 시 확전에 대한 두려움을 조성'하기 위한 행동으로 평가할 수 있다.

31) 관련 내용은 다음과 같다. (1) 한미는 2005년 6월 10일 정상회담에서 위기의 평화적 해결을 위한 북한의 6자회담 참가를 촉구하였다. (2) 북한은 6 · 15 남북공동선언 5주년 기념행사에서 6자회담 복귀 의사와 한반도 비핵화 유효에 대한 입장을 표명함으로써 위기해소의 의지를 드러내보였다.

[그림 3] 북한 위기정책결정의 분석 틀

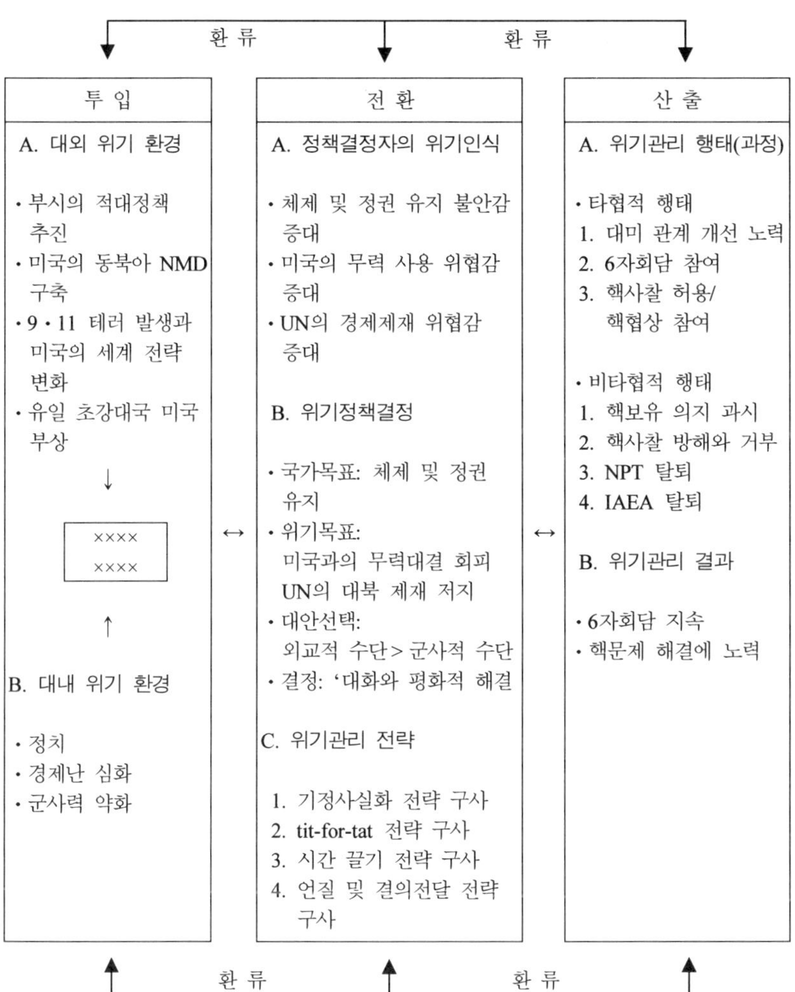

출처: Edward A. Kolodzieg and Robert E. Harkavy(eds.) *Security Policies of Development Countries*(Lexington: D.C. Health and Company, 1982), p.17 참조.

4. 북한의 위기정책결정 평가

1) 북한 정책결정자의 위기인식: 미국의 의도 및 위기역동성 인식

위기상황에서 북한 최고 정책결정자는 대미 인식에 있어 공세적 태도를 보이긴 했지만, 전체적으로는 수세적이고 방어적인 것이었다. 이는 1950년 한국전 패배 이후 북한이 미국에 대해 지닌 적대감 못지않은 미국의 우월적 힘에 대한 두려움과 좌절감에 기인한다. 북한은 위기상황에서 미국이 자신이 지닌 우월적 힘에 의지하여 북한을 무시하고 강경조치로 압박할 것을 우려하여, 강대국에 대결하는 약소국으로서의 유약함을 보이지 않으려 부단히 노력했다. 북한의 공식적 성명을 보면 이러한 의지를 쉽게 확인할 수 있다. 그러나 위기상황에서 북한의 위기결정에 영향을 주는 것은 이러한 북한의 대미 인식보다는 위기 자체가 지닌 역동성에 대한 인식이다. 위기상황에서 위기 그 자체는 전개과정에 미치는 다양한 변수들에 의해 위기 주체들의 의도와 무관하게 또는 의도하지 못한 결과를 초래할 개연성이 충분하다. 그러기에 위기는 사전에 예방하는 것이 가장 중요하며, 그러지 못할 경우 위기가 발생한 후 위기확대로 전환되는 상황을 철저히 피하거나 막아야 한다. 북한은 자신과 미국의 선택에 의한 위기확대가 전쟁으로 이어질까 봐 극도로 민감한 태도를 보였다. 그리하여 위기 국면에서의 위기역동성에 의한 위기상승을 다양한 수단과 방법을 동원하여 해소하고자 노력하였다.

2) 위기목표: 미국의 군사력 사용 저지 및 유엔의 대북 제재 저지

위기목표란 위기 시 실질적으로 추구했던 즉각적이고 구체적인 목표를 의미한다. 어떠한 위기목표를 설정하는가에 따라 위기관리 정책결정에서 선택하는 수단이 달라진다. 위기목표는 중요성을 띤 위계의 서열에 따라 결정된다. 먼저 북한의 미국과의 위기상황에서 언제나 최우선적 위기목표는 무력충돌의 회피였다. 미국과의 무력충돌은 최악의 경우 북한 체제의 붕괴라는 점을 북한 정책결정자는 잘 인식하고 있었다. 그리하여 매번 위기확대의 가장자리에 등장하는 미국의 대북 군사력 사용 위협에 대해 북한은 미국의 공격 가능성을 줄이는 데 적극 노력하였다.32)

다음으로 중요시되는 위기목표는 유엔을 통한 국제제재였다. 북미 갈등 그리고 북한과 국제사회의 갈등 심화에 따른 위기 국면의 최종 단계에서는 어김없이 유엔의 대북 제재가 동반되었다. 위기 국면에서 미국은 북한을 강하게 압박했지만, 최후의 선택으로서 위험부담이 심한 무력 사용은 실행하기를 꺼렸다. 그러다 보니 시간은 다소 소요되지만 북한을 압박하는 데 있어 위험부담을 덜면서 강압할 수 있는 유엔을 통한 제재가 위기의 최종 국면에서는 자연스럽게 등장할 수밖에 없었다. 이러한 단계적 대북 압박을 그동안의 북미 대결에서 여러 차례 경험한 북한은 위기목표로서 미국의 무력 사용 저지 못지않게 중요한 위기목표로 설정해 놓았다. 북한 입장에서 미국과의 무력충돌이 의도하지 않은 체제 붕괴의 신호탄으로 작용할 수 있어서 회피하고 저지해야 했다면, 유엔의 대북 제재 결의는 경제난으로 고통받고 있는 북한 체제를 서서히 파괴시켜 어느 순간에는 회복 불가능의 단계로 내몰 위험천만한 것이었다. 따라서 북한은 유엔의 대북 제재에 대한 논의 및 결의가 이루어지는 위기상황에서는 이에 매우 격렬하게 반응하면서 대북 제재는 곧 전쟁이라고 주장하면서 이를 회피하

32) 그 내용은 다음과 같다. (1) 북한이 자신의 군사력을 과시함으로써 전쟁 발발 시 미국의 손실이 만만치 않을 것임을 예측하려 노력했다. (2) 미국과의 무력충돌은 곧이어 남한에 대한 군사력 사용과 패키지임을 인식시키려 노력했다. (3) 북한은 위험과 실패를 초래할 과도한 위기목표 추구에의 욕구를 자제하면서 제한적 위기목표 달성에 노력하였다.

거나 저지시키려 총력을 기울였다.[33]

3) 위기해결 수단: 외교와 협상을 통한 해결

북한은 위기목표를 달성하기 위해 평화적인 해결 수단을 선택했다. 북한은 국익 추구를 위해 위기를 효과적으로 이용하였다. 그리하여 위기의 초기 단계에서는 자신의 요구가 상대에게 수용되지 않거나 혹은 상대의 압박이 가해질 때 위기를 상승(escalatc)시켜 위기확대를 조성했다. 예를 들면 상대에게 우려와 충격을 줄 수 있는 NPT 탈퇴 혹은 IAEA 탈퇴 등을 선택함으로써 상대를 강하게 압박했다. 이러한 선택에 직면한 상대는 이에 대응하는 데 시간이 소요될 것이며 이는 북한에게 그 과정에서 시간을 벌고 상대의 대응을 봐 가면서 또 다른 선택을 할 수 있는 유리한 위치를 점하게 해주었다. 물론 이러한 북한의 공세적 선택은 결국 위기확대를 초래할 수밖에 없는 결과를 만들었고, 그러한 과정에서 이러한 위기확대를 전환시킬 협상에 응하거나 또는 자신이 협상을 제안해야만 했다. 그리하여 북한은 위기 협상을 통해 위기를 해소시켜 나가면서 자신이 추구하는 이익을 확보하고자 했다.

4) 위기관리 전략: 위기 국면에 부합하는 선택적 전략 구사

북한의 정책결정자는 안보이익을 지키기 위해 위험스러울 정도로

---

33) 위기상황에서 북한은 매 순간 자기 이익을 관철시키기 위해 위기확대를 추구하였다. 하지만 위기가 임계점에 다가가 자신들의 통제를 벗어날 수 있는 지점－미국의 군사력 사용 본격 논의 및 유엔의 대북 제재 최종 결의 단계－에 이르러서는 전쟁 불사라는 위협적 언사의 빈도를 높이는 가운데 미국 및 국제사회를 향해 지속적으로 양보의 메시지나 제스처를 표현함으로써 전쟁과 제재를 피하는 데 총력을 기울였다.

위기확대도 불사했지만, 위기가 한계 임계선에 도달해서는 위기목표와 위기수단처럼 위기관리 전략도 철저히 제한했다. 위기상황에서 북한이 적극 구사한 위기관리 전략은 공세적 전략과 방어적 전략 모두를 포함한다. 그러다 보니 일반적 예측과 달리 위기 초에 방어적 전략이 구사되기도 하고, 정반대로 위기의 최종 단계에서 공세적 전략이 구사되기도 했다. 하지만 단순화시켜서 보면, 대체로 위기 초에 공세적 전략의 구사 빈도가 월등히 많았고, 반대로 위기 최종 단계에서는 방어적 전략이 많이 구사되었다. 또한 이러한 위기시기에 따른 북한의 위기관리 전략 구사 못지않게 주목해야 할 점은 북한은 세계가 주목하거나 주목할 수 있는 공식적인 수준과 주목받지 않는 비공식적 수준을 철저히 구분하여 위기관리 전략을 구사한다는 점이다. 북한은 공식적인 성명 — 북한당국의 대변인 성명, 북한 주요 언론매체 성명, 공식적 협상 및 회담 발언 등등 — 을 통해서는 공세적 위기관리 전략인 공갈, 통제된 압력, 기정사실화 등의 전략을 통해 미국 및 국제사회를 압박하였다. 반면 비공식적 수준에서는 철저히 방어적 위기관리 전략 — 제한된 확대, 맞대응 전략, 한계설정, 공약과 의사전달, 시간 벌기 전략 — 을 구사하였다.

5) 위기관리 행태 특징: 위기 통제 행위의 균형유지

위기 관련국 간에 첨예한 대결이 전개되는 위기상황에서 위기를 효과적으로 통제한다는 것은 대단히 어려운 일이다. 위기는 정치·외교적 통제와 군사적 통제의 차원 사이에서 유기적으로 상호작용하며 전개된다. 정치·외교적 통제는 위기 관련국 쌍방간의 메시지 교환, 대화 추구 등을 통해 이루어지며, 군사적 통제는 우발적 및 고의적 폭력의 자제, 위기해소 관련 군사적 조치들의 실행을 통해 이루어진다. 북한은 위기상황에서 미국과의 대결 고조 상황에 처해 대화를 통해 해결을 바란다는 메시지나 정부 성명을 반복적으로 전달하였다. 또한 위기 과정에서 중단된 북미회담의 개최를 촉구하는 등 위기확대를 통제하고자 했다. 이처럼 북한은 정치·외교적 통제를 유지하려고 하면서 군사적 통제에서 주력하였다. 위기상황에서 군사적 옵션을 철저히 배제하면서 언사적 차원에서 무력불사 발언과 비도발적 방위 차원에서의 군사적 조치에 국한시켜 미국의 위협에 대응하였다.[34] 하지만 이러는 가운데서도 북한은 때론 초강경조치를 취하기도 했다. 예를 들면 위기상황임에도 미사일 발사 실험을 강행한 것이다. 이런 경우 북한의 행위를 여러 가지로 추측할 수 있지만, 대체로 방어적 차원에서 이해하는 것이 옳을 것이다. 위기상황에서 발생할 수 있는 미국의 군사력 사용을 사전에 억지하려는 시위 차원 혹은 전쟁불사라는 결의를 뒷받침하는 결의 과시 차원에서 해석되어야 할 것이다. 이렇게 해석하는 이유는 북한이 이러한 초강경 위협 조치를 구사하지만 미국의 첩보 위성에 나타난 북한 군사력의 배치를 살펴보면 결코 공격적 군사 배치나 부대 이동은 거의 없는 경우가 대부분이었다. 또한 위기상황에서 북한의 특이한 군사적 징후는 나타나지 않는 점을 볼 때, 위의 해석은 설득력이 있다고 하겠다.

5. 결론

여기서는 앞 절의 내용을 종합하고 정리하기보다는 북한의 위기정

34) '비도발적 방위'에 대해 윌리엄스는 다음과 같이 주장했다. "1980년대 말부터 기습적 공격 능력을 지닌 장비를 갖추고 또한 훈련이 되어 배치된 군사력이 변함없이 타국에 대해 위협적으로 간주될 것이라는 인식이 부각되었다. 따라서 군사력 수준의 감축보다 더 중요한 것은 더욱 방어적인 태세로 군사력을 재편하고 있는 것이 특징이다." Phil Williams, "Crisis Management: from Cuba to Sarajevo", Ken Booth(ed.), *New Thinking about Strategy and International Security*(Harper Collins Publishers, 1991), p.159. p.369.

책결정에서 얻은 결과를 토대로 한국의 대북 위기관리 노력이 지향해야 할 방향을 제시하고자 한다. 독일의 정치학자 칼 슈미트(Carl Schmitt)는 국가안보의 중요성과 동맹의 비대칭성(asymmetric)에 대하여 "국민이 정치적인 것의 영역 안에 존재하는 한 적(敵)과 동지의 구별을 국민 자신이 하지 않으면 안 된다. 자신의 적이 누구인지, 누구와 싸워야 할 것인지, 만약 타인의 지시를 받게 된다면, 그것은 이미 정치적으로 자유로운 국민은 아니며, 다른 정치체제에 편입되거나 종속된 것이다. … 정치적인 것의 영역에서 자신을 유지할 힘이나 의사를 상실함으로써 정치적인 것이 이 세상에서 사라지는 것이 아니다. 다만 약한 국민만이 사라질 뿐이다."라고 하였다.[35]

그의 주장은 남북 대치 상황을 지속하고 있는 우리에게 많은 생각을 하게 한다. 특히 2000년 들어 대북 햇볕정책의 추진으로 우호적인 남북관계에 기대어 안보의식이 흐트러져 적이 누구인지 그리고 누구와 싸워야 하는지 등을 혼란스러워 하고 지나치게 미국에 의존하여 안보환경을 긍정적으로 해석하여 안보 불감증에 젖은 우리에게 많은 시사점을 준다. 이 연구는 이러한 인식하에 한국의 안보의식 제고와 안보능력 고양이라는 목표달성을 위해 한반도 위기와 그러한 위기상황 속에서 나타난 북한의 국가 능력을 밝혀보고 이를 통해 북한의 실체적 위협을 인식하고 당면한 안보환경을 직시함으로써 북한의 도발에 대한 효과적인 국가 위기관리 능력을 준비하는 차원에서 수행되었다.

국가의 위기관리가 전쟁과 평화를 구분짓는 상호 선택적 행위라고 볼 때, 수차례의 한반도 위기상황에서 한국은 성공적인 위기관리를 했다고 자평할 수 있다. 하지만 북한의 도발이 과거에 비해 빈도는 줄어들었으나 그 강도는 훨씬 심각한 대량살상무기를 기반하고 있다

35) Carl Schmitt, 김효전 옮김, 『정치적인 것의 개념』(서울, 법문사, 1995), pp. 62-64.

는 점에서는 결코 마음을 놓을 수 없다. 그리고 전쟁을 피했다는 측면에서는 우리의 성공적인 위기관리라 할 수 있지만, 위기의 전개과정에 나타난 북한의 위기관리를 살펴보면 분명 북한에 비해 우리의 위기관리는 많은 결함을 가지고 있다고 할 수 있다. 북한의 도발 양상은 점차 지능적인 진화를 거듭한 반면 한국의 위기관리는 과거나 지금이나 크게 발전된 것이 없다. 그러다 보니 북한 도발에 대한 우리의 대응과 선택들은 상황에 적절히 반응하는 전략으로서 효과를 발휘하지 못하고 단지 하나의 고정화된 규칙으로 기능할 뿐이었다.

이로 인해 북한은 도발에 따른 우리의 대응과 결과를 미리 충분히 예측함으로써 더 신속하고 강한 도발에 대한 욕구를 표출할 수 있다. 이는 결국 한반도에 더욱 심각한 위기를 초래할 개연성을 내포하고 있다. 이는 알렉산더 조지의 주장을 떠올리게 한다. 그는 주장하기를 "자국의 이익보호와 함께 원하지 않는 사태의 악화를 방지해야 하는 두 가지 목표 간의 갈등인 위기관리의 딜레마는 정책결정자들이 반드시 해결해야 하는 기본적인 문제이다. 또한 부주의에 의한 전쟁을 피하고, 정책적 딜레마를 극복하기 위해서는 전략적 감각이 필요하다."고 강조하였다.36)

이러한 점을 고려해 볼 때, 우리는 위기상황에서 '전략적 감각'이 너무 부족한 것이 아닌가싶다. 특히 매번 반복되는 북한의 전쟁협박은 그들이 궁지에 몰렸을 때, 이를 빠져나오거나 비켜가기 위해 한반도에 계산된 모험을 통해 위기를 조성하고 이를 정치적으로 적극 이용하려는 의도가 언제나 내재되어 있다. 북한은 이러한 의도된 호전성을 통해 한국 국민의 전쟁공포증을 유발시켜 우리의 위기관리가 제대로 작동하지 못하게 방해했다. 그러다 보니 위기상황에서 북한이

36) Alexander L. George, "A Provisional Theory of Crisis Management", in *Avoiding War: Problem of Crisis Management*(Boulder: Westview Press, 1991), p.23.

구사하는 '벼랑끝전술' 효과는 매 위기 시 가공할 위력을 발휘하고 있다. 그동안 발생한 수차례의 한반도 위기상황에서 우리는 '국가이익 보호'와 '위기확대 회피'라는 두 가지 핵심적 정책 딜레마에서 '위기확대 회피'에 치우쳐 효과적인 대응수단이 되는 군사적 수단을 스스로 포기함으로써 융통성 있는 전략 구사를 방해받은 것이 사실이다.[37] 그러므로 북한이라는 상대하기 어려운 적(敵)을 맞이하여 위기 발생 후에 이에 대처하기보다는 '위기예방' 차원에 주목하여, 우리의 위기관리를 좀 더 유연하면서도 과감하게 구사하려는 전략적 감각의 개발 노력이 더욱 요구된다고 판단한다. 이를 위해 위기상황에서 북한이 보여준 위기관리의 모습— 위기목표 하의 철저한 손익계산 추구, 그들 나름의 위기 임계선 설정, 비공식적 채널을 동원한 위기해결 추구 노력 등등— 은 북한의 정책결정자가 비정상적, 비합리적 의사결정자가 결코 아니며, 철저히 상황을 통제하면서 문제해결을 추구하는 '전략적 행위자'라는 사실을 잘 보여준다. 그런 까닭에 효과적인 위기관리 전략을 마련하는 것도 중요하지만 더 중요한 것은 상황 발생 시 이를 제대로 실행하여 성공적 결과를 만들어낼 수 있는 '전략적 감각'이 절대적으로 요구되는 것이다.

[참고문헌]

길병옥, 「전시작통권 환수에 따른 국가위기관리체제 확립방안」, 한국군사학회, 『군사논단』 제50호(2007년 여름).

김열수, 「차기 행정부의 위기관리체제 발전방향」, 『국방연구』 제50권, 제2호(2007년 12월호).

김현기, 「위기관리 개념과 한반도」, 한국군사학회, 『군사논단』 제31호(2002

37) 이성진, 「북한 대남도발과 한국의 위기관리 원칙」, 한국군사학회, 『군사논단』 제53호(2008년 봄), p.179.

년 여름).
신승원, 「국가정보와 위기관리의 실증적 연구」, 해병대전략연구소, 『전략논단』, 2005년 6월호.
안성호, 「북한위기에 따른 국가위기관리방안연구」, 한국동북아학회, 『한국동북아논총』(2009).
유명덕, 「한국군 병사의 위기인식 유형과 관리방안」, 한국군사학회, 『군사논단』 제46호 (2006년 여름).
윤태영, 「한미 연합 위기관리체제: 실제, 문제점 및 발전방향」, 『국제정치학회보』 39(3)(1999).
이성진, 「북한 대남도발과 한국의 위기관리 원칙」, 한국군사학회, 『군사논단』 제53호(2008년 봄).
이은득, 「위기관리 측면에서 본 '서해교전'」, 국방대학교 안보문제연구소, 『국방연구』 제45권, 제2호(2002. 12).
정옥임, 「한반도안보위기 방지를 위한 주변국외교」, 국회위기관리포럼, '위기관리포럼창립세미나'(2008. 6. 17).
정찬권, 「국가위기관리체계 변화의 결정요인에 관한 연구: 냉전기와 탈냉전기의 비교를 중심으로」, 한국군사학회, 『군사논단』 제53호(2008년 봄).
정희태, 「북한의 대미 위기관리 연구: 북한의 핵의혹 사례를 중심으로」(서울대학교 대학원 박사학위논문, 2001).
_____, 「'북핵위기' 사례를 통해 본 북한의 위기관리 연구: 제1, 2차 북핵위기를 중심으로」, 한국정치 · 정보학회, 『정치 · 정보연구』 제10권, 1호(2007).
조영갑, 『한국위기관리론』(서울: 팔복원, 1995).
허태회 외, 「위기관리이론과 사이버안보 강화방안: 이론과 정책과제」, 『국방연구』 제48권, 제1호(2005년 6월호).
홍규덕, 「국가위기관리 체계의 평가와 발전방향」, 한국군사학회, 『군사논단』 제40호.
Buzan, Barry, 김태헌 옮김, 『세계화 시대의 국가안보』(서울: 나남, 1995).
Schmitt, Carl, 김효전 옮김, 『정치적인 것의 개념』(서울: 법문사, 1995).
Allison, G. T., *Essence of Decision: Explaining the Cuba Missile Crisis* (Boston: Little Brown, 1971).

Brecher, Michael and Wilkenfeld, Jonathan, *Crisis, Conflict and Instability*(N.Y.: Pergamon Press Inc., 1989).

George, Alexander L., "A Provisional Theory of Crisis Management", in *Avoiding War: Problem of Crisis Management*(Boulder: Westview Press, 1991).

Hermann, Charles F., *Crisis in Foreign Policy: A Simulation Analysis* (Indianapolis: The Bobbs-Merrill Company Inc., 1969).

Holsti, Ole R., Brody, Richard A. and North, Robert C., "Measuring Affects and Action in International Reaction Models: Empirical Materials from the 1962 Cuban Crisis", in *International Politics and Foreign Policy: A Reader in Research Theory*, ed., James N. Rosenau(Rev. ed.)(New York: The Free Press, 1969).

Kolodzieg, Edward A. and Harkavy, Robert E.(eds.), *Security Policies of Development Countries*(Lexington: D.C. Health and Company, 1982).

Robinson, James A., "Crisis Decision-making: An Inventory and Appraisal of Concepts, Theories, Hypotheses and Techniques of Analysis", in James A. Robinson(ed.), *Political Science Annual: An International Review*, Vol. 2(Indianapolis and New York: The Bobbs-Merrill Company, 1970).

Winham, Gilbert R.(ed.), *New Issues in International Crisis Management*(Boulder: Westview Press, 1988).

Williams, Phil, *Crisis Management: Confrontation and Diplomacy in the Nuclear Age*(London: Martin Robertson, 1976).

_____, "Crisis Management", John Baylis, Ken Booth, John Garnett and Phil Williams(eds.), *Contemporary Strategy I: Theories and Concepts* (London and Sydney: Croom Helm, 1987).

제 4 장
북한의 문화예술

이범웅*

1. 서론

분단 이후 남북한은 각기 상이한 체제를 수용하였다. 문화예술 분야에서 남한은 개인주의에 입각한 합리성과 실용성을 중시하는 자본주의, 자유민주주의를 기본 이념으로 하여 서구 근대문화의 영향을 받으며 발전해 왔다. 반면에 북한의 문화예술은 사회주의와 인민민주주의의 이념에 입각하여 체제유지, 김일성과 김정일 우상화 및 공산주의 인간 개조를 위한 도구적 기능을 해왔다. 따라서 남북한 사회는 언어, 문학, 예술, 종교 등의 문화 전반에 걸쳐서 광범위한 이질화를 경험하게 되었다. 더욱이 분단 이후 아주 제한적인 남북 문화예술 교류를 하면서 문화적 괴리가 심화되어 오늘날에는 민족문화의 정체성마저 위협받는 정도에 이르게 되었다.

독일의 경우 통일되기 전에 동서독 간에 30년 이상 사회, 경제, 문화 등 다방면의 교류와 이산가족의 정기적인 방문이 이루어졌음에도

* 공주교육대학교 윤리교육과 교수. beomeo@gjue.ac.kr

불구하고 한 국가, 두 사회로 표현될 만큼 사회문화적 통합이 이루어지지 않은 채 오히려 동서독 주민간의 정서적 대립이 더 심화되고 있는 상황이다. 이러한 상황은 정치체제의 구조적 통합의 한계를 여실히 보여주고 있다. 결국 진정한 의미의 통일이라는 것은 민족의 동질성을 회복하는 것이기 때문에 정치경제적 통합과 더불어 문화통합은 필수적이라 할 수 있다.

또한 문화예술이라는 것은 미를 추구하는 인간의 기본적인 본능을 바탕으로 하는 것이며 우리는 신라 통일 이후 분단될 때까지 천 년 이상 하나의 국가로서 동일한 민족문화의 기반을 갖고 있기 때문에 분단의 장벽을 극복할 수 있는 좋은 열쇠가 될 수 있을 것이다. 따라서 민족동질성의 회복이라는 통일의 실질적 기반을 조성하고 통일 후에 나타날 갈등을 최소화하기 위해서는 남북한 문화교류를 통해 점진적인 문화통합을 시도해야 할 것이다. 그러기 위해서는 북한의 문화예술의 이해는 필수적이다. 그리고 북한의 다른 하위 체제와 마찬가지로 문화 체제도 북한 체제 전반이나 정치, 경제 등과 같은 다른 하위 체제와 밀접하게 연결되어 있는 점을 고려한다면, 북한 문화의 이해는 북한 체제의 특성을 가늠하는 초석이 될 수 있으며 다른 하위 체제의 특징을 더 잘 이해하는 통로가 될 수도 있다.[1)] 따라서 북한의 문화 현실을 이해함으로써 문화 체제를 설명할 수 있고, 궁극적으로는 북한 체제의 특성을 설명할 수 있게 된다.

이 장에서는 북한의 문화예술의 특징과 이데올로기적 특성, 시대별 변화, 예술 장르상의 특징, 남북한의 문화예술의 차이점과 교류 실태 등을 살펴보도록 하겠다.

---

1) 경남대학교 북한대학원 편, 『북한 문화, 둘이면서 하나인 문화』(서울: 도서출판 한울, 2008), pp.19-20.

2. 북한의 문화예술의 개념과 역할

북한사회에서 문화는 인류가 창조한 물질적 및 정신적 부의 총체를 의미한다. 문화는 사회발전의 매 단계에서 이룩된 과학과 기술, 문학과 예술, 도덕과 풍습 등의 발전수준을 반영한다. 북한의 사전에서 "문화는 사회생활의 어떤 령역을 반영하는가에 따라 물질문화와 정신문화로 구분된다. 매개 나라의 문화는 자기의 고유한 민족적 특성을 가지고 있으며, 계급사회에서 문화는 계급적 성격을 띤다."고 정의해 놓고 있다.[2] 북한의 문화 개념은 다음의 몇 가지 특징이 있다고 할 수 있다.

첫째, 남한이 문화를 정치, 경제, 사회를 지탱하고 있는 가치구조에 내재하는 기본 개념이자 그 자체를 하나의 목표 개념으로 보고 있는데 반해, 북한은 문화를 정치, 경제, 사회 발전을 달성하기 위한 수단 개념으로 규정한다.

둘째, 북한의 문화 개념에서는 민족적 특성이 강조되고 있다. 이것은 문화의 보편적인 특성보다는 개별 사회의 특수성을 강조한다고 볼 수 있다.

셋째, 문화에 대한 가치판단이 가능하다. 북한에서는 계급문화를 인정하여 "로동계급의 문화가 가장 선진적이며 혁명적인 문화"가 될 수 있다고 상정한다.[3]

넷째, 문화가 계급적 성격을 띤다는 것은 문화를 계급에 종속되는 것으로 인식한다고 볼 수 있는데, 그것은 문화의 자율성 문제와 연관된다.

다섯째, 좋은 문화와 나쁜 문화의 구분이 가능하기 때문에 문화는

---

2) 과학백과사전출판사 편, 『조선말 대사전』(평양: 과학백과사전출판사, 2004), p.1185.

3) 과학백과사전출판사 편, 『백과전서』(평양: 과학백과사전출판사, 1983), p.808.

윤리적인 문제와 결부될 수 있다. 북한에서는 "사람들로 하여금 자주의식과 창조적 능력을 키우고 고상한 정신 도덕적 풍모를 갖추며 다양한 문화 정서적 요구를 실현하기 위한 문화생활"이 강조된다.[4] 따라서 문화와 윤리 문제가 결합됨에 따라 문화교육은 도덕교육(혹은 정치교육)과 동일시될 수 있다.

여섯째, 문화에 대한 외연적인 범주가 크다고 볼 수 있다. 북한의 1992년 헌법의 제3장 문화 조항에는 문화예술뿐만 아니라 교육, 학술, 언어, 체육, 환경, 그리고 의료 및 건강까지 포함되어 있다. 문화의 외연이 확대됨에 따라 북한에서는 문화가 사회 일반과 같은 의미로 사용되기도 한다.[5]

북한에서 문화혁명은 구체적으로 "모든 사람들을 자연과 사회에 대한 깊은 지식과 높은 문화예술 수준을 가진 사회주의 공산주의 건설자로 만들며 온 사회를 인테리화"[6]하는 것이며 사상혁명, 기술혁명과 함께 북한의 3대 혁명 중 하나이다. 따라서 문학·예술과 문화를 구별 없이 받아들인다고 볼 수 있다. 김일성은 문화인을 '붓으로 싸우는' 사람이라고 정의했다. 이러한 맥락에서 북한에서는 구체적인 문학·예술작품의 창작과 향수가 문화의 핵심이며 이를 구현하는 것을 문화생활이라고 보고 있다.

북한 문학·예술의 담당 주체로서 삼위일체 체제란 당, 행정기관, 그리고 문학·예술인(혹은 그 단체)이 공동으로 창작과정에 참여하는 제도이다. 당은 작품의 내용이나 작가의 활동을 감독하며, 문화성과 같은 행정조직은 창작 여건을 조성하는 역할을 수행하고, 창작가들은 조선문학예술총동맹(문예총)에 소속되어 작품을 창작한다. 창작의 집단화를 대표하는 조직으로는 조선문학예술총동맹이 있으며, 북

4) 같은 책, p.808.

5) 경남대학교 북한대학원 편, 앞의 책, pp.23-26.

6) 『북한 헌법』, 제40조 참조.

한의 모든 작가, 예술인들은 이 단체에 소속되어야 작가, 예술가로서의 대우를 받을 수 있다.7)

북한에서는 정무원 산하의 문화성이 문화예술을 관장하지만 체제의 특성상 당의 선전선동부나 문화예술부의 역할이 더욱 크고, 선전선동부는 문학 및 예술 창작에 간여하기도 한다. 근로대중을 애국주의 사상과 민주주의 사상으로 무장시키는 데서 문학 · 예술작품이 하는 역할은 매우 크다. 사상성과 예술성이 높은 문학 · 예술작품은 사람들로 하여금 애국심과 투쟁심을 가지게 한다.8) 북한의 문학 · 예술작품은 '당성', '로동계급성', '인민성'의 세 가지 원칙 하에 창작되고 있다.9) 당성이란 "당에 대한 끝없는 충실성"으로 "당의 로선과 결정을 관철하기 위하여 모든 것을 다 바쳐 투쟁하는 혁명정신"을 의미한다.

북한의 문학 · 예술은 김일성 숭배와 연관되어 있다. 이러한 까닭으로 김일성의 개인사를 소재로 삼거나 그의 위대함을 부각시키는 작품이 상대적으로 많다. 그리고 노동계급성은 "로동계급의 의향과 요구를 반영하고 로동계급의 리익을 견절히 옹호하며 로동계급의 혁명위업에 적극 이바지하는" 것을 말한다. 이러한 맥락에서 "제국주의자들의 침략적 본성과 자본가 계급의 착취적 본성"에 대한 비판을 강조하고, 반남한, 반미적인 성향의 작품 창작을 유도하고 있다. 끝으로 인민성은 "문학 · 예술이 철저하게 인민들의 사상과 감정에 맞도록" 창작하는 것을 의미한다.10) 인민성을 부각시킴으로써 일반 대중과의

---

7) 통일부 통일교육원, 『북한이해』(서울: 통일부 통일교육원, 2009), p.202.

8) 김일성, 「문화인들은 문화전선의 두사로 되어야 한다(1946. 5. 24)」, 『김일성 저작집 2』, p.105.

9) 김재용, 「북한문학계의 '반종파투쟁'과 카프 및 항일혁명문학」, 『역사비평』, 1992년 봄호, pp.246-251.

10) 한중모, 『주체적 문예리론의 기본: 사회주의 공산주의 문학 · 예술의 건설』(평양: 문예출판사, 1992), pp.120-130.

일체감을 고양시키고 대중이 흥미롭게 작품을 수용할 수 있도록 이념성과 예술성의 조화를 강조하고 있다.

이와 같이 집권자에게 문학 · 예술이 종속된 결과 북한의 문학 · 예술은 상당히 획일적이다. 특히 김정일이 '종자론'을 제기한 이후에는 사상적 핵을 강조하여 이념적 획일성의 정도가 더욱 높아졌다고 할 수 있다. 북한의 문학 · 예술의 특성을 바탕으로 북한의 문학 · 예술의 정치적 역할을 정리하면 다음과 같다.

첫째, 북한의 문학 · 예술은 여타 사회주의 체제에서와 마찬가지로 지배이념을 확산시키는 중요한 정치적 도구라고 할 수 있다.

둘째, 북한의 문학 · 예술이 전파하고자 하는 이념적 내용은 당성과 노동계급성이지만, 그 중심은 언제나 김일성의 유일지도체제의 정당성과 김일성의 위대함이다. 북한의 문학 · 예술은 현 권력구조를 정당화하는 데 중요한 역할을 수행하고 있다.

셋째, 북한의 문학 · 예술은 일반 인민의 현실 및 정서와 부합하는 측면이 있다. 이것은 문학 · 예술의 대중성을 중시하는 문화정책이라고 할 수 있다.

문화예술에서 가장 중요한 요소는 작품의 이념적 지향성이며, 작품의 창작이나 평가의 일차적인 기준도 이념성이 된다. '인민성'이라는 기준에 의해 문화예술이 갖는 대중성이나 오락성도 중시된다고 볼 수 있지만, 인민성은 이념성에 비하면 부차적인 요소에 지나지 않는다.[11)]

11) 경남대학교 북한대학원 편, 앞의 책, pp.30-31.

3. 북한 문화예술의 이념적 특성

1) 사회주의 현실주의

근대사회의 산물로 나온 비판적 사실주의는 현실의 모순과 부패상을 폭로, 비판하는 데는 이바지했으나 낡은 착취사회제도를 없애고 계급적 해방을 실현하는 문제가 중요하게 된 시기에는 제한성을 가지게 되었다. 사회주의적 사실주의는 유물변증법적 견지에서 현실을 분석, 평가하고 사회악의 근원이 착취사회제도 자체에 있다는 것을 과학적으로 밝히고 대중이 계급적 해방투쟁을 하도록 하는 데 이바지하는 문학 · 예술을 창작하게 했다.[12] 자본주의 체제에서와는 달리 사회주의 체제에서 국가는 문화 활동에 직접적으로 개입한다. 이러한 특성은 문화나 예술을 정치와 분리시키지 않는 '사회주의 예술론'에 기인한다고 할 수 있다.

그러므로 사회주의 국가의 공식적인 예술론은 사회주의 현실주의이다.[13] 사회주의 현실주의의 특성은 "세부 묘사의 충실함 외에 전형적인 상황에서의 전형적인 성격들의 충실한 재현을 의미한다."[14]라는 엥겔스(F. Engels)의 설명에 잘 집약되어 있다. 그 후 사회주의 현실주의는 1917년 러시아의 10월 혁명 과정에서 레닌에 의해 사회주의 국가의 공식적인 예술양식으로 승인받았다. 그러나 초기에는 프롤

12) 임채욱, 『북한문화의 이해』(인천: 자료원, 2004), p.140.

13) 반성완, 「사회주의 리얼리즘의 역사적 전개와 그 이론」, 『중소연구』 14권, 2호(1990), pp.10-11; C. V. James, 『사회주의 리얼리즘론: 기원과 이론』(서울: 녹진, 1990), pp.130-131.

14) F. Engels, "Letter to Margaret Harkness", ed. and trans. by Lee Baxandall and Stefan Morawski, *Marx & Engels: On Literature & Art*(St. Louis: Telos Press, 1973), p.114. 경남대학교 북한대학원 편, 앞의 책, pp.21-22에서 재인용.

레타리아트 현실주의, 경향적 현실주의, 공산주의적 현실주의 등 다양한 이름으로 불렸다. 사회주의 현실주의의 명칭으로 정착된 것은 1932년 스탈린이 공식적으로 '사회주의 현실주의'로 명명한 이후라고 할 수 있다.

사회주의 현실주의에 입각한 문학·예술작품은 객관적인 현실에 대한 충실한 묘사에 그치지 말고 사회주의 체제가 지향하는 특정한 '경향성'을 추구해야 한다는 것이다. 이러한 원리에 따른 사회주의 체제에서 국가가 문화 활동에 개입하는 이유는 사회주의 지도자들이 예술작품의 창작과 감상을 계급투쟁의 수단으로 인식했기 때문이다.[15] 레닌을 비롯한 초기 사회주의 지도자들은 프롤레타리아트 사회를 완성하기 위해서는 봉건적, 부르주아적 문화를 극복할 수 있다고 생각했다.[16] 이상의 논의를 종합한 사회주의적 사실주의의 개념은 다음 세 가지 영역으로 규정된다. 첫째, 사회주의적 예술은 '진실'되거나 올바른 방식으로 현실을 반영하는 예술이다. 둘째, 대중이 이해할 수 있는 예술을 의미한다. 셋째, 현실과 분리되지 않은 예술로서 '예술을 위한 예술'이 아니라 사회적 영향을 고려하고 스스로 사회적 목표를 세우는 예술이다.[17]

사회주의적 사실주의에 따른 사회주의 국가가 문화에 개입하는 양식을 구체적으로 살펴보면 다음과 같다.

첫째, 문화를 직접 담당하는 주체는 공산당이다. 당은 문학·예술과 예술가의 주재자이고, 문화사업도 당의 감독 아래 있으며 당의 명령을 따라야 한다. 신문은 다양한 당 조직들의 기관지이고, 출판과 배포, 인쇄, 서점, 독서실, 그리고 도서관 및 기타 시설들도 당의 통제

15) Avner Zis, 연희원 · 김영자 옮김, 『마르크스주의 미학강좌』(서울: 녹두, 1989), p.277.

16) 경남대학교 북한대학원 편, 앞의 책, pp.22-23.

17) 같은 책, pp.40-41.

아래 있다.

둘째, 당 이념과 부합되지 않는 문화 활동은 배척받는다. 유산계급의 문화는 말할 것도 없고, 심지어 무산계급의 문화라 할지라도 당의 지도를 받지 않고 독자성을 주장하는 경우 비판의 대상이 된다. 검열에 의해 예술작품뿐만 아니라 신문, 잡지 등의 내용도 엄격히 규제된다.

셋째, 사회주의 이념을 구현할 수 있는 작가들을 당이나 국가가 직접 발굴하여 양성한다. 발굴한 작가들은 작가조직에 소속시킴으로써 작품 활동을 규제한다. 당원들을 중심으로 작가들에 대한 감시를 지속하고 당 이념으로부터 이탈하는 작가들을 숙청한다.

넷째, 문화정책을 교육정책과 연결시킨다. 봉건적인 질서에 익숙하거나 자본주의 의식에 빠져 있는 일반 대중을 재교육하고 조직화하는 방법으로 교육과 문화를 묶어서 활용한다. 또한 일반 주민들이 사회주의 문화를 수용하기 위해서는 일정한 교육이 필요하기 때문에 교육과 문화를 밀접하게 연결한다.

다섯째, 대상자에 따른 차별적인 문화정책을 추진한다. 인민들의 교육 수준이 고르지 않을 뿐만 아니라 당 간부는 인민을 교양할 책임이 있기 때문에 당 간부들에게는 높은 수준의 문화를 제공하고 일반들에게는 낮은 수준의 문화를 제공한다.[18)]

이런 영향 하에 북한정권 수립 당시 혁명문학의 주제로 제시된 것은 다음 여섯 가지였다. 첫째, "로농 동맹에 기초한 광범위한 민족통일 전선을 확대 강화하며 민족적 및 계급적 해방을 달성하고 인민 주권을 수립할 것", 둘째, "사회주의 쏘련에 대한 열렬한 동경과 적극적인 지지 옹호, 공동의 원쑤를 반대하는 투쟁에서의 조중 양국 인민의 전투적 유대 및 전 세계 피압박 인민의 단결 등 프롤레타리아 국제주

---

18) 같은 책, pp.23-25.

의 옹호", 셋째, "유격대원-공산주의자들의 고상한 혁명정신과 영웅적 투쟁"의 형상화, 넷째, "자본주의 사회제도의 모순과 일제 침략자, 지주, 자본가들의 죄악을 폭로하고 원쑤들에 대한 계급적 적개심 고취", 다섯째, "종파분자들과 민생단의 죄악과 추악성"을 형상화, 여섯째, "반봉건적 계몽사상의 체현" 등이었다.

2) 주체사실주의

1970년대만 해도 사회주의적 사실주의에 의거, 창작한다고 했다. 그러던 것이 앞에 우리식을 붙여서 우리식 사회주의적 사실주의로 만든 다음 아예 주체사실주의라는 이름을 붙였다. '새로운' 것이 민족적 형식보다는 사회주의적 내용에 있다는 것이다. 그 내용이 사람중심, 인민대중 중심의 창작방법이어서 인민대중의 자주위업 수행에 이바지하는 사상적, 방법론적 무기로 된다고 주장한다.[19] 사회주의적 사실주의가 유물변증법적 세계관을 철학적 기초로 하고 있다면 주체사실주의는 주체의 세계관을 철학적 기초로 하고 있다. 그 결과 사회주의적 사실주의에서는 주로 인간을 사회적 관계의 총체로 보고 묘사한 반면, 주체사실주의에서는 인간을 자주성, 창조성, 의식성을 가진 사회적 존재로 보고 묘사한다.

따라서 주체사실주의는 주체사상이 밝힌 "사람이 모든 것의 주인이며 모든 것을 결정한다."는 철학적 원리에 기초함으로써 사람을 세계의 지배자, 개조자로 내세우고 세계의 모든 변화 및 발전 과정을 사람을 중심으로 가장 정확하게 그리며 사람의 존엄과 가치를 최상의 경지에서 빛나게 형상화할 수 있게 한다. 여기에 주체사실주의의 본질적 우월성과 혁신적 의미가 있다고 본다.[20] 또한 인민대중을 중

19) 임채욱, 앞의 책, p.150.

20) 주체사실주의와 사회주의적 사실주의에 대한 구체적인 설명은 장형준, 「주

심에 놓고 사회역사의 발전을 그린다는 것은 인민대중을 사회역사 발전의 주체로, 사회역사적 운동을 인민대중의 자주적이고 창조적이며 의식적인 운동으로 보고 그린다는 것을 말한다. 아울러 주체사실주의는 사람중심의 세계관에 기초하여 생활을 전형화하여 진실하게 그리는 창작방법이라고 본다.21)

또한 주체사실주의는 "사회주의적 내용을 민족적 형식에 담는다."는 점에서 또 하나의 특징이 있다. 이 명제에서 사회주의적 내용이란 주체사상을 구현한 혁명적 내용을 의미한다. 이는 인민대중의 자주성을 옹호하고 모든 문제를 주인다운 입장에서 창조적으로 풀어나가는 내용, 인간의 제일생명은 정치적 생명이며 사람의 사상이 모든 것을 결정한다는 내용, 주체의 혁명관과 인생관, 집단주의적 생명관을 세워나가는 내용을 비롯하여 사회적 존재로서의 인간의 본성을 고양시키고 인간의 지위와 역할을 높이는 데 있어 등장하는 모든 내용이 포함되어 있다.22)

따라서 주체사실주의에 입각한 문예이론의 핵심은 우리가 살고 있는 이 시대가 주체시대이므로 현실에 대한 사실적 재현으로서 사실주의 원칙을 적용하되 모든 문제를 주체사상에 입각하여 풀고 해결해야 한다는 것이다. 또한 '노동계급의 혁명 영수'로서 수령을 예술적으로 형상화하는 것이 북한 예술의 핵심 과제가 되었다. 다음으로

체사실주의는 우리 시대의 가장 옳바른 창작방법, 최고의 사실주의창작방법이다」, 『조선문학』 제5호(1993), pp.20-24 참조.

21) 전형화의 주요 사례는 소설에 있어서 특히 인텔리의 전형화이다. 그러나 최근 이른바 새 세대 인텔리들은 안일의 추구, 출세주의적 경향을 보임으로써 이에 대한 우려와 아울러 1980년대 들어와 소설에서는 이들의 문제점과 극복의 과정이 그려지기도 한다. 이에 대한 대표적인 소설이 『전변』이다. 윤종성, 「인테리 문제의 빛나는 해결을 위한 예술적 형상화」, 『조선문학』 제9호(1991), pp.65-70 참조.

22) 이와 관련된 논의는 류현호, 「주체사실주의는 우리 시대 문학 · 예술의 가장 좋은 창작방법」, 『조선예술』 제1호(1993), p.56.

주체문예이론의 핵심인 '종자론'과 '속도전'을 알아보도록 하겠다. 종자론과 속도전은 북한 문학 · 예술에서 강조되는 실천적 창작방법의 차원에서 다루어질 필요가 있다.[23] 먼저 종자론에 대해 살펴보도록 하겠다. 주체시대에서 모든 문제는 주체사상의 문제로 귀결되듯이, 종자는 예술작품의 핵으로서 모든 형상 요소를 집중시키고 심화시켜 나갈 수 있는 바탕이다. 종자론은 유일사상체계가 문학 · 예술 분야에 적용된 것으로 볼 수 있다.

종자론으로 인해 문학 · 예술에서 작품성보다 사상성이 우선하고, 예술 창작에서 당의 지도가 중요하다는 논리의 근거가 마련되었다. 종자란 한마디로 작가가 말하려는 기본 문제이자 작품의 사상 · 예술적인 핵을 말한다. 문학 · 예술 창작에서 작가, 예술인들은 자기가 말하고자 하는 종자를 똑바로 잡아야만 사상 · 미학적 의도를 정확히 전달할 수 있으며 철학성을 보장받을 수 있다. 주제 대신 '종자'라는 용어를 사용한 것은 작품 창작 과정을 식물의 성장에 비유하기 때문이다. 즉, 종자는 작품의 생명이 되는 핵으로서 작품 창작과 관련한 모든 요소를 하나로 통일시키고 관통하는 기본 요인이다.[24]

종자론의 바탕을 이루는 두 요소는 사상성과 이를 형상화하는 예술성이다. 사상성이란 바로 당의 정책을 정확히 반영하고, 당의 노선과 정책에 철저하게 의거하여 시대가 제기하는 사회정치적 과제에 올바른 사상적 해답을 주어야 한다. 좋은 작품을 창작하기 위해 작가들은 "시대와 혁명의 요구에 맞는 종자를 탐구하는 데 언제나 깊은 관심을 돌려야"[25] 한다고 김정일은 주장했다. 종자를 잘 살릴 수 있는 예술적 형상화가 이루어져야 하는데, 예술적 형상화 과정은 작품의 사상성과 예술성을 결합시키며, 작품의 철학적 깊이를 보장하고,

23) 경남대학교 북한대학원 편, 앞의 책, pp.38-39.

24) 김정일, 「영화예술론」, 『김정일 선집 3』(평양: 조선로동당출판사, 1994), p.44.

25) 김정일, 『영화예술론』(평양: 조선로동당출판사, 1973), p.20.

창작자의 예술적 환상을 불러일으키는 원천이다. 작품 창작 과정은 "종자를 골라잡고 그것을 형상으로 실현하는 과정이며 종자에서 이야기 줄거리가 뻗고 형상의 꽃이 피어나며 그 속에서 주제가 여물고 사상이 뚜렷이 밝혀지는 것은 작품의 생리적 과정"[26]인 것이다.

속도전이란 빠른 속도로 문학 · 예술을 창작하는 것이다. 속도전은 비단 문학 · 예술에만 국한되는 것이 아니라 사회, 경제, 문화 등 모든 분야에 적용되는, 사회주의 건설을 위한 김일성 주석의 이론적, 실천적 지침이다. 속도전은 건설 현장에서 시작하여 산업 분야를 거쳐 북한사회 전반으로 확대되었다. 짧은 시간 안에 내용이 보장된 작품을 창작하기 위해서는 무엇보다 시대가 요구하는 바를 반영할 수 있는 종자를 잘 잡아야 한다. 따라서 종자를 바로잡는 것은 속도전의 선결조건이다. 속도전의 세 요소는 사상, 기술, 지도이다. 이 가운데서도 가장 중요한 문제는 사상문제를 해결하는 것이다. 사상문제가 해결되지 않으면 사회주의 건설 자체가 불가능하기 때문이다. 의식 속에 잔재한 낡은 사상적 잔재를 뿌리 뽑아야만 좋은 작품을 창작할 수 있고 온 사회의 혁명화, 노동계급화를 실천해 나갈 수 있는 것이다.[27]

주체의 문예관을 세우기 위해서는 (1) 주체적 문예사상으로 무장하고, (2) 주체적 문예이론으로 무장하며, (3) 주체적 문예활동방법에 맞게 창작해야 한다고 강조하고 있다.[28] 주체적 문예사상에는 주체사상의 요구가 들어 있으므로 작가나 예술인들이 이것으로 무장만 하면 작품의 사상성과 예술성도 조화롭게 결합시킬 수 있다.

---

26) 한중모, 『주체적 문예리론의 기본: 사회주의 공산주의 문학예술의 건설』(평양: 문예출판사, 1992), p.72.

27) 경남대학교 북한대학원 편, 앞의 책, pp.63-64.

28) 임채욱, 앞의 책, p.138.

4. 북한 문화예술 정책의 시대별 흐름

북한의 시대별 분류는 여러 방식의 분류 방법이 있을 수 있을 것이다. 여기에서는 북한의 창건과 전쟁 시기, 전후 복구 시기, 주체사상의 시기, 그리고 고난의 행군과 선군혁명 시기로 나누어 살펴보도록 하겠다.[29)]

1) 북한의 창건과 전쟁 시기(1945년 8월-1953년 7월)

이 시기에 북한은 일제의 사상 잔재 극복, 인민대중에 대한 새로운 사회주의 사상으로의 의식 개조, 새 사회 건설의 문예정책 등에 중심을 두었다. 전쟁 시기에 북한의 문예인들은 소편대 공연 등 전시공연체제로 전환하고 창작 활동과 군중문예 활동을 '전투적'으로 시행했다. 이 당시의 문예정책의 목표는 "인민에게 복무하며 새 사회 건설에 이바지하는 참다운 민주주의적 민족문화를 건설"하는 것이었다.[30)] 북한당국은 1946년 3월과 8월에 시행된 「20개조 정강」과 「중요산업 국유화법령」에 의거, 극장, 영화관, 도서관, 방송국 등 일체의 문화기관들과 수단들을 국유화하는 한편, 극장, 레코드 제작소, 영화 촬영소 등의 문화시설을 확장하거나 신설했다. 또한 각 시·도 및 군대의 예

---

29) 리기주가 쓴 『위대한 수령 김일성 동지 문학예술령도사』(평양: 문예출판사, 1991)에서는 '령도사'를, (1) 항일혁명투쟁 시기(1926년 10월-1945년 8월), (2) 새 조선 건설 시기(1945년 8월-1950년 6월), (3) 조국해방전쟁시기(1950년 6월-1953년 7월), (4) 전후 복구건설과 사회주의 기초건설 시기(1953년 7월-1961년 9월), (5) 사회주의의 전면적 건설 시기(1961년 10월-1970년), (6) 사회주의의 완전 승리와 온 사회의 주체사상화 위업을 앞당기기 위한 시기(1971-)로 구분하고 있다.

30) '참다운 민주주의 사상'이란 '진보적 민주주의 사상'을 말하는데, 즉 '우리나라의 구체적 실정에 맞게 우리 인민의 힘으로 나라를 건설해 나가는 주체적 관점에서 창조된 민주주의'이다.

술단체를 개편하거나 설립하여 중앙예술공작단, 도예술공작단, 중앙교향악단, 중앙합창단, 조선인민군협주단 등이 조직되었다.

당시 부과된 작품 창작 주제는 김일성의 항일혁명 전통주제와 새조국 건설의 주인공 형상주제, 두 가지였다. 특히 영화는 모든 예술 가운데 '가장 직관적이고 선동적이며 대중적인 성격을 띤 교양수단'으로서 해방 직후 문맹자가 많았던 당시의 상황에서 주민 교양에 매우 강력한 수단이 되었다. 이후 북한이 '조국해방전쟁'이라고 부르는 6 · 25 전쟁 시기에 문학 · 예술의 중심 과제는 "인민군대와 인민들이 전선과 후방에서 발휘하고 있는 애국주의와 대중적 영웅주의를 심오하게 형상하는 것"과 "미제국주의자들의 죄행을 철저히 폭로 규탄함으로써 불타는 적개심과 증오심을 불러일으키며 인민들을 원쑤 격멸에로 과감히 떨쳐나서게 하는 것"31)으로 바뀌게 되었다. 이처럼 문학 · 예술들은 인민군대와 함께 종군하면서 창작 활동을 '전투적'으로 전개했다.32)

2) 전후 복구와 사회주의 건설 시기(1953년 8월–1970년 12월)

1953년 휴전협정 이후 1961년까지를 북한은 '전후의 복구건설과 사회주의 기초건설 시기'로 칭한다. 문예정책도 온 사회의 주체사상화와 김일성 우상화, 그리고 천리마운동에 주민들을 동원하기 위한 문학 · 예술의 창조, 보급에 전력투구했다. 당의 유일사상인 주체사상으로 인민대중을 교양시키는 역할은 문학 · 예술이 담당하도록 요구받았다. 이 시기에 북한은 각 시 · 도에 군중문화회관을 설립하고, 각 사회단체에 기동선전대를 조직, 가동하는 등 문학 · 예술 보급 사업에 힘을 기울였다. 이 시기에는 문학 · 예술의 중심 과업을 "전후 복구건

31) 리기주, 앞의 책, pp.160-168.

32) 경남대학교 북한대학원 편, 앞의 책, pp.78-81.

설과 사회주의 기초건설을 위한 인민들의 영웅적 투쟁 모습과 벅찬 현실을 잘 형상하는 것"으로 내세우고, 이를 위해 "주체를 튼튼히 세우고 부르주아적, 종파주의적 경향을 극복하며, 사회주의적 사실주의 창작방법을 구현"할 것을 요구했다.

사회주의 혁명과 건설에서 문학·예술의 역할을 높이기 위해 교조주의, 사대주의, 민족허무주의, 형식주의, 도시주의적 경향을 반대하고 주체를 튼튼히 세우기 위한 본격적인 투쟁이 전개되었다. 모든 문학·예술작품이 김일성 우상화로 내닫기 시작한 1960년대 후반부터 작가 개인의 이름은 밝혀지지 않고 개성에 의한 작품은 완전히 소멸되었으며, 작가는 집체창작단의 일원으로서 집단적 문예작품을 조립해 내는 역할밖에 하지 못했다. 중앙과 각 도의 전문 예술단체의 예술인들이 공장과 농촌에 내려가 공연을 하면서 현실을 탐구하고 예술소조들도 지도하도록 했다.

이와 같은 예술소조활동, 민주선전실 활성화 등 군중문학·예술활동의 장려를 통해 문학·예술을 대중화, 생활화함으로써 문학·예술 분야에서 주체사상과 혁명적 군중노선을 구현하고자 했다. 이 시기 후반에는 문학·예술의 보급 사업에 대한 전면적인 개선이 이루어져 청년기동선전대 등 근로단체의 역할을 높이고 각종 문화교양시설들의 관리, 운영을 개선했으며 유선방송시설을 확장하는 사업을 추진함으로써 군중문학·예술의 개화기를 맞이하게 된다. 1950년대 말에 북한은 제6, 7차 세계청년학생축전(1957, 1958)에 참가하여 무용, 조선화, 공예, 수예품 등에서 우승을 차지하는 등 큰 성과를 거두었다. 영화예술의 역할을 높여 제9차 세계영화축전(1956), 모스크바국제영화축전(1959), 아세아·아프리카 영화축전(1960), 세계청년학생축전, 조형예술전람회(1958-1959) 등 국제영화축전 및 국제미술대전에 적극 참가했고, 영화 수출량도 대폭 증가했다.

3) 사회주의 승리와 주체사상화 시기(1971년 1월–1994년 6월)

1960년대 말과 1970년대 초는 김정일이 문학 · 예술사업을 주도하기 시작한 시기로, 문학 · 예술 앞에 근로자들을 주체의 혁명적 세계관으로 무장시키는 데 이바지하는 혁명적인 작품을 더 많이 창작하기 위한 과업이 작가, 예술인들에게 부과되었다. 1980년대는 후계자 문제가 해결되어 체제가 어느 정도 안정되면서 각 분야에서 김정일에 대한 우상화 작업이 본격적으로 추진된 시기이다. 1982년 11월 김정일은 전국문학통신원 열성자회의 참가자들에게 보낸 「문학 · 예술활동을 대중화할데 대한 당의 방침 관철에서 문학통신원들의 역할을 높이자」라는 문건을 통해 문학 · 예술 창작의 군중화라는 당의 방침을 관철할 것을 강조하는 한편, 4 · 15 창작단 등 전문 창작단들의 문학 · 예술 창작을 집체화하도록 했다.

1990년대는 사회주의 체제 붕괴에 따른 대내외적 환경 변화에 대처하여 문예정책도 민족의 자주성과 주체사상의 강화를 기본 방향으로 하여 1990년대 이전에 이미 제기되었던 '사회정치적 생명체론', '조선민족제일주의' 등을 비롯하여 '인민대중 중심의 우리식 사회주의'와 '붉은 기 사상, 붉은 기 철학'의 구현을 최우선의 과제로 추구했다. 김정일은 1992년에 1970년대의 제1의 문학 · 예술혁명에 이어 제2의 문학 · 예술혁명 총 노선을 주창하여 국내외의 위기상황을 문학 · 예술로 돌파해 보려는 의지를 나타내기도 했다. '제2의 문학 · 예술혁명 총로선'이라는 담화에서 김정일은 우선 문학 · 예술이 '조국통일의 실현'이라는 민족의 운명 문제에 대한 예술적 해명과 복무(기여)를 위해 주체의 혁명관과 민족관, 그리고 혁명적 수령관을 깊이 있게 구현해야 하며, 모든 문학 · 예술작품을 당의 사상인 '주체사상으로 일색화'할 것과 '우리식' 창작방법인 주체사실주의를 구현할 것을 강조했다.

둘째, 문학·예술의 내용과 형식에서 새로운 혁신을 일으키기 위해서는 사회정치적 생명체의 구성요소인 수령, 당, 대중의 삼위일체의 원칙에서 인간의 생활을 보고 그려야 하며, 대사를 남용하거나 무엇인가를 꾸며내야 전형을 창조할 수 있다는 생각 및 도식주의(圖式主義) 경향을 반대해야 한다고 주장한다. 셋째, 문학·예술의 모든 부문에서 '민족과 운명' 창작집단의 일솜씨, 창작기풍을 따라 배우기 위한 운동을 힘 있게 벌여 작품 창작에서 새로운 전환과 앙양을 일으켜 새로운 '5대 혁명가극', 새로운 '5대 혁명연극' 창조를 위한 실천과업을 제시하고, 종합예술인 영화예술이 새로운 전환을 일으키는 데 앞장서야 한다고 주장한다. 넷째, '우리식' 창작지도체계와 창조체계의 구현으로서, 주체적인 창작지도체계와 창조체계의 구현을 강조한다. 다섯째, 작가, 예술인들이 높은 실력과 함께 깨끗한 창작적 양심을 가져야 하며, 이를 위해 정치적 식견과 창작적 기량 및 예술적 자질을 높이고 인간적으로 수양해야 한다고 주장한다. 마지막으로 작가, 예술인들이 창작전투로 한 사람같이 떨쳐나서야 하는데, 이를 위해서는 당 조직의 전투적 기능과 역할을 강화해야 한다고 말했다.[33)]

김정일은 '주체사상으로 문학·예술작품을 일체화할 것'을 강조하면서, 특히 혁명적 수령관의 구현을 강조하고 있다. 사회주의 국가의 붕괴에 따른 인민의 급격한 심정적 이반 현상과 이로 인해 일어날지도 모르는 체제 붕괴에 대한 우려를 문학·예술작품 속 '혁명적 수령관'의 구현을 통해 저지해 보려는 시도인 것이다. 특히 1990년대에 들어 문학·예술 분야에서 김일성은 완전히 퇴장하고 전적으로 김정일의 '령도'에 의해 주도되고 있는 상황에서 제2의 문예혁명 총 노선, 즉 앞으로의 문화정책 방향을 제시하고 있다.

---

33) 같은 책, pp.91-93.

4) 고난의 행군과 선군혁명 시기(1994년 7월–현재)

이 시기에는 자본주의 문화의 침습에 의한 체제 와해를 극도로 경계하여 기존 체제를 굳건히 유지하려는 정책 방향과 김 총비서가 주창한 '신사고'에 강조를 두었다. 아울러 문학 · 예술형식의 다양화, 대중문화 및 주민 여가생활의 다양화 시도 등 새로운 흐름을 창출하려는 정책 방향이 북한 문화예술계에 혼재하여 나타나고 있다. 김정일 체제의 통치 방식인 '선군혁명로선', '선군령도', '선군정치', '선군사상'의 개념이 1998년 10월 중앙방송 정론을 통해 공식화되자 2000년 말에 '선군혁명문학'이란 개념이 등장했고, 오늘날에는 '선군혁명미술', '선군혁명음악', '선군영화' 등 다른 장르로 빠르게 확산되면서 선군문학 · 예술론으로 체계화되고 있다.

주체사실주의 문학이 사람을 중심으로 하여 현실을 보고 그리는 창작 방식인 데 비해 선군혁명문학은 환경을 지배하고 능동적으로 개척해 나가는 인간 성격 창조를 기본으로 하고 있다는 점에서 차별화된다고 주장했다.[34] 북한 문학 · 예술계에는 지금까지 거의 보지 못했던 다양한 형태와 형식의 작품들이 활발히 창작되고, 특히 민족문예형식이 강조되고 있다. 이처럼 선군혁명문학의 주제나 내용은 북한 전통의 주제의식과 맞닿아 있지만 형태나 형식에 있어서는 다양화로 나아가고 있다.

5. 북한 문화예술의 장르별 특성과 문화예술인의 지위

1) 언론

각 언론사들에 국가검열위원회 상주대표들을 두고 기사나 방송 검

34) 같은 책, pp.95-94.

열을 단계화시켜 철저히 감시하고 통제한다. 신문들은 물론 특히 TV 방송의 정치화가 너무 심해 대중성이 없으며, 언론의 상품화를 자본주의 언론의 생리로 평가하는 북한 언론에는 광고가 전혀 없다. 광고가 있다면 순수한 상품성 광고와 김정일의 인민애를 선전하는 정치성 광고가 각각 반반씩 하는 원칙에서 평양신문에 소개된다. 북한에서는 당의 목소리인 당보 노동신문이 언론의 지도신문 역할을 하고 있으며, 다른 언론들은 그 복사판에 불과하다. 노동신문 1, 2면은 정치면, 3, 4면은 사회주의 건설면, 5면은 남조선면, 6면은 국제면인데 여기서 5면은 적화통일정책 기획을 전문으로 하는 중앙당 통일전선부 산하 대남심리전 담당 101연락소가 허위기사들을 제공한다.[35] 다음의 [표 1]은 최근의 조선 중앙TV 프로그램 편성표이다.

2) 문학

북한은 자기의 문학시대를 크게 해방 전 반일작가들을 중심으로 창작 활동을 했던 카프문학, 김일성의 항일투쟁을 과장하고 왜곡한 항일문학, 해방 후 문학, 6 · 25 전쟁을 자기들의 승리로 묘사한 전시문학, 전후 복구건설을 주제로 하는 천리마시대 문학, 당유일사상체계 확립을 정당화한 주체시대 문학, 오늘의 선군정치를 강성대국의 지도이념으로 내세우는 선군문학으로 분류하고 있다.[36] 북한에서 문학은 사회정치적 생명체[37]를 영원한 형상 원천으로 삼고 있다. 우선 문학창작의 전체적인 방향은 “온 사회의 주체사상화와 세계의 자주

35) 안찬일 외, 『10년 후의 북한』(고양: 인간사랑, 2006). p.225.

36) 같은 책, p.227.

37) 수령, 당, 대중이 가장 숭고한 혁명적 의리와 동지적 사랑에 기초하여 혼연일체를 이룬 일심단결이 바로 사회정치적 생명체의 본질이며, 어느 것과도 비교할 수 없는 우월성이 있다는 것이다. 김정일, 『주체문학론』(평양: 조선로동당출판사, 1992), pp.121-122.

[표 1] 조선 중앙TV 프로그램(2010년 2월 1일, 월요일)

시간	방송 내용
09:13	조선인민군 최고사령관 김정일 동지께서 조선인민군 제630대련합부대 지휘부를 시찰하시였다.
09:23	[조선기록영화] 위대한 령도자 김정일 동지께서 여러 부문 사업을 현지에서 지도(주체98. 2)
10:37	[과학영화] 새로운 종자피복제
10:58	[력사상식] 국화무늬상감병
11:10	추억에 남는 화술소품무대 [단막극] 백두초병의 영광
12:08	[조선예술영화] 편지
13:42	위대한 력사, 빛나는 전통 [련속참관기] 평안북도 ‘김일성동지혁명사적관’을 찾아서(제11회)
13:53	◉ 김정일, 개건된 향산호텔 현지지도
14:16	[과학영화] 유기질복합비료
14:43	[축구] 경기장바닥
14:47	[체육경기소식] 2009년 국제축구련맹 구락부 세계컵경기대회 중에서 에스뚜디안떼스 : 바르쎌로나FC
15:36	[아동방송시간: 아동영화] 꾀꼴새가 부른 노래
15:54	[조선예술영화] 그는 사령관동지의 명령을 어떤 역경속에서도 어김없이 집행하였다
17:00	◉ 김정일, 조선인민군 제630대련합부대 지휘부 시찰
17:13	오늘호 중앙신문개관
17:24	[조선예술영화] 땅과 말하는 처녀
18:36	◉ 김정일, 개건된 향산호텔 현지지도
18:45	올해 공동사설에 제시된 전투적 과업을 철저히 관철하자! [현지방송] 총공세의 앞장에서 내달리는 김철의 로동계급
18:55	천출위인을 모신 조선의 영광 [조선기록영화] 백두산 해돋이
19:29	만민의 흠모 뜨거운 지성 [련속참관기] 위인칭송의 보물고: 국제친선전람관을 찾아서(195)
20:00	보도
20:44	[조선예술영화] 대홍단 책임비서: 제1부 이깔나무
22:14	올해 공동사설에 제시된 전투적 과업을 철저히 관철하자! [현지방송] 유기질비료원천을 최대로 동원하여: 청단군 청정협동농장
22:23	◉ 김정일, 조선인민군 제630대련합부대 지휘부 시찰

주: 본 프로그램은 예고 없이 변경될 수 있음.

화를 위한 노동당의 성스러운 위업을 형상"하는 데 있다. 모든 작품의 주제는 모두 이러한 방향으로부터 도출되는 구체적인 문제들이어야 한다. 이러한 주제를 선택함으로써 문학은 인민대중의 자주위업 수행에 적극 이바지하기 위하여 정치사상교양의 기능, 생활인식 기능, 문화정서교양의 기능을 높여야 한다. 여기서 특히 중요한 것은 정치사상교양의 기능이다.

창작방법은 주체사실주의 방법을 내세우고 있다. 김정일에 의하면, 첫째로, 사회주의적 사실주의는 유물변증법적 세계관에 기초하고 있지만, 주체사실주의는 사람중심의 세계관, 주체의 세계관에 기초하고 있다. 이는 곧 사람을 중심으로 현실을 보고 그리며, 인민대중을 중심으로 사회와 역사를 보고 그리는 창작방법이다.[38] 문학작품에서 당을 형상할 경우, 수령이 유일한 중심이 되며 이에 따라 대중과 혈연적으로 연결된 당으로 그려야 한다. 아울러 문학에서는 당일군의 전형을 잘 형상하여야 하는데, 당일군의 가장 중요한 특징은 당과 수령에 대한 신념화된 충성심과 인민에 대한 헌신적인 복무정신이다.[39] 동시에 주체형의 인간전형을 창조하여야 한다. 문학은 수령을 언제나 마음의 기둥으로 굳게 믿고 당과 수령의 사상과 영도를 실현하기 위하여 모든 것을 헌신하는 '충신의 풍모'를 그리는 것에 노력을 집중해야 한다.

3) 음악

북한의 음악도 해방 전 민족음악, 김일성 항일음악, 해방 후 음악,

38) 같은 책, pp.100-104. 이는 주체사실주의 창작방법의 사상미학적 원칙의 하나로서 '사람을 중심으로 현상으로 보고 그리는 원칙'이라고 규정된다. 사회과학출판사 편, 『위대한 령도자 김정일 동지의 사상리론, 문예학 3』(평양: 사회과학출판사, 1996), pp.29-36 참조.

39) 김정일, 『주체문학론』, pp.158-159.

전시음악, 천리마 시대 음악, '피바다' 식 혁명가극, 선군음악으로 나누어진다. 북한의 문학이 김일성, 김정일 개인숭배로 일관한 인간전형 창조라면 음악은 대중 선전선동을 목적으로 하기 때문에 화음 등과 같은 기술적, 형식적 측면보다 선율성을 더 우선시하는 가요화 정책을 표방하고 있다.[40] 북한이 주장하는 주체음악은 "인민대중의 자주성을 위한 투쟁을 담고 있어야 하고 사람들을 혁명적인 사상으로 교양하는 데 이바지하는 것이어야 하며, 형식에 있어서는 인민대중의 사상과 감정에 맞는 인민성을 기본으로 해야 한다는 것"이다.

또한 북한의 음악은 인민의 계급의식과 공산혁명의식을 고양시키고 교양 및 선전선동의 수단으로 사용되는 등 기능적인 측면이 강하다. 북한은 우리와 달리 음악을 대중음악과 순수음악으로 구분하지 않고 있으며, 발간한 노래집의 절반 정도는 소련 민요와 중국풍의 국민가요 식의 민요조 선율을 띠고 있고 화음과 리듬보다는 가사와 멜로디에 치중하고 있다.[41] 그리고 화성은 단조로워 일반주민들이 쉽게 따라 배울 수 있으나 변화가 없으며, 창법에서는 비성(鼻聲)을 많이 사용하는 것이 특징이다. 가요는 당 정책선전 가요, 서정가요, 혁명가요, 조선가요 등이 있으며, 김일성 부자 찬양을 위한 송가(頌歌)가 큰 비중을 차지한다. 우리 고유의 전통악기를 개조하여 서구의 현대악기와 합주하도록 하는 등 전통음악의 양악화 경향도 뚜렷이 나타나고 있다.

최근 북한의 음악은 비정치적인 작품이 증가하고 있는 반면, 선군정치에 부응하는 노래들도 많이 창작되고 있다. 특히 '민족' 개념을 강조하면서 전통민요의 발굴에 역점을 둔 작품들이 창작되었다.[42] 김정일 정권의 등장 이후 북한 음악은 그동안 금기시되어 왔던 인민의

40) 안찬일 외, 앞의 책, p.232.

41) 통일부 통일교육원, 앞의 책, p.204.

42) 같은 책, p.205.

생활감정이나 연애감정을 표현한 노래, 즉 대중가요풍의 생활가요 등이 등장하여 유행하는 등의 변화를 보이고 있다.

4) 무용

북한의 무용은 여타 예술분야에 비해 독자적 정체성이 미약하고 음악, 재담(코미디)과 곁들여 소부문으로 삽입되는 정도이며, 아동무용이 주류를 형성하고 있다. 북한의 무용은 전투적이고 선동적인 동작이 중시되는 경향이 있다. 음악과 무용뿐 아니라 매스게임, 카드섹션, 체조, 서커스 요소까지 포함된 10만여 명이 출연하는 '대집단체조와 예술 공연 아리랑'은 서장과 4개의 장, 10경, 종장으로 구성되어 있다.[43] 아리랑 공연은 북한 전역의 주민뿐 아니라 외국인의 관람을 유도함으로써 강성대국, 선군정치의 우월함을 선전함과 동시에 경제적 실리 추구를 위한 수단으로 활용되고 있다.

5) 미술

북한에서는 전통미술을 배척하고 김일성이 주도했다는 항일혁명미술을 참된 미술로 평가한다. 전통미술은 착취계급의 사상과 취미를 반영했을 뿐 계급투쟁의 문제를 예술적으로 해결하지 못한 반면, 항일혁명미술은 당성, 계급성, 인민성의 원칙을 구현함으로써 참다운 인민적 미술이 되었다는 것이다. 북한에서는 다른 문학・예술작품과 마찬가지로 "민족적 형식에 사회주의적 내용을 담은 주체적이며 혁명적인 미술"인 주체사실주의 미술을 장려하여 왔다. 북한 미술에는 '기념비 미술'이라는 명칭의 목적적 작품이 많으며, 노동자들이 망치

---

43) 같은 책, p.206.

들고 노동하는 장면, 농민들이 벼이삭을 들고 만면에 미소를 짓는 장면들을 보여주는 작품을 많이 볼 수 있다. 북한의 미술에서는 '추상은 죽음'이라고 보기 때문에 추상화나 추상조각 등은 찾아보기 힘들다. 조각에는 환각, 부각, 투각 등이 포함되는데, 애국열사릉, 혁명열사릉에 조각된 군상은 사실주의적이면서 분노와 비탄, 투쟁의식이 선명히 드러난 작품이라고 선전한다.[44]

6) 영화

북한에서 영화는 다른 어느 예술 장르보다 중요하게 취급되고 있으며 그 이유는 영화가 음악, 미술, 연극 등의 모든 예술적 요소가 결합된 종합예술 장르로서 대중을 상대로 한 호소력과 전파력이 강하기 때문이라는 것이다. 김정일의 영화에 대한 개인적 취향도 크게 작용하였다. 김정일은 "영화는 정치사상교양의 힘 있는 수단이며 문화정서교양의 강력한 무기입니다. 우리는 영화를 통하여 근로자들에 대한 사상교양도 하고 정서교양도 하여야 합니다."라고 주장한 바 있다. 배우는 단순히 연기자가 아닌 구체적인 공산주의 사상 감정, 생활체험을 미적, 창조적 능력으로 화면에 재현하는 노동계급적 예술가로서 연기하도록 요구된다. 대부분의 북한 영화는 긍정전형과 부정전형의 대립에서 긍정전형이 승리하는 구도로, 악역은 미군, 일제, 반당분자, 지주, 자본가 등으로 설정된다.

북한의 영화는 그 일차적인 기능이 인민대중의 교양에 있음을 강조함으로써 주제 선정에 있어 정치적 의의가 상당히 중요시되고 있다. 북한의 영화는 "영화가 모든 예술 중에서 가장 중요한 것이며, 대중선동의 가장 유력한 무기이다."라는 스탈린의 정의에서 출발하고

44) 같은 책, p.207.

있다. 여기에서 영화가 '예술'이라는 사실은 전제조건이며, 그 기능이 '대중선동'에 있다는 점에서 영화가 사회주의에 존재할 근거를 갖는다. 마찬가지로 북한 영화의 지침서 격인 김정일의 『영화예술론』에서는 영화예술의 과제가 "사람들을 진실한 공산주의자로 길러내고 온 사회를 혁명화, 노동계급화"하는 데 있음을 명확히 밝히고 있다.

따라서 북한에서 영화는 문예활동 가운데 특히 인민대중에 대한 호소력과 영향력이 가장 지대한 분야의 하나로 간주되기 때문에 모든 영화사업은 더 철저하게 당이 제시한 원칙을 준수할 것이 강조되고 있으며, 당의 주도와 주관 하에서 추진되고 있다. 내용적 측면에서도 북한 영화는 상품이나 오락 혹은 예술이라는 인식과는 달리, '사상적 무기', '대중교양의 수단', '참된 생활의 교과서'로서 사회발전에 이바지해야 한다는 것으로 보고 영화의 계도적 기능을 전면에 내세워 강조하고 있는 것이다. 이에 따라 사회주의 건설을 위한 이상적이고 긍정적인 가치 내지는 모범적인 인물상을 형상화해야 한다는 것이 강조된다.

극영화를 일컫는 북한의 예술영화는 북한 영화의 본령을 이룬다. 예술영화의 특징은 인간 성격을 통해서 주제를 천명하며, 현실에 실존하는 모든 사실을 그대로 반영하는 것이 아니라 가공하여 묘사한다는 점이다. 따라서 영화창작가의 창조적 허구가 예술영화에 광범위하게 작용할 가능성이 발생한다.[45] 예술영화는 주로 '조선영화예술영화촬영소'와 인민군 소속의 '2·18 영화촬영소'에서 제작한다. 예술영화의 주요 주제를 정리하면 다음과 같다.

45) 최척호, 『북한예술영화』(서울: 신원문화사, 1989), pp.36-40; 최척호, 『북한영화사』(서울: 집문당, 2000), p.183; 한국문화정책개발원, 「북한의 영화산업 현황과 영화진흥정책 연구」(1997), pp.171-172 참조; 통일교육원, 「북한영화의 이해」(1997), p.7; 오기성 외, 「북한영상자료의 통일교육 활용을 위한 분석」(서울: 통일부, 2001), pp.25-30.

(1) 항일투쟁

북한사회의 주요 원동력인 항일혁명정신은 북한 영화의 주요한 주제 중의 하나로 꼽힌다. 이것은 국제관계 속에서 북한의 수세적 위치를 극복하기 위한 작동기제인 동시에 김일성 유일사상을 강화하는 동력이기도 하다.

(2) 노동계급화와 사회혁명화 그리고 애정영화

북한에서는 전체가 애정문제로 점철된 영화를 찾기 어렵다. 애정문제를 다루는 경우라 하더라도 영화의 주요한 모티브와 결말은 당과 조국에 대한 충성심을 묘사하는 것이다. 따라서 북한 영화를 노동계급의식을 고취하는 영화와 사회혁명화를 추구하는 영화 및 남녀관계를 다룬 영화 등으로 엄밀하게 구분하는 것은 불가능하다.

(3) 전쟁의 회고와 고취

북한당국이 주민들의 단결을 호소할 때 사용해 온 논리는 반미, 반한 의식이었다. 한국전쟁은 이런 논리를 다룰 때 가장 적합한 주제에 해당한다. 전쟁을 회고하거나 고취하는 영화는 이러한 정신적 의미를 지니는 동시에 시각적 즐거움을 주는 볼거리 역할도 한다.

(4) 수령 및 가계의 형상화

『조선의 별』(10부작, 1980-1987)은 '수령 형상의 창조'라는 맥락에서 이해할 수 있는 작품이다. 이후 10부에 나오는 '민족의 태양'이라는 말을 모티브로 삼아 연작 5부작 『민족의 태양』을 제작하였다.

(5) 기록영화

다큐멘터리 기록물을 지칭하는 북한의 기록영화는 현실에 실재하는 모든 사실을 그대로 반영하는 것을 원칙으로 한다. 기록영화의 가장 기본적인 특성은 사실성이며, 바로 이 점에서 사실을 가공하는 극영화와 구별된다.

(6) 과학영화

북한에서는 각 산업분야별 과학기술에 대한 지식이나 각 분야의 선진적인 경험, 의학기술 상식 등의 보급을 위해 과학영화를 제작한다. 과학영화는 '조선과학영화촬영소'에서 제작한다.

(7) 아동영화

북한의 아동영화는 아동을 대상으로 한 영화로 아동예술영화와 만화영화, 인형영화, 지형영화 등이 포함된다. 아동영화는 처음에 '인형 · 만화영화 제작단'에서 제작을 담당했으나 1965년에는 별도의 '아동영화촬영소'가 설립되었는데 이곳은 1980년대에 '과학교육영화촬영소'로 흡수되었다. 이곳에서는 주로 만화영화, 인형영화, 지형영화를 제작하고, 아동예술영화는 '예술영화촬영소'에서 제작한다.[46]

최근의 북한 영화는 '선군혁명문학 · 예술론'에 따른 김정일의 선국정치를 반영한 작품이 대부분으로, 대체로 군사 관련 영화이다.[47]

7) 문화예술인의 지위와 역할

북한에서 문화예술에 종사하는 사람들은 전문적인 문화예술 창작가이지만 남한의 문화예술계 종사자들은 일반적인 지식인 중 하나로 간주되는 경향이 있다. 북한의 문화예술인들은 정치이념을 다룬다는 점에서 정치적인 위상을 확보한다고 볼 수 있다. 북한 헌법 52조에는

46) 이범웅 외, 『통일시대의 북한학』(서울: 양서원, 2007), pp.305-311.

47) 통일부 통일교육원, 앞의 책, p.208.

“국가는 창작가, 예술인들을 사상예술성이 높은 작품을 많이 창작하도록 한다.”라는 규정이 있다. 김일성종합대학이나 김형직사범대학, 평양연극영화대학 등의 문학 관련 학부 출신 혹은 지방 소재 예술대학 출신으로 문화예술인이 되는 경우에도 국가가 인정한 절차를 통과해야만 한다.

김정일이 문화예술 분야를 직접 관할하던 시기에는 문화예술인에 대한 정치적인 배려가 더욱 극진했다. 또한 체제에 어려움이 닥치면 문화예술의 활동 영역이 넓어지고 그 영향력이 커졌기 때문에 ‘노력영웅’의 칭호를 부여하거나 ‘김일성훈장’이 주어지기도 했으며, 이 밖에도 각종 공훈제도를 통해 문화예술인에 대한 정치적, 물질적 보상을 지속하고 있다. 북한의 문화예술인들은 당과 국가가 정치적인 위상을 인정하기 때문에 일정한 경제적 수준을 확보하고 있으며 사회적 지위도 상대적으로 높다고 볼 수 있다.[48] 남한에서는 문화예술인의 사회적 위상이 다양한 반면, 북한의 문화예술인의 그것은 동일하다고 볼 수 있다.

6. 남북한 문화예술의 차이점과 교류

1) 남북한 문화예술의 차이점

먼저 남북한의 문화예술의 차이점에 대해 살펴보도록 하겠다. 남북한 문화예술의 개념은 다음의 몇 가지 차원에서 차이가 있다. 첫째, 문화예술의 다양성이다. 북한은 특정 경향의 문화예술을 절대적으로 보는 반면 남한은 다양성을 인정한다. 둘째, 문화예술의 외연에서 차이가 있다. 북한의 문화예술은 동시에 교육이 된다. 문화예술을 의식

48) 경남대학교 북한대학원 편, 앞의 책, pp.31-33.

현상의 하나로 보고 있다는 점에서는 남북한이 유사하지만, 북한의 문화예술은 교육의 수단 혹은 정치적 이념체계로서 기능한다. 북한의 문화예술의 외연이 남한보다 더 크다고 할 수 있다. 셋째, 문화예술의 상대적 자율성에서도 차이가 있다. 남한에서는 문화예술의 상대적 자율성이 보장되는 반면 북한에서는 그렇지 않다. 북한의 문화예술은 문화적 현상일 뿐만 아니라 정치사회적 현상이다. 문화예술은 사회 및 정치 체제에 종속되어 있어 정치사회적인 의미가 뚜렷하게 부각된다.[49]

북한에서는 문화예술을 "근로대중을 정치사상적으로 교화하는 수단"이며, "온 사회를 혁명화, 노동계급화하는 데 복무하는 수단"으로 규정하고 있다. 북한의 문예정책은 예술성보다는 당국이 지향하는 이념을 전달하는 수단으로서의 역할이 강조된다. 첫째, 북한의 문화예술은 해방 후 사회주의체제 수립의 정당성을 확보하는 한편 이에 대한 적극적인 참여를 독려하는 수단으로 이용되었다. 북한 주민들을 사상적으로 결속시키고 사회주의 정당성을 확보하기 위한 작품을 많이 창작하였다.[50]

둘째, 북한의 문예정책은 지도자(수령)에 대한 정당성과 충성심을 확보하려는 목표를 가지고 있다. 1960년대 말에 이르러 김일성의 반제항일투쟁을 주제로 하는 '항일혁명투쟁' 작품만이 정통성을 부여받게 된다. 김정일의 권력승계가 공식화되는 1980년대에 이르면 김정일의 우상화 작업이 본격적으로 추진되면서 총서인 『불멸의 향도』 등 이른바 '지도자 형상화' 작품이 나타나게 된다. 2000년대에는 "문학·예술작품은 마땅히 시대정신에 맞아야 하며 시대의 숨결을 담아야 한다."는 김정일의 지시에 따라 김정일 집권 이후 주창되고 있는 선군정치와 이를 정당화하는 선군영도 업적을 작품에 반영하는 '선군

49) 같은 책, pp.26-28,

50) 통일부 통일교육원, 앞의 책, p.198.

혁명문학 · 예술'의 창작이 독려되고 있다.[51)]

이에 반해 남한의 문화예술은 개인주의와 다원주의를 토대로 자유민주주의와 민족주의, 자본주의를 이념으로 설정하였고, 이에 따라 정치적 선택성의 원리(the principle of political selectivity)[52)]가 비교적 약하게 작용하는 방향으로 변하여 왔다고 볼 수 있다. 이러한 측면에서 가능한 문화현상을 자생적이고 자율적인 것으로 보려는 경향이 강하다. 그리고 문화의 목표는 정책적 결정에 의하여 제시되는 것이 아니고 체제 자체의 자율적 작용에 의하여 형성된다. 따라서 문화정책의 측면에서 정부의 역할이 있다면, 그것은 바로 이러한 목표와 수요의 자율적 형성과정을 저해하는 제반요인을 입법과 그의 준수를 통하여 조절하는 최소한의 것이어야만 한다.

반면 북한은 집단주의와 획일성을 기초로 주체사상과 사회정치적 생명체론, 그리고 조선민족제일주의에 기초한 우리식 사회주의를 토대로 문화적 목표를 수령이 제시하고 노동당이 이러한 목표를 달성하기 위한 수단과 도구를 선택하고 집행해 왔다. 그렇게 함으로써 문화정책은 목표가 제시하는 바람직한 상황으로 현상을 이끌어가고자 한다. 여기에 강력한 정책기구를 필요로 한다. 남한에는 자율적으로 형성된 제도와 기구들이 존재하나, 북한에서는 중앙권력, 특히 1인에 의하여 구성되고 창조되는 경향을 강하게 나타냄으로써 정치적 선택성의 원리가 강하게 작용하게 된다.

---

51) 같은 책, p.199.

52) 정치적 선택성의 원리는 김경동 교수가 주창한 이론으로서, 어떤 사회의 문화는 그 사회의 힘의 배분원리에 따라서, 어떤 사회는 민주적 참여를 최대한 허용하는 방식으로 결정하여 변화의 우선순위와 수단을 설정할 것이고, 또 다른 사회는 일인 또는 소수의 전제적 지도자에 의한 과두적 결정유형으로써 하게 될 것이다. 이 양극의 가운데는 갖가지 민주적인 조직원리로부터 권위주의적인 것에 이르는 유형들의 선택이 이루어진다고 볼 수 있다. 김경동, 『한국사회 변동론』(서울: 나남, 1994), pp.87-89.

2) 남북한 문화예술의 교류

남북 교류협력은 분단 이후 존속하는 남북한 간의 상호 불신을 해소하고 민족의 동질성을 회복해 나가는 데 중요한 견인차 역할을 수행하여 왔다. 우리 정부는 그간 다각적 사회문화 교류협력 등을 통해 남북한 사이의 긴장을 완화하고 평화적 분위기를 조성하는 남북관계 개선을 선도하여 왔다. 남북간 사회문화 교류는 2000년 남북정상회담을 전후하여 양적으로 급격히 증대하는 추세이며, 내용면에서도 문화, 예술, 체육, 방송, 학술, 종교 등 다양한 분야로 확대되고 있다. 다음 [표 2]와 [표 3]은 사회문화 분야 남북왕래와 남북한 사회문화 분야 협력사업 승인 현황을 표와 그림으로 나타낸 것이다.

[표 2] 사회문화 분야 남북왕래(2006년 10월 말)

구분	1989-1997	1998	1999	2000	2001	2002	2003	2004	2005	2006	합계
방북	701	239	330	1,150	2,916	2,501	3,395	3,557	10,777	3,188	28,754
방남	534	0	62	404	32	937	941	280	675	293	4,158
계	1,235	239	392	1,554	2,948	3,438	4,336	3,837	11,452	3,481	32,912

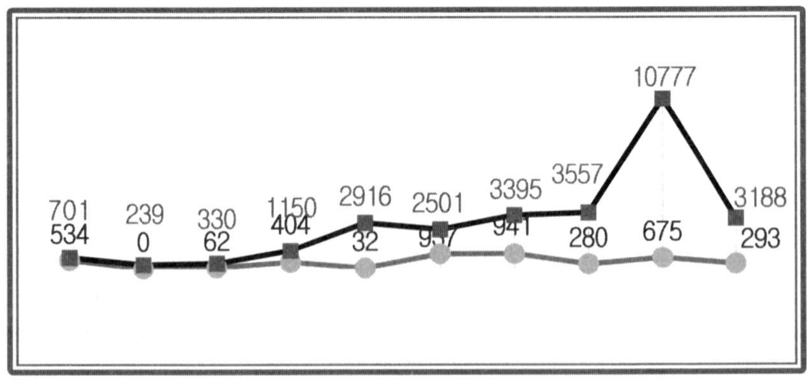

출처: 통일부 홈페이지(https://www.uniedu.go.kr 2010. 3. 29 검색)

[표 3] 남북한 사회문화 분야 협력사업 승인 현황

구분	1991	1997	1998	1999	2000	2001	2002	2003	2004	2005	2006	계
사업	2	1	5	5	5	6	7	13	16	47	24	131

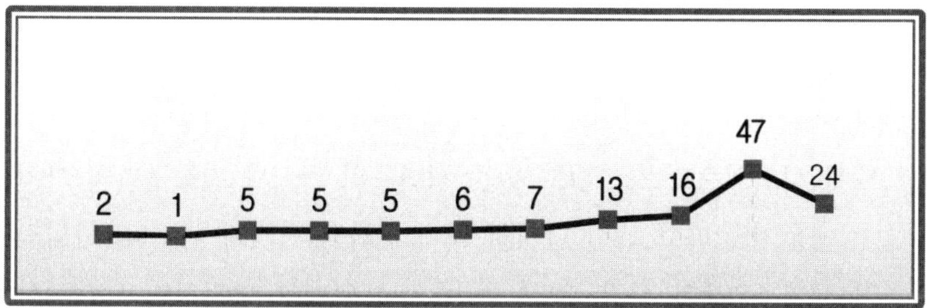

출처: 통일부 홈페이지(https://www.uniedu.go.kr 2010. 3. 29 검색)

남북한 문화교류는 정치 분야와 별개로 독자적인 발전을 하기 어렵다. 남북한 간의 정치적 화해 무드가 조성될 때 남북한 문화교류도 활발히 전개될 것이다. 그렇게 될 때 남북한 간의 이질감을 해소하고 한민족 공동체를 형성하는 데 이바지할 수 있을 것이다.

7. 결론

사회주의와 공산주의 정부가 들어선 이후에는 정치, 경제뿐 아니라 교육, 종교, 문화, 가족 등 사회 전 영역에 영향을 미치며 의식과 가치를 형성하고 있다는 점에서 사회주의 개념은 정치와 경제를 넘어서 군사와 문화 등 사회 전반을 지도하는 총체적 이념과 체제라고 할 수 있다. 북한 사회주의는 정치적으로는 수령유일체계와 노동당의 독재를 유지하고 있고, 문화적으로는 극단적인 민족주의를 지향하고 세계화를 강력히 거부하며 유교 문화적 전통을 강하게 유지하고 있다.

그러므로 북한은 사회문화적으로 민족의식과 전통적 가치 및 집단주의가 강하게 자리 잡고 있다. 서구화되고 있는 남한사회에 비하면 북한은 세계화나 국제협력의 가치는 약한 반면, 반세계화, 민족담론이 강하게 지배하고 있다. 이는 정치문제나 대외관계에서 미국과 일본, 중국, 러시아 등 주변국과의 협력이나 공조로 풀어가야 한다는 의식보다는 자주적 입장을 취해야 한다거나 민족적 차원에서 남북협력을 당연한 것으로 혹은 우선적인 것으로 간주하는 경향으로 나타난다.53)

또한 사회적으로 강조되고 있는 집단주의 가치나 전통문화의 가치는 정책을 바꾼다고 해서 단시일 내에 변화되는 것이 아니다. 사회정치적 생명, 은혜와 사랑, 영생 등 종교적 언어를 발전시키고 주체사상을 신앙화하는 공간으로서 김일성주의연구실을 전국적으로 10만개 이상 갖춘 종교국가적 성격이 농후한 체제로 변모하였다. 수령에 대한 절대복종과 교시의 무조건적 집행 등 지도자의 초월적 지위는 물론, 일주일 단위로 반복되는 생활총화와 연구실 방문학습, 수요강연회, 아침독보회 등 조직생활을 실시함으로써 사상유지를 시도하고 있다. 여기에 국가를 하나의 대가정으로 환원하여 부모에 대한 효심을 바탕으로 국가지도자에 대한 충성을 유도하는 전통문화의 가치도 끌어들임으로써 이념을 유지하고 있다. 이런 점에서 문화적 가치도 쉽게 바꿀 수 있는 것이 아니다.

북한은 2009년 4월 개정헌법에서 공산주의 이념을 포기하고 사회주의만을 표방하는 변화를 보였다. "사회주의, 공산주의는 근로대중의 창조적 로동에 의하여 건설된다."라는 내용에서 공산주의를 삭제하고 "사회주의는 근로대중의 창조적 로동에 의하여 건설된다."(제29조)라고 밝혔으며, 교육의 목표에서도 "공산주의적 새 인간으로 키운다."는 내용을 "주체형의 새 인간으로 키운다."(제43조)라고 수정하였

53) 김병로, 「북한의 급변 사태와 이념적 변화 가능성 및 대응 전략」, 중앙대학교 민족통일연구소, 정책세미나 발표논문집(2010. 3. 23), p.5.

다. 사회주의 노선만을 표방한 것은 공산주의 붕괴 이후 20년 만에 북한의 이념이 형식적으로나마 수정된 것이며, 이는 적지 않은 의미를 내포한다.[54] 또한 북한사회의 대내외적인 환경이 변화되면서 전략적 선택으로서 표현의 허용 범위는 유연해지고 창작의 소재는 다양해질 것으로 예상된다.[55]

북한의 문화개방과 탈북자의 발생은 지속적으로 이루어질 것이며, 현재의 정보통신 발달과 중국의 개혁개방 추세로 미루어 볼 때, 앞으로 문화접촉으로 인한 북한의 변화는 지금까지의 속도보다 훨씬 빠르게 진행될 것이다. 그러나 이처럼 체제의 불안요인이 증가하고 있지만, 주체사상에 대한 자긍심과 김정일 위원장의 지지도 또한 어느 정도 유지되고 있는 상황을 종합적으로 고려해 볼 때, 향후 김정일 정권이 가까운 시일 안에 이념과 노선을 전격적으로 수정할 것으로 기대할 수 없다.[56] 예상되는 북한의 급변 사태에도 불구하고 주체사상으로 교육받은 주민들의 사상, 의식, 가치관은 상당히 오랜 기간 동안 유지될 것으로 보아야 한다.[57]

이런 상황이 지속된다면 독일통일의 과정과 통일 이후의 통합 과정에서 일어난 전혀 예상치 못한 난관을 우리도 겪게 될 것이다. 통일의 어려움은 정치경제의 영역보다 사회문화의 영역에서 더 심각하게 나타났다. 무엇보다 동서독 간의 정치제도의 차이와 경제적 격차는 생각보다 빠른 속도로 극복되어 가는 반면, 심리적, 정서적 간극, 즉 문화적 이질감은 좀처럼 줄어들 기미를 보이지 않기 때문이다. 통일 독일에서 느끼는 문화적 이질감이 심화되면서 동독 지역에서는 구동독의 정체성이 부활하는 이상기류가 확산되고, '동독에 대한 향

54) 같은 글, p.3.
55) 경남대학교 북한대학원 편, 앞의 책, pp.66-67.
56) 김병로, 앞의 책, p.9.
57) 같은 책, p.11.

수'를 뜻하는 오스탈지아라는 신조어까지 유행하게 됐다.[58]

독일통일 경험에서 얻은 결론은, 한반도에서의 통일은 한쪽에 의한 다른 한쪽의 '내부식민화'로 귀결되어서는 안 된다는 것이다. 통일 이후 갈등을 줄이기 위해서는 남과 북의 서로 다름을 인정한 가운데 상대 문화의 기본적 특성을 상대주의적 관점에서 이해하는 공존의 문화를 바탕으로 민족동질성을 회복해 나가야 한다. 그리고 남과 북의 지식인들은 통일에 앞서 남쪽의 '기형 자본주의'와 북쪽의 '봉건 사회주의'의 고질적인 모순을 해소하는 노력을 지속해 나가야 할 것이다. 그리고 북한에 민족적 자긍심을 충분히 살리면서 세계화 흐름과 정보화의 추세에 맞게 공존, 협력해 나가야 함을 설득해야 한다.

58) 고유환, 「통일논의에서 소외된 주제들 다뤄… 문화적 이질화 분석 소홀」, 『교수신문』, 2004년 1월 13일자, 귄터 그라스 · 백낙청 외, 『통일과 문화』(서울: 역사비평사, 2004)에 대한 서평.

제 5 장
북한의 종교실태와 연구 동향*

박균열**

1. 서론

일반적으로 종교에 대한 연구는 종교교리연구, 경전연구, 선교 및 포교활동연구, 종교인의 삶의 역사연구 등 네 가지로 분류된다. 예컨대 기독교의 경우 조직신학, 성서신학, 실천신학, 역사신학 등이 그것이다. 조직신학은 기독교의 핵심 교리를 체계적으로 연구하고 설명하는 것으로서, 신론, 인간론, 그리스도론, 구원론, 교회론, 종말론 등을 망라하고, 성서신학은 기독교의 경전인 성경 자체에 대한 연구를 말하며, 실천신학은 기독교의 영역과 범위의 확대를 위한 선교 및 포교활동, 즉 전도, 육성, 파송 등의 현장목회학을 가리킨다. 그리고 역사신학은 교회사로서, 그리스도인들이 일반역사 속에서 어떻게 교회공동체를 만들어서 신앙생활을 영위해 왔는가를 파악하고 연구하는 것

---

* 이 장의 내용은 다음의 논문을 필자가 공동 집필자의 양해를 얻어 보완 · 발전시킨 것이다. 박균열 외, 「북한종교 연구의 동향과 평가」, 『통일전략』 제9권, 제3호(한국통일전략학회, 2009).

** 경상대학교 윤리교육과 교수. pgy556@paran.com

을 지칭하고 있다.1)

북한 종교 역시 이런 범위와 방법을 염두에 두고 연구하는 것이 바람직하다. 그러나 북한은 정치적으로 그리고 사회적으로 매우 폐쇄되어 있다는 특수성을 가지고 있다. 이러한 지역적 특수성, 즉 관련 자료의 접근에 대한 제한성 때문에 조직적, 세부적인 분석이 매우 어려운 상태이다. 따라서 북한 종교에 대한 연구는 포괄적인 관심사 위주로 또는 자료수집이 가능한 분야로 제한될 수밖에 없다.

예컨대 북한 종교에 대한 연구는 주로 북한의 정치지도자 또는 권력층에서 일반적으로 보여주고 있는 종교관 및 종교 인식에 대하여, 시기별 종교정책의 변화과정에 대하여, 주체사상과 종교교리와의 관계에 대하여, 그리고 좀 더 심층적으로 나아가서는 '북한에 실질적으로 종교가 존재하는가?' 하는 종교의 존재 유무에 대한 논쟁 등에 대하여 연구의 중심을 이루고 있다.2)

---

1) Louis Berkhof, *Systematic Theology*(Grand Rapids: Wm. B. Eerdmans Publishing Co., 1976), p.181.

2) 북한의 종교관에 대한 연구로는 이헌경, 「북한의 사회주의 혁명 · 건설기 종교정책」, 『한국정치학회보』, Vol. 30, No. 4(한국정치학회, 1996) 등이 있다. 종교정책에 대해서는 윤이흠, 「북한의 종교정책과 종교현상: 종교정책의 시기별 변화를 중심으로」, 『통일논총』, Vol. 16(숙명여자대학교 통일문제연구소, 1998); 박완신, 『북한종교와 선교통일론』(서울: 지구문화사, 1994); 김흥수, 「북한종교의 변화와 사회적 환경」, 『종교연구』, Vol. 32(한국종교학회, 2003); 사와 마사히코, 김숙자 · 강문규 옮김, 『남북한기독교사론』(서울: 도서출판 민중사, 1997); 박광수, 「북한의 종교정책 변화와 남북한 종교교류 성찰」, 『신종교연구』 제21집(한국신종교학회, 2009); 류성민, 「북한에서의 종교에 대한 이해: 조선대백과사전을 중심으로」, 『종교연구』, Vol. 42(한국종교학회, 2006) 등이 있다. 주체사상과 종교에 대해서는 유영옥, 「북한의 종교와 주체사상」, 『군사논단』, Vol. 2(한국군사학회, 1994); 박광수, 「종교적 입장에서 본 남북한 공동체적 삶」, 『인문학연구』, Vol. 4(원광대학교 인문학연구소, 2003); 조용관, 「북한체제 특이성의 역사문화적 가능조건에 관한 연구: 이데올로기 교조화와 우상화 · 세습화를 중심으로」, 『북한연구학회보』 제6권, 2호(북한연구학회, 2002); 류성민, 「주체사상과 종교」, 『종교연구』, Vol.

따라서 이 연구는 이러한 네 가지 요소를 중심으로 그동안 북한 종교에 대해 연구된 바를 분석한다.

2. 북한의 종교현황과 북한 주민의 종교생활 개괄

북한은 전통적으로 남한에 비해 외래종교를 상대적으로 빨리 받아들였다. 그래서 종교적 심성이 더 앞서 있었다고 할 수 있다. 해방 당시만 해도 북한 지역은 남한에 비해 종교활동이 더 활발하게 이루어졌다. 유명한 사찰이 곳곳에 자리 잡고 있었고, 개신교와 천주교 역시 남한보다 먼저 전파되었던 지역으로 신도의 수도 더 많았다고 한다. 북한이 1950년에 펴낸『조선중앙연감』에 의하면, 해방 당시 북한에는 천도교도 약 150만 명, 불교도 약 37만 5천 명, 개신교도 약 20만 명, 천주교도 약 5만 7천 명 등 약 2백만 명의 종교인이 있었다고 한다. 이는 당시 북한 인구 대비 22.2% 수준이었다. 하지만 북한에 사회주의 정권이 들어서면서 북한 주민들의 종교생활은 위축될 수밖에 없었다. 대부분의 종교인들이 월남하거나, 전쟁 당시 사망 혹은 행방불명되었고, 남아 있던 종교인들도 심한 탄압을 받았다. 형식적이나마 각종 종교단체가 존재하고 북한의 헌법에도 "공민은 신앙의 자유를 가진다."고 외형상으로는 규정되어 있지만, 실제로는 종교활동이 자유롭지 못하다.[3)]

북한에서는 종교를 일종의 미신으로 간주하여, 1955년경에는 북한에서 모든 종교단체와 종교의식이 사라졌거나 지하화되었으며, 1960년대에 이르러 종교 자체가 모습을 감추게 되었다. 그러나 북한은 1972년 남북대화가 시작되면서부터 북한 내에도 종교활동의 자유가

32(한국종교학회, 2003); 류성민, 「최근 북한의 종교정책과 남한 종교인들의 대북활동」, 『종교문화연구』, Vol. 1(한신인문학연구소, 1999) 등이 있다.

3) 통일부 통일교육원, 『북한이해 2009』(2009), p.239.

있는 것처럼 보이기 위하여 그간 유명무실한 단체에 불과하던 이른바 '조선기독교도연맹', '조선불교도연맹', '조선천도교회중앙지도위원회' 등의 활동을 재개시켰다([표 1] 참조). 북한은 1980년대 들어 교포 종교인들을 적극 초청, 이들과 종교인 회담 및 해외에서 반한(反韓) 종교인 집회를 갖는 등 통일전선전략에 치중했다. 이와 같은 경향은 북한의 지식정보의 지표라고 할 수 있는 사전류에 정의 자체가 변화하고 있는 데서 찾을 수 있다([표 2] 참조). 또한 1988년 장충성당과 봉수교회를 건립하였고 1989년에는 칠골교회를 완공하였으며, 2006년에는 러시아정교회 사원인 정백사원을 완공했다.

1990년대 이후 북한은 미국의 선교단체들을 평양에 초청하는 등 서방국가의 종교단체와의 접촉을 적극적으로 시도하였다. 식량난에 따른 구호물자 지원 등을 계기로 남한의 종교단체와 접촉이 빈번해지면서 종교단체들을 평양에 초청하고 남북한 동시미사, 공동예배, 동시법회를 개최하는 등 대외활동을 활발히 전개하고 있다. 불교는 여타 종교보다 더 활발한 활동을 하고 있다. 2002년 12월에 각지 사찰 59개에 대한 전면적 단청사업을 추진하였으며, 2005년 10월에는 개성 영통사를 복원하는 등 사찰보수에도 주력하고 있다.[4] 최근에는 종교인 양성을 위한 교육도 실시하고 있는데 1989년에 김일성종합대학 사회과학대 역사학과 종교학부를 개설했으며 1995년 중단되었던 평양신학원을 2000년 9월에 개원하고 종교단체 등에서 활동할 목회자 양성을 위한 교육을 하고 있다.[5] 또한 2003년 3월에는 러시아정교회 종사자 양성을 위해 모스크바신학교에 유학생을 보낸 바 있다.[6]

---

4) 통일연구원, 『2009 북한개요』(2009), pp.436-437.

5) 북한의 이와 같은 종교인 양성은 경계해야 할 필요가 있다. 특별히 남한 내에서는 종교인 및 종교단체에 대해 정치적 기준으로 평가하지 않는 경향이 많기 때문에 포교를 빌미로 한 북한에 의한 직간접적인 대남 선전선동 차원에서 면밀한 검토가 필요하다.

6) 통일연구원, 『2009 북한개요』, p.437.

[표 1] 북한 내 종교단체 현황

단 체	시 기	현 황
조선종교인협의회	1989. 5	- 종교단체들의 협의체로 결성(회장: 장재언)
조선불교도연맹	1945. 12	- 북조선불교도연맹으로 발족(1965-1971: 비활동)
	1972	- 현 명칭으로 출현(위원장: 심상진) - 사찰 60여 개, 승려(대처승) 3백여 명, 신도 1만여 명 - 교육기관: 불교학원(1989년 양강도 중흥사 → 1991년 평양 광법사)
조선기독교연맹	1946. 11	- 북조선기독교도연맹으로 발족 (1964-1973: 비활동)
	1974	- 조선기독교도연맹으로 출현
	1999. 2	- 현 명칭으로 개명(위원장: 강영섭) - 교회 2개(봉수교회: 1988, 칠골교회: 1989), 가정교회 520여 개, 신・구약성서 및 찬송가 출판(1983-1984), 성경전서와 찬송가 출판(1990) - 교역자 300여 명, 신도 1만 3천여 명 - 교육기관: 평양신학원(1972-1995, 2000)
조선카톨릭교협회	1988. 6	- 조선천주교인협의회로 출현
	1999. 6	- 현 명칭으로 개명(회장: 장재언[장재철]) - 성당 1개(장충성당: 1988), 신도 3천여 명, 신부, 수녀 없음
조선천도교회 중앙지도위원회	1952. 2	- 북조선천도교종무원으로 발족 (1952-1973: 비활동)
	1974. 2	- 현 명칭으로 출현(위원장: 류미영) - 신도 1만 4천여 명
조선정교위원회	2003. 6	- 위원장: 허일진 - 러시아정교회 '정백사원' 준공(2006. 8. 24)

출처: 통일연구원, 『2009 북한개요』(2009), p.439.

[표 2] 북한 내 종교관련 용어 해석의 변화

	현대조선말사전(1981)	조선말대사전(1992)	조선대백과사전(2000)
기독교	낡은 사회의 사회적 불평등과 착취를 가리우고 합리화하며 허황한 천당을 미끼로 하여 지배계급에게 순종할 것을 설교	교회의 주되는 이념은 평등과 박애이다. 그리스도의 교훈을 잘 지키면 천당에 간다고 설교	신의 아들이라는 예수를 크리스트로 내세우고 그에 의한 인류의 구제를 설교하는 종교
교회	종교의 탈을 쓰고 인민들을 착취하도록 반동적 사상 독소를 퍼트리는 거점의 하나	기독교에서 여러 가지 종교적 의식을 하고 사람들에게 기독교를 믿도록 선전하기 위하여 지은 건물	종교를 믿는 신자들이 예배, 세례, 성찬과 같은 예식을 진행하는 집합장소
성경	예수교의 허위적이며 기만적인 교리를 적은 책	주로 기독교에서 종교의 교리를 적은 책	
불교	죽어서 극락세계로 가기 위해서는 현실세계에서의 모든 고충을 참고 견디어야 한다는 노예적인 굴종 사상과 무저항주의를 설교	인간을 고뇌에서 해방하며 자비심을 베푸는 것을 이념으로 하고 속세를 떠나 도를 잘 닦으면 극락세계에 이른다고 설교	고통이 인간의 삶의 본질이므로 온갖 집착을 버리고 자기가 추구하는 지향을 억제하며 정신수양을 통해 모든 것을 해탈하고 열반에 도달해야 한다고 설교

출처: 통일연구원, 『2009 북한개요』(2009), p.438.

3. 북한의 종교관 및 종교인식에 대한 연구

북한 종교를 연구하는 학자들이 파악하고 있는 북한의 종교관 및 종교인식은 대부분 마르크스의 종교관을 전제로 하고 있음을 나타내고 있다.[7] 이와 관련하여 그들은 북한에서의 종교의 위상이나 역할이 남한에 비해 매우 부정적이라는 데 인식을 같이하고 있다. 이는 해방 이후 북한에서 진행된 사회주의 정권 형성 과정에 구소련의 군정이 절대적 영향을 끼쳤음을 감안해 보면 충분히 짐작이 가는 부분이기도 하다. 구소련은 당시 세계 공산주의 국가의 종주국으로서 종교에 대한 기본 인식 역시 마르크스의 종교아편론에 근거하고 있었던 것이다.

먼저 이헌경이 파악한 북한의 종교관은, 비과학적 이데올로기 역할을 하면서 인간을 소외시키고 있다는 것이다.[8] 그는 해방 이후 남북한에서의 종교 위상과 관련하여 남한은 대체로 종교적 전통을 이어가면서 자본주의적 종교지형의 변천을 겪어온 반면, 북한은 반종교투쟁과 함께 사회주의적 종교지형을 경험하여 왔고, 특히 북한의 사회주의적 종교지형은 정치지도자들의 사회주의 혁명 건설 단계에 맞추어 변천되어 왔다고 파악했다.

그리고 북한의 정치지도자들이 북한에 존재하는 모든 종교를 부정적으로 인식하고 있으며, 종교생활 또는 신앙생활 그 자체를 불안정

---

7) 이에 대해서는, 류성민, 「북한 주민의 종교에 대한 인식과 종교현황」, 『통일논총』, Vol. 16, No. 1(숙명여자대학교 통일문제연구소, 1998); 윤황, 「북한의 종교정책과 종교실태를 통해 본 종교국가화에 관한 연구」, 『북한연구학회보』, Vol. 8, No. 2(북한연구학회, 2004); 류성민, 「김일성 주석 사후 북한 종교정책의 변화과정」, 『종교문화연구』, Vol. 6(한신인문학연구소, 2004) 등 참조.

8) 이헌경, 「북한의 사회주의 혁명 · 건설기 종교정책」, 『한국정치학회보』, Vol. 30, No. 4(한국정치학회, 1996), pp.249-251. 이헌경은 여기서 북한의 종교관을 미신적 비과학적, 반동적, 소외적 박탈적 종교관으로 파악하고 있다.

하게 보거나 범죄로 간주하고 있다고 분석하고 있다. 그리하여 북한은, 종교가 미신과 다를 바 없고 비과학적, 반동적이며 인간에게 고통과 소외 및 박탈을 주고, 사회주의 건설을 위한 동원 및 김일성 신격화에 지장을 준다고 결론짓고 종교의 탄압 및 말살에 나섰다는 것이다.

결국 이헌경은 북한당국이 종교를 부정적으로 보는 이유에 대해, 종교가 비과학적이며 지배 이데올로기의 역할을 할 뿐만 아니라 인간을 소외 또는 박탈시키고, 반동적 역할을 수행함으로써, 사회주의 건설에 방해가 된다고 여기기 때문이라고 파악한 것이다. 이헌경이 이렇게 파악한 이유는 북한 공산주의 사회에서 종교는 단순히 내재적(immanent)이거나 경험적(empirical)으로만 여겨질 뿐, 타율적 계시는 있을 수 없다고 본 것이다.9)

이헌경의 이러한 견해는 북한에서 인식되고 있는 종교가 비과학적 환상을 주는 세계관으로서 과학과 진보의 적으로 여겨지는 것과 연관이 있다. 즉 현대과학은 현실적으로 존재하는 세계 이외에는 그 어떤 다른 세계도 없으므로 어떤 종교라도 그 본질에 있어서 현실이 인간 의식에 환상적으로 왜곡 반영된 것이라는 논리인 것이다. 다시 말해서 북한에서는 유물론적 무신론에 입각하여 신의 존재를 유명무실하게 하고 있다는 것이다.

이 결과 북한에서의 종교지형이 현저하게 위축되었고, 드디어 1960년 말경에는 북한이 지상에서 종교가 없는 유일한 나라가 되어버렸다고 이헌경은 분석했다. 그러면서 북한에 존재하는 종교는 그것이 어떤 형태의 종교이든 본질상 다 미신을 믿는 것이며, 이러한 종교와 미신 모두는 인민들을 기만하고 약탈하기 위한 도구로 존재하며, 인민의 자주의식과 계급의식 그리고 혁명성을 마비시킨다고 본 것이다.

---

9) 같은 논문, p.252.

이러한 유물론적 무신론과 관련하여 박영호는, 북한에서 강조하는 종교관 중의 하나는 바로 무신론이라고 단정하고 있다. 즉 북한에서는 인간이 종교를 창출한 것이지 종교가 인간을 창출한 것이 아니라는 점을 인식시키고 있다는 것이다.[10] 인간은 신 없는 도덕성, 신 없는 일상적 노동, 신 없는 자연, 신 없는 사회에 살고 있는데, 그럼에도 불구하고 만일 그들이 존재하지도 않는 신에 몰입하게 되면, 자신을 유지하기도 힘들 뿐만 아니라 사회발전까지도 저해하기 때문에 종교를 믿어서는 안 된다는 것이다.[11] 그가 파악한 북한의 종교관은 신의 존재를 전적으로 부인하면서, 종교를 인간 사상의 산물인 동시에 인간 의식에 현실이 환상적으로 왜곡되어 반영된 것으로 보고 있다는 사실이다.

한편 일본의 한국종교 연구가인 사와 마사히코(澤正彦)는, 북한의 종교관이 기본적으로는 마르크스의 유물변증론에 근거한 종교무용론, 그리고 종교아편론임에는 틀림없다고 하면서도 북한의 정치적 특수성을 매우 강조하고 있다.[12] 즉 북한 공산주의는 북한 내의 자생적 이념이 아니라, 해방과 더불어 소련의 강력한 간섭을 받고 들어온 이념임을 지적하고 있다. 그리하여 북한 지역에 있어서의 공산주의와 기독교는 이들이 각각 독자적 전통 위에 선 대결이 아니라 단순히 정치적 레벨에서 극한투쟁으로 전락해 버렸다는 것이다. 따라서 북한 공산주의자가 종교정책을 수행함에 있어서 어떤 독자적인 종교관과 종교이론을 전개했다고는 볼 수 없고, 오히려 정치적 용어인 반동, 친미, 반탁, 우익, 남쪽 스파이 등으로 표현하고 있다고 분석했다. 결국 북한 공산주의자들은 종교(특히 기독교)를 종교 그 자체로 대하기

---

10) 박영호, 『교회와 공산주의』(서울: 기독교문서선교회, 1984), pp.46-47.

11) 같은 책, p.48.

12) 사와 마사히코, 김숙자 · 강문규 옮김, 『남북한기독교사론』(서울: 도서출판 민중사, 1997). p.209.

보다는 주로 정치적 장애물이라고 보고, 이를 완전히 제거해 버리는 데 주안을 두었다는 것이다.

마사히코가 분석한 북한의 종교관 중 특이한 점은 김일성의 종교관, 특히 기독교에 대한 김일성의 견해를 언급한 부분이다. 그는 우선 김일성이 마르크스나 레닌과 같이 기독교 자체에 대한 직접적 비판은 하지 않았다고 강조하고 있다. 그 이유는 김일성 자신이 그럴 만한 능력이 없었거나 아니면 적어도 해방 직후 자신의 정치권력 획득의 초기 단계에서는 북조선의 기독교 세력을 무시할 수 없었기 때문이며, 어떻게 해서든지 그 기독교를 자기 세력 쪽에 흡수시키려 했고, 그러므로 그는 기독교와의 정면충돌은 가급적 피하려고 했다는 사실을 지적하고 있다.[13)]

그러나 시간이 흐를수록 북한에서의 기독교 세력이 쉽사리 김일성의 체제하에 들어오지 않는다는 사실이 분명해지자 그는 기독교와 미제국주의를 하나로 묶어서 비판하기 시작했다.[14)] 예컨대 조선기독교사에서 토머스의 순교를 낳아 유명해진 셔먼호 사건(1866)의 경우, 이는 미제국주의가 조선을 침략했다는 좋은 실례로 들면서 교과서적인 역할을 하게 하기도 했다. 김일성의 전기에 보면 김일성의 가계에 흐르고 있는 반제국주의 정신의 전통을 그의 할아버지까지 거슬러

13) 같은 책, p.184.

14) 『김일성선집 2』(평양, 1960), p.35. 김일성이 기독교를 미제국주의와 하나로 묶어서 비판한 주요 내용은 이렇다. "미국은 옛날부터 종교라는 간판을 내세운 선교사들을 우리나라에 파견시켜 각지에 예배당을 세우고, 기독교와 미국숭배의 사상을 펼치고, 점차 조선을 지배하려는 준비사업을 수십 년 동안이나 계속해 왔다. 그것은 미국이 조선인을 동정하는 것처럼 가장하여 종교의 가면을 쓰고 자기 세력을 조선에 침투시키고자 하는 악질적인 음모이다. 선교사들이 조선인들에게 설교하는데, '왼쪽 빰을 때리거든 오른쪽 빰도 내밀으시오' 하였는데, 이는 미국이 조선인민들의 자유를 침해한다고 해도 조선인들이 이에 대하여 반항하지 말고 복종하지 않으면 안 된다는 뜻이다." 사와 마사히코, 앞의 책, p.185에서 재인용.

올라가, 김일성의 조부가 바로 서면호를 격퇴한 중심인물이었다고 말했다는 것이다.

특히 김일성은 목사나 장로, 그리고 선교사 등을 언급할 때마다 빠짐없이 '반동적', '악질적'이라는 형용사를 붙이고 있다는 점에 마사히코는 주목하고 있다. 이는 김일성이 조선의 전통적 종교인 불교나 천도교, 그 어느 종교보다 기독교에서 더욱 저항감을 느끼고 자기의 반대세력임을 확인하고 있다는 것을 보여주기도 한다.

이와는 달리 류성민은 북한에서 발행된 문헌들과 탈북자 및 방북자들의 견해를 종합적으로 분석하여, 북한 주민의 종교에 대한 인식을 세 가지로 나누어서 설명하고 있다.[15] 첫째는 종교에 대한 매우 부정적인 인식이다. 이는 앞의 이헌경의 분석과도 유사한 내용이다. 즉 종교는 나쁜 것, 무서운 것, 혐오의 대상이고, 없어져야 할 것, 혁명에 저해가 되는 것 등으로 이해하고 있는 경우가 가장 많다는 것이다. 이러한 인식은 북한에서 해방 이후 계속되어 온 반종교정책의 결과라고도 할 수 있다.

둘째는 북한 주민들의 종교에 대한 무지 내지는 무관심을 들고 있다. 류성민은 방북자들의 종교 관련 전언을 인용하면서 한결같이 북한 주민들이 종교 자체를 모를 뿐만 아니라 구체적인 종교에 대해서는 관심조차 없다는 것을 지적하고 있다. 예컨대 북한 주민들은 신부와 승려를 혼동하기도 하고, 천주교를 천도교로 이해하는가 하면 당간부조차 평양에 교회와 성당이 있는지도 모른다는 것이다. 그리고 절은 문화 휴식처나 관광지 정도로 인식하고 있다는 것이다.

셋째는 북한 주민들이 종교를 불필요하다고 인식하고 있다는 분석이다. 이러한 인식은 일차적으로 북한의 종교정책과 종교에 대한 교육의 결과라고 류성민은 분석하고 있다. 그래서 북한 주민들 사이에

15) 류성민, 「북한 주민의 종교에 대한 인식과 종교현황」, 『통일논총』, Vol. 16, No. 1(숙명여자대학교 통일문제연구소, 1998), p.5.

서 종교에 대해 논의하거나 화제로 삼은 경우가 거의 없고 종교를 믿는 것 자체를 쓸데없는 일로 간주하고 있다는 것이다.

이상의 연구내용들을 요약해 보면, 북한의 종교관 또는 종교인식은 기본적으로 마르크스의 종교아편론 또는 종교무용론에 바탕을 두고 있다는 것을 알 수 있다. 다시 말해서 북한에 있어서의 종교는 비과학적 이데올로기이며, 인간을 소외 또는 박탈시키는 역할을 함으로써 사회주의 건설에 방해가 된다는 것이다. 따라서 존재하지도 않는 신에 몰입하게 되면 자기 자신을 해칠 뿐만 아니라 사회발전까지도 지해하기 때문에 종교를 믿어서는 안 된다는 논리로 귀결되고 있는 것이다. 이는 해방 이후 북한 지역에서의 사회주의 정권 형성 과정에서 구소련의 군정이 절대적 영향을 끼쳤음을 감안해 보면 충분히 짐작이 가는 부분이기도 하다. 동시에 북한정권이 독자적으로 주민들을 통치해 오면서 나름대로의 정치사회화를 통해 인식된 종교관은 주민들의 종교에 대한 무지 또는 무관심, 종교의 불필요 등을 들 수 있다.

4. 북한 종교정책의 변화과정에 대한 연구

대부분의 북한 종교 관련 논문에서는 북한 종교정책의 변화과정에 대한 연구를 포함하고 있다. 이는 북한 종교를 분석할 때 빠질 수 없는 가장 중요한 요소이기도 하기 때문이다.

그 중 대표적인 연구가 윤여상의 종교정책 변화 연구이다. 그는 2008년 12월을 기준으로 하여, 북한 방문자 및 탈북자들을 광범위하게 면담하고 동시에 북한의 종교 관련 자료를 폭넓게 수집해 왔을 뿐만 아니라 이를 체계적으로 분석하여 해마다 종교 관련 백서 형식으로 발간해 오고 있다. 이를 통해서 윤여상은, 우선 북한의 종교정책을 총괄석으로 평가하고 있는데, 요약하면 북한이 종교를 정치적으로 내심 이용하면서도 실제적으로는 종교를 강력하게 탄압하는, 이른바

종교에 대한 이중정책 또는 병행정책을 시행하고 있다는 것이다.16)

종교에 대한 병행정책이란 종교의 탄압과 종교의 대외적 인정을 동시에 시행하고 있다는 것을 의미한다. 이는 북한당국이 내부적으로는 철저하게 종교탄압정책을 시행하면서, 대외적으로는 북한이 마치 종교를 인정하고 종교의 자유도 보장하는 것처럼 보이려고 하는 이중정책을 시행하고 있는 것을 말한다. 결국 북한당국은 실제로 종교를 인정하지 않으면서도 다만 실리를 추구하기 위해서 오로지 종교를 정치적으로 활용만 하고 있다고 분석했다. 이처럼 북한의 종교에 대한 진정한 입장은 종교인들의 제거와 종교단체의 활동금지 등을 통해서 북한 내에 종교의 존립기반 자체를 완전히 무너뜨리는 것이라고 윤여상은 강조하고 있다.

이러한 진단을 중심으로 윤여상은, 북한의 종교정책 변화과정을 6단계로 분류하여 설명하고 있다. 즉 종교자유 제한시기(1945-1948), 종교자유 탄압시기(1949-1953), 종교자유 말살시기(1954-1972), 종교단체 이용시기(1972-1987), 종교시설 운영시기(1988-1997), 비공식 종교활동 강화시기(1998-현재) 등의 6단계가 그것이다.

이와는 달리 윤황은, 북한의 정권 수립 이후 현재까지 종교정책의 변화과정을 종합적으로 검토한 후에 4단계로 재정립하였는데, 제1단계 종교암흑기(1950-1960년대), 제2단계 종교단체의 부활 징후기(1970년대), 제3단계 종교활동의 부활 징후기(1980년대), 제4단계 종교의 형식상 부활기(1990년대-현재)가 그것이다.17)

이제 윤여상이 제시한 북한 종교정책 6단계 설정의 기준을 보면, 북한의 정치지도자들이 자신의 정치기반과 권력의 확보 또는 유지를

16) 윤여상 · 한선영, 『2009 북한 종교자유 백서』(서울: 북한인권정보센터, 2009), p.27.

17) 윤황, 「북한의 종교정책과 종교실태를 통해 본 종교국가화에 관한 연구」, 『북한연구학회보』, Vol. 8, No. 2(북한연구학회, 2004), p.232.

위해서 종교를 얼마만큼 활용할 수 있는가의 여부에 따라 구분한 것임을 알 수 있다.

여기서 윤여상이 제시한 제1단계의 종교자유 제한시기(1945-1948)는 해방 직후 사회주의 정권 수립을 확고히 하기 위해, 정치지도자들이 종교 자체에 대해서는 부정적이지만 일부 종교세력을 이용하기 위해서는 노골적 탄압보다는 종교자유를 일부 제한했다는 데 중점을 두고 있다. 이 시기는 북한정권이 아직 안정화되지 못한 상황이기도 하다.

제2단계의 종교자유 탄압시기(1949-1953)는 조선민주주의인민공화국 정권이 들어서면서 사회주의 혁명역량 강화를 위해 반혁명적 요소에 대한 투쟁과 함께 반종교 의식을 널리 퍼뜨려 종교자유를 탄압하였다는 것이다. 윤여상은 이때 종교가 정권유지에 도움이 되기는커녕 오히려 방해가 되기 때문에 탄압을 했다고 강조하고 있다. 그리고 제3단계 종교자유 말살시기(1954-1972)는 제2단계의 종교탄압정책의 연장선상에서 추진된 정책이며, 이는 한국전쟁이 끝난 후에도 지속적으로 추진된 것으로, 그 특징은 북한당국의 철저한 종교탄압으로 종교단체들이 완전히 해체되어 종교행위는 물론 집단적인 저항마저도 사라지게 된 종교말살시기라고 분석했다. 다시 말해서 이 시기에 북한은 지구상에서 유일하게 종교가 없는 나라라고 공공연히 천명할 정도로 종교를 말살한 시기라는 것이다.

그러나 윤여상은 1970년대부터 북한의 종교정책 내용이 앞의 3단계와는 전혀 다름을 강조하고 있다. 이는 당시의 북한을 둘러싸고 있는 주변 정세가 급격하게 변화된 것과도 연관이 있음을 시사하고 있다. 예를 들어 제4단계의 종교단체 이용시기(1972-1987)는 1972년 남북적십자회담과 7 · 4 남북공동성명을 계기로 대외적으로 북한에서 종교의 자유가 보장되는 것처럼 포장하여 정치적 목적을 달성하기 위한 도구로 종교를 활용한 시기라는 것이다. 그리고 제5단계의 종교시설 운영시기(1988-1997)는 국제환경의 변화 흐름에 적극 대처하는 차원에서 1988년을 시점으로 종교 관련 헌법과 종교에 대한 개념 규정 등의 변화를 가져왔으며, 봉수교회를 비롯한 종교시설을 세워서 운영해 온 시기로 파악하고 있다. 그리고 제6단계의 비공식 종교활동 강화시기(1998-현재)는 북한의 경제적 핍절로 인한 탈북자 증가와 대외경제지원을 기대할 수밖에 없는 상황에서 비공식 종교활동을 강화하는 시기로 설정하고 있다.

한편 북한에서의 종교정책과 관련하여 정책 변화의 시기 또는 정책단계의 설정, 종교정책 변화의 내용에 대해서는 연구자마다 약간의 차이를 보이고 있다. 예컨대 박완신은, 북한의 종교정책 변화에 대하여 분석할 때, 1945년 해방 이후부터 종교에 대해 '제한－탄압－말살－역이용' 등의 4단계 정책을 추진해 왔다고 정리하고 있다.[18] 그는 북한의 정치지도자들이 1959년까지 모든 종교단체와 종교의식을 말살하였고, 모든 종교인들을 반동분자라는 죄목으로 살해하거나 박해를 가했다고 표현했다. 그러면서도 북한은 종교정책의 실제 추진에 있어서 종교말살정책과는 별도로 대내외적인 정치적 필요성을 계산하여 위장된 어용 종교단체를 존속시켜 오면서 북한 주민들의 실제적인 종교활동과는 무관한 정치활동을 하고 있다고 파악한 것이다.

이에 비해 윤이흠은 북한 종교정책의 변화과정을 '저항기－해체기－피이용기－재생기' 등 4단계로 분석하고 있다.[19] 이는 앞의 박완신의 분석과 마찬가지로 둘 다 4단계로 구분한 것은 공통점이 있지만, 박완신이 북한의 권력자 또는 당국이 주체가 된 정치행위에 초점을 맞춘 데 비해 윤이흠은 종교단체 입장에서 어떻게 제재를 받았고, 이에 대해 어떤 반응을 나타내게 되었는지에 중점을 두고 있다. 특히

---

18) 박완신, 앞의 책.

19) 윤이흠, 「북한의 종교정책과 종교현상: 종교정책의 시기별 변화를 중심으로」, 『통일논총』, Vol. 16, No. 1(숙명여자대학교 통일문제연구소, 1998), p.4.

윤이흠은 북한의 김일성이 정권을 장악하는 그때부터 종교에 대하여 두 가지 얼굴을 지니고 있었다고 하면서, 하나는 철저한 반종교적 태도이고, 다른 하나는 종교세력의 이용이라고 분석하고 있다.[20]

이와는 달리 이헌경은 북한이 반제반봉건민주주의 혁명기, 사회주의 혁명 건설기, 사회주의 완전승리를 위한 계속혁명기 등으로 분류하여 각 시기별 상황에 따라 각각 다른 종교정책을 취해 왔다고 파악했다.[21] 이헌경 역시 사회주의 완전승리를 위한 계속혁명기를 1기, 2기로 구분했다는 점에서 앞의 두 연구자처럼 4단계 분류법을 취하고 있다. 이러한 4단계 시기구분은 앞에서 살펴본 윤여상의 6단계와는 다소 차이가 있으나, 대신 박완신, 윤이흠의 시대구분과는 유사하다고 할 수 있다.

이헌경이 분석한 북한 종교정책의 특색은, 북한의 정치지도자들이 사회주의 혁명 건설 및 완성에 목표를 두면서, 자신들의 체제유지에 불리하다고 판단되면 이를 제한, 탄압, 말살시키고, 유리하다고 판단되면 이를 이용하는 정책을 채택해 왔다는 사실이다. 이를 단계별로 좀 더 상세히 살펴보면 다음과 같다.

제1단계는 반제반봉건민주주의 혁명기(1945-1953)로서, 이헌경은 이 시기의 특징으로 북한에서는 종교활동의 제한 탄압에 중점을 두었다고 파악했다. 이는 체제 분단 후 북한이 사회주의 혁명을 위한 통일전선 구축을 위해 반제, 반봉건 요소에 대한 투쟁을 모색하였고, 사회주의 혁명의 일환으로 노동계급이 자본가 계급을 타도하고 주권을 전취하며 생산수단에 대한 사적 소유를 완전히 청산하고 온갖 형태의 예속과 착취를 종국적으로 없애는 혁명으로 간주하면서 자본주의적 착취제도를 없애고, 사회주의적 개조작업을 추진해 사회적 변혁을 이루고자 했다는 것이다.

20) 같은 논문, p.3.

21) 이헌경, 앞의 논문, p.253.

이를 위해 북한당국은 종교의 사회적, 물질적 기반을 박탈하기 위한 일환으로 기독교, 천주교, 불교 등 각 종교가 소유하고 있던 토지 및 재산의 대부분을 빼앗았는데, 1946년의 토지개혁령과 1947년부터 시행된 산업부문 국유화 확대와 함께 종교시설도 단계적 접수에 들어갔던 것이 대표적 사례라고 지적하고 있다. 특히 토지개혁 시행세칙은 불로지주 또는 민족반역자라는 구실 하에 종교인의 토지를 몰수하였고, 대규모 토지를 소유했던 대사찰들은 큰 타격을 받아 불교세의 약화를 가져왔으며, 이 결과 많은 승려들이 사찰을 떠나기 시작했다는 것이다. 이와 함께 종교 행사와 의식에 대한 봉쇄는 물론 종교인에 대한 탄압을 가속화함으로써, 전반적으로 반종교투쟁에 의해 제도종교가 사라지고 종교세력이 약화되어 주민들의 종교활동은 무력화되었다는 것이 이헌경의 분석의 핵심이다.

제2단계는 사회주의 혁명 건설기(1954-1970)로서, 이헌경은 이때야말로 북한에서 종교말살정책이 가장 강력히 추진된 시기라고 파악했다. 즉 6 · 25 전쟁 후 북한 내부에 급격한 갈등이 수반되었고, 특히 김일성은 정적들의 도전에 직접 직면하게 되었으며, 이미 획득된 정권을 유지하고 이를 확고히 하기 위해서는 과감한 숙청작업을 단행해야 했던 때라는 것이다. 동시에 이 과정에서 종교의 존재는 김일성 정권이 추구하고 있는 정권의 유지 및 확대라는 목표달성에 도움이 되기는커녕 오히려 방해만 된다고 판단했기 때문에 종교 탄압 및 말살 정책을 철저하게 단행했다는 것이다.

또한 북한 지역에서 자본주의가 사라지면 종교가 자연 소멸된다고 믿었으나, 혁명 후에도 종교는 계속 남아 있고 현실적으로 민중의 고통과 소외와 박탈이 계속되는 상태가 되자, 이러한 환경에서 북한당국자들이 판단한 것은 경제사회발전 단계에서의 물질세계가 지배하는 세상이 전개되는 한 다양하게 각색된 종교가 존재할 것이라고 본 것이다. 그뿐만 아니라 종교가 물질적 요새와 함께 사상적 요새도 점

령하고 있기 때문에 착취의 근원을 없애버리려고 사회주의적 생산관계를 확립할 뿐만 아니라 사회주의의 물질적 토대도 튼튼히 닦아야 하며, 사람들의 의식도 사회주의적으로 개조해야 할 필요성을 인식하게 되었다는 것이다. 결국 이러한 판단 하에 북한당국은 종교말살정책을 추진하였다고 이헌경은 분석하고 있다.

이에 대해 김병로는, 한국전쟁을 계기로 북한의 종교정책이 완전히 달라졌다고 분석했다. 즉 전쟁으로 극심한 물적, 인적 피해를 당한 결과 전쟁 이후 미국에 대한 적개심이 높아지면서 미국과 연관되는 기독교에 대한 사회적 인상이 대단히 부정적인 것으로 바뀌게 되었다는 것이다.[22)]

한편 이헌경은 북한에서의 사회주의 혁명 건설기의 종교말살정책은 동원(mobilization)을 위해서도 요구되었다고 파악했다. "하나는 전체를 위하여, 전체는 하나를 위하여"라는 집단주의적 구호 아래, 혁명의 종국적 승리를 위한 동원은 그 어떤 것보다 필요시되었다는 것이다. 이 과정에서 북한당국은 '군중노선'과 '계급노선'을 적극 활용하였는데, 예컨대 남하하지 않은 종교인의 존재와 그들의 지하활동은 사회주의 건설에 방해된다고 결론짓고, 노동당과 민주청년동맹의 주도하에 종교말살을 추진하였다는 것이다. 이를 통해 결국 종교인에 대한 가혹한 제재와 반종교투쟁이 급속한 속도로 진행됨으로써 종교인은 거의 사라지기 시작했으며, 종교시설마저도 얼마 남아 있지 않게 되었던 것이다.

이러한 종교탄압 및 종교말살에 대해서는 윤황도 매우 강조한 것으로, 김일성 공산정권의 수립으로 인해 강력한 반종교정책이 추진되었는데, 이는 북한에서의 종교는 일종의 미신이자 아편 같은 것으로서 반동적, 비과학적 세계관이기 때문에 철저하게 타도의 대상이었던

---

22) 김병로, 「북한의 신종교정책과 종교자유의 실태」, 『북한연구학회보』, Vol. 8, No. 2(북한연구학회, 2004), p.217.

것이다. 그리하여 북한의 모든 종교는 탄압받았고, 교회나 사원은 폐쇄되었으며, 그 결과 북한의 모든 종교단체와 종교의식은 1950년대부터 1960년대에 이르러 완전히 사라지게 되었다는 것이다.[23)]

또한 이헌경이 파악한 북한 지역에서의 주요 종교탄압정책 중 하나는 주민재등록 사업(1967-1970)으로서, 이를 통해 북한 지역에 남아 있는 종교인에 대해서는 철저한 감시를 하고 있다는 사실이다. 북한당국은 전 주민을 핵심계층, 동요계층, 적대계층으로 분류하면서 이를 다시 51부류로 세분화하였고, 이와 관련하여 종교인들을 사회도덕 면에서 과오를 범한 계층으로 구분하여 그 가족들까지 포함, 반혁명적 요소로 취급하였던 것이다.

이를 구체적으로 정리하면 미신 숭배자는 29번(일반감시대상), 이전의 청우당원은 32번(특수감시대상), 기독교인은 37번(일반특수감시대상), 불교인은 38번(일반특수감시대상), 천주교인은 39번(일반특수감시대상), 유교인은 40번(일반감시대상) 등으로 번호를 매겨서 철저하게 감시하게 되었던 것이다.

제3단계는 사회주의 완전승리를 위한 계속혁명 1기(1971-1983)로서, 이헌경은 이 시기의 종교정책의 특징으로 '종교활동의 표면적 표출시기'라고 파악하고 있다. 북한은 사회주의 혁명에 의해 사회주의 제도가 수립되면 과도기가 끝나는 것이 아니라 사회주의의 완전한 승리가 이루어지기까지 과도기가 계속된다고 보았던 것이다. 그 이유는 사회주의 혁명이 승리한 후에도 자본주의의 복구위험과 사회생활 전 분야에서 낡은 사상과 유물들이 사라지지 않는다고 믿었기 때문이다. 따라서 이를 극복하기 위해서는 무엇보다 교조주의와 사대주의를 반대하고 사회주의의 노동계급과 농민의 차이를 없애고 인민 전체를 위하며 일하는 당성, 계급성, 인민성으로 단련하여야 한다는 것

23) 윤황, 앞의 논문, p.232.

이다.

이 시기와 관련하여 윤황의 경우에는 북한에서 종교단체 및 종교활동의 부활징후기로 파악하고 있다. 그러면서도 그는 1972년에 개정된 헌법의 54조 "공민은 신앙의 자유와 반종교선전의 자유를 가진다."는 조항을 들면서 북한 종교의 이중성을 지적하고 있다. 이와 동시에 북한은 그동안 유명무실한 종교단체였던 조선불교도연맹, 조선기독교도연맹, 조선천도교회중앙지도위원회 등의 활동을 재개시키는 등 종교정책의 변화를 보이기 시작했다고 분석했다.[24]

한편 이헌경은, 이러한 시점에서 북한당국이 취한 것은 낡은 사상을 완전히 제거하고 '3대혁명붉은기쟁취운동'을 통해 사상, 기술, 문화의 3대 혁명을 강력히 전개하여 인민들을 공산주의적으로 개조하고 사회주의 건설에 앞장서도록 하였다고 파악했다. 그러나 사상문화혁명의 수행과는 달리 기술혁명을 통한 목표달성은 국제분업을 무시한 폐쇄정책과 맞지 않아 소기의 목표를 달성하는 데 어려움이 있었고, 결국 북한은 1975년 이후부터 서방의 기술력과 자본의 투입 필요성을 인식, 대외협력에 눈을 돌리게 되었으며, 대외협력을 위해서 남한과의 관계 또한 고려해야 했음을 지적하고 있다.

이러한 요인들로 인해 북한은 서방세계 국가들과의 관계를 재고해야 했고, 7·4 남북공동성명과 남북적십자회담을 계기로 사회주의 건설 초기 단계와는 달리 남한에 대해 유연하고 전향적인 자세를 취해야 했으며, 이 과정에 종교활동이 표면적으로라도 표출되는 것이 필요했음을 이헌경은 주장했다. 그리고 더 중요한 요인으로는 세계종교정세의 변화임을 강조했다. 즉 소련 공산당의 평화공존노선에 고무된 소련 및 동유럽 사회주의 국가의 종교인들과 사회주의 지향의 비동맹국가 종교인들의 적극화된 평화운동, 세계교회협의회(WCC)의

---

24) 같은 논문, p.232.

혁명적 변신, 동서 유럽의 그리스도교 신학자들과 마르크스주의자들 간의 지적 교류 및 공감대의 확산, 급격히 고양된 제3세계 민족해방 운동에 대한 종교인들의 헌신적인 참여 등의 움직임으로 비롯되었음을 말했다. 이 무렵 남한 종교인들의 반정부 투쟁 역시 북한을 고무시켰음도 지적하고 있다.

이 결과 조선불교도연맹, 조선기독교도연맹, 조선천도교회중앙지도위원회 등의 유명무실한 종교단체들의 등장과 역할이 전략적으로 요구되었다. 이들의 활약은 본래의 신념체계가 살려진 것이 아니라 노동당의 기본방침에 맞게 남한 종교인과의 통일전선 구축, 국제적 종교단체에 침투하여 세계종교계와 외교채널 연결, 해외교포 및 해외종교인 포섭에 그 목적을 두었던 것이다.

이에 대해 최명국도 북한이 1970년대 초반부터는 대외개방 시도, 종교탄압국가라는 국제적 비판 모면, 남한 종교인을 겨냥한 대남전선 전술의 장치 등으로 다시금 어용단체를 활동시키는 데 이른다고 주장했다.25)

한편 이헌경은 북한이 대내적인 변화도 대외적인 변화에 맞추어 나갔음을 강조했다. 1972년에는 목회자 양성을 위해 평양신학원을 설립하였으며, 1983년에는 신약전서와 찬송가를, 1984년에는 구약성경을 발간하였다. 그러나 이헌경은 이러한 사실에 대해 북한에서 종교를 탄압하지 않고 있다는 것을 대외에 선전하기 위한 술책에 불과하다고 파악했다.

이렇게 북한은 남한과의 관계를 인식하고 세계종교정세에 능동적으로 대응하기 위해 종교활동에 대한 직접적 제재, 탄압 대신 다소 유화적 행동을 취했으며, 대외활동에도 제한적으로 참가하는 변화를 보였다. 이는 북한에서 이미 진행되었던 종교말살정책으로 종교는 소

25) 최명국, 「북한교회 커뮤니케이션의 구조적 성격」, 『사회이론』, Vol. 25(한국사회이론학회, 2004), p.193.

멸된 것이나 다름없었고, 종교가 정권에 아무런 방해가 되지 않았으며, 사회주의적 종교지형이 안정화되었고, 남북대화의 시작과 함께 통일전선을 강화할 필요성이 제기되었고, 국제적으로는 WCC의 활동으로 이념을 초월한 종교전파가 이루어진 시기로 국제정세에 적극 대처하기 위한 새로운 종교정책이 요구되었기 때문이다.

그러나 엄밀히 말해 북한의 종교적 움직임은 신앙활동으로 볼 수 없고, 단지 국제사회에 종교를 표면적으로 표출한 것에 불과하다. 즉 위장적인 것으로 볼 수 있는데, 그 이유는 종교단체의 활동이 노동당의 지휘, 감독 체계에 있었고, 대내외 종교활동이 신앙적 차원에서 행해지지 않았고, 당국의 종교인에 대한 감시와 활동의 제재는 과거와 마찬가지로 계속되었기 때문이다. 다만 종교단체들의 대외적 활동을 통해 북한에 종교가 존재하고 종교에 대한 탄압이 없다는 것을 외부에 보여주려 할 뿐이다. 그러나 대내외적 변동의 시기에 목적 수행을 위해 행해진 위장적 종교활동의 표면적 표출은 종교정책에 대한 변화의 시도로 일단 볼 수 있다.

제4단계는 사회주의 완전승리를 위한 계속혁명 2기(1984-현재)로, 이헌경은 이 시기의 종교정책의 성격을 '종교활용의 시기'라고 파악하고 있다. 즉 북한은 사회주의 완전승리를 위한 계속혁명 2기에 접어들어 합작회사운영법(1984) 등을 제정하여 북한에 대해 비교적 우호적인 서방국가와 동구 사회주의 국가의 대북투자를 유도하고자 하였다는 것이다. 이 과정에서 대외무역 확대 및 국제협력의 필요성이 더욱더 요구되자 북한당국은 종교단체들로 하여금 대외적 활동을 통해 대외경제관계를 발전시키는 전초적 역할을 담당하도록 하였다고 강조하고 있다.

이에 대해 류성민은 김일성 사후 북한의 변화된 상황, 특히 경제문제가 종교에 대한 북한당국의 입장 변화를 가져오는 요인이 될 수 있다고 보았다. 즉 자연재해와 국제적 고립, 동구 사회주의 국가들의 붕괴 등 여러 가지 요인으로 1980년대 말부터 시작된 북한의 경제난은 다수의 북한 주민들이 탈북하는 상황으로 이어질 정도로 심각했고, 김일성 사후 더 극심해졌다는 사실은 북한의 종교단체들의 활동을 더 활발하게 하는 요인이 되었다는 것이다.26)

또한 이헌경은 북한이 대외협력기에 접어들어 남한과의 관계 역시 피할 수 없게 되자 종교계를 통해 과거와는 달리 남측으로부터 서적, 경전, 원불교 교전을 받아들이는 유연한 입장을 보였다고 하였다. 남한 종교인의 방북과 접촉에 대해서도 이전과는 달리 유화적 자세를 취하였다고 분석했다.

그러나 이헌경은 이와 같은 북한당국의 움직임을 순수한 신앙적 의미의 종교활동으로는 볼 수 없다고 강조했다. 그 이유는 첫째, 북한 종교단체를 이끌고 있는 자가 종교인이 아닌 정치인이라는 사실에 무게를 두고 있다. 예를 들어 조선기독교도연맹 위원장 강영섭과 조선불교도연맹 위원장 박태호는 북한 최고인민회의 통일정책위원회 위원인 동시에 조국평화통일위원회 위원이며, 조선천주교인협회 위원장 장재철 역시 최고인민회의 외교위원회 위원이다. 이들은 당의 지시에 의해 움직인다.

둘째, 북한당국은 조국통일을 위한 종교인들의 역할 강화를 촉구하고 있다는 데서 순수 신앙 차원의 종교활동이 아니라고 분석했다. 그뿐만 아니라 북한의 조선불교도연맹은 조국통일 3대 원칙과 연방제 통일을 실현시키기 위한 통일투쟁을 선동하였고, 조선천도교중앙지도위원회는 천도교청우당중앙위원회와 합동전원회의에서 정당단체연합회의에서 제기된 대민족회의 소집을 위한 남북간 종교인들의 대화 접촉을 촉구하였다는 것이다.

특히 최근에는 북한이 직면한 식량난 해결을 위해서 남한의 대응

---

26) 류성민, 「김일성 주석 사후 북한 종교정책의 변화과정」, 『종교문화연구』, Vol. 6(한신인문학연구소, 2004), p.80.

단체들에게 전략적으로 접근하고 있음을 이헌경은 지적하고 있다. 즉 한국정부와 종교계가 대북 쌀 지원 문제로 마찰이 계속되는 상황에서 북한당국은 한국정부에 공식적 식량지원을 하지 않고, 대신 기독교, 가톨릭, 불교, 원불교, 유교, 천도교로 구성된 '범종단북한수재민돕기추진위원회(범종추)'에 쌀을 포함한 수재 지원품을 보내달라고 요청하는 등 정부와 범종추와의 마찰을 증대시키고 있음에 주목하고 있는 것이다.

이와 관련하여 김흥수는 북한이 대외적으로 종교인과의 통일전선 확대가 더 요구되는 시점이었음을 지적했고, 따라서 1980년대 들어 남한 또는 해외 종교인과의 통일전선적 활동이 많이 시도되었는데, 이런 종교 외적 활동이 주는 인상 때문에 북한 종교인들이 진정한 신앙인인가에 대한 의문이 생겨나고, 북한 종교가 북한정부의 통일전선 정책에 순응해 정치활동만 한다는 비판이 끊이지 않았다고 지적하고 있다.27)

이헌경 역시 북한의 종교는 다양한 형태의 공식, 비공식 형태의 활동을 전개하고 대남투쟁 노선에 앞장서고 있다고 비판하고 있다. 그리고 이는 아이러니컬하게도 사회주의 혁명 건설에 방해가 된다고 여기던 자본주의적 요소를 받아들이는 결과를 양산하고 있는 것이라 했고, 근래에는 주적으로 삼던 미국과의 관계 개선을 위한 일환으로 종교단체들에 외교 창구의 역할을 수행하게 하고 있다고 지적했다.

한편 내부적으로도 북한사회에 종교의 존재 및 종교에 대한 박해가 없다는 것을 보여주기 위해 기존의 종교단체 외 조선천주교연합회(1988), 조선종교인협회(1989) 등을 결성했으며, 평양 장충성당과 봉수교회 그리고 칠골교회를 세웠다는 사실에 이헌경은 주목하고 있다. 특히 장충성당과 봉수교회는 남한의 천주교, 기독교 신자 중 반

27) 김흥수, 「북한종교의 변화와 사회적 환경」, 『종교연구』, Vol. 32(한국종교학회, 2003), p.15.

정부세력이 다수 존재한다는 점을 고려하고 해외교포 종교인을 적극 활용하기 위한 통일전선전술 차원에서 건립되었으며, 이 외 5백여 개의 가정교회도 운영되고 있음을 지적하고 있다. 그럼에도 불구하고 북한당국이 각종 교단에 대해 지휘 감독, 정치적 개입, 간섭을 하고 있고, 실질적인 종교지도자들이 존재하지 않은 채 겉치레적 종교활동만을 하고 있기 때문에 종교의 자유가 전혀 보장되지 않고 있다고 강조했다.

이와 관련하여 김흥수는 북한당국의 입장에서 고려한다면, 가짜 교인을 파견해서라도 처음 공개적으로 만들어놓은 교회의 모양새를 갖추고 감시, 감독할 필요가 있었을 것이라고 평가했다.28)

또한 이헌경은 북한에서 더욱 주시할 만한 대내적 변화는 1992년에 사회주의 헌법을 개정해 신앙의 자유를 표현한 것이라고 했다. 그중 제5장은 공민의 기본권리와 의무를 표명하고 있으며, 특히 제68조에는 "공민은 신앙의 자유를 가진다. 이 권리는 종교건물을 짓거나 종교의식 같은 것을 허용하는 것으로 보장된다. 누구든지 종교를 외세를 끌어들이거나 국가사회질서를 해치는 데 리용할 수 없다."고 명시하고 있음에 주목한 것이다. 이러한 개정은 반종교선전이 더 이상 필요 없고 종교세력이 다시 강화되거나 또는 종교가 체제유지에 위협요소로 작용하지 않을 것이란 확고한 믿음으로 비롯된 것이라고 했다.

이헌경은 북한이 사회주의 완전승리를 위한 계속혁명 2기에 있어서 종교세력과의 통일전선이 우선시되어야 함을 고려해 반종교선전을 최소화하면서 대외적 종교활동을 펼쳤다고 말한다. 그리고 종교의 이 모든 활동은 과거에 비해 상당히 큰 변화이나 신앙의 자유가 허용되지 않는 상황에서 종교활동이 이루어졌음을 고려할 때 다분히 선

28) 김흥수, 「북한 기독교 이해의 쟁점들」, 『신학과 현장』, Vol. 12(2002), p.35.

전적, 위장적이라고 결론을 내리고 있다. 특히 남한 종교계와는 선별적으로 접촉해 대남통일전선에 활용할 뿐 남한과의 종교교류 협력을 실제로는 원하지 않고 있다고 했다. 다만 남한과는 정치군사적 경쟁과 대립의 구도 속에 종교인의 접촉이 이루어졌다는 점에 있어 의미가 있을 뿐이라고 했다.

요컨대 해방 이후 공산주의 종교관에 근본을 둔 북한의 종교관은 공산주의 정권 창출과 사회주의 혁명을 위해 방해가 된다고 믿어졌던 종교에 대한 철저한 비판을 시작으로 종교활동에 대한 탄압과 종교인 제거로 이어져 마침내 종교를 말살시켰음을 볼 수 있다. 그러나 이러한 종교정책은 내외적 정세변화에 의해 변하기 시작했고, 국제협력과 남한과의 접촉이 시작되자 북한당국은 그들의 외형적 종교단체들을 내세워 세계종교계 침투 및 통일전선 구축의 전초적 역할을 맡기고 있음을 볼 수 있다. 또한 핵문제 타결 이후엔 체제 이미지 개선, 대미관계 개선, 그리고 대남통일전선에 앞장세우기 위해 종교단체들을 더욱 적극적으로 이용하고 있음을 알 수 있다.

5. 주체사상과 종교교리와의 연계성 연구

주체사상 연구자들의 북한 종교에 대한 관심은 1970년대 후반부터 나타났다.[29] 그 중 김홍수와 류대영은 김일성 회고록의 내용을 주로 인용하면서 인간의 자주적인 삶을 공통 지향점으로 한다고 강조하고 있다. 즉 김일성이 회고록에서 기독교인들과의 관계를 다루면서, "온 세상 사람들이 평화롭고 화목하게 살기를 바라는 기독교적 정신과

29) 주체사상과 종교교리와의 관계에 대한 연구는, 김홍수 · 류대영, 「북한 주요 종교의 현황과 남북 종교교류의 가능성에 대한 연구」, 『한국 기독교와 역사』, Vol. 16(한국기독교역사학회, 2002); 유영옥, 「북한의 종교와 주체사상」, 『군사논단』, Vol. 2(한국군사학회, 1994) 등 참조.

인간의 자주적인 삶을 주장하는 나의 사상은 모순되지 않는다고 생각한다."는 견해를 밝힌 점을 지적했다. 그리고 김정일도 "종교에는 나쁜 점만 있는 것이 아니라 좋은 점도 있는데, 종교에서 사람들이 서로 사랑하면서 평화롭게 살라고 주장하는 것은 좋은 점이라고 볼 수 있다."고 말한 점을 중시하였다.

이에 대해 김흥수는 주체사상과 종교의 가르침이 상호 모순되지 않는다는 점은 1980년대 초부터 북한이 국제적인 종교기구와 교류하기 시작하면서부터 북한 종교인들과 학자들에 의해서 강조되기 시작했다고 분석하고 있다.

한편 김병로는, 북한이 주체사상을 사회주의 체제의 공식이념으로 발전시켜 왔으며, 1974년부터는 주체사상 학습을 위한 조직적인 활동을 전개해 왔다고 파악했다.30) 그 결과 북한의 주체사상은 단순한 사상이나 이념을 넘어서 종교적 차원으로 발전하였으며, 북한사회는 주체사상을 국교화한 종교사회로 변화되었다고 보았다. 그리고 북한에서 김일성, 김정일에 대한 숭배행위는 당의 유일사상체계 확립의 10대 원칙을 통해 이루어지고 있으며, 전국적으로 종교의 성소에 해당하는 김일성 혁명사상연구실을 45만 개나 갖추고 있다고 지적하고 있다. 따라서 이러한 북한의 사회적 규범에 근거하면 북한에서 보편종교의 자유로운 신앙활동은 허용될 수 없다는 것이다.

또한 고기준은 인간사랑, 고통당하는 사람에 대한 관심, 민족문제에 대한 최우선적 관심 등에서 주체사상과 기독교 교리 사이에 공통점이 있다고 밝혔다.31) 이에 비해 김영철은 종교와 주체사상이 모두 경제적, 정치적 억압으로부터 인간의 존엄성을 옹호한다는 점에서 공통점을 지니고 있다고 분석하고 있다.32)

---

30) 김병로, 앞의 논문, p.214.

31) 고기준, 「사회주의와 기독교」, 『비엔나에서 프랑크푸르트까지: 북과 해외동포, 기독자간의 통일대화 10년의 회고』(서울: 형상사, 1994), p.141.

6. 북한에서의 종교 존재 유무에 관한 연구

북한에 진정한 종교가 있느냐 하는 문제와 관련하여 김흥수는 비교적 상세하게 다루고 있다.[33] 그는 북한 종교정책의 이중성에 대해서 법적, 제도적 차원과 행태적 차원에서 구분하여 설명하고 있다. 즉 북한당국이나 평양의 종교지도자들이 주장하는 바에 의하면 북한에서의 종교활동이 자유롭게 이루어지고 있으며, 그것이 헌법에 보장되어 있다고 말한다. 그러나 북한의 종교조직과 종교활동은 외부로부터 그 순수성을 의심받고 있으며, 종교의 자유 역시 헌법의 명시와는 달리 실제로는 보장되지 않고 있다는 견해가 제기되고 있다.

김흥수는 최근 북한 기독교 이해의 쟁점과 관련하여 북한 교회의 진위, 종교의 자유의 정도 등을 다음과 같이 세분하여 분석하고 있다.[34] 그는 북한 교회의 존재의 진위문제와 관련하여, 외형적, 표면적으로는 분명히 드러나 있지만, 실질적인 행태 면에서는 검증이 곤란하다는 것이다. 예컨대 봉수교회의 경우, 평양시 만경대 구역에 설립되었다가 6·25 전쟁으로 교회가 완전히 파괴되었고, 그 후 38년 만에 처음으로 세워진 전통적 교회 형태의 건물이라고 설명은 하면서도, 실제로 예배드리는 행태 면에서 보면 진정한 신앙심이 있는 가운데 예배가 진행되는 것인지는 의구심이 간다는 것이다.[35]

한편 김흥수는 1988년을 '북한 종교사에서 매우 의미 있는 해'라고 지적하면서, 이 해가 중요한 것은 각 종교들이 역사적으로 의미 있는

---

32) 김영철, 「한반도 평화와 통일을 위한 세계교회의 노력」, 『교회도 하나 나라도 하나』, p.57.

33) 김흥수, 「북한 기독교 이해의 쟁점들」, 『신학과 현장』, Vol. 12, p.32.

34) 같은 논문, p.33.

35) 당시 교회가 세워진 곳의 지명이 봉수동이었기 때문에 봉수교회로 명명한 것 같다는 견해가 있다. 김형석, 「해방 후 북한 기독교사에 관한 연구」, 『교회와 세계선교』, 2002년 가을호, p.37.

사건들을 갖기 때문이라고 설명하고 있다. 우선 조선불교도연맹은 이해부터 부처님 오신 날, 성도절, 열반절 등 중요한 불교 절기를 공개적으로 매년 기념하기 시작했고, 기독교계를 보면, 평양에 2개의 교회, 즉 봉수교회와 칠골교회가 설립되는 역사적 사건을 맞게 된 것이 매우 의미 있다고 파악하고 있는 것이다.[36] 또한 북한의 천주교에도 1988년은 역사적인 시점으로서, 천주교인들은 1988년 6월에 마침내 개신교 조직인 조선기독교연맹과는 구별되는 조선카톨릭교협회를 발족시켰다는 것에 주목하고 있다. 김흥수는 북한이 이를 계기로 그해 10월의 첫 일요일에 평양에 건립된 장충성당에서 처음으로 미사를 드리게 되었다고 강조하고 있다. 즉 전쟁 이후 북한 땅에서 처음으로 치러진 공개된 천주교 의식임을 강조한 것이다.

그러나 김흥수가 파악한 것은, 북한에서 이처럼 다양한 종교행사를 추진함에도 불구하고 북한의 종교현상이 다분히 정치적이고 속임수라는 사실이다. 그는 북한에서의 이러한 일련의 조치는 88서울올림픽 또는 북한에서 개최된 평양의 '세계청년학생축전'에 맞추어 시행한 것으로서, 결코 순수한 신앙심에 의한 것이 아니라고 강조하고 있다.

그는 북한당국이 이러한 세계적 행사에 참석하는 외국인들의 눈에 구체적으로 보이는 종교의 외형을 갖출 필요가 있었을 것이라고 추측하고 있다. 이는 모두 북한에 종교의 자유가 있다는 이미지를 만들기 위해 이루어졌다는 것이다. 동시에 그는 황장엽의 『나는 역사의 진리를 보았다』(1999)를 인용하면서 북한당국이 외국 사람들을 속이기 위해서 가짜 교회를 두어 개 만들었다는 것이다. 또한 그는 북한이 봉수교회를 설립한 이후 신자들을 급조하기 위해 통일전선부 요원과 가족 등을 동원했으며, 불교 행사를 위해서도 급조된 불교 신자

36) 김흥수, 「북한종교의 변화와 사회적 환경」, 『종교연구』, Vol. 32(한국종교학회, 2003), p.2. 북한은 평양 지역에 1988년에 봉수교회, 1992년에 칠골교회를 건립했다.

를 동원하는 조치를 취했다는 내용을 인용하면서, 이런 주장이 어느 정도 사실일 가능성이 많다고 했다.[37]

그러나 교회가 정치적인 목적으로 만들어졌고 감시요원과 일부 가짜 교인들을 동원했다는 사실도 그것이 가짜라거나 북한에 기독교인이 없다는 증거로 간주될 수는 없다고 그는 지적하고 있다.

7. 결론

지금까지 북한의 종교관 및 종교 인식에 대하여, 시기별 종교정책의 변화과정에 대하여, 주체사상과 종교교리와의 관계에 대하여, 그리고 좀 더 심층적으로 나아가서는 '북한에 실질적으로 종교가 존재하는가?' 하는 종교의 존재 유무 논쟁에 대하여 살펴보았다.

연구자들마다 다양한 의견이 제시되었는데, 대체로 공통적인 견해를 요약하면 다음과 같다. 첫째, 북한의 종교관 및 종교인식은 비과학적 이데올로기 역할을 하면서 인간을 소외시키고 있다는 것이다. 즉 종교가 미신과 다를 바 없고 비과학적, 반동적이며 인간에게 고통과 소외 및 박탈을 주고, 사회주의 건설을 위한 동원 및 김일성 신격화에 지장을 준다는 것이다.

둘째로 북한 종교정책의 변화과정을 보면, 6단계 또는 4단계로 구분하고 있는데, 이를 북한당국자의 측면에서 보면, 종교자유 제한, 탄압, 말살시기, 종교단체 및 종교시설의 이용 운영시기, 비공식 종교활동 강화시기 등으로 나눌 수 있다. 그리고 북한 주민들의 입장 내지는 사회현상적 측면에서 보면 종교암흑기, 종교단체의 부활 징후기, 종교활동의 부활 징후기, 종교의 형식상 부활기가 그것이다.

셋째로 주체사상과 종교교리와의 관계에 대해서는 주체사상에 모

---

37) 같은 논문, p.3.

든 종교교리를 흡수, 포함시킴으로써 종속적인 관계로 만들고 있음을 알 수 있다. 그리고 '북한에 진정한 종교가 있는가?' 하는 종교의 유무 논쟁과 관련하여 북한에서의 종교활동은 외부로부터 그 순수성을 의심받고 있으며, 종교의 자유 역시 헌법의 명시와는 달리 실제로는 보장되지 않고 있다는 것이 연구자들의 지배적인 견해였다.

요컨대 종교에 대한 연구는 해당 종교의 교리연구, 경전연구, 선교 및 포교활동연구, 종교인의 삶의 역사 연구 등을 망라해야 하지만, 북한은 정치적, 사회적으로 매우 폐쇄되어 있다는 특수성 때문에 관련 자료의 접근이 매우 제한되어 있고, 이로 인해 조직적, 세부적인 연구 분석이 어려운 상태였다. 따라서 북한 종교에 대한 연구는 포괄적인 관심사 위주로 또는 자료수집이 가능한 분야로 제한될 수밖에 없다는 사실을 새삼 확인할 수 있었다. 앞으로 통일이 되어 북한 지역에서 종교활동이 자유롭고 동시에 관련 자료 역시 접근이 가능할 때 좀 더 폭넓게 연구할 수 있을 것을 기대해 본다.

[참고문헌]

김병로, 「북한의 신종교정책과 종교자유의 실태」, 『북한연구학회보』, Vol. 8, No. 2(북한연구학회, 2004).

김연중, 「북한선교활동의 분석과 정책 대안」, 『북한연구학회보』, Vol. 6, No. 1(북한연구학회, 2002).

김흥수, 「북한 기독교 이해의 쟁점들」, 『신학과 현장』, Vol. 12(2002).

_____, 「북한종교의 변화와 사회적 환경」, 『종교연구』, Vol. 32(한국종교학회, 2003).

김흥수 · 류대영, 「북한 주요 종교의 현황과 남북 종교교류의 가능성에 대한 연구」, 『한국 기독교와 역사』, Vol. 16(한국기독교역사학회, 2002).

류성민, 「김일성 주석 사후 북한 종교정책의 변화과정」, 『종교문화연구』,

Vol. 6(한신인문학연구소, 2004).
_____, 「북한 주민의 종교에 대한 인식과 종교현황」, 『통일논총』, Vol. 16(숙명여자대학교 통일문제연구소, 1998).
_____, 「북한에서의 종교에 대한 이해: 조선대백과사전을 중심으로)」, 『종교연구』, Vol. 42(한국종교학회, 2006).
_____, 「주체사상과 종교」, 『종교연구』, Vol. 32(한국종교학회, 2003).
_____, 「최근 북한의 종교정책과 남한 종교인들의 대북활동」, 『종교문화연구』, Vol. 1(한신인문학연구소, 1999).
박광수, 「북한의 종교정책 변화와 남북한 종교교류 성찰」, 『신종교연구』 제21집(한국신종교학회, 2009).
_____, 「종교적 입장에서 본 남북한 공동체적 삶」, 『인문학연구』, Vol. 4(원광대학교 인문학연구소, 2003).
박완신, 『북한종교와 선교통일론』(서울: 지구문화사, 1994)
박홍순, 「북한이탈주민과 함께 하는 성서읽기에 관한 연구」, 『종교연구』, Vol. 49(한국종교학회, 2007).
사와 마사히코(澤正彦), 김숙자 · 강문규 옮김, 『남북한기독교사론』(서울: 도서출판 민중사, 1997).
유영옥, 「북한의 종교와 주체사상」, 『군사논단』, Vol. 2(한국군사학회, 1994).
윤여상 · 한선영, 『2009 북한 종교자유 백서』(서울: 북한인권정보센터, 2009).
윤이흠, 「북한의 종교정책과 종교현상: 종교정책의 시기별 변화를 중심으로」, 『통일논총』, Vol. 16(숙명여자대학교 통일문제연구소, 1998).
윤황, 「북한의 종교정책과 종교실태를 통해 본 종교국가화에 관한 연구」, 『북한연구학회보』, Vol. 8, No. 2(북한연구학회, 2004).
이헌경, 「북한의 사회주의 혁명 · 건설기 종교정책」, 『한국정치학회보』, Vol. 30, No .4(한국정치학회, 1996).
조영아 외, 「북한이탈주민의 종교성향과 자아방어유형」, 『한국기독교상담학회지』, Vol. 8(한국기독교상담심리치료학회, 2004).
조용관, 「북한체제 특이성의 역사문화적 가능조건에 관한 연구: 이데올로기 교조화와 우상화, 세습화를 중심으로」, 『북한연구학회보』, Vol. 6,

No. 2(북한연구학회, 2002).
최명국, 「북한교회 커뮤니케이션의 구조적 성격」, 『사회이론』, Vol. 25(한국사회이론학회, 2004).
통일부 통일교육원, 『북한개요 2009』, 2009.
통일연구원, 『2009 북한개요』, 2009.
Berkhof, Louis, *Systematic Theology*(Grand Rapids: Wm. B. Eerdmans Publishing Co., 1976).

제 6 장
북한의 청소년

정순미*

동서독은 2009년 11월, 베를린 장벽이 무너진 지 벌써 20주년을 맞이하고 있다. 그동안 남북한도 2000년, 2007년에는 역사적인 정상회담을 개최하였으며, 교류와 협력을 확대하였다. 당시 남북한은 두 정상의 만남이 곧 통일이라도 되는 듯이 역사적 순간을 기다렸으며 환호했다. 그러나 남북한은 지금 3차 남북정상회담을 기다리며, 남북한 두 정상의 만남이 곧 통일을 앞당길 것이라는 기대와 흥분은 사라지고 있다. 남북 정상 간의 만남을 포함한 모든 남북한 간의 교류는 일종의 통일의 과정이다.

남북한의 통일은 하나의 과정으로서 얼마나 긴 시간이 필요할지 아무도 모른다. 혹은 어느 날 갑자기 독일처럼 통일이 찾아올지도 모른다. 통일이 하나의 과정이든, 갑자기 찾아오든, 우리는 통일을 준비하고 대비해야 한다. 통일을 준비함에 있어, 남북한의 청소년들은 미래세대의 주인공으로서 그 역할이 매우 중요하다.

북한의 청소년들은 어떤 특징을 지니고 있을까? 남북한의 청소년

---

* 서울국제고등학교 교사, 성신여자대학교 강사. smj9294@hanmail.net

모두 청소년으로서의 일반적 특징을 공유하고 있을 것이다. 그러나 북한의 청소년들은 독특한 정치, 경제, 사회, 문화 속에서 그들만의 특징을 지니고 있을 것이다. 북한의 청소년들은 어떤 가치관을 지니고 있을지, 북한의 청소년들은 어떤 청소년 문화를 향유하고 있을지, 북한의 청소년들이 일으키는 문제에는 어떤 것들이 있을지 살펴보기로 하자.

1. 북한의 청소년 개념

청소년이라는 말은 일상적으로 별다른 혼동 없이 사용되고 있지만, 나라마다 용어상의 차이가 있고, 한 나라 안에서도 법률에 따라 다양하게 규정되어 있어서 일률적으로 정의하기 어렵다. 남북한의 경우도 청소년에 대한 정의에 차이가 있다.

남한의 경우, '청소년기본법'에 따라 청소년을 9세에서 24세 이하로 정의하는 경우가 많다. 이 연령을 기본으로 학령을 따져보면 남한 청소년은 초등학교부터 대학 졸업 시기까지가 해당된다.[1] 그러나 사람들은 대체로 초등학생들을 어린이라고 하고, 10대 중후반의 중고등학생들을 청소년이라고 한다. 또한 그들이 대학에 들어가거나 취업을 하게 되면 더 이상 청소년으로 불리지 않고, 대학생 또는 사회인으로 불린다.

한편 북한의 경우에는 아동과 청소년을 구분하지 않고 있어서 연령 구분이 어렵다. 북한의 청소년이란 소학교에 입학하여 소년단원으로서 사회생활이 시작되는 7세부터 소년단의 조직생활이 끝나는 13세까지의 소년기와 김일성사회주의청년동맹에 가입하여 본격적으로 정치사회활동을 하는 14세부터 30세까지의 청년기에 해당하는 모든

1) 조정기 · 천정순, 『남북한의 청소년』(시대정신, 2007), p.19.

연령층을 의미한다.[2] 그러나 북한의 청소년은 일반적으로 학령을 기준으로 대략 만 18세 이전까지, 즉 공민증(주민등록증)을 획득하기 전의 소학생, 중학생을 가리킨다. 북한에서도 통상 10대의 소학교 학생들과 중학교 학생들을 청소년으로 간주한다.

그러나 북한은 청소년을 청소년이라고 부르지 않고 조직생활을 시작하게 되면 소년단원 또는 청년동맹원 등으로 부른다. 또한 청소년을 '당의 후비대', '사회주의 건설의 전위대', '혁명의 기수', '주체혁명 위업의 계승자', '미래의 혁명가', '어린 혁명전사', '당과 인민의 아들딸' 등으로 다양하게 부른다.[3] 또한 북한에서는 어린이, 아동, 청소년, 청년, 학생 들을 '새 세대'로 통칭하기도 한다.[4]

이와 같이 남북한의 경우 학령이 일치하지 않을 뿐만 아니라 남북한 청소년의 문화적, 신체적, 지적, 정서적 성숙도 등에서 차이를 지니고 있으므로, 특정의 연령기준을 일률적으로 적용하여 청소년을 정의하기 어렵다. 그러나 일반적으로 청소년이라고 하면, 사춘기에 해당하는 10대의 연령층에 있는 인구군을 가리키며, 그 중에서도 중고등학교 집단을 지칭하는 경우가 많다.[5] 즉, 남한의 경우 10대의 중학생 및 고등학생 집단, 북한의 경우 10대의 소학교 및 중학교 학생을 청소년이라고 간주할 수 있다.

---

2) 길은배, 『통일문화 형성을 위한 남북한 청소년 정책 연구』(한국청소년개발원, 2001), p.65; 송광성 외, 「북한 청소년 생활」, 『한국청소년연구』 제5권, 제4호(통권 제19호)(한국청소년개발원, 1994), p.114. 북한의 청소년은 전체 소년단원과 일부 사회주의로동청년동맹원을 포함한다.

3) 조정기 · 천정순, 앞의 책, pp.18-19.

4) 임순희, 『북한 새 세대의 가치관 변화와 전망』(통일연구원, 2006), p.13.

5) 손승영, 『한국 청소년의 젠더 차이와 성차별: 현황과 과제』(한국청소년개발원, 2006).

2. 북한 청소년의 가치관

가치관[6]은 개인적으로만이 아니라 사회적으로도 큰 역할을 수행한다. 왜냐하면 가치관은 한 사회의 유지와 발전 방향의 형성에 중요한 영향을 미치기 때문이다. 이는 곧 사회구성원의 가치관 변화가 사회변화의 동인으로 작용할 수도 있음을 뜻하는 것이다. 따라서 한 사회를 구성하는 다양한 하위집단의 의식 내지 가치관은 중대한 의의와 중요성을 갖는다.

특히, 청소년은 한 사회나 국가의 미래를 책임질 새로운 세대로서, 사회구성의 핵심이며 사회변화에 가장 민감하게 반응하는 집단이다. 이러한 맥락에서 북한은 모든 청소년들을 '주체형의 공산주의 혁명가'로 만들어내는 것을 청소년 정책의 목표로 삼고 있다.[7] 북한은 이를 위해 학생들을 유치원과 학교 시절부터 혁명적, 공산주의적으로 교육교양하며, 각급 당 조직들은 청소년들에 대한 사상교양사업을 강화하여 모든 청소년들을 당과 수령에게 끝없이 충실하고 지덕체를 갖춘 공산주의 혁명가로 키우고자 한다.[8] 따라서 북한의 청소년들은 어려서부터 '주체혁명 위업의 계승자'로 키워졌으며, 집단주의를 기본원리로 한 공산주의 사상을 공식적인 가치관으로 내면화하고 있다.

북한 청소년들이 어떠한 가치관을 가지고 있느냐에 대한 분석은

---

6) 임순희, 「북한 새 세대의 가치관」, 『여의도정책논단』 14(여의도연구소, 1997), p.84. 가치관이란 "개인 또는 집단의 어떤 선택 상황에 있어 작용하는 평가적 기준 내지 행동의 기준이며, 이는 개인 또는 집단의 행동을 결정하는 데 있어 중요한 역할을 담당하는 것"으로 정의한다.

7) 김정일, 『주체문학론』(평양: 조선로동당출판사, 1992), p.113; 임순희, 『북한 새 세대의 가치관 변화와 전망』, p.15. 주체형의 공산주의 혁명가란 "주체사상으로 튼튼히 무장하고 당과 수령에 대한 충실성을 제일 생명으로 여기는 참된 인간"을 뜻하므로, 북한 청소년정책의 궁극적인 지향점은 청소년들의 수령에 대한 충실성 강화에 있다고 하겠다.

8) 임순희, 『북한 청소년의 교육권 실태: 지속과 변화』(통일연구원, 2005), p.15.

북한사회의 유지 및 변화 추세와 관련해서 그 필요성이 매우 크다. 또한 이들은 남한의 청소년과 함께 미래의 통일한국을 담당할 주역들이다. 따라서 북한사회의 변화 추세 및 전망과 관련해서 뿐만 아니라 한반도 통일과 남북한 내적 통합을 상정할 때에도 북한 청소년의 가치관에 대한 분석은 필요성과 의의를 더한다.[9)]

이 연구에서는 북한 청소년 가치관의 분석대상 영역을 자아관, 직업관, 가정관 등 3개 범주로 크게 나누어 살펴보고자 한다. 자아관에서는 집단주의가 북한 청소년의 자아의식 및 목표의식에 어떤 영향을 미쳤는지를 살펴보고, 직업관에서는 사회주의 경제체제가 북한 청소년의 직업 선택에 미친 영향을, 그리고 가정관에서는 유교적 전통이 북한 청소년과 부모와의 관계나 형제자매 관계에 어떤 영향을 미쳤는지에 초점을 두고 분석해 보고자 한다.

1) 자아의식

북한 청소년의 자아의식은 매우 긍정적이다. 북한 청소년은 사상교양 및 학교교육을 통해서 긍정적인 자아를 형성하고 인식한다. 예를 들어, 그들은 자신들이 당의 은덕과 배려 속에서 어려움 없이 자라고 있으며 '최고사령관동지의 전사'이며 '선군령도'를 받드는 데에 삶의 의의와 기쁨이 있다고 생각한다.[10)]

임순희는 북한 소설에 나오는 인물들을 분석함으로써 간접적으로 북한 청소년의 자아관을 해석하고 있다. 그에 따르면, 북한 소설 류정옥의 『금대봉마루』, 장선홍의 「강반의 달밤」 등에 그려진 청소년의 자아인식은 매우 긍정적이며, 소설에 나타난 북한 청소년은 자기가 하는 일에 대해 성취감 내지 만족감, 사명감 내지 의무감, 강한 의

9) 임순희, 『북한 새 세대의 가치관 변화와 전망』, p.3.

10) 같은 책, p.25.

욕과 자부심 등을 지니고 있다고 분석하고 있다.[11]

이와 같이 북한의 청소년은 개성을 지닌 독립적인 인격체로서의 자아를 인식하기보다는 집단 속에서 획일화된 자아를 인식한다. 이들은 '내가 속한 집단'이 아니라 '집단에 속한 나'를 인식하고 있다. 따라서 북한 청소년들은 국가와 조직에 대한 귀속감이 강하며, 이로 인하여 자신이 소속한 집단과 조직에 헌신하고 복종하며 희생하는 정신이 투철하다.[12]

북한 청소년의 이와 같은 자아관은 집단주의에서 비롯된다. 북한에서 집단주의는 사회주의 사회생활의 기초이다. 사회주의 사회에서 집단과 사회의 이익은 곧 개인들의 이익이 되므로, 모든 사람들이 서로 도우면서 일하는 것은 사회주의 사회의 기본 조건이라고 할 수 있다.[13] 따라서 북한의 청소년은 "하나는 전체를 위하여, 전체는 하나를 위하여"라는 집단주의 원리에 의거하여 집단 속에서의 개인으로 자신을 인식하고 있다.

> 집단주의는 사회주의 사회생활의 기초이며 우리 인민의 생존방식, 투쟁방식이다. 집단주의는 집단의 리익을 귀중히 여기고 집단의 리익을

---

11) "참으로 은심은 자기를 오늘까지 사랑의 한품에 안아 공부시켜 주고 행복동이로 키워 내세워준 당의 은덕에 어떻게 보답해야 하는가를 심장으로 느끼고 있었다. 그것은 사회 앞에 지닌 인간의 의무이기 전에 당의 품속에서 자라난 우리 새 세대 청년들의 량심이고 도리이기도 하였다. 더욱이 그것은 풀뿌리를 씹으며 '고난의 행군', 강행군을 하는 어려운 속에서도 … 과학과 기술로 부강한 사회주의 농촌을 건설해 가고 있는 오늘의 들끓는 시대가 우리 청년들에게 제기하는 요구이기도 하였다. 이 투쟁에서 농촌청년들이 주인이 되어 선봉에 서는 것은 너무도 응당한 본분이었다." 장선홍, 「강반의 달밤」, 『조선문학』(평양: 문예출판사, 2003), p.73; 임순희, 『북한 새 세대의 가치관 변화와 전망』, p.26 재인용.

12) 한만길, 『통일 이후 남북한 교육통합방안 연구: 북한 학생의 재사회화를 중심으로』(국회도서관 입법조사분석실, 1997), p.62.

13) 길은배, 『통일문화 형성을 위한 남북한 청소년 정책 연구』, p.74.

선차에 놓으면서 그 속에서 개인의 리익을 실현해 나가는 정신이다. … 광범한 인민대중의 뭉친 힘을 최대한 발동한다면 이 세상에 못해낼 일이란 있을 수 없다. 산을 떠 옮기고 날 바다를 길들이는 거창한 변혁과 기적은 인민대중의 집단적인 힘, 마를 줄 모르는 창조력과 지혜와 재능의 산물이다. "하나는 전체를 위하여, 전체는 하나를 위하여"라는 구호는 온 사회가 하나의 대 가정이 되어 서로 위해 주고 기쁨도 슬픔도 함께 나누는 우리 군민의 삶의 방식으로 되고 있다.[14)]

북한의 청소년은 이와 같은 집단주의 원리에 따라 어려서부터 탁아소와 유치원에서 집단적, 사회적으로 양육되며, 소학교에 입학한 이후로는 일상적인 조직생활을 해야 한다. '조선소년단' 생활과 '김일성사회주의청년동맹' 생활이 그것이다. 북한 청소년들은 조직생활을 통해 어려서부터 동무들과 인민을 사랑하며 혁명조직과 집단을 사랑할 줄 아는 사람이라야 참다운 공산주의자가 될 수 있다고 배운다.[15)]

또한 북한은 집단주의 교양을 통해 청소년들에게 집단의 힘이 크다는 것을 주지시키며, '조직과 집단을 떠나서는 살 수 없다.'고 생각하도록 만든다.[16)] 이는 곧 청소년들이 집단에 속한 나만을 의식하게 만든다. 또한 청소년들이 자신의 더 나은 삶을 지향하는 독립적 인격체로서의 개인보다는 국가와 사회를 위해 존재하는 개인만을 인식하도록 한다는 것을 뜻한다.

북한의 교육은 청소년들에게 집단주의 정신을 심어주기 위해 집단적 경쟁주의 방식을 사용한다. 예를 들어 학교 체육대회 시 개인간의 시합은 거의 찾아볼 수 없다. 대부분이 집단간의 대항 형식으로 체육

---

14) 김경숙, 「집단주의와 자력갱생은 우리의 고유한 혁명방식」, 『인민교육』 제4호, 루계 635호(평양: 교육신문사, 2009), pp.20-21.

15) 길은배, 『통일문화 형성을 위한 남북한 청소년 정책 연구』, p.101.

16) 임순희, 『북한 새 세대의 가치관 변화와 전망』, p.32 재인용; 김일성, 「학교교육사업을 강화하기 위한 몇 가지 과업에 대하여」, 『김일성저작집 29』(평양: 조선로동당출판사, 1985), p.181.

대회를 개최한다. 이러한 결과 청소년들은 어려서부터 개별적으로 무엇인가를 잘해야 한다는 의식보다는 집단적으로 잘해야 하며, 이것이 훌륭한 공산주의의 청년상으로 의식화되고 있다.[17] 집단주의는 북한 청소년들로 하여금 자신의 권리에 대한 자각이나 주장은 전혀 없고 오로지 국가와 사회, 집단에 대한 의무의 수행만을 중요시하도록 한다.[18] 북한의 청소년들은 집단의 이익과 조직의 영예를 소중히 여기는 반면, 개인의 이기적 욕구에 대해서는 매우 부정적인 의식을 갖는다.

게다가 북한 청소년들은 그들의 개인적 삶의 목표 또한 국가와 사회 집단의 영향을 받는다. 그들은 국가와 사회 집단이 요구하는 주체형의 공산주의자가 되고자 당과 수령의 뜻을 관철하며 국가와 사회, 집단과 인민에 헌신하는 삶을 살아가는 것이다. 북한 청소년들에게 있어 이와 같은 주체형의 혁명가로서의 헌신적인 삶은 자신의 삶의 목표이며 궁극적인 지향점이다. 북한의 청소년들은 개인의 행복, 희망, 그리고 직업 선택에 있어서까지도 당과 수령에 대한 충실성, 수령결사옹위와 관련해 의의를 부여하며 국가와 사회, 집단과 인민을 위한 헌신적인 삶을 추구한다.[19]

2) 진로의식

북한의 청소년들은 중학교 졸업 후 어떤 진로를 선택할 수 있을까? 대체로 북한의 청소년들에게는 중학교 졸업 후 세 가지 진로가 있다.

---

17) 이원봉, 『북한청소년생활의 심층연구: 북한청소년조직과 집단생활』(한국청소년개발원, 1995), p.140; 길은배, 『남북한 청소년의 사회문화적 동질성 증진 방안: 청소년의 교류 · 협력을 통한 사회통합적 관점』(한국청소년개발원, 2005), p.11 재인용.

18) 임순희, 『북한 새 세대의 가치관 변화와 전망』, p.32.

19) 같은 책, pp.37-38 참조.

그것은 대학에 진학하거나 군대에 입대하거나 직장에 배치되는 것이다. 그리고 대학, 군대, 직장 배치의 기본 조건으로 중요한 것은 노동당에 입당하는 것이다. 따라서 북한의 청소년들과 부모들은 대학 진학이나 취업 및 승진에 유리한 조건인 노동당원이 되고자 노력한다.

우선, 북한사회에서 노동당원이 되는 것은 당과 국가의 신임을 입증하는 것으로서 신분상승을 의미한다. 노동당원은 취업 및 직장 배치 또는 간부 승진에 있어서도 매우 유리하게 작용한다. 따라서 북한사회에서 당원이 되는 것은 당사자는 물론이고 온 집안의 경사이며 대단히 감격적이고 뜻 깊은 큰 사건이다. 이에 대해서는 청소년들도 예외가 아니다. 소설을 통해 보면 북한 청소년들에게 있어 대학에 진학하는 것보다 훨씬 더 큰 의의가 있는 것은 노동당원이 되는 것이다.[20]

임순희의 연구에 의하면, 장편소설 『열망』에서는 옥련이 당원이 되어 집으로 돌아와 부모님께 소식을 전하며 함께 기쁨을 나눈다. "옥련은 세찬 대문소리와 급한 발자국소리를 듣고 (어머니) 최명득이 바삐 일어나 문을 열 때 바람처럼 획 날아들었다. … 어머니! 입당했어요! 최명득은 응대를 하지 못했다. 딸의 머리를 끌어안은 두 눈에서 어느새 흘러내리는 굵다란 이슬방울이 코마루 언저리를 지나 턱에 맺혔다가 옥련의 머리에 락수방울처럼 떨어졌다. 그리고 딸의 머리를 매만지는 그의 손은 흥분으로 세차게 떨었다. … 최명득은 눈물 섞인 소리를 더듬어가며 겨우 이렇게 뇌였다. 됐구나! 우리 집에도 이젠 당원이 있어!!"[21]

북한의 청소년들은 대학,[22] 군대, 그리고 취업 중 대학 진학을 가

---

20) 같은 책, p.46.

21) 김문창, 『열망』(평양: 문학예술종합출판사, 1999), pp.193-194; 임순희, 『북한 새 세대의 가치관 변화와 전망』, p.47 재인용.

22) 통일부 통일교육원, 『북한 이해』(통일부 통일교육원, 2009), p.193. 북한의

장 우선으로 원하며 대학 졸업자를 선망하고, 또한 대학 정규과정을 마쳐야 가질 수 있는 정신노동 관련 직업을 선호하고 있다. 또한 북한의 부모들 역시 자녀가 대학을 졸업하고 정신노동의 직업을 갖기를 바란다. 특히 김일성대학과 같은 종합대학 졸업자들에 대해서는 아주 높이 보는 경향이 강하다.[23)]

북한에서 대학 진학은 대학 추천을 위한 예비시험과 도별 각 대학의 본시험 등 일정한 절차를 거쳐 이루어진다. 중학교 졸업 후 대학에 바로 진학하는 학생은 평균 10% 정도이다. 이들은 성적 우수자만이 아닌 성분이 확실하고 가정환경이 우수한 학생들로서 이른바 '직통생'으로 불린다. 북한에는 재수생은 없지만 군대나 직장에 배치됐다가 사회인으로 추천을 받아 다시 대학 시험에 응시할 수 있다. 그래서 북한의 대학에는 나이 많은 대학생들이 많이 있다.

북한에서 대학생 또는 대학 졸업자에 대한 사회적 인식을 반영하는 소설작품들은 적지 않다. 한 예로 단편소설 「강반의 달밤」에서는 공장 대학을 졸업하고 도에 있는 기계연구소 조수로 일하는 봉길이

청소년들은 중학교 졸업 후 다양한 고등교육기관을 선택할 수 있다. 예컨대 교원대학과 전문대학은 3년제이고, 단과대학과 종합대학은 학부에 따라 4-7년제이다. 사범대학은 4년제로 운영되고 김일성종합대학의 경우 인문학부는 4년, 사회과학부는 5년, 자연과학부는 6년제이나 최근에는 자연과학부의 졸업 연한이 1-2년 짧아지고 있다고 한다.

23) 임순희, 『북한 새 세대의 가치관 변화와 전망』, pp.53-54; 임순희, 『북한 청소년의 교육권 실태: 지속과 변화』(통일연구원, 2005), p.75 참조. 북한 청소년들과 그들의 부모는 모두 대학 진학을 열망하고 있으나 현실적으로 북한의 청소년들은 원하는 대로 대학에 진학해 공부할 수 있는 기회를 누리지 못한다. 중학교를 졸업한 청소년들은 대학 추천서가 있어야만 대학 입학시험을 치를 수 있으며 한 학교에 배당되는 추천서가 많지 않아 경쟁이 매우 심하기 때문에 정작 대학에 진학하는 학생 수는 소규모이다. 또한 대학입학자격시험제도를 도입함으로써 일차적으로는 모든 중학교 졸업생들에게 대학 진학의 기회를 부여하기는 하나 대학에서의 학생 선발은 공성한 실력 경쟁에 의하여 이루어지기보다는 입학을 원하는 학생의 출신배경과 당성(조직생활평가결과)에 의해 좌우된다.

휴가차 시골 고향에 내려가는 길에서 만난 여성에서 자신이 대학 졸업자임을 은근히 과시한다. “기계전문학교를 졸업하고 공장에서 일을 하다가 얼마 전에 대학을 졸업하구… 봉길은 어깨가 으쓱해져 숨기지 않고 말했다.”24) 또한 북한 소설작품들에서는 대학 추천을 받은 청소년들이 대단히 기뻐하며 부모에게 자랑스럽게 알리는 장면을 묘사한 대목들이 적지 않다. 실화를 바탕으로 한 문학작품 『고임돌』에서도 대학 추천을 받은 딸이 “그 기쁜 소식을 한시바삐 어머니에게 알려주기 위하여 10여리 령길을 달려온다.”는 대목이 있다.25)

가장 인기 있는 대학은 인문사회과학 분야에서는 김일성종합대학, 자연과학 분야에서는 평양이과대학, 공과 부문은 김책공업대학, 어학 계통은 평양 외국어대학 등이 꼽히고 있다. 일류 대학이라면 단연코 김일성종합대학, 김책공업대학을 들 수 있다. 북한에서는 “김일성대학을 나와야 출세한다.”는 말이 있을 정도이고, 현재 북한의 당정 차관급 이상 고위 간부의 70% 이상이 이 대학 출신들이다.26)

대학에 가지 않은 중학교 졸업생들은 대부분 군대에 가거나 취직을 한다. 대체로 남학생들은 다 군대에 가려고 하여 70% 가까이 간다. 직통생이 10%가 되고 나머지 20% 정도가 취업을 하여 사회에 나간다.27) 남학생들이 군대를 가려 하는 이유는 군대를 가지 않으면 이후 사회적으로 출세를 하는 데 장애가 많고, 군인이 되면 이후 당원이 될 수 있는 기회가 많아지기 때문이다. 여학생들은 졸업 후 대부분 대학에 진학하고 싶어 한다. 중학교를 졸업하고 직장에 배치되

---

24) 장선홍, 앞의 글, p.66; 임순희, 『북한 새 세대의 가치관 변화와 전망』, p.45 재인용.

25) 김명진, 「고임돌」, 『조선문학』(평양: 문예출판사, 2002), p.20.

26) 통일부 통일교육원, 『고등학교 열리는 통일 신나는 미래』(통일부 통일교육원, 2002), p.90.

27) 박현희 · 임영태 · 정진화, 『처음으로 읽는 통일 교과서, 통일은요』(푸른나무, 2001), p.71.

는 것보다 대학을 나오면 더 좋은 직업을 가질 수 있기 때문이다. 그러나 여학생의 대학 진학은 남학생보다 적으며, 여학생의 10% 정도가 군대에 간다. 다른 여학생들은 주로 사회에 나간다.[28)]

북한에서는 군의 입대 여부를 각 행정지역별 군사동원부가 결정한다. 북한의 모든 남자는 14세가 되면 초모대상자(招募對象者)로 등록하고, 중학교를 졸업하는 만 15세가 되면 군 입대를 위한 두 차례의 신체검사를 받으며, 졸업하는 해에 사단 또는 군단에 현지 입대하게 된다. 전문대학 졸업자도 역시 졸업하는 해에 입대하고 졸업 후 공장, 기업소에 취직한 자는 대개 근무한 지 3년이 되기 전에 군대에 간다.[29)] 그러나 신체검사 불합격자, 적대계층 자녀, 성분불량자(반동 및 월남자 가족, 정치범 가족, 형복무자 등)는 물론 특수분야 종사자 및 정책수혜자(안전원, 과학기술 · 산업필수요원, 예술 · 교육행정요원, 군사학시험 합격 대학생, 특수 · 열재학교 학생, 부모 고령의 독자 등)들도 정책적 배려를 이유로 입대에서 제외하고 있다. 특히 과학기술 전공자는 입대 후에도 전공을 활용하기 위해 조기 제대시키는 경우도 적지 않다.[30)]

북한의 청소년들은 중학교를 졸업하여 11년간의 의무교육이 끝나는 만 16세부터 직업 선택이 이루어진다. 그래서 만 16세는 북한의 청소년이 직업을 처음 가질 수 있는 나이이기도 하다. 북한 사회주의 노동법 제5조에는 "모든 근로자들은 희망과 재능에 따라 직업을 선택한다."고 명시하고 있지만, 사회주의 사회에서는 직업 선택이 일차적으로 계획에 의한 사회 부문별 노동력 배치에 의해 이루어진다. 따라서 북한에서는 사회주의적 계획과 함께 당성, 출신성분이 진로 결

28) 통일부 통일교육원(https://www.uniedu.go.kr) / 청소년통일배움터 / 북한청소년백과.

29) 통일부 통일교육원, 『북한이해』, p.111.

30) 같은 책, p.111.

정에 중요한 기준이 된다.31)

직장은 시 · 군 인민위원회 노동과에서 그 지역의 기업소나 공장, 간척지, 탄광, 협동농장 등에 배치한다. 사회 진출을 할 때는 공장 기업소에 무리로 배치한다. 중학교를 졸업하거나 군대를 제대했을 때 그 사람들을 한군데로 무리지어 직장을 배치한다는 말이다.

고등교육기관인 전문학교나 특수학교를 나온 학생들은 주로 기사장이나 작업반장 일을 담당한다. 대학을 졸업한 사람들은 중앙부서에서 관리하는데 졸업식이 끝나면 대학 당위원회에 내각 5사무국의 지도원들이 와서 학생들을 면담하고 희망사항을 물어본다. 그리고는 졸업생들의 출신성분, 학업성적, 사상, 재학 중의 정치활동 등을 참작하여 각 도에 직장을 배치한다.32)

소설을 통해 볼 때 북한 청소년들의 선호 직업과 관련해 특기할 만한 것은 청소년들이 자신의 적성이나 취향을 고려한 직업을 선택하기보다는 부모가 해오던 일을 기꺼운 마음으로 이어받는다는 것이다. 북한의 부모들 역시 자녀가 자신들이 하던 일을 이어받아 하기를 바라며 이러한 뜻을 노골적으로 또는 은연중에 자녀들에게 알린다. 이와 같이 북한의 청소년들이 부모의 직업을 이어받게 되는 동기 내지 계기가 당과 수령의 뜻을 관철하기 위해 온갖 어려움을 감내하는 부모에 대한 감동과 존경심에서 비롯되는 것으로 그려져 있다. 또한 부모들이 자녀에 대해 자신들이 하던 일을 이어받기를 바라는 것도 역시 당과 수령의 뜻을 받든다는 데에 의의를 두고 있다.33)

한편 북한의 청소년들은 육체노동에 대한 직업적 차별의식이 있으며 부모들 역시 자녀가 육체노동보다는 정신노동을 하는 직업을 갖기를 바란다.34) 북한 청소년들이나 부모들의 직업적 차별의식은 북한

31) 박현희 · 임영태 · 징진화, 앞의 책, pp.70-71.

32) 같은 책, p.71.

33) 임순희, 『북한 새 세대의 가치관 변화와 전망』, pp.47-48 참조.

이 그동안 계급 없는 사회를 지향하며 이른바 '온 사회의 인테리화'를 통해 정신노동과 육체노동의 차이를 해소하려 했으나 현실적으로는 여전히 육체노동에 대한 차별의식이 뿌리 깊게 남아 있음을 말해준다.[35] 그래서 북한은 각급 학교의 졸업반 학생들을 대상으로 이들을 농촌 등지의 어렵고 힘든 부문에 진출시키기 위한 선동사업을 정기적으로 전개하고 있다.[36]

그러나 최근에는 북한의 청소년들의 진로의식이 변화하고 있다. 북한 청소년들은 대학을 나와 전문직에 종사하기를 원하지만, 실제에 있어 선호하는 직업은 '돈을 많이 벌 수 있는 직업', '현금 또는 물질 등의 부수입이 있는 직업' 등을 선호한다. 또한 농촌보다는 도시에서 근무하고 싶어 한다. 또한 대학을 졸업한 전문직 종사자들의 경우도 정해진 월급에만 의존하는 의사나 교수보다는 외화를 쓸 수 있는 외교관이나 무역관을 선호하는 것으로 나타났다. 한편 대학 진학이 여의치 않은 청소년들의 경우는 운전사, 상점판매원, 호텔과 식당의 접대원 등 부수입이 있는 서비스 업종과 물품을 다루는 자재 인수원, 외화벌이 지도원 등에 대한 인기가 높으며, 좋은 대우를 받는 가수나 배우 등과 같은 예술인이 되는 것도 선호하고 있다. 물론 권력을 누릴 수 있는 당간부, 보위부원 및 인민보안원, 청년동맹 간부 등도 청

34) 이원봉, 앞의 책, pp.201-202. 북한 청소년들이나 주민들도 직업을 선택할 때 기피하는 직종이 있다. 예를 들어 트럭 운전사, 탄광 광부, 신발 수리공, 재봉공 등의 직업을 기피하고 있다. 이와 같은 현상이 나타나자 북한은 "직업의 귀천을 가리지 않고 사회와 인민을 위해서 헌신적으로 일하는 것이 참된 공산주의적 인간형"이라고 강조하며 중학교 졸업생이나 제대 군인 등을 기피 업종에 적극 진출시키고 있다.

35) 임순희, 『북한 새 세대의 가치관 변화와 전망』, p.50.

36) 이원봉, 앞의 책, p.189. 1995년 5월 23일 내외통신이 사로청기관지 로동청년을 인용해 전한 바에 따르면 북한은 농촌 진출을 결의한 금성성지대학 졸업생들과 평양시내 대학 졸업반 학생들 간의 상봉 모임을 마련하고 참석자들에게 "사회주의 건설의 어렵고 힘든 초소로 달려 나갈 것"을 촉구했다.

소년들이 선망하는 직업이다. 정리하자면 최근 북한의 청소년들은 돈과 물질을 벌어들여 당면한 생계유지 문제를 해결하고 나아가 부를 축적할 수 있는 직업을 가장 선호하며, 이에 따라 당원이 되고자 하는 바람도 이전에 비해 많이 낮아졌다고 볼 수 있다.[37]

3) 가족의식

북한 청소년들이 가정에 대해 가지고 있는 가치관의 특징은 무엇일까? 우선 북한의 청소년들은 가부장적인 유교적 가치관이 지배적인 가정환경에서 성장하고 있다. 즉, 북한 가정생활의 특징은 가부장을 중심으로 한 권위주의적인 분위기라고 할 수 있다. 북한 청소년들의 가정에 대한 가치관을 부모와 자녀 관계를 중심으로 살펴보자.

북한에서 가정은 혈육관계로서 매우 중시되고 있다. 모든 부모와 자녀가 그렇듯이, 북한에서도 부모는 자녀를 아끼고 사랑하며, 자녀는 부모를 믿고 의지한다. 일반적으로 북한 부모들의 가장 큰 관심사는 자녀가 공부를 잘하고 좋은 학교를 나와 다른 사람들이 우러러보는 사회적 일꾼으로 자라나고, 훌륭한 배우자를 만나 가정을 꾸리는 것이다. 예를 들어 북한의 부모는 자녀의 대학 진학을 위해 적극적으로 관계자를 찾아다니면서 집에서 기르던 돼지나 개 등을 뇌물로 바치기도 한다. 이렇게 자식이 잘되게 하기 위해 노력하는 북한의 부모들은 남한의 부모와 전혀 다를 것이 없다.[38]

한편, 북한 청소년들이 부모와 자식 관계에 있어서 가장 중시하는 덕목은 '효(孝)'이다. 북한의 청소년들도 남한의 청소년들과 마찬가지로 유교적 가치관의 영향을 받아 '효를 모든 행실의 근본'으로 생각

---

37) 임순희, 『북한 새 세대의 가치관 변화와 전망』, pp.55-56

38) 길은배, 『사회문화 변동에 따른 북한청소년의 변화전망과 대책 연구』(한국청소년개발원, 2002), pp.114-115.

한다. 따라서 북한의 청소년들은 부모에 대한 존경과 긍지, 부모와 자식 간의 혈연을 중시하여 부모의 뜻을 거스르지 않으려 노력한다.

임순희는 북한 소설 「넋은 미래에 산다」를 통해 부모와 자식 관계를 간접적으로 분석하였다. 소설의 주인공은 외국어 경연에서 1등을 해 외국어 대학에 추천을 받았으나 아들인 자신이 돌아가신 아버지의 유업을 달성해 주기를 원하는 어머니의 뜻에 따라 김일성종합대학 지질학부를 선택한다.[39] 이와 같이 북한 청소년들은 일상생활에서 부모의 뜻을 받들어 실천하기 위해 노력하고 있으며, 부모에 대해 불손하게 말하거나 행동하지 않는다. 그러나 부모의 뜻이라 할지라도 당의 공식 가치지향을 거스르는 경우에는 그에 저항하여 부모에게 항의하기도 한다.[40]

새터민의 경우도 북한의 청소년들의 부모에 대한 효성이 지극함을 증언하고 있다. 그들은 식량난으로 인해 생계유지가 어려운 상황에서도 부모 모시기를 소홀히 하지 않는다고 한다. 또한 새터민들은 북한 청소년들이 부모에게 효도하는 것은 기본적으로 이들이 나이 든 세대들에 대한 존경심을 가지고 있기 때문이라고 한다.[41]

그러나 북한의 경우도 부모와 자녀의 관계가 늘 원만한 것은 아니다. 남한의 가정은 각 가정의 분위기나 또는 자녀가 점차 성장하면서 부모와 자녀 간의 대화가 단절되는 경우가 많은데, 북한도 이와 비슷하다. 특히 북한의 경우는 가부장적 권위주의의 전통이 강하게 남아있기 때문에 더욱더 부모와 자녀 간의 대화, 특히 아버지와의 대화가 단절되어 있는 것이 일반적인 모습이다.[42] 또한 북한의 가정에서 아

39) 한형수, 「넋은 미래에 산다」, 『조선문학』(평양: 문예출판사, 2005), pp.46-47; 임순희, 『북한 새 세대의 가치관 변화와 전망』, p.88.

40) 임순희, 『북한 새 세대의 가치관 변화와 전망』, p.89.

41) 같은 책, p.90.

42) 길은배, 『사회문화 변동에 따른 북한청소년의 변화전망과 대책 연구』, p.115.

버지와 자녀 간에 갈등이 생기는 경우, 아버지가 자녀에게 먼저 화해의 손길을 내미는 경우는 아주 드물다고 한다. 아버지의 권위가 손상된다고 생각하기 때문이다. 따라서 대부분 어머니가 중간에서 화해를 주선한다고 한다.43)

북한의 아버지들은 가정에서 거의 절대적인 존재이기 때문에 평상시에도 자상한 모습보다는 엄격한 모습이며, 특히 자녀가 잘못할 때도 아주 엄하게 꾸짖는다. 그래서 대부분의 자녀들은 집에 아버지가 계실 때는 학교나 친구들 이야기를 거의 하지 않는다.

반면, 북한에서 어머니와 자녀의 관계는 남한의 경우처럼 친구 같은 경우가 많다. 많은 자녀들은 어머니에게 여러 가지 일들을 솔직하게 털어놓는데 학교생활, 친구관계, 장래에 대한 이야기 등 다양한 주제들을 대상으로 하고 있다. 이렇게 북한에서 어머니와 자녀 간의 대화가 많은 것은 가정에서 자녀들의 교육이 어머니의 의무로 여겨지고 있기 때문이다.

남한의 청소년들은 진로, 학업, 이성, 용돈 등의 문제들로 비교적 부모님과 갈등을 겪는 경우가 많지만, 북한 청소년들은 가부장적 권위주의의 산물인 아버지의 지나친 독단과 관련된 갈등을 가장 많이 겪는 것이 일반적인 모습이다.44)

3. 북한의 청소년 문화

1) 여가문화

북한의 청소년들은 방과 후나 휴일 등 여가시간에 무엇을 하며 보

43) 통일부 통일교육원(https://www.uniedu.go.kr) / 청소년통일배움터 / 북한청소년백과.

44) 길은배, 『사회문화 변동에 따른 북한청소년의 변화전망과 대책 연구』, p.115.

낼까? 북한 청소년들은 어려운 경제 여건과 통제적인 사회구조로 인해 남한의 청소년들과 비교했을 때 매우 열악한 여가문화를 영위하고 있다. 그러나 북한 청소년들은 어려운 상황에도 불구하고 나름대로의 여가문화를 즐기고 있으며, 대부분 친구들과 함께 즐기는 집단적 형태이다. 북한 청소년들의 친구들과의 관계는 매우 친밀성이 높아 언제나 대부분 친구들과의 집단적 활동이 주를 이룬다. 예를 들면, 북한 청소년들은 사탕 하나를 먹어도 입으로 친구들의 수만큼 쪼개어 함께 나누어 먹는다고 한다.[45)]

북한의 청소년들은 남한의 청소년들이 즐겨 하는 인터넷을 활용한 온라인 게임을 거의 알지 못한다.[46)] 또한 북한 청소년들의 경우 평양과 같은 대도시에 사는 청소년들은 가족과 함께 공원이나 유원지를 찾기도 하지만 대도시를 제외하고는 놀이시설이 제대로 갖추어져 있지 않아 외출하는 경우는 거의 없다.[47)]

북한 청소년들은 대부분 친구들이랑 집에서 카드놀이를 하든지, 아니면 이 집 저 집 다니면서 놀거나, 동네 공터에서 노는 것이 보통이다. 대체로 북한의 청소년들은 자연환경을 이용하거나 몸으로 부딪히며 함께 어울려 즐길 수 있는 전통놀이를 자주 한다.[48)] 예를 들어 북

---

45) 길은배 · 이종원 · 최원기, 『남북한 평화공존을 위한 청소년의 사회문화적 동질성 증진방안 연구』(통일연구원, 2001), p.84, p.86.

46) 조정기 · 천정순, 앞의 책, p.88. 북한에는 1991년 전자오락실이 만경대 학생소년궁전에 처음으로 설치된 이후 대성산 유원지나 만경대 유희장 등에 설비가 갖추어져 있다. 하지만 소수의 청소년들만 전자오락이나 게임을 즐기는 형편이다. 북한에도 요즘 청소년들에게 오락 게임이 인기가 있다고 한다. 주로 남학생들에게 인기가 있는데 게임은 주로 일본에서 생산된 비디오팩 게임이다. 게임 CD를 넣고 하는 것이 아니라, 테이프처럼 생긴 팩을 넣고 게임을 하는 것이다. 통일부 통일교육원(https://www.uniedu.go.kr) / 청소년통일배움터 / 북한청소년백과.

47) 같은 책, p.90.

48) 길은배, 『사회문화 변동에 따른 북한청소년의 변화전망과 대책 연구』, p.119.

한의 청소년들은 여학생들의 경우에는 주로 공기놀이, 줄넘기, 망차기, 별놀이 등의 놀이를 하고, 남학생들의 경우에는 공놀이, 목마타기, 땅에 금 긋고 서로 밀치기, 줄뛰기, 숨바꼭질, 달리기, 축구, 못치기, 딱지, 철봉, 구슬치기, 말뚝박기, 제기차기, 닭싸움 등의 놀이를 하며 논다.[49] 땅따먹기는 자본주의 근성을 삼는 것이라 해서 못하게 한다.[50]

또한 북한의 청소년들은 옛날부터 내려오는 민속놀이를 많이 하고 있다. 예를 들어 학생들이 소풍을 가면 수건돌리기를 가장 많이 한다고 한다. 또한 설이나 단오에는 다이아몬드 놀이, 장기, 윷놀이 등을 많이 한다. 그리고 북한 지역은 겨울의 기온이 매우 낮아 얼음이 많이 얼기 때문에 스케이트 타기, 썰매 타기 등을 많이 하며 논다.[51]

다음으로 TV 시청도 북한의 청소년들이 여가시간을 보내는 방법이다. 청소년들이 가장 좋아하는 TV 프로그램은 만화, 코미디, 영화 등이다. 이러한 프로그램은 하루에 보통 1-2개밖에 방영하지 않으며, 어떤 날에는 하루 종일 교양 프로그램이나 김정일의 현지지도 소식만을 방영하기도 한다. 북한의 TV 보급 실태는 지역에 따라 큰 차이가 있지만, 집집마다 TV가 있는 것이 아니어서 TV에서 재미있는 만화영화라도 하면 TV가 있는 집에 아이들이 꽉 들어찬다고 한다.[52]

---

49) 통일부 통일교육원(https://www.uniedu.go.kr) / 청소년통일배움터 / 북한청소년백과. 이 외에 북한의 청소년들은 오닥치기라는 놀이도 즐겨한다. 평평한 땅한 직경 15센티미터, 깊이 10센티미터 정도의 구멍을 만들고 15센티미터 정도의 나무 막대기를 구멍에서 밀어내는 놀이이다. 작은 막대기를 큰 막대기로 밀어내는 게임인데, 멀리, 높이 밀어내는 사람이 이기게 되는 경기이다. 그리고 서양식 카드놀이와 비슷한 수패놀이도 한다. 그러니 일부 청소년들이 물건 내기 또는 도박을 하기 때문에 주패놀이는 못하도록 통제하고 있다. 조정기 · 천정순, 앞의 책, pp.82-83.

50) 송광성 외, 앞의 논문, p.192.

51) 길은배, 『사회문화 변동에 따른 북한청소년의 변화전망과 대책 연구』, p.120.

52) 조정기 · 천정순, 앞의 책, p.92.

북한 청소년들이 여가시간에 주로 읽는 책은 김일성-김정일 우상화, 체제 찬양 등을 주제로 한 것이 많다. 하지만 외국 문학작품을 통해 교양을 쌓기도 한다. 학생들은 이러한 책들을 책방에서 대여하여 읽기도 하는데, 책방이 활성화되어 있지 않아 주로 학생들끼리 바꿔 읽거나 빌려 읽는다. 요즘 북한 청소년들이 가장 많이 읽는 책은 톨스토이의 『전쟁과 평화』, 『안나 카레니나』, 『부활』, 뒤마의 『몽테크리스토 백작』, 루쉰의 『아큐정전』, 『축복』 등을 들 수 있다. 이 밖에도 『제인 에어』, 『테스』, 『돈키호테』, 『수전노』 등이 청소년들 사이에서 인기 있고 많이 읽히는 작품이라고 할 수 있다. 루이제 린저의 『삶의 한가운데서』, 『나리 꽃』도 청소년들이 많이 읽고 있는 책 중에 속한다고 볼 수 있다. 외국의 시 중에서는 하이네, 바이런 등이 지은 작품이 많이 읽히고 있다. 특히, 셰익스피어의 『햄릿』을 비롯한 4대 비극은 정규 교과과정에 실려 있어 모든 청소년들이 쉽게 접할 수 있는 외국 문학작품이기도 하다.[53]

북한 청소년들이 즐겨 하는 운동경기로는 축구, 탁구, 농구, 태권도 등이 있다. 이 중에서도 가장 좋아하는 운동경기는 축구이다. 북한 청소년들은 수업이 끝난 후 삼삼오오 모여 축구하는 것을 좋아한다. 또한 남한만큼은 아니지만 학교마다 농구대가 설치되어 있을 만큼 농구도 즐겨 하는 스포츠이다. 농구는 1980년대 말 김정일 국방위원장이 신장을 늘리는 데 효과적인 운동으로 강조한 이후부터는 정책적으로 발전시키고 있으며, 청소년들 사이에서 붐이 일고 있다.[54]

북한 청소년들은 놀면서 혁명가요를 많이 부르곤 한다. 왜냐하면 사회주의 건설과 당 선전을 위하여 인민대중을 동원하고 인민을 혁명사상으로 무장시키고자 권장하기 때문이다. 그러나 최근에는 청소

---

53) 통일부 통일교육원(https://www.uniedu.go.kr) / 청소년통일배움터 / 북한청소년백과.

54) 조정기 · 천정순, 앞의 책, pp.83-84.

년들의 감정에 비교적 잘 와 닿고, 또 가사나 멜로디가 흥겹고 경쾌한 노래를 보급하고 있다. 특히 전혜영의 '휘파람'은 가장 히트를 친 노래이다. '휘파람'은 한 청년의 뜨겁고 진한 짝사랑의 호소를 서구풍의 빠르고 경쾌한 리듬에 담은 노래로, 특히 청소년들 사이에서 선풍적인 인기를 끌었다.[55] 한편, 북한 청소년들은 남한 가요를 중국의 연변 가요로 알고 즐겨 부른다고 한다. 북한에서 유행하는 한국 노래들을 살펴보면, '님과 함께', '그때 그 사람', '당신은 모르실거야', '소양강처녀', '사랑의 미로', '돌아와요 부산항에', '우린 쉽게 헤어졌어요', '독도는 우리 땅', '바위섬' 등이다. 특히 '사랑의 미로'는 북한의 외국 민요집에 올라 있을 만큼 인기가 좋다고 한다.[56]

이 외에도 남한 청소년들이 가수, 탤런트, 운동선수와 같은 스타에 열광하듯이 북한에도 스타가 있다. 남한 청소년들처럼 열광적이지는 않지만 북한 청소년들도 좋아하는 배우가 있고 이들에 대한 흠모와 동경도 대단하다.[57] 좋아하는 영화배우 사진이 예술 잡지나 화보에 실리면 어김없이 오려서 책상서랍에 고이 간직하거나 벽에 붙여놓고 보기도 한다.[58]

2) 유행문화

북한사회가 폐쇄되고 경직된 곳이라서 유행이란 것이 없다고 생각

---

55) 같은 책, p.86.

56) 통일부 통일교육원(https://www.uniedu.go.kr) / 청소년통일배움터 / 북한청소년백과.

57) 통일부 통일교육원(https://www.uniedu.go.kr) / 청소년통일배움터 / 북한청소년백과. 북한에는 팬클럽은 없지만 팬레터는 있는데 '성과편지'라고 한다. 1990년대 들어서면서 북한의 청소년들은 인기 스타들에게 공연축하 성과편지를 보내기 시작했다.

58) 박현희 · 임영태 · 정진화, 앞의 책, p.73.

하기 쉽지만, 북한 청소년들도 유행에 민감하게 반응한다. 1989년 평양축전의 영향과 1990년대 이후 경제난으로 인해 사회적 통제가 약화된 틈을 타 청소년들 사이에서 나름대로 그들의 멋을 표현하는 유행이 급속하게 번지게 되었다. 유행은 평양에서 시작되어 청진, 신의주 같은 대도시를 거쳐 지방의 소도시, 농촌으로 퍼진다. 어떤 경우에는 청진이나 신의주처럼 중국과의 접촉이 비교적 용이한 도시를 중심으로 유행이 시작되어 다른 지역으로 확산되는 경우도 있다.[59)]

북한 청소년들과 관련된 유행은 주로 옷이나 신발, 머리모양 등에 관한 것이다. 예를 들면, 북한 청소년들에게 반지 끼기, 외국어가 쓰인 티셔츠 및 청바지 입기, 장발, 디스코 춤 등과 같은 자본주의적 생활양식 모방이 유행하고 있다. 반지 끼기는 여학생은 물론 남학생들 사이에서도 유행하고 있는 실정이다.[60)]

우선 옷의 경우, 북한의 청소년들은 교복[61)]을 입기 때문에 제한이 많다. 그래서 학생들은 교복 바지를 뜯어 유행에 따라 고쳐 입고 다닌다. 바지 가랑이를 몸에 꼭 맞게 만든 쫄대바지나 엉덩이 부분을 빵빵하게 조이게 고쳐 입는 바지 등이 유행했다. 또 나팔바지가 유행하여 바지에다 다른 천을 덧대어 바지통을 늘려 만든 나팔바지를 펄럭이며 입고 다니는 유행이 한창이기도 했다.[62)] 또 사지바지란 것을

59) 조정기 · 천정순, 앞의 책, pp.93-94.

60) 이원봉, 앞의 책, pp.183-184.

61) 통일부 통일교육원(https://www.uniedu.go.kr) / 청소년통일배움터 / 북한청소년백과. 북한에서는 의무적으로 교복을 착용한다. 교복은 모든 학교가 똑같은 모양으로 되어 있다. 소학교 여학생의 경우 여름에는 흰색 셔츠에 진청색 주름치마를 입는다. 주름치마에는 얇은 어깨 멜빵이 달려 있다. 겨울에는 여기에 청색 재킷을 입게 되어 있다. 소학교 남학생의 경우에는 하복으로 흰색 셔츠에 진청색 바지를 입고 겨울에는 여기에 진청색 재킷을 입는다. 중학교 여학생의 경우, 흰색 셔츠에 진청색 점퍼스커트를 입는다. 중학교 남학생은 흰색 셔츠에 진청색 바지를 입는다. 동복으로는 여기에 진청색 재킷을 입는다.

들 수 있는데, 이 사지바지는 교복보다 천이 훨씬 좋고, 모양도 위는 넓고 아래는 좁은 형태를 띠고 있다. 신발의 경우는 밑바닥이 파란 중국 운동화와 '신의주 백창'이라는 운동화가 크게 유행하기도 했다.63)

그러나 북한 청소년들 사이에서 가장 크게 유행했던 패션은 짐 바지라고 볼 수 있다. 1989년 제13차 세계청년학생축전 때 임수경이 줄곧 입었던 디스코바지(청바지)가 알려지면서 청소년들 사이에 급속도로 유행하기 시작하였다. 이 바지를 입으면 엉덩이 윤곽이 선명하게 드러나 섹시하게 보일 수 있고, 어디서나 무리 없이 편리하게 입을 수 있다는 실리적 타산이 이 바지에 대한 욕구를 더욱 부추기게 된 동기이다. 당시 북한 청소년들은 일제 짐 바지 한 벌에 북한 돈으로 350-400원의 거금을 주고 암거래로 너도나도 사 입었다고 한다. 남자 청소년들 사이에서는 짐 바지가 없으면 왕따를 당할 정도로 인기가 높았다.64)

또한 비교적 여유 있는 집의 청소년들은 그림이나 영어 글자가 새겨진 티셔츠를 선호하고 있다. 이들 티셔츠는 대부분 재일동포를 통해 북한으로 들어가고 있는데 값이 비싸게 거래되고 있다고 한다. 이 티셔츠는 '자본주의 풍조'라는 이유로 단속대상이 되고 있어서, 이 옷을 가지고 있는 청소년들은 겉옷 안에 입고 다니다 친구들끼리 모였을 때 자랑삼아 보여주고 있다고 한다.65)

그 밖에 김정일 국방위원장의 머리와 옷맵시가 '장군님 잠바'라고 불리며 청소년들의 인기를 얻었다. 이 옷은 김정일 국방위원장이 자

---

62) 박현희 · 임영태 · 정진화, 앞의 책, p.75.

63) 조정기 · 천정순, 앞의 책, p.94.

64) 길은배, 『사회문화 변동에 따른 북한청소년의 변화전망과 대책 연구』, pp. 135-136.

65) 『조선일보』, 1995년 4월 21일자.

주 입는 넉넉한 잠바 형식을 모방하여 제작하였는데, 먼저 성인들 사이에서 유행되다가 나중에는 청소년들도 입기 시작하면서 크게 유행하였다.66)

머리모양 역시 북한 청소년들 사이에 유행이 있다. 여자 청소년들 사이에서는 머리를 길러 예쁘게 땋거나 동여매는 스타일이 유행하였다.67) 여학생들은 머리를 묶는 끈이나 머리핀 등으로 단순한 방울이나 꽃 모양의 고무줄 끈, 귀엽고 화려하게 세공한 핀 등을 사용하여 자신의 개성을 드러내기도 하였다.68) 남학생들 사이에서는 중국의 영향으로 스포츠머리와 비슷한 형태에 옆에 각을 주는 스타일이 유행하기도 하였다. 그러나 보통 북한의 남학생들은 머리를 아주 짧게 스포츠형으로 깎고, 여학생들은 커트머리나 단발머리로 자르는 것이 일반적이다.69)

1980년대 후반기 청소년들에게 가장 유행한 머리는 장발을 들 수 있다. 길은배는 제13차 세계청년학생축전을 앞두고 북한당국이 외국의 행사 참가자와 손님들을 고려해 감시 및 통제의 강도를 어느 정도 완화하자 청소년층을 중심으로 그동안 억눌려 왔던 표현의 욕구가 장발의 형태로 표출된 것으로 분석하고 있다.70) 한편, 긴 장발을 휘

---

66) 조정기 · 천정순, 앞의 책, p. 94.

67) 길은배, 『사회문화 변동에 따른 북한청소년의 변화전망과 대책 연구』, p.135.

68) 필자가 2006년 6월 3박 4일 일정으로 평양을 방문했을 때, 학생들의 교복, 책가방, 액세서리, 신발, 필통 등을 유심히 관찰한 바 있다. 모란봉 제1중학교와 소년궁전에서 소조활동을 하는 여학생들은 대부분 머리가 길었으며, 긴 머리를 귀엽고 화려한 머리끈이나 방울로 멋을 내고 있었다.

69) (사)좋은 벗들 북한연구소, 『오늘의 북한소식』 제252호(2008년 11월 12일); 통일부 통일교육원(https://www.uniedu.go.kr) / 청소년통일배움터 / 북한청소년백과북한. 교육당국은 단정한 두발 복장을 권장하고 있다. 이에 따라 신의주시는 여학생들의 머리가 조금이라도 길면 무조건 단발머리로 짧게 자르도록 하고, 굽이 높은 신발을 신지 못하도록 하고 있다. 남학생들은 머리카락이 손에 잡히지 않을 정도로 짧게 깎고, 술과 담배를 엄금해야 한다고 강조했다.

날리며 화염병을 던지던 남한 대학생들의 시위를 TV에서 본 것이 그 유행을 낳는 데 한몫했다고 보기도 한다.71)

1980년대에는 손목시계 차기도 북한 청소년들 사이에 유행이 된 적이 있다. 시계는 외제를 선호하고 있으며, 세이코, 오리엔트 등을 좋아한다.72) 대부분의 교사들은 이를 자본주의의 열풍으로 보고 학생들의 손목시계 착용을 단호하게 단속하였으나, 시간이 흐를수록 전자시계 및 일반 손목시계를 착용하는 유행이 점점 확산되어 암묵적으로 인정하게 되었다고 한다. 평양시에 위치한 소학교에서는 학급 인원의 20-40% 정도, 중학교에서는 60-80% 정도가 손목시계를 차고 다녔다.73)

또한, 1990년대를 전후한 시기에 북한 청소년들 사이에서는 유리알에 붙은 상표를 떼지 않고 선글라스를 일종의 멋으로 끼고 다닐 정도로 유행이 된 적이 있었으며, 체육복을 멋으로 입는 유행이 일어나기도 하였다. 그리고 여자 청소년들 사이에서는 양말 대신에 스타킹이 크게 유행하기도 하였다.74)

---

70) 길은배, 『사회문화 변동에 따른 북한청소년의 변화전망과 대책 연구』, p.136; 이원봉, 앞의 책, p.184. 청소년들에게 장발이 유행하자 정무원 교육위원회는 1994년 1월 "청소년들의 사상 무장 강화와 단결이 요구되는 현 시점에서 강인한 정신력 함양이 필요하다."며 학생들의 머리를 삭발시키는 조치를 취하기도 했다.

71) 박현희 · 임영태 · 정진화, 앞의 책, p.76, 마팅머리는 『이름 없는 영웅들』이라는 20부작 북한 영화에서 남자 주인공인 마팅이라는 미국인이 기르고 있던 구레나룻을 본떠 옆얼굴을 덮는 머리인데 자주 면도기를 관자놀이에 대면 해롭다는 설을 이유로 대학생들 사이에 한동안 유행하였다.

72) 송광성 외, 앞의 논문, p.190.

73) 길은배, 『사회문화 변동에 따른 북한청소년의 변화전망과 대책 연구』, p.135.

74) 같은 책, pp.136-137.

3) 소비문화

북한의 청소년들은 남한 청소년들처럼 용돈을 매주나 매월 받는 것이 아니다. 용돈을 거의 받지 못한다고 할 수 있다. 북한에서 청소년들이 용돈을 받을 수 있는 유일한 날은 설날이나 생일 때이다. 남한에서처럼 설날이면 제사를 지내고 할머니, 할아버지를 비롯해 어른들께 세배를 한다. 이때 친척들에게 돌아가며 세배하고 난 뒤에 받은 세뱃돈을 모아서 상점에서 장난감, 책, 아이스크림 등을 사서나 평소에 읽고 싶었던 소설책을 사기도 한다.75)

집집마다 다르지만 생일에 부모님이 용돈을 주기도 한다. 부모님들은 자녀들의 생일에 주로 떡을 하지만 그럴 만한 경제적 여유가 없으면 쌀밥 한 끼에 돼지고깃국이라도 끓여주려고 애쓴다. 그러나 최근 들어 경제난이 심해지면서 대부분의 청소년들은 생일을 지내지 못하는 경우가 많다. 그래서 친구들이 친구의 생일을 챙겨주기도 하고, 담임선생님이 직접 같은 반 친구들과 생일을 함께 축하해 주기도 한다.76)

북한의 청소년들이 가장 갖고 싶은 전자제품은 무엇일까? 연령에 따라 조금씩 다르지만 소학교에 다니는 학생들은 재미있는 영화, 만화 등을 시청할 수 있는 TV가 집에 있었으면 하고 바란다. 그러나 중학교에 다니는 학생들은 VTR, 워크맨, 녹음기 등을 제일 갖고 싶

---

75) 조정기 · 천정순, 앞의 책, p.73; 길은배, 『사회문화 변동에 따른 북한청소년의 변화전망과 대책 연구』, pp.123-124. 북한 청소년들이 받는 세뱃돈은 20원 정도가 된다고 한다. 성인 노동자 한 달 월급이 100원이라고 봤을 때, 20원은 청소년들에게 그리 작은 돈은 아니다. 그러나 최근 극심한 경제난으로 상점을 통해 살 수 있는 물건이 거의 없다고 한다. 평소에 용돈으로 살 수 있던 필통, 연필, 학습장 같은 것들이 모두 장마당에서 평소 10-20배 정도로 비싼 가격으로 거래된다고 한다. 이렇게 북한 청소년들에게 용돈의 의미는 줄어들었고 설사 돈이 조금 생긴다고 해도 살 만한 물건이 없어진 것이다.

76) 조정기 · 천정순, 앞의 책, p.72.

어 한다. 워크맨은 최근에 북한에 유입되기 시작한 것으로 평양, 청진과 같은 대도시에서도 돈 있는 집안의 청소년들만이 소유할 수 있을 정도로 값이 비싸고 구하기 어렵기 때문에 많은 청소년들이 갖고 싶어 한다. 녹음기는 놀기 좋아하는 청소년들이 즐겨 찾는 가전제품으로 중국에서 값싼 물건이 대량으로 들어오기 때문에 돈만 있으면 비교적 쉽게 구입하여 사용할 수 있다고 한다.77)

남한에서는 청소년들이 아르바이트 등을 해서 용돈을 벌어서 쓰는 경우도 있지만, 북한에서는 청소년들이 만 17세가 되기 전까지는 일하는 것이 법으로 금지되어 있어서 아르바이트란 개념 자체가 없다. 간혹 어떤 청소년들은 부모님을 돕거나 대신 장마당에 나가 장사를 하기도 하지만, 이것은 용돈을 벌기 위한 아르바이트가 아니라 가족을 먹여 살리기 위한 생계수단이다.78)

4. 북한의 청소년 문제

1) 문제 청소년

일반적으로 북한에서 문제 청소년이란 일상의 학교 규칙에 나타난 규율79)을 어기고 일탈행위나 범죄행위를 하는 경우를 의미한다. 따라

77) 같은 책, p.76.

78) 같은 책, p.73.

79) 조정아, 「북한 중등학교 규율 연구」, 『신진연구 논문집(III)』(통일부, 2003), pp.69 70; 재일본 조선인 총련합회 중앙본부 교육부 편, 『조선민주주의인민공화국 교육 규정 자료집』(도쿄: 학우서방, 1957), pp.47-48 재인용. 북한의 '학생 규칙'은 총 22개 조항으로 1949년 10월 26일 교육성이 발표한 것이다. 각급 학교(대학을 제외한다) 학생은 다음 사항을 의무적으로 실천하여야 한다.

(1) 지식 있고 교양 있는 사람이 되기 위하여 정확하고 확고하게 지식 기능을 배우며 조국의 리익을 위하여 전력을 다할 것

(2) 결석, 지각, 조퇴를 하지 않도록 할 것이며 열심히 공부할 것
(3) 학교장과 교원의 지시에 절대 복종할 것
(4) 등교 시에는 교과서 기타 학습에 필요한 도구를 반드시 지참할 것이며 수업시간이 되면 교원이 교실에 들어서기 전에 학습태세와 학습에 필요한 모든 준비를 맞출 것
(5) 신체(특히 머리, 얼굴, 손), 의복을 깨끗이 하며 단정하게 하고 등교할 것
(6) 교실 내 자기 좌석과 주위를 깨끗이 할 것
(7) 상학종이 울면 곧 교실에 들어와서 자기 자리에 앉을 것이며 수업시간 중의 교실 출입은 반드시 교원의 허가를 받은 것
(8) 수업시간 중에는 자세를 바로 가지고 교원의 설명이나 다른 학생의 해답을 주의 깊이 들을 것이며 잡담, 작난질, 곁눈질, 하품기지게, 조는 일 등이 없도록 할 것
(9) 학교장 또는 교원들이 교실에 출입할 때에는 학생은 구령 없이 일제히 일어서므로서 그에게 경의를 표할 것
(10) 수업 시간 중 교원에게 대답할 때에는 일어서서 자세를 바로 할 것이며 대답 후 앉을 때에는 교원의 허가를 받을 것. 학생이 자진하여 대답 또는 질문할 때에는 손을 들어 교원의 허가를 받을 것
(11) 숙제 제목은 반드시 일지에 기입할 것이며 이 기록은 부모에 보일 것. 모든 숙제는 자기 자신의 힘으로 완수할 것
(12) 학교장 및 교원을 존경하며 교외에서 이들을 만났을 때에는 모자를 벗고 허리를 굽혀 정중히 경례할 것
(13) 웃사람을 존경할 것이며 어떤 장소에서나 웃사람을 만났을 때에는 겸손하고 례절 있게 행동할 것
(14) 학교장이나 교원이 안내하는 손님에 대하여 례의를 차릴 것
(15) 학교 내외에서 비방적이거나 란폭하고 야비한 언어 행동을 하지 말 것이며 술을 마시거나 담배를 피우지 말고 돈이나 물건을 걸고 요행을 바라는 유희를 하지 말 것
(16) 지정된 시간 및 극장, 영화관 이외에 일반 극장, 영화관에 출입하지 말 것
(17) 학교 재산을 비롯하여 국가 사회 재산을 애호하며 자기 물건이나 남의 물건을 다 소중히 할 것
(18) 늙은이, 어린이, 약한 사람, 병자들에게는 주의 깊고 친절하게 좌석이나 길을 양보할 것이며 모든 원조를 줄 것
(19) 부모에게 례절을 지키며 부모를 돕고 어린 동생들을 사랑할 것
(20) 자기 집을 깨끗이 하며 자기 의복, 신발, 침구, 학용품 및 기타 자기 물건을 일상적으로 정돈할 것

서 북한에서 사용하는 문제 학생이란 주로 학업에 충실하지 않은 청소년을 의미한다.[80] 예를 들어 북한에서는 학업성적이 나쁘거나 결석, 지각, 조퇴 등을 자주 하는 학생을 문제 청소년이라고 한다.[81]

특히, 북한의 청소년들에게 있어서 학교 규칙의 준수는 매우 중요하다. 왜냐하면, 북한에서는 학교 규칙을 위반하는 것을 '무규율성과 비조직성의 근원'으로서 사회생활의 기초인 집단주의 정신을 어기는 것으로 간주하기 때문이다.[82] 북한은 사회주의, 집단주의 체제이기 때문에 집단생활에 빠진다는 것 자체가 문제로 인식된다. 북한에서 학교 규율은 '강철 같은 규율', 즉 '지도자, 교양자, 조직자에 대한 복종의 규율'이며, '조직성의 규율', 즉 '집단로동, 유희 및 일상생활의 정확한 조직에로 고무 추동하며 훈련하는 규율'로서 매우 엄격하다.[83]

또한 북한의 학교는 학교 규칙 위반에 대한 통제를 집단주의 정신에 의거하여 개인이 위반했을 때에도 학급 전체에 대하여 집단적인 벌을 가하는 것이 일반적이다. 한 명이라도 수업 중에 소란을 피우거나 자세를 심하게 흐트러뜨릴 경우에는 학급 전체가 벌을 받는다. 그렇기 때문에 학생들 스스로가 수업의 규율을 잘 지키도록 서로에 대

---

(21) 학생증은 항상 소중히 지니고 다닐 것이며 학교장이나 교원이 요구할 때에는 또는 자기의 신분을 증명할 필요가 있을 때에는 이를 제시할 것. 학생증은 절대 남에게 빌려주지 말 것

(22) 자기 학급과 학교의 명예를 자기 자신의 명예와 같이 항상 귀중히 여길 것

학생이 본 규칙을 위반하였을 때에는 각각 그 정형에 따라 주의경고, 엄중경고 또는 출학에 처한다.

80) 조정기 · 천정순, 앞의 책, pp.69-70. 북한에서는 학교생활 등 집단생활에 참가하기 싫어하고 장기 결석하는 학생을 문제 학생 또는 뒤떨어진 학생, 불량학생이라고 말한다.

81) 길은배, 『사회문화 변동에 따른 북한청소년의 변화전망과 대책 연구』, p.143.

77) 조정아, 앞의 논문, p.76.

83) 같은 논문, p.81.

해서 통제한다. 옆자리의 아이가 잠을 자면 "빨리 일어나라, 너 때문에 벌 받겠다."고 하며 수업태도를 바르게 할 것을 촉구한다. 이러한 수업 규율 통제 방식은 사회주의 교육의 특성인 집단주의의 일면을 보여준다.[84)]

최근 북한의 청소년들은 1990년대 경제상황이 악화된 이후에 식량을 구하기 위하여 학교를 이탈하는 숫자가 증가하고 있다. 경우에 따라서는 학교의 출석률이 30%를 넘어서지 못하며, 절도 등 경제적인 동기에 의한 위법 행위도 급격히 증가하고 있는 것으로 보인다.[85)] 학교와 교사는 경제난으로 인해 학교를 결석하는 학생들이 많아짐에 따라 어쩔 수 없이 매우 약한 처벌을 할 수밖에 없게 되었다고 한다. 심지어 한 중학생이 북한을 이탈해서 2년 동안 중국 생활을 하다 다시 검거되어 북한으로 송환되었는데도 불구하고, 학교는 이 학생에게 졸업장을 주었다는 것이다.[86)]

학교와 교사들은 장기결석을 방지하기 위하여 매주 월요일마다 진행되는 '월생활총화'에서 문제 청소년들을 비판하는 시간을 운영하고 있지만 별 효과가 없다고 한다.[87)] 학생들이 장기결석하면 교사가 찾아가기도 하지만 그런 경우 대부분은 피해 다니면서 결석과 가출을 지속한다는 것이다. 생활총화 이외에 북한 학생들의 잘못에 대한 처벌 중 대표적인 것은 지시봉으로 맞는 것이다.[88)]

---

84) 같은 논문, p.89.

85) 같은 논문, p.99. 예를 들면, 80명 정원인 한 반의 경우 20명 정도가 장기 결석인 경우도 많다고 한다.

86) 길은배 · 이종원 · 최원기, 앞의 책, p.90.

87) 길은배, 『사회문화 변동에 따른 북한청소년의 변화전망과 대책 연구』, p.144.

88) 통일부 통일교육원(https://www.uniedu.go.kr) / 청소년통일배움터 / 북한청소년백과. 지시봉은 선생님이 가지고 다니는 1미터쯤 되는 나무 막대기이다. 원래 북한의 학교에서는 체벌이 금지되어 있지만, 지시봉으로 손바닥 등을 맞는 일은 어디서나 볼 수 있는 일이라고 한다. 또한 잘못한 학생은 복도에서 있거나 의자를 들고 벌을 서기도 한다.

그러나 북한은 사상적으로 문제 청소년이 될 경우에는 그 처벌이 매우 크다고 한다. 사상적으로 문제가 있다는 것은 김일성-김정일 부자에 대한 충성심이 약해졌다든지, 아니면 학교에서 하는 수업 외의 사상적인 모임에 불참하는 경우를 말한다. 이럴 경우 학급 차원을 넘어서 전교 차원의 비판을 받아야 하며, 반성문도 10장 이상 제출해야 한다고 한다. 또한 청소년뿐만 아니라 부모들까지도 학교에 불려와서 반성문을 써야 하므로 상당히 꺼리는 처벌이다.[89)]

그 밖에도 학교는 다니지만 수업시간에 들어오지 않는 학생, 또 선생님께 대드는 학생, 동료 학생들을 때리고 패싸움을 주도하는 학생, 출처가 분명치 않은 노래 등을 부르는 학생 등이 문제 학생에 포함된다.[90)]

2) 흡연 및 음주

남한의 경우, 청소년의 흡연 및 음주는 대표적인 청소년 일탈 및 비행 사례이다. 마찬가지로 북한 또한 청소년들의 교내 음주와 흡연은 공식적으로 허용하고 있지 않으며, 생활지도의 중요한 항목으로 지도 대상이 된다. 교사들은 출석률, 성적을 포함해 용의복장이나 음주, 흡연 등의 품행을 지도하고, 생활총화시간에는 이러한 생활 규율을 잘 지켰는가가 주요한 평가 영역 중의 하나가 된다. 학기 말과 학년 말에 학생들의 품행 정도를 '모범', '보통', '락후'의 3단계로 평가한다.[91)]

그러나 북한의 경우, 청소년의 흡연이나 음주가 비공식적으로 묵인 내지 허용되고 있다. 따라서 남한에서는 담배나 술을 하는 청소년들

89) 길은배, 『사회문화 변동에 따른 북한청소년의 변화전망과 대책 연구』, p.144.
90) 조정기 · 천정순, 앞의 책, pp.69-70.
91) 조정아, 앞의 논문, p.93.

을 일탈 청소년으로 분류하고 있으나, 북한에서는 담배나 술을 하는 청소년을 문제 청소년으로 분류하지 않는다.

북한 청소년들의 흡연이나 음주가 묵인되는 이유는 식량난, 경제난 등으로 인한 어려운 사회 여건과 중학교를 졸업하자마자 바로 군대에 입대해야 하는 북한의 징병제도 때문이라고 할 수 있다. 북한의 청소년들은 중학교 졸업 후 전문대학이나 대학교를 가지 않는 경우 바로 17세에 입대하여 약 30세까지 군복무를 해야 한다. 북한의 청소년들은 군복무 기간 동안 휴가나 외출이 거의 불가능하기 때문에 부모들로서는 안타까운 마음에 술, 담배와 같은 자녀들의 일탈에 대하여 관용적인 태도를 취한다고 한다.92)

따라서 북한의 청소년들은 중학교 2-3학년이 되면 한 번쯤 담배에 손을 대는 학생들이 많다. 학년이 높아질수록 흡연율도 높아지는데, 중학교 졸업반이 되는 16세에 이르면 거의 대부분이 흡연을 한다.93) 특히, 가정의 경제적 상황이 열악하거나 지방의 소도시와 농어촌 지역에 살고 있는 남자 청소년들은 비교적 더 빨리 담배를 경험하고 있다. 북한의 청소년들이 제일 많이 피우는 담배는 곽담배 종류와 마라초(종이에 말아서 피우는 것)라고 한다.94)

북한의 청소년들은 집에서 집안 어른들의 담배를 몇 개비씩 몰래 가지고 와서 화장실 등 학교 구내의 구석진 곳에서 담배를 피운다고

92) 길은배, 『사회문화 변동에 따른 북한청소년의 변화전망과 대책 연구』, p.145; (사)좋은 벗들 북한연구소, 『오늘의 북한소식』 제252호(2008년 11월 12일). 북한에서는 청소년들의 술, 담배에 대해 허용적인 태도를 보이는 것이 사실이기는 하지만, 학교의 공식적 규율은 교사가 담배를 피운 학생들에게 체벌을 하는 등 술, 담배를 허용하지 않는 것이다. 예를 들면, 평안북도 신의주에서는 선생님이 중학교 6학년 학생들이 학교 뒤편에 모여 담배 피우는 것을 발견하고 심한 체벌을 가해 학생이 기절하는 사태가 벌어져 논란이 된 사건이 있었다.

93) 조정기 · 천정순, 앞의 책, pp.69-70.

94) 길은배, 『사회문화 변동에 따른 북한청소년의 변화전망과 대책 연구』, p.144.

한다. 상습적으로 흡연하는 경우가 아니면 교사들은 학생 스스로가 고치도록 유도하지만, 상습적인 경우에는 생활총화 시간에 학급에서 비판하게 하고 월별, 분기별 생활총화 보고문과 품행평가에 반영한다. 품행평가에서 '락후' 등급은 입당과 입대 등 장래 생활에 지장을 초래하므로 상당한 통제력을 갖는다.[95] 하지만 청소년들의 흡연 비율이 너무 높아 통제가 어렵고, 선생님들이 단속을 하지만 위에서 제시한 이유 등으로 인해 거의 묵인되는 실정이다.[96] 하지만 유교적 전통이 강해서 여학생들의 경우는 담배를 피우지 않는다고 한다.

청소년들의 음주는 개인차가 있을 수 있으나 15-16세가 되면 사회적으로 당당하게 술을 마신다고 한다. 북한 청소년들이 술을 일찍 배우는 이유도 담배를 피우는 이유와 유사하다. 그래서 심지어는 학교 체육대회 때도 학교 측의 묵인 하에 당당하게 술을 마시는 청소년들이 있다고 한다.

> "술이나 담배 같은 거는… 요새는 정말 진짜 장난도 아니에요. 저는 담배 중학교 2학년 때부터 피우다가 지금은 끊었는데, 중학교 1, 2학년 때 담배 피우는 애들 다반사구요. 그리구 또… 북한은 뭐하면 담배 피우고… 수업 끝나고 나와서 담배 피우는 애들도 있고 같이 어울려서 막 담배 없으니까 담배 살 돈도 없고 하니까 막 담배 한 대 가지고 나눠 피우거든요. 그렇게 나눠 피면서 친해지고… 그러니까 담배 안 피면 진짜 왕따 되기 쉽죠. 왕따 시키는 게 아니라 자기가 안 나오고 그냥 딴 애들 다 나갔는데 몇 명만 교실에 남아 있으니까 왕따처럼 보이는 거죠. … 저희 반에선 두 명을 제외한 전부 다가 피웠어요. 출석 인원에서 두 명을 제외한… 술도 거의 마셔요. … 그런데 담배는 다 같이 나눠 피우고 그러는데 술만큼은 친한 몇몇 애들끼리 모여서 하고…"[97]

---

95) 조정아, 앞의 논문, p.100.

96) 조영승, 『남북 청소년 동질성 회복을 위한 단계별 청소년 교류 프로그램 개발』(문화관광부, 2000), p.57.

97) 길은배 · 이종원 · 최원기, 앞의 책, pp.87-88.

위의 증언에서 보듯이 북한 청소년들에게 있어 음주와 흡연의 문제는 일반적인 현상이 되었다고 볼 수 있다. 그러나 북한 청소년들은 담배나 술을 구입할 돈이 없기 때문에 많지는 않지만 나쁜 선배들이 후배들을 때리고 돈을 빼앗는 경우가 가끔씩 있다고 한다. 또한 선배들은 돈을 뺏을 뿐만 아니라 후배들에게 담배를 구해 오도록 시키는 경우도 있다고 한다.[98]

3) 학교폭력

북한 청소년 문제에서 폭력은 매우 심각한 편이라고 한다. 학교에서 발생하는 폭력은 그 정도가 심하며, 학교끼리 심하게 패싸움을 하여 인명피해를 내는 경우도 많다고 한다. 그러나 학교는 피해 청소년이 심한 부상에 이를지라도 생활총화 등에서 비판하는 것과 같은 간단한 처벌만이 이루어진다고 한다. 길은배는 청소년 폭력이 심각해진 주요 이유를 남한과 달리 폭력에 대한 법적 제재조치가 매우 미흡할 뿐만 아니라, 식량난이 가중되면서 청소년들의 사회에 대한 불만심리가 폭력으로 표출된 것이라고 해석한다.[99] 다음과 같은 북한이탈 학생의 증언으로부터 알 수 있는 바와 같이 북한 청소년들에게 있어 폭력은 억압된 상황으로부터의 탈출구 역할을 하는 것 같다.

> "폭력은 좀 요즘 지방마다 차이가 많이 심한데 좀 지역주의 같은 거 있잖아요. 싸우면 장난 아니에요. … 거의 2백이 한꺼번에 확 붙었는데 거기서 옆에서 두만강이 만났던 다리에서 싸움했거든요. 막 돌 있고 그런데 사람들이 다 지나가고 보니까 (뭘로) 내리쳐서… 심했죠."

---

98) 조정기 · 천정순, 앞의 책, pp.69-70; 통일부 통일교육원(https://www.uniedu.go.kr) / 청소년통일배움터 / 북한청소년백과.

99) 길은배, 『사회문화 변동에 따른 북한청소년의 변화전망과 대책 연구』, p.146.

"우리는… 그냥 오로지 애들만 보면 우리 쪽 애들이 외지 애들만 무조건 잡아 팼어요. 누구든 잡아 패면 또 그 외지엔 나름대로 친척이 있잖아요. 걔가 또 그쪽 사람 데리고 와서 또 싸움 붙고 맨날 그냥 싸움질 하고 학교에 가도 어지간한 말다툼 가지고도 요즘은 신경이 너무 예민해 가지고 어지간한 말다툼 가지고도 싸움하면 책상 걸상 다 부러지고 이젠 우리 반 원래 책상 걸상이 새거였는데 그게 또 부러져 가지고… 선생님이 마지막 졸업하기 전에 그거 다 고치라고 그래 가지고 우리 졸업하기 전에 그거 다 고치고 막 그랬어요."[100]

북한 청소년들의 폭력문제는 학교 안에 머무르지 않고 학교를 졸업한 청소년들과 연계해서 폭력조직으로 발전하기도 한다. 북한에서는 폭력배를 보통 깡패나 불량배라고 하며 그 단체를 패거리라고 부른다.[101] 패거리 문화는 북한 청소년들의 교우관계의 특징이다. 물론 패거리들이 특정한 조직을 만들어 활동하고 있는 것은 아니지만 학급별, 동네별로 학생들이 무리를 지어 힘이 약한 동료 학생들에게 담배나 쌀, 국수 등의 식료품을 가지고 오도록 하고 안 가져오면 때리기도 한다. 힘이 약한 아이들은 집단 등교할 때 힘센 아이들의 가방을 들어주는 일도 있다.[102]

그러나 이보다 더 심각한 것은 학교, 학급, 마을 별로 형성되는 패거리 간에 벌어지는 패싸움이다. 남학생들은 중학교 3, 4학년이 되면 패를 만들어 싸움을 하는 일이 잦으며, 그런 싸움을 하지 못하면 '남자 축에도 끼지 못한다.'고 생각한다.[103] 패싸움은 주로 여러 개의 패

100) 길은배, 『통일문화 형성을 위한 남북한 청소년 정책 연구』, pp.117-118.

101) 박원홍, 「북한주민의 일탈현상과 부조리 실태 연구」(명지대학교 석사학위논문, 2003), p.38.

102) 조정아, 앞의 논문, p.101.

103) 같은 논문, p.101; 박원홍, 앞의 논문, p.40. 학생들끼리의 패싸움은 도시에서 더 심하며 삽자루 등을 휘두르며 싸우다 3-5분 뒤에는 도망간다는 것이다. 이것은 하나의 패싸움 규칙으로 안전원들에게 붙잡히지 않기 위한 방

로 나뉜 패거리들이 서로 주도권을 잡으려고 하기 때문에 일어난다. 중학교 학생들이 어떤 '패'에든 가입하는 이유는 패거리를 이룬 친구들의 학교폭력으로부터 벗어나기 위해서라고 한다.104)

이들 패거리들은 행동거지와 옷차림, 그리고 외모에서도 눈에 띄는 경우가 많다. 이들은 과거에는 모자를 약간 삐뚤게 쓰고 다닌다든지, 아니면 윗옷의 단추를 풀어놓고 다니는 등 나름의 차림새를 갖추고 있다. 또한 머리를 길러 장발을 하고 다닌다든지 스포츠형 머리를 하거나, 고급 천으로 만든 몸에 착 달라붙는 바지나 스포츠용 신발 등을 신고 다닌다. 이들이 즐겨 입는 옷이나 신발은 그들만의 유행을 타고 있어 장마당에서 다른 일반 상품보다 비싸게 거래되고 있는 실정이다.105)

또 학교 내 집단 구타도 북한 청소년 폭력의 대표적인 모습이라고 할 수 있다. 이러한 집단 구타나 폭행은 보통 의리라는 이름으로 포장되기도 한다. 한 친구가 누구에게 맞았으면 친구로서 당연히 그 때린 학생에게 복수하기 위해서 집단 구타가 행해지는 경우가 많다고 한다. 이 외에도 생필품이 귀하다 보니 다른 학생의 귀한 물건을 뺏는 행위도 끊이지 않고 있는데 순순히 내주지 않으면 폭행이 일어나기도 한다.106)

또한 북한 청소년들에게서도 '왕따' 현상을 찾아볼 수 있다.107) 북

편이며, 붙잡힌 학생들은 청소년 교화소에 들어간다.

104) 박원홍, 앞의 논문, p.37. 이러한 패거리에는 대부분 10대, 20대의 청소년들과 사회에서 노동생활을 하는 청년들이 속해 있다. 대개 노동청년은 폭력조직을 이끌고, 일명 '똘마니'라고 부르는 폭력조직의 말단 조직원은 대부분 중학교 상급학년 학생들인 경우가 많다고 한다.

105) 같은 논문, p.37.

106) 통일부 통일교육원(https://www.uniedu.go.kr) / 청소년통일배움터 / 북한청소년백과.

107) 민성길, 『통일과 남북청소년』(연세대학교 출판부, 2001), p.82. 한편, 북한 청소년들은 평생 친구라고 해서 한 번 친구가 되면 끝까지 가는 것으로 믿

한에서는 집단 따돌림을 '모서리'라고 부른다. 즉, 구석이라는 뜻인데 보통 따돌림을 당하는 청소년들은 모서리 쪽에 위치하기 때문에 붙여진 별칭이다. 북한에서 모서리인 아이들은 남한과 마찬가지로 같은 학급 학생들에게 놀림을 당한다. 조금만 잘못해도 때리고 심부름이란 심부름은 모두 이 학생들의 몫이 된다. 또 학급이나 분조에 과제가 있으면 모서리인 아이들이 제일 많이 해야 한다.[108]

보통 우리나라에서는 너무 잘난 체하는 학생이나 내성적인 학생들이 왕따를 당하는 경우가 많은데, 북한에서는 이 외에도 가정형편이 어려운 학생들이 왕따를 주로 당한다.[109] 가정생활이 어려운 아이들은 학교에 못 나오는 경우가 많고 그러다 보니 무엇이든 학급이나 분조 단위로 활동하는 북한의 실정 때문에 다른 학생들이 더 고생을 하는 관계로 자연히 그런 학생들을 미워할 수밖에 없다. 그러므로 왕따를 당하는 청소년들은 힘이 없거나 돈이 없는 경우가 많다. 특히, 남자 청소년들의 경우에는 함께 어울리기 위해서는 돈이 필요한데 가정이 가난할 경우 왕따를 당할 수밖에 없다.

고 있다. 통일부 통일교육원(https://www.uniedu.go.kr) / 청소년통일배움터 / 북한청소년백과. 북한에서는 학급이 한 번 정해지면 학교 졸업할 때까지 4년 또는 6년 동안 같은 반 친구들과 계속해서 생활하게 되므로 한 번 왕따를 당하게 되면 오랜 동안 계속해서 놀림을 당하는 경우가 많다. 이러한 왕따 현상을 없애기 위해서 선생님들은 자주 학급반장이나 반의 간부들에게 단단히 주의를 주고, 또 학생들 앞에서 다른 학생들을 왕따시키면 혼내겠다고 위협도 하지만 잘 지켜지지 않는다고 한다.

108) 통일부 통일교육원(https://www.uniedu.go.kr) / 청소년통일배움터 / 북한청소년백과.

109) 국가정보원, 『최근 북한 실상』 183호(1995). 청소년들 사이에서 따돌림을 잘 당하는 유형으로는 사상교육 등 생활총화 시간에 자기 혼자만 당과 국가에 충성심이 높은 것처럼 다짐하는 학생, 성격이 지나치게 소심해 모든 일에 예민하게 반응하며 주위 사람들을 피곤하게 하는 학생, 자기중심적이며 이기적인 학생, 외모가 너무 예쁘거나 잘생겨서 주위의 질투를 받는 학생, 지능이 낮아 자기 또래들과 어울리지 못하는 학생, 자기 물건이나 돈을 지나치게 아끼는 학생 등이다.

4) 청소년 일탈

북한의 청소년들이 가장 많이 행하는 일탈행위는 폭력과 절도라고 한다. 물론 청소년의 일탈행위는 어느 사회에서나 나타나는 일반적인 현상이다. 왜냐하면 청소년기의 일탈은 정서적으로 매우 민감한 시기를 보내는 청소년들의 심리적인 불안에서 기인하는 부적응의 징후라고 볼 수 있기 때문이다. 그러나 북한 청소년들의 일탈행위는 1990년대 이후 식량난을 겪으면서 점점 증가하고 있다. 북한 청소년들에게는 북한사회의 만성적인 경제난과 이로 인한 생활고, 지속적인 억압과 통제에 따른 욕구불만으로부터 벗어나고자 하는 심리적 경향이 일탈행위의 원인이 되고 있는 것이다.[110]

절도의 경우, 북한 청소년들은 남의 집에 들어가 쌀을 훔친다든지, 남의 주머니에 있는 돈을 훔친다든지, 찬장을 열어서 밥을 뒤져 먹는다든지 하는 배고픔에 의한 비행이 많다. 특히 굶주림으로 부모님이 돌아가신 아이들의 경우 그들을 돌봐줄 부모님이 없기 때문에 남의 물건을 많이 훔친다.[111] 북한 청소년들이 기호품이나 사치품이 아니고 주로 식량을 절도하는 것으로 보았을 때 식량난이 매우 심각함을 알 수 있다.

최근에는 북한 청소년들의 절도가 매우 대담해져 가동이 중단된 공장의 기계까지도 뜯어서 팔거나 개, 닭, 토끼, 양, 염소 등과 같은 가축까지도 훔쳐 팔고 있다고 한다. 청소년들에 의한 절도는 주로 자기가 살고 있는 고장보다는 외지에서 많이 저지르는 것이 일반적 모습이다. 그리고 최근 들어 청소년 범죄가 점점 잔인해지고 있으며, 잘사는 사람을 골라 다니면서 소매치기, 강도나 심지어는 살인을 저

---

110) 노공순, 「북한이탈 청소년들의 남한사회 초기적응을 위한 교육방안 연구」 (이화여자대학교 석사학위논문, 2004), p.19.

111) 송광성 외, 앞의 논문, p.194, p.196.

지르는 경우도 있다고 한다.[112]

> 평안남도 각 시·군 보안당국에서는 대낮에도 범죄를 저지르는 청소년들이 급증하고 있어 골머리를 앓고 있다. 평성시에서는 얼마 전 10대 후반 청소년들이 부엌 식칼을 들고 강도짓을 하다가 검거됐으며, 길 가던 사람을 몽둥이로 때려눕히고 자전거를 빼앗아 달아나던 20대 초반 청년들이 붙잡히기도 했다. 순천시에서는 짱돌을 쥐고 길목을 지키고 섰다가 자전거를 타고 지나가던 사람의 머리를 내리쳐 쓰러뜨리고 자전거를 빼앗는 10대들이 나타나 검거에 나섰다. 평안북도 신의주에서도 여성들을 괴롭히고 소지품과 돈을 채가는 소매치기들이 극성이다. 10대 청소년들의 범죄는 단순히 재물이나 돈을 뺏는 것에 그치지 않고, 십중팔구 사람을 피투성이로 만들거나 간혹 의식불명으로 만드는 등 잔인함이 점점 도를 넘고 있어 사회문제가 되고 있다. 보안서와 순찰대에서는 야간에는 잠복근무를 서고, 낮에는 수시로 순시를 다니는데 주민들의 불안을 잠재우기에는 역부족이다. 주민들은 대낮에도 으슥한 곳은 피해 다니며, 혼자 다니기를 꺼려하고 있다.[113]

북한당국은 이러한 현상이 외부 사조의 유입을 통하여 확대되는 것으로 보고 청소년 교양사업에 주력하고 있다. 그러나 일부 북한 청소년들 속에서는 폭력조직 결성 등의 형태로 일탈행동이 나타나고 있으며, 문제 학생의 증가에 따른 범죄도 증가하고 있다고 한다.

---

112) 길은배, 『사회문화 변동에 따른 북한청소년의 변화전망과 대책 연구』, p.147.

113) (사)좋은 벗들 북한연구소, 『오늘의 북한소식』 제242호(2008년 10월 29일).

[참고문헌]

국가정보원, 『최근 북한 실상』 183호(1995).

길은배, 『통일문화 형성을 위한 남북한 청소년 정책 연구』(한국청소년개발원, 2001).

_____, 『사회문화 변동에 따른 북한청소년의 변화 전망과 대책 연구』(한국청소년개발원, 2002).

_____, 『남북한 청소년의 사회문화적 동질성 증진 방안: 청소년의 교류·협력을 통한 사회통합적 관점』(한국청소년개발원, 2005).

길은배·문성호, 『북한이탈 청소년의 남한사회 적응 실태 및 지원 방안 연구』(한국청소년개발원, 2003).

길은배·이종원·최원기, 『남북한 평화공존을 위한 청소년의 사회문화적 동질성 증진방안 연구』(통일연구원, 2001).

김경숙, 「집단주의와 자력갱생은 우리의 고유한 혁명방식」, 『인민교육』 제4호, 루계 635호(평양: 교육신문사, 2009).

김명진, 「고임돌」, 『조선문학』(평양: 문예출판사, 2002).

김문창, 『열망』(평양: 문학예술종합출판사, 1999).

김일성, 「학교교육사업을 강화하기 위한 몇 가지 과업에 대하여」, 『김일성 저작집 29』(평양: 조선로동당출판사, 1985).

김정일, 『주체문학론』(평양: 조선로동당출판사, 1992).

내외통신, 964호, D1 내외통신 주간판 961-978호.

노공순, 「북한이탈 청소년들의 남한사회 초기적응을 위한 교육방안 연구」(이화여자대학교 석사학위논문, 2004).

민성길, 『통일과 남북청소년』(연세대학교 출판부, 2001).

박원홍, 「북한주민의 일탈현상과 부조리 실태 연구」(명지대학교 석사학위논문, 2003).

박현희·임영태·정진화, 『처음으로 읽는 통일 교과서, 통일은요』(푸른나무, 2001).

(사)좋은 벗들 북한연구소, 『오늘의 북한소식』 제252호(2008년 11월 12일).

(사)좋은 벗들 북한연구소, 『오늘의 북한소식』 제242호(2008년 10월 29일).

손승영, 『한국 청소년의 젠더 차이와 성차별: 현황과 과제』(한국청소년개발원, 2006).
송광성 외, 「북한 청소년 생활」, 『한국청소년연구』 제5권, 제4호(통권 제19호)(한국청소년개발원, 1994).
이원봉, 『북한청소년생활의 심층연구: 북한청소년조직과 집단생활』(한국청소년개발원, 1995).
임순희, 「북한 새 세대의 가치관」, 『여의도정책논단 14』(여의도연구소, 1997).
_____, 『북한 청소년의 교육권 실태: 지속과 변화』(통일연구원, 2005).
_____, 『북한 새 세대의 가치관 변화와 전망』(통일연구원, 2006).
장선홍, 「강반의 달밤」, 『조선문학』(평양: 문예출판사, 2003).
재일본 조선인 총련합회 중앙본부 교육부 편, 『조선민주주의인민공화국 교육 규정 자료집』(도쿄: 학우서방, 1957).
전영주, 「북한이탈 청소년의 심리사회적 적응에 관한 연구」(숭실대학교 석사학위논문, 2005).
조영승, 『남북 청소년 동질성 회복을 위한 단계별 청소년 교류 프로그램 개발』(문화관광부, 2000).
조정기 · 천정순, 『남북한의 청소년』(시대정신, 2007).
조정아, 「북한 중등학교 규율 연구」, 『신진연구 논문집(III)』(통일부, 2003).
통일부 통일교육원, 『고등학교 열리는 통일 신나는 미래』(통일부 통일교육원, 2002).
통일부 통일교육원, 『북한 이해』(통일부 통일교육원, 2009).
한만길, 『통일 이후 남북한 교육통합방안 연구: 북한 학생의 재사회화를 중심으로』(국회도서관 입법조사분석실, 1997).
한형수, 「넓은 미래에 산다」, 『조선문학』(평양: 문예출판사, 2005).
통일부 통일교육원(https://www.uniedu.go.kr) / 청소년통일배움터 / 북한청소년백과.
『조선일보』, 1995년 4월 21일자.

제 7 장
북한의 조선소년단*

차승주**

1. 들어가며

2008년 미국의 국가정보위원회(NIC)는 '글로벌 트렌드 2025'라는 전망보고서를 통해 2025년쯤 통일된 한국을 볼 가능성이 있으며, 한반도가 단일국가로 통일되지 않을 경우 느슨한 연방형태를 유지할 가능성이 있다고 분석했다.[1] '유엔미래보고서' 역시 2020년에 남북관계에 뚜렷한 변수가 나타날 것이라 예측하고 있으며 특히 2015년에 수백만 명의 북한 사람들이 남한으로 넘어올 것이라고 예상하고 있다.[2] 이처럼 많은 국내외 북한 전문가 및 연구기관의 보고서들이 머지않은 장래에 한반도의 통일 내지는 그에 버금가는 남북관계의

---

* 이 장은 필자의 박사학위논문의 일부(4장과 5장)를 수정 · 보완한 것이다. 차승주, 「북한 조선소년단에 관한 연구: 사회통합기제로서의 역할을 중심으로」(서울대학교 대학원 박사학위논문, 2010).

** 춘천교육대학교 윤리교육과 강사.

1) 『연합뉴스』, 2008년 11월 21일자.

2) 박영숙 외, 『미리 가본 2018년 유엔미래보고서』(서울: 교보문고, 2010), pp. 46-50.

변화를 예상하고 있다.

현재 1만 8천여 명에 불과한 북한이탈주민들조차도 남한사회에 적응하기까지 많은 어려움을 겪고 있으며 그들에 대한 사회적 지원 또한 부족한 것이 현실이다. 이러한 상황에서 지금보다 더 많은 수의 북한이탈주민이 남한에 들어오게 되거나 통일과 같은 급변 사태가 발생했을 경우 과연 우리가 그와 같은 모든 상황들에 효과적으로 대처할 수 있을지 자문해 보지 않을 수 없다. 따라서 지금 우리에게는 북한에 대한, 특히 우리와 다른 체제와 문화 속에서 살고 있는 북한 사람들에 대한 더 적극적인 관심과 객관적인 이해가 요구된다. 이러한 북한 이해의 일환으로 이 논문에서는 북한의 조직생활을 통한 초기사회화에 관심을 가지고 '조선소년단'에 주목하고자 한다.

북한의 '조선소년단'은 해방 이후 소련의 영향 속에서 소련의 소년조직이었던 '소년개척단(Pioneer)'을 모델로 삼아 만들어진 소년조직이다. '조선소년단'은 상급기관이자 지도기관인 '조선민주주의청년동맹'(현재의 '김일성사회주의청년동맹')이 1946년 1월 17일에 창립되고 약 5개월 후인 1946년 6월 6일에 창립되었다.

북한의 모든 아동들은 만 7세 때부터 소년단 활동을 통하여 북한사회에서 가장 강조되는 집단주의 생활양식과 조직생활의 규범을 습득하고, 사회적으로 주입되는 가치들을 내면화하게 된다. 북한은 소년단을 통해 아동의 초기사회화 과정에 의도적으로 개입하고 아동들을 통제함으로써 더 효과적으로 사회통합을 이루어내고 있다. 따라서 소년단이 단원들의 사회화에 어떠한 역할을 수행하며 단원들에게 어떠한 영향을 미치고 있는지에 대한 분석은 북한 및 북한 사람들을 이해하는 데 중요한 열쇠를 제공할 것이다.

이 논문은 북한의 사회통합기제로서 '조선소년단'을 통한 북한 아동들의 초기사회화 과정을 더 체계적으로 이해하기 위해서 먼저 소년단의 역할과 활동 내용을 분석함으로써 북한이 소년단을 통해 단원들을 어떠한 자아와 가치관을 가진 사람으로 사회화시키는지 고찰할 것이다. 다음으로 현재 이루어지고 있는 소년단의 사회화 기능을 분석하고 변화 모습을 살펴볼 것이다.

북한의 사회통합기제로서 '조선소년단'의 역할을 고찰함에 있어서 이 논문이 사용하고 있는 기본적인 연구방법은 북한의 일차자료에 대한 분석이다. 먼저, 『로동신문』과 『교육신문』[3] 및 『청년전위』, 그리고 『교원선전수첩』과 『인민교육』 등을 주요 분석 자료로 사용할 것이다. 다음으로 북한에서 발행된 교육 관련 문헌을 분석할 것이다. 사범대학에서 사용하는 교육 관련 교재나 아동에 관한 김일성, 김정일의 연설문 등이 이에 해당한다.

또한 북한이탈주민과의 인터뷰를 부분적으로 보완 자료로 활용하였다. 이러한 구술 자료는 북한의 소년단 교육이 실제로 어떻게 전개되고 학생들에게 영향을 미치고 있는가에 관한 단서를 제공할 수 있을 것으로 기대한다. 인터뷰는 상황과 조직에 있어서 각각 '개인적, 대면적 면접법'[4]과 '비조직적, 비표준화' 또는 '비유도 면접법(non-directive interview)'[5]으로 진행하였다. 또한 북한 교육 및 소년단에 대한 2차적인 관련 자료를 분석함으로써 일차자료만으로는 부족할 수 있는 논거를 보완하고자 하였다. 이러한 접근법으로 본론의 신뢰성과 타당성을 가능한 제고하려고 노력했다.

---

3) 2004년 3월에 기존의 『교원신문』에서 『교육신문』으로 명칭이 변경되었다.

4) 말 그대로 면접자가 피면접자를 개인적으로 만나 자료를 얻어내는 방법이다. 대부분의 면접법은 이 방법을 쓰는데, 요즘에는 연구목적에 따라 비용 등을 절감하기 위하여 더 경제적인 면접법을 이용하는 사례가 늘어나고 있다. 김경동 · 이온죽 · 김여진, 『개정판 사회조사연구방법: 사회연구의 논리와 기법』 (서울: 박영사, 2009), pp.235-236.

5) 이 면접법은 조사표도 없고, 질문의 형식이나 순서도 지정하지 않으며, 응답자는 면접자의 일정한 지시 없이 자유롭게 질문에 응수하고 자신의 경험과 상황 규정, 의견과 태도, 느낌 등을 표현하도록 권장하는 방법이다. 심층(in-depth) 면접이라고도 한다. 같은 책, p.240.

2. 조선소년단의 역할과 활동 내용

1) 정치사상교양사업

소년단이 담당하고 있는 다양한 사업 및 활동 중에서 가장 중요한 것은 바로 정치사상교양사업이다. 소년단의 중심 과업인 정치사상교양사업에 대해서 북한은 다음과 같이 설명하고 있다.

> "소년단사업에서 무엇보다 중요한 것은 전체 소년단원들을 위대한 수령님의 주체사상으로 튼튼히 무장하고 당과 수령에 대한 충실성과 혁명성이 강한 참된 혁명가로 키우기 위한 사상교양사업을 실속 있게 하는 것이다."[6]

정치사상교양의 내용으로는 김일성과 김정일에 대한 충실성교양, 주체사상으로 튼튼히 무장시키는 것, 노동계급의 혁명의식과 계급의식으로 무장시키는 것 등이 강조되고 있다. 이 중에서 북한이 시대를 초월하여 가장 강조하고 있는 정치사상교양의 내용은 충실성교양이다.

특히, 1998년 이후 충실성교양은 '수령결사옹위정신'으로 더욱 자주 표현되며, 김정일에 대한 충성을 강조하는 방향으로 강화되고 있다. '수령결사옹위정신'은 "수령의 신변을 결사호위하고 수령의 권위를 결사옹위하며 수령의 업적을 결사고수하는 것과 함께 수령의 사상과 로선을 결사관철하는 정신"[7]을 의미한다.

이와 같은 소년단의 정치사상교양사업이 이루어지는 주요 형식들에 대해 구체적으로 살펴보면, 먼저 정규교양체계를 통한 교양을 들

---

6) 『로동청년』, 1990년 6월 6일자, 1면.

7) 교육신문사, 『인민교육』, 주체95(2006년) 제1호(1-2월), p.20.

수 있다. 여기에는 '위대한 수령님과 친애하는 지도자 선생님을 따라 배우는 학습회'와 이야기 모임의 두 가지 대표적인 방법이 포함된다. 둘째, '김일성 원수님 혁명활동연구실', 혁명전적지와 혁명사적지, 혁명박물관, 혁명사적관 등 사상교양의 거점이자 수단들을 통한 교양이다. 셋째, 소년단의 모임을 통한 교양이 있다. 넷째, 그림이나 도해 등의 직관물이나 출판물을 통한 교양이 있다. 다섯째, 소년단 입단식이나 체육대회와 같은 정치행사를 통한 교양이 있다.

한편 더 일상적으로 이루어지는 소년단의 정치사상교양 방법으로는 '독보회'가 있다. 북한의 학생들은 등교 후에 각 분단(학급)의 소년단 사상부위원장의 진행 및 낭독으로 매일 5분에서 10분 정도씩 '독보회'를 갖는다고 한다. 일상적으로 진행되는 '독보회'를 통해 이루어지는 반복적인 사상교양의 영향으로 북한의 학생들은 당이 의도하는 사상교양의 내용을 무의식적으로 받아들이게 되고 그러한 사상교양에 길들여지게 된다.

이와 같은 정치사상교양은 창립 이래 소년단에게 주어진 가장 중요한 과업이자 역할이다. 이러한 정치사상교양을 통해 모든 소년단원들을 '경애하는 장군님을 결사옹위하는 총폭탄'으로, '장군님의 참다운 소년근위대'로 만드는 것이 소년단의 가장 핵심적인 임무인 것이다.

2) 사회정치활동과 '좋은일하기운동'

(1) 사회정치활동

북한은 학생들이 학교 안에서 책만 붙들고 공부하다 보면 무기력한 '글뒤주'가 될 수 있으므로 학생들을 사회정치활동에 널리 참가시켜야 한다고 강조하고 있다. 북한의 '사회주의교육에 관한 테제'[8])는 사회정치활동을 "학생들이 학교에서 배운 지식을 현실에 적용하는 실천 활동이며 사회주의 건설에 직접 이바지하는 혁명 활동"이라고 설명하고 있다. 또한 이러한 사회정치활동에 학생들을 널리 참가시킴으로써 "어려서부터 사회와 인민을 위하여 몸 바쳐 투쟁할 줄 아는 참다운 사회의 주인으로, 군중을 교양하고 조직동원할 줄 아는 능력 있는 사회정치활동가로 키워야 한다."[9]고 강조하고 있다.

사회정치활동의 내용을 살펴보면, 가장 중요한 것은 당 정책에 대한 선전이다. 이는 김일성의 교시와 김정일의 말씀을 해설 및 선전하고 그것들을 관철하도록 조장한다는 것을 의미한다. 또한 과학기술을 선전 및 보급하는 것으로 근로자들이 현대적인 과학기술지식을 소유하도록 깨우쳐주는 것이다. 다음으로 위생선전 역시 사회정치활동의 중요한 내용이다. 이러한 소년단의 사회정치활동은 소년선전대, 소년예술선전대, 가창대, 축하단 등 여러 가지 형식과 방법으로 진행된다.

소년단에서 이루어지는 다양한 형식의 사회정치활동 중에서 소년예술선전대는 특히 널리 사용되는 활동방법이다. 북한은 소년예술선전대를 "예술형식을 통한 학생들의 사회정치활동이며 선전활동"[10]이라고 설명하고 있으며, 보통 선거기간에 거리에서 선거선전을 하거나 신년 초에 농장 또는 공장에 나가 공동사설을 선전하는 방식으로 이루어지고 있다. 북한에서 소개하고 있는 소년단원들의 사회정치활동 모습은 다음과 같다.

---

8) '공산주의 인간 양성'이라는 교육목표를 이행하기 위해 제기된 북한의 장기적이고 종합적인 교육방침으로, 1977년 9월 5일 노동당 중앙위 제5기 14차 전원회의에서 김일성 주석에 의해 제시됐다. 북한은 교육테제가 발표됨으로써 "사회주의 교육사업에서 제기되는 이론 실천적 문제들이 과학적으로 해결됐다."고 평가하고 테제 발표날을 '교육절'로 기념하고 있다. 조순래 외, 『북한용어소사전』(서울: 연합뉴스, 2003), pp.181-182.

9) 김형찬, 「사회주의 교육에 관한 테제」, 『북한의 교육』(서울: 을유문화사, 1990), p.497.

10) 교육신문사, 『인민교육』, 주체96(2007년) 제5호(9-10월), p.52.

“최고인민회의 대의원선거가 하루하루 다가옴에 따라 지금 평양시 안의 학생소년들이 선거선전활동을 힘 있게 벌리고 있다. … 시 안의 그 어디를 가보아도 최고인민회의 대의원선거로 부르는 고등중학교[11] 취주악대들의 힘 있는 선율을 들을 수 있다. … 우리 인민의 혁명적 신념과 영웅적 기상을 담은 노래들을 들으며 사람들은 이번 선거를 통하여 우리의 혁명주권을 반석같이 다지고 우리 조국을 영원히 태양의 나라로 빛내갈 결의 밑에 발걸음을 다그쳐 가고 있다.”[12]

“평양 부흥고등중학교를 비롯한 평천구역 안의 고등중학교 학생소년들도 사회주의 경제건설의 선행부문을 담당하고 있는 평양화력발전련합기업소 종업원들과 마음도 합치고 발걸음도 맞추면서 매일 사회정치활동을 활발히 벌리고 있다. 그들은 취주악을 울리고 붉은기를 펄펄 날리면서 발전소 구내를 들썩하게 만들었고 출근하는 종업원들에게 꽃다발과 꽃목걸이도 안겨주고 꽃보라도 뿌려주었다.”[13]

(2) ‘좋은일하기운동’

북한의 학생들이 학습 이외에 일상적으로 수행해야만 하는 중요한 과업인 ‘좋은일하기운동’은 ‘사회주의 교육에 관한 테제’가 발표될 당시만 해도 사회정치활동의 한 유형으로 강조되던 활동이었다. 그러던 것이 소년단 조직생활에서 차지하는 비중과 중요성이 점점 커지면서 독자적인 사업 형태로 자리 잡게 되었다. ‘좋은일하기운동’은 북한의 학생들이 방과 후 많은 시간을 할애하고 있는 활동으로 소년단의 여러 사업들 중에서 큰 비중을 차지하고 있다.

북한은 ‘좋은일하기운동’을 “위대한 수령님과 친애하는 지도자 선생님께 기쁨을 드리고 나라살림에 보탬을 주는 충성의 애국운동이며 학생소년들이 실천을 통하여 배운 지식을 공고히 하고 어려서부터

---

11) 북한은 2002년에 인민학교를 소학교로, 고등중학교를 중학교로 변경하였다.
12) 『청년전위』, 1998년 7월 12일자, 4면.
13) 『청년전위』, 1998년 1월 15일자, 4면.

로동을 사랑하는 혁명정신을 키워 쓸모 있는 혁명인재로 준비하도록 하는 대중적 교양운동"으로 정의하고 있다. 또한, '좋은일하기운동'은 사회정치활동과 함께 "학업을 전문으로 하는 학생 청소년들을 자연과 사회를 개조하는 사회적인 실천 활동에 참가시키는 청소년 교육교양의 한 형태"라고 부연하고 있다.[14)]

'좋은일하기운동'에는 나무심기 운동, 토끼 기르기 운동, 유휴자재 모으기 운동과 같은 경제적 활동에서부터 학교 및 마을 청소, 농장 및 공장의 일손 돕기, 군대 지원에 이르기까지 다양한 내용들이 포함된다.

'좋은일하기운동'에 포함되어 있는 이러한 활동들을 효과적으로 수행해 나가는 방법에는 여러 가지가 있으나, 그 중에서 북한이 특히 강조하고 있는 형식으로는 '꼬마계획' 활동과 '향토애호근위대' 활동 등이 있다. 먼저 '꼬마계획' 활동은 소년단원들 속에서 벌이는 '좋은일하기운동'을 조직화하고 계획화한 종합적인 '좋은일하기운동' 형식으로 과제의 대부분이 분단과 소년반의 활동으로 실행된다. 이때 '꼬마계획' 활동으로 마련된 자금은 청년동맹중앙위원회가 제정한 지도서에 의하여 처리해야 한다. '향토애호근위대' 활동 역시 '좋은일하기운동'을 조직화하고 체계화한 활동 형식으로 주요 활동 내용으로는 녹화사업, 위생사업, 기름나무를 심고 가꾸는 사업, 산림애호사업, 토지보호사업, 철도애호사업, 도로관리사업 등이 포함된다.[15)]

한편 김정일 정권 이후 선군정치가 중시되면서 소년단의 '좋은일하기운동'의 내용으로 다음과 같은 군대를 돕는 일이 특히 강조되고 있다.

"통천군 신대고등중학교 청년동맹, 소년단 조직에서는 '우리 학교-우

14) 전광두 · 장세운, 『소년단건설(2)』(평양: 교육도서출판사, 1986), p.123.
15) 같은 책, pp.129-134.

리 초소', '우리 초소-우리 학교' 운동[16]을 힘 있게 벌리고 있다. … 학교 안의 모든 학생들은 건군절과 국가적 명절, 기념일을 맞으며 조선인민군 구분대를 찾아가 자기들이 준비한 다채로운 예술소품 공연도 하고 원호품도 안겨주면서… 이와 함께 학생들이 인민군대후방가족, 전사자가족, 영예군인들을 잘 돌보아주는 사업도 널리 진행하고 있다."[17]

3) 지덕체 및 정서 함양 사업

(1) 지식교육사업

주지하다시피 소년단은 소학교와 중학교에 재학 중인 학령기 아동 및 청소년을 포함하고 있는 조직이다. 따라서 다른 어떤 과업 못지않게 정규 교육과정에 따른 교과학습을 충실하게 수행하는 것이 소년단원 개인적으로뿐만 아니라 소년단 조직의 차원에서도 중요하고도 기본적인 과제가 될 수밖에 없다. 북한은 "학교 소년단사업에서 가장 중요한 문제는 학생들이 공부를 잘하도록 하는 것"이라고 강조하고 있다.[18] 이와 같이 소년단원들이 학교에서의 교과학습을 잘할 수 있도록 도와주고, 더 나아가 학교에서 배운 지식을 실제 생활에서 응용할 수 있도록 지식의 활용능력을 길러주는 일은 소년단에게 주어진 중요한 과업 중 하나이다.

소년단원들이 배운 지식을 공고히 하고 보다 폭넓은 지식을 체득할 수 있도록 하기 위해서는 여러 가지 방법을 사용할 수 있는데, 대

---

16) 각급 학교와 군부대를 자매결연으로 결속시킴으로써 군민일체감을 조성하려는 데 목적을 두고 있다. 북한은 이 운동을 "학생들이 위문편지 쓰기, 위문품 보내기, 위문공연 등을 통해 군인들의 사기를 진작시키고, 군민 간의 일체감을 조성하여 학생들에게 군원호사업이 갖는 중요성을 인식하게 하는 운동"이라고 설명하고 있다. 연합뉴스, 『북한용어 400선집』(서울: 연합뉴스, 1999), p.329.

17) 『청년전위』, 1998년 1월 7일자, 4면.

18) 전광두 · 장세운, 앞의 책, pp.3-7.

표적으로 읽은 책 발표모임, 지은 글 발표모임, 학습경연, 학과소조 등이 있다. 그 밖에 방학 중에 학습반을 운영하는 것과 다양한 방법으로 학생들에게 학습의욕을 고취시키는 것 등이 지식교육과 관련된 소년단의 사업으로 강조되고 있다. 단원들의 학습을 돕는 소년단의 활동에 대한 내용을 살펴보면 다음과 같다.

> "소년단 지도원은 소년단원들 속에서 강연과 이야기 모임, 해설담화 등 여러 가지 방법으로 그들의 학습열의를 높이 불러일으켰다. 이론과정에서 모든 소년단원들은 혁명적 학습기풍을 철저히 세우고 분초를 아껴가며 열심히 학습하게 되었다."[19]

> "평양대학거리고등중학교 청년동맹, 소년단 조직에서는 학생들이 방학 간 학습반 운영을 통하여 배운 지식을 더욱 튼튼히 다지도록 책임적으로 지도하고 있다. … 청년동맹, 소년단 책임지도원 김광일 동무는 방학이 시작되자 뒤떨어진 학생들의 실력을 한 계단 끌어올릴 수 있도록 잘 배합하여 학습반을 조직하고 성적이 우수하고 책임성이 높은 학생들로 학습반장을 임명하도록 하였다."[20]

또한 각 학교의 청년동맹 및 소년단 지도원들은 학생들이 '7 · 15 최우등상' 쟁취운동에 적극 참가하도록 지도해야만 한다. '7 · 15 최우등상'은 북한 청소년들의 김정일에 대한 충성심을 고취시키고 학습의욕을 향상시키기 위한 목적으로 1987년 7월 15일에 제정된 상훈으로, 대상자는 품행이 단정하고 전자, 물리, 수학, 화학, 외국어 과목에서 우수한 성적을 올린 학생이다.[21] 학교 청년동맹 및 소년단 조직들은 교원들과 학생들이 이러한 노력경쟁운동에 적극 참가하도록 이끄는 역할을 하게 된다.

---

19) 『로동청년』, 1983년 6월 5일자, 3면.

20) 『청년전위』, 1998년 1월 24일자, 3면.

21) 연합뉴스, 앞의 책, p.254.

(2) 공산주의 도덕교양사업

소년단원들에 대한 공산주의 도덕교양사업 역시 소년단이 해야 하는 중요한 역할이다. 북한에서는 이러한 공산주의 도덕 품성이 천성적으로 타고나는 것도, 사회생활에서 저절로 습득되는 것도 아닌, 올바른 교육적 영향과 도덕교양에 의해서만 형성되는 것이라고 밝히고 있다. 따라서 소년단원들에 대한 공산주의 도덕교양은 학교교육과 소년단 조직이 함께 책임져야 한다고 설명한다.

소년단을 통해 이루어지는 도덕교양에서 다루어지는 주요 내용으로는 첫째, 사회주의적 생활양식과 집단주의적 생활규범을 자각적으로 지키도록 하는 것, 둘째, 예절을 잘 지키도록 하는 것, 셋째, 공중도덕과 사회질서를 자각적으로 지키도록 하는 것, 넷째, 낡은 도덕관념과 부르주아적인 생활양식의 사소한 요소에도 물들지 않도록 하는 것 등이 강조되고 있다. 또한, 공산주의 도덕교양을 실시할 때에는 학교, 사회, 가정과의 유기적인 연계 속에서 진행해야 하며, 교양과 통제 그리고 투쟁의 방법을 밀접하게 결합하여 우선 교양을 실시하고 다음으로 통제와 투쟁을 실시하는 순서로 진행[22]할 것을 강조하고 있다.

특히 '좋은일하기운동'과 결부시켜 소년단원들에게 노동애호정신을 함양시키는 것과 집단주의 가치관을 길러주는 일 등이 강조되고 있다. 소년단에서 이루어지고 있는 공산주의 도덕교양사업의 사례를 살펴보면 다음과 같다.

> "희천남자고등중학교 사로청 및 소년단 책임지도원 박일호 동무는 … 학생들 속에서 학교와 마을을 더 잘 꾸리는 사업과정을 통해서도 로동을 사랑하는 정신으로 학생들을 교양하였다. … 학교 뒤산에 기름나무를 심고 잘 가꾸며 빈땅들에 피마주와 역삼, 해바라기 등을 심고

22) 전광두 · 장세운, 앞의 책, pp.38-39.

가꾸는 과정을 통하여 학생들의 마음속에 로동을 사랑하는 정신을 심어주었다."[23]

(3) 체육교육사업

소년단원들에게 튼튼한 체력을 소유시키는 것도 소년단의 중요한 과업으로 강조된다. 그 이유를 북한은 다음과 같이 설명하고 있다.

> "소년단원들이 튼튼한 체력을 가져야 공부도 잘할 수 있고 소년단 조직생활에도 적극 참가할 수 있으며 장차 혁명과 건설을 위한 투쟁에도 적극 참가할 수 있다. 또한, 소년단원들이 튼튼한 체력을 가져야 용감성과 대담성, 투지와 인내성을 발휘할 수 있으며 사회적 인간으로서 갖추어야 할 의지적 품성을 길러나갈 수 있다."[24]

또한, 소년단원들이 튼튼한 체력을 가져야만 나라의 체육도 발전할 수 있고, 특히 청소년기가 신체 성장이 가장 왕성한 시기이기에 체육활동이 더욱 필요하다는 점에서 단원들에 대한 체육교육 역시 소년단의 중요한 역할로 주어지게 된다. 소년단의 체육교육은 다음과 같은 방법들로 진행된다.[25]

첫째, 키크기 운동이다. 키크기 운동 종목에는 배구, 농구, 뜀줄 등의 올려 뛰는 운동, 철봉이나 평행봉 같은 매달리는 운동, 그리고 축구, 탁구, 정구 등의 구기운동과 널뛰기, 그네 같은 민족체육 종목들이 포함된다.

둘째, 국방체육활동이다. 국방체육 종목에는 장애물 이겨내기, 담벽 뛰어넘기, 등산, 행군, 수영, 대열 동작, 눈길 행군 등의 대중국방체육 종목과 수류탄 던지기, 사격, 모형항공기 등의 국방실용체육 종

---

23) 『로동청년』, 1988년 11월 10일자, 3면.

24) 전광두 · 장세운, 앞의 책, p.53.

25) 같은 책, pp.55-57.

목이 포함된다.

셋째, 소년단원들에게 한 가지 이상의 체육기술을 소유시키는 것이다. 이때, 남학생들은 기계체조를 하고, 여학생들은 예술체조를 하도록 하며 개인의 취미와 소질에 맞게 체육 종목을 선택하고 그 분야의 체육기술을 완전히 소유하게 해야 한다.

넷째, 소년단원들 속에서 체육을 대중화, 생활화하는 것이다.

이 중에서 북한에서 특히 강조하고 있는 체육활동은 국방체육이다. 북한은 여러 가지 장애물을 극복하면서 진행되는 국방체육활동을 통해 학생들이 "경애하는 장군님을 결사옹위할 사상의지를 더욱 굳게 가지게 되며 어떤 난관과 시련도 과감히 뚫고 나가는 불굴의 투지도 키우게 된다."고 주장하며 국방체육을 강조하고 있다. 또한 국방체육활동을 통하여 학생들이 "여러 가지 기술기재들을 능숙하게 다룰 수 있게 되고 군사활동에 필요한 지식과 기능도 체득하게 된다."고 설명하며 학생들에 대한 국방체육활동의 중요성을 강조하고 있다.26)

또한, 학생들에 대한 체육교육을 강화하기 위한 방법으로 '모범체육학교쟁취운동'과 같은 군중운동이나 정기적인 '인민체력검정사업' 등을 실시하고 있다. 북한은 '인민체력검정사업'에 대해서 "청소년학생들과 근로자들의 체력발달상태를 정상적으로 료해장악하고 정확히 평가할 수 있게 함으로써 그들의 체력을 끊임없이 발달시키며 그에 기초하여 나라의 전반적인 체육수준을 높일 수 있게 하는 데서 중요한 의의를 가진다."27)고 설명하고 있다.

(4) 문화정서교양사업

북한은 소년단원들이 갖추어야 할 문화정서적 소양으로 "문학·예술작품을 감상하고 창작하는 데 필요한 기초적인 지식과 노래를 부

26) 교육신문사, 『인민교육』, 주체96(2007년) 제1호(1-2월), p.57.

27) 『청년전위』, 1998년 8월 4일자, 4면.

르고 춤을 출 줄 알며 한 가지 이상의 악기를 다룰 수 있는 예술적 기량과 자연과 사회, 인간 생활에서 아름답고 고상한 것을 느낄 줄 아는 풍부한 미학적 정서"를 강조하고 있다. 또한, 문화정서적 소양 역시 도덕품성과 마찬가지로 교육을 통해서 함양되고 생활 실천 속에서 더욱 높아지는 것이라고 설명한다.

북한은 "혁명적 정서는 혁명사상과 의지, 도덕과 하나로 어울려 혁명가의 사상정신적 풍모의 중요 내용을 이룬다. 혁명은 사상의지나 규률만을 가지고 하는 것이 아니다. 혁명에는 투쟁도 있고 정서적인 생활도 있다."고 설명하며 학생들을 '선군시대 혁명가의 사상정신적 풍모를 체현한 열혈의 투사'로 키우기 위해서는 정서교육을 강화해야 한다[28]고 주장한다.

3. 사회통합기제로서 조선소년단의 기능과 변화

1) 조선소년단의 사회화 기능

(1) 의도된 자아의 획득

사회화를 통하여 개인은 자신이 속한 사회의 문화를 배우는 동시에 '자아(自我)'를 형성하고 이러한 과정을 통하여 궁극적으로 '자아정체감(自我正體感, ego-identity)'을 확립하게 된다. 그런데 우리는 사회마다 사람들의 특징적인 성격이나 행동양식이 상당히 다른 경우를 종종 관찰하게 된다. 이는 사람들이 각자의 자아를 형성하고 발달시키는 과정에서 사회문화적 환경의 영향을 받기 때문이다. 따라서 같은 사회의 구성원들 간에는 정도에 차이는 있을지라도 기본적으로 공유하고 있는 자아정체감이 존재하게 된다. 우리가 흔히 사용하는

28) 교육신문사, 『인민교육』, 주체93(2004년) 제1호(1-2월), p.30.

'국민성'이나 '민족정체성' 등의 개념이 바로 그것이다.[29]

그렇다면 북한 역시 사회화 과정을 통해 개인에게 내면화되는 북한사회 구성원들이 공유하고 있는 자아개념이 있을 것이다. 그리고 집단주의적 가치를 강조하고 중시하는 사회문화 및 구조상 사회적으로 공유되고 있는 자아정체감의 내용이 개인에게 미치는 영향력이나 개인에게 강요되고 있는 정도가 자본주의 사회의 그것과 비교해서 훨씬 클 것으로 유추해 볼 수 있다.

소년단을 통한 북한의 사회화 과정을 살펴보면, 일관되게 긍정적인 자아인식을 강조하고 있음을 알 수 있다. 즉, 단원들로 하여금 자신의 성격 및 의지, 자신의 능력 및 자신이 하는 일, 자신의 존재 가치 및 의의, 자신의 대인관계 및 사회 환경 등에 대해 긍정적으로 인식하도록 요구하는 것이다.[30] 북한이 강조하는 긍정적인 자아개념은 '혁명적 낙관주의'라는 표현에 잘 집약되어 있는데, 북한은 이에 대해 다음과 같이 설명하고 있다.

> "… 혁명투쟁과정에서 부닥치는 온갖 난관과 시련 앞에서 비관하거나 동요함이 없이 혁명의 승리를 확신하고 견결히 싸워나가는 공산주의적인 사상과 태도를 말한다. 혁명적 락관주의는 패배주의, 비관주의와 대립된다. 혁명적 락관주의는 주체형의 공산주의 혁명가들의 고유한 품성의 하나이다. 혁명적 락관주의는 로동계급의 수령이 개척한 혁명위업의 정당성에 대한 깊은 자각과 혁명승리에 대한 확신에 기초하고 있다."[31]

이러한 '혁명적 낙관주의' 정신을 기르기 위해 북한은 미래지향적

---

29) 권태환 · 홍두승 · 설동훈, 『사회학의 이해』(서울: 다산, 2006), pp.70-71.

30) 임순희, 『북한 새 세대의 가치관 변화와 전망』(통일연구원, 2006), p.25.

31) 당정책해설도서편집부, 『위대한 수령 김일성동지의 로작 용어사전』(평양: 과학 · 백과사전출판사, 1982), p.488.

인 사고방식을 강조하고 있다. 북한이 즐겨 사용하고 있는 구호 중 하나인 “오늘을 위한 오늘에 살지 말고 래일을 위한 오늘에 살자.”라는 표현에서 알 수 있듯이 북한이 강조하고 있는 시제는 현재형이 아닌 미래형이다. 현재는 비록 고난과 시련뿐일지라도 이를 잘 극복하면 미래에는 ‘낙원’에서 행복하게 살 수 있다는 희망을 끊임없이 강조하고 있는 것이다. 또한 일제 식민지 시기나 한국전쟁 시기와 같은 현재보다 더욱 고달팠던 과거의 경험을 계속 끄집어내어 현재와 대비시킴으로써 그래도 과거에 비하면 현재는 견딜 만하다는 인식도 강조하고 있다.

한편 개인으로 하여금 자신이 속한 사회에서 자신의 위치와 그 위치가 요구하는 역할을 인식시키는 것 역시 사회화의 중요한 기능이자 결과이다. 우리의 자아정체감도 결국은 우리가 차지하고 있는 이런 다양한 지위들이 뭉뚱그려진 집합에서 얻어지는 것이다.32) 개인은 일생을 살아가면서 사회 속에서 다양한 지위를 가지게 되는데, 이 중에서 개인의 자아정체감을 결정하는 데 중요한 역할을 하는 지위를 ‘지배적 지위(master status)’라고 한다.33)

북한의 학생들은 소년단 생활을 통해서 다양한 사회적 지위 및 역할 또한 습득하게 된다. 이 중 소년단원들에게 가장 강조되고 있는 지위는 ‘당의 후비대’, ‘혁명의 계승자’와 같은 미래 사회의 주역으로서의 지위와 ‘당에 끝없이 충직한 소년근위대’, ‘장군님을 결사옹위하는 3백만의 총폭탄’ 등으로 표현되는 김일성과 김정일의 ‘충성동이, 효자동이’로서의 지위이다. 이 두 가지 지위는 소년단원들에게 ‘지배적 지위’이자 귀속적 지위로 부여된다. 태어날 때부터 선택의 여지 없이 주어진 지위이고, 북한에서 살아가는 한 공식적으로는 그 어떤 지위에 우선하는 절대적인 지위로 간직해야 하는 것이다.

32) 김경동, 『현대의 사회학』(서울: 박영사, 2006), p.130.

33) 권태환 · 홍두승 · 설동훈, 『사회학의 이해』(서울: 다산, 2006), pp.68-69.

이러한 소년단의 지위 및 역할을 강조하는 “경애하는 장군님에 대한 끝없이 열렬하고 순결한 충효의 마음을 안고 장군님을 결사옹위하는 3백만의 총폭탄으로 억세게 준비해 가는 조선소년단”, “위대한 수령님에 대한 경애하는 장군님의 끝없는 충성과 지극한 효성을 따라 배워 경애하는 장군님께 끝없이 충직한 충성동, 효성동”[34]과 같은 표현들은 북한의 문헌에서 자주 찾아볼 수 있는 내용이다.

특히 ‘당의 후비대’는 소년단원들이 가지는 독특하고도 고유한 지위이다. 이는 소년단 자체가 소년단원들을 ‘주체혁명위업의 후비대이며 청년동맹의 교대자’로 육성하는 것을 조직의 목적이자 주된 임무로 삼고 있는 과도적 조직이라는 특성에 기인한다. 소년단원들은 소년단에 가입하면서 “주체의 혁명위업을 대를 이어 빛내 나가는 공산주의 건설의 믿음직한 후비대가 되기 위하여 항상 배우며 준비할 것”을 서약한다.[35] 입단 서약의 내용처럼 ‘당의 후비대’가 되기 위하여 준비하는 것은 모든 소년단원들에 부여된 역할이고, 이러한 역할 수행을 통해 획득 또는 유지할 수 있는 ‘당의 후비대’로서의 지위는 모든 소년단원들이 가지게 되는 ‘지배적 지위’인 것이다.

소년단원들에게 부여된 지위와 더불어 특히 ‘고난의 행군’ 시기 이후로 ‘혁명적 군인정신’[36]이 소년단원들에게 기대하는 역할로서 강조되었다. 소년단원들이 따라 배워야 할 역할모델로도 ‘인민군인’들이 등장하기 시작한다. ‘혁명적 군인정신’에서 핵심이 ‘수령결사옹위정

34) 『청년전위』, 1998년 6월 6일자, 3면.

35) 김종수, 『북한 청년동맹 연구: 체제 수호의 전위대, 청년동맹』(서울: 한울, 2008), p.92.

36) 1996년 1단계에 이어 2000년 10월 완공된 안변청년발전소(금강산발전소) 건설에 참여한 군인들이 악전고투 속에서 발휘했다는 투혼을 일컫는 말로 선군혁명시대의 시대정신으로 강조되고 있다. ‘혁명적 군인정신’에는 ‘수령결사옹위정신’, ‘결사관철의 정신’, ‘영웅적인 희생정신’이 기본 정신으로 포함된다. 조순래 외, 앞의 책, p.356.

신'인 것에서 알 수 있듯이, 이는 소년단원들의 '지배적 지위'인 '당의 후비대' 또는 '소년근위대'에 부합하는 역할 기대인 것이다.

(2) 사회주의 도덕성 및 집단주의 가치관의 형성

사회화의 가장 본질적인 내용은 광범위한 문화를 전승하는 것이다. 사회적 상징, 믿음, 규범, 가치태도, 심미감, 인지적 경험 등 모두가 사회화를 통해 개인에게 내면화되는 그 사회의 문화인 것이다.[37] 북한 역시 단원들에 대한 문화 전승을 소년단 교육의 중요한 기능이자 결과로 강조하고 있다. 특히 소년단원들이 아동 및 청소년기에 해당하는 만큼 북한이 지향하는 도덕성의 함양이나 가치관의 형성에 더욱 강조점을 두고 있다. 북한이 일반적으로 아동 및 청소년에 대해 실시하고 있는 도덕교양의 내용은 다음과 같다.[38]

첫째, 공산주의에 대한 신념과 혁명적 낙관주의 교양이다. 둘째, 계급교양이다. 셋째, 집단주의교양이다. 넷째, 노동을 사랑하는 정신의 교양이다. 다섯째, 사회주의적 애국주의 교양이다. 여섯째, 프롤레타리아 국제주의 교양이다. 일곱째, 준법교양이다. 마지막으로, 공산주의 도덕교양이다.

이와 같은 도덕교양의 주요 내용 중에서 북한이 소년단원들에게 특히 강조하고 있는 가치는 집단주의 가치관과 수령에 대한 충실성에서부터 사람 사이의 예절에 이르기까지 일상생활의 도덕규범을 모두 망라하고 있는 공산주의 도덕이다.

북한은 공산주의 도덕교양을 사람들 속에 혁명적 도덕관을 세우는 사업으로 규정하며 혁명적 도덕관의 내용으로 크게 다음의 두 가지를 제시하고 있다. 첫째, 수령, 당, 대중에 대한 충실성이다. 둘째, 혁

37) 김경동, 『현대의 사회학』(서울: 박영사, 2006), p.96.

38) 리병모 · 김태환 · 신현식 · 리영환, 『사회주의교육학: 공통과용』(평양: 김형직사범대학, 1985), pp.61-87.

명적 의리와 동지애에 기초한 혁명적 도덕을 비단 수령, 당, 대중에 대한 충실성에서 뿐만 아니라 사회생활의 모든 분야에서 구현할 것을 강조하고 있다.[39]

이러한 혁명적 도덕관에 기초하여 소년단에서는 단원들의 실생활과 관련 있는 더욱 구체적인 내용과 사례를 통해서 소년단원들의 도덕성 함양을 꾀하고 있다. 소년단원들에게는 다음과 같은 내용의 사회주의 도덕성이 일상적으로 강조되고 있다.

"집에서는 부모와 동생들을 사랑하고 밖에 나가서는 나이 많은 사람들과 웃사람을 존경하며 동무들과 친숙하고 학교에서는 선생님을 존경하는 고상한 품성을 가져야 한다. 또한 청소년들은 인사성이 밝고 언제나 옷차림과 외모를 단정히 하고 다니며 문화적인 말을 써야 한다."[40]

"옷차림을 비롯하여 모든 생활을 검박하고 소박하게 조직하여야 합니다."[41]

"모든 소년단원들은 어릴 때부터 동무들을 사랑하고 선생님과 웃사람들을 존경하는 훌륭한 품성을 소유하여야 한다. 아버지, 어머니들의 피땀이 스며 있는 국가와 사회공동재산을 귀중히 여기고 사랑하며 사회공중도덕과 질서를 자각적으로 지키는 것을 습성화하여야 한다."[42]

"소년단원들은 례절이 밝고 옷차림을 단정히 하며 어려서부터 조직과 집단을 귀중히 여기고 동무들을 사랑하는 아름다운 품성을 소유하여야 한다."[43]

---

39) 안만히, 『혁명적 도덕관이란 무엇인가』(평양: 금성청년출판사, 1991), p.140, p.143, p.174, p.189, p.220.
40) 『로동청년』, 1985년 9월 22일자, 1면.
41) 『로동청년』, 1988년 6월 17일자, 1면.
42) 『로동신문』, 2007년 6월 6일자, 1면.
43) 『로동신문』, 2009년 6월 6일자, 3면.

또한 북한이 소년단원들에게 기본적으로 강조하고 있는 가치관은 바로 집단주의 정신이다. 북한은 집단주의를 "'하나는 전체를 위하여, 전체는 하나를 위하여'라는 구호 밑에 서로 돕고 이끌면서 생사고락을 같이 해나가는 사람들의 행동의 원리이며 규범"44)이라고 설명하고 있다. 또한, 집단주의는 "사회주의, 공산주의 사회생활의 기초이며 공산주의자들의 활동원칙"45)이라고 밝히고 있다.

이러한 집단주의 정신을 바탕으로 소년단원들이 "어려서부터 개인리기주의, 물욕을 모르며 개인의 리익보다 사회와 집단의 리익, 당과 혁명의 리익을 더 귀중히 여기며 그것을 위하여 모든 것을 다 바쳐 투쟁하도록 교양"46)하는 것이 소년단의 주요 과업 중 하나인 것이다.

이와 같은 집단주의 정신은 소년단원의 일상생활과 가치관 형성에 많은 영향을 미치게 된다. 북한에서는 국가에서 인정한 수재가 아닌 이상 공부를 잘하더라도 혼자서만 잘하는 학생은 사회적으로 가치를 부여하지 않는다. 학교(단)나 분단 또는 최소한 반 단위로 그 단위에 소속된 모든 학생들이 공부를 잘해야 의미 있는 것으로 간주된다.

이는 북한에서 학생들을 대상으로 진행하는 군중운동인 '모범분단' 운동, '영예의 붉은기 학교'와 '영예의 붉은기 분단' 칭호 쟁취운동 또는 '7 · 15 최우등상'과 '7 · 15 최우등상 모범학급' 쟁취운동을 통해서도 알 수 있다. '영예의 붉은기 학교'와 '영예의 붉은기 분단' 칭호 쟁취운동은 북한이 진행했던 군중운동인 '3대혁명붉은기쟁취운동'47)을 학교에 적용한 것으로 '영예의 붉은기' 칭호를 수여받는 것

---

44) 김경숙, 『공산주의 생활륜리』(평양: 사회과학출판사, 1990), p.42.

45) 같은 책, p.56.

46) 『로동청년』, 1983년 8월 27일자, 1면.

47) '3대혁명붉은기쟁취운동'은 대중으로 하여금 높은 혁명적 열의를 가지고 사상, 기술, 문화 혁명에 적극 참가하게 하며 3대 혁명을 대중 자신의 사업으로 확고히 전환되게 함으로써 사상, 기술, 문화 혁명 수행을 위한 인민적 대중운동을 말한다. 당정책해설도서편집부, 앞의 책, p.307.

은 북한에서 매우 명예로운 일이다.

그런데 한 학교 또는 분단에서 단 몇 명의 학생만이 뛰어나서는 이 칭호를 수여받을 수 없다. 소속 구성원의 대다수가 국가가 정해 준 일정한 수준에 도달해야 부여받을 있다. 따라서 소속 단위의 학생들 간의 집단주의 가치관에 근거한 협동심이 절대적으로 요구된다. 이 과정에서 중요한 역할을 하는 것이 바로 소년단 반 활동이다. 방과 후에 학생들은 소년단 반 단위로 모여서 함께 공부하면서 서로 부족한 과목을 보충하고 뒤떨어지는 친구를 돕는 일을 일상적으로 진행하고 있다. 이 과정에서 단원들은 서로 우애를 다지고 실력을 함께 키워나가게 된다.

또한 소년단원들은 다양한 '좋은일하기운동'이나 '사회정치활동'을 할 때에도 반 또는 분단 단위로 집단 활동을 하고, 이에 대한 평가 역시 분단 또는 단(학교) 단위로 집단적으로 받게 된다. 경쟁 역시 개인간의 경쟁이 아니라 집단간의 경쟁을 우선하는 것이다. 이렇듯 소년단원들은 일상 속에서 집단주의 가치관을 내면화하게 된다.

(3) 사회주의 노력동원의 일상화

사회화 과정을 통해서 개인이 자아를 형성하고 그 사회의 문화를 습득하는 것은 거의 모든 사회에서 공통적으로 강조되는 사회화의 기능이자 결과이다. 이에 더하여 북한의 소년단에게는 경제적 기능과 사회통제적 기능이 또한 요구되고 있다. 이는 창립 이후 소년단에게 줄곧 강조되어 온 역할이기도 하다. 물론 교육의 경제적 기능이나 사회 구성원들에 대한 통제 기능은 비단 북한에서만 찾아볼 수 있는 것은 아니다. 그러나 소년단이 담당하게 되는 이러한 기능은 다른 사회의 그것에 비해 더 직접적이고 적극적이면서 일상적이라는 특성을 지닌다.

소년단원들은 사회주의 건설을 적극 도와 근로자들이 사회주의 경제건설에 더 적극적으로 나서도록 지원한다. 물론 이러한 지원 활동은 보조적 역할에 머무를 뿐이다. 경제 부문에 대한 소년단의 지원은 눈에 띄는 결과물을 산출하기보다는 청년동맹이 경제건설에 대해 수행하는 직접적이면서도 적극적인 역할을 배우는 측면이 더 크다. 즉, 북한의 청소년들은 소년단 시기에 북한 사회주의 경제건설에 동원되는 것을 '학습'하는 것이다. 김종수는 이를 '동원의 학습화'라고 표현하고 있다.[48] 그러나 이 과정에서 소년단원들이 산출하고 있는 경제적 효과는 단지 아동 및 청소년들이 어른들의 경제활동을 보조하는 것으로 치부할 수 없는 결코 무시할 수 없는 수준이다.

소년단원들의 경제적 기능은 크게 두 가지 형태로 이루어진다. 농촌지원 및 경제건설 지원 등의 명목으로 직접 노동력을 지원하는 방식과 각종 '좋은일하기운동'을 통해 지원하는 방식이 있다. 학생들이 직접 노동력을 제공해야 하는 농촌지원 활동이나 경제건설 지원 활동 등의 경우에는 소년단이 직접적인 역할을 담당하거나 책임을 지지는 않는다. 그러나 '꼬마계획'과 같은 '좋은일하기운동'의 경우 좀 더 직접적으로 소년단이 개입하게 되고 영향력도 커지게 된다.

'좋은일하기운동'은 소년단 시기의 학생들이 김일성과 김정일에 대한 충성심을 구체적으로 표현하는 것으로서, 나라의 경제건설과 국방건설을 정치적, 물질적으로 도우려고 자각적으로 벌이는 활동이다.[49] 북한에서 대표적으로 강조하고 있는 '좋은일하기운동'에는 다음과 같은 유형들이 있다.

"소년단 조직들은 토끼 기르기와 관련한 위대한 수령님의 교시와 위대한 장군님의 말씀, 당의 방침 집행정형을 총화하여 토끼기르기운동을

48) 김종수, 『북한 청년동맹 연구: 체제 수호의 전위대, 청년동맹』(서울: 한울, 2008), p.93.

49) 같은 책, p.94.

더욱 활발히 벌리기 위한 대책을 세우며 청소년학생들 속에서 '꼬마계획' 활동과 '좋은일하기운동', '영예의 붉은기' 쟁취운동 등 대중운동들에서 토끼기르기문제를 중요하게 틀어쥐고 나가도록 하여야 한다."[50)]

"함경남도, 황해남도 안의 청소년학생들은 새해농사차비에 떨쳐나선 농업근로자들을 적극 도와주기 위한 사회정치활동을 힘 있게 벌리고 있다. 그들은 여러 가지 지원물자를 마련해 가지고 협동농장에 나가 일손을 도와주면서 올해의 농사에서 또다시 큰 성과를 이룩하도록 정치선전과 경제선동, 예술선동을 힘 있게 벌리였다."[51)]

"해바라기를 많이 심고 가꿀데 대하여 주신 친애하는 지도자동지의 가르치심을 높이 받들고 초산군 내 청소년학생들은 구체적인 준비 밑에 해바라기를 심기 위한 투쟁을 힘 있게 벌려 2백만 포기를 심는 자랑찬 성과를 거두었다."[52)]

"로동계급을 도와 나선 시안의 청소년학생들은 지난 15일 동안에 1,500여 톤의 파철을 모아 강철전선에 보냈다."[53)]

"신포시, 금야군을 비롯한 도안의 8개 시·군의 청소년들은 닭먹이 조개껍질가루 130여 톤을 마련하여 닭공장들에 보내주었다."[54)]

소년단원들의 이상과 같은 '좋은일하기운동'을 통해 마련된 생산물 또는 '꼬마자금'은 생산현장에 직접 지원되거나, 김일성 또는 김정일의 생일과 당 창건 기념일, 군 창건일 등의 국가기념일을 맞이하여 국가에서 필요로 하는 물품을 준비하여 헌납하는 방식으로 사용된다.

50) 『청년전위』, 1997년 3월 4일자, 3면.
51) 『로동청년』, 1986년 1월 21일자, 3면.
52) 『로동청년』, 1983년 5월 3일자, 1면.
53) 『로동청년』, 1983년 2월 10일자, 3면.
54) 『로동청년』, 1983년 2월 10일자, 3면.

한편 이러한 경제적 활동들이 오히려 부작용을 초래하는 경우도 발생한다. 학생들에게 요구되는 토끼 기르기나 각종 수집활동은 개인별, 반별로 일정한 분량의 종이, 쇠붙이 ,토끼가죽 등이 제시되는데, 이 할당액을 채우지 못할 경우에는 총화에서 비판의 대상이 된다. 따라서 학생들이 할당량을 채우기 위해서 절도 행위를 하는 경우도 있다고 한다.55)

지금까지 살펴본 사회통합기제로서 조선소년단이 기능하는 과정을 정리해 보면 다음 [그림 1]과 같다.

[그림 1] 조선소년단의 사회통합기제로서의 작동 양식

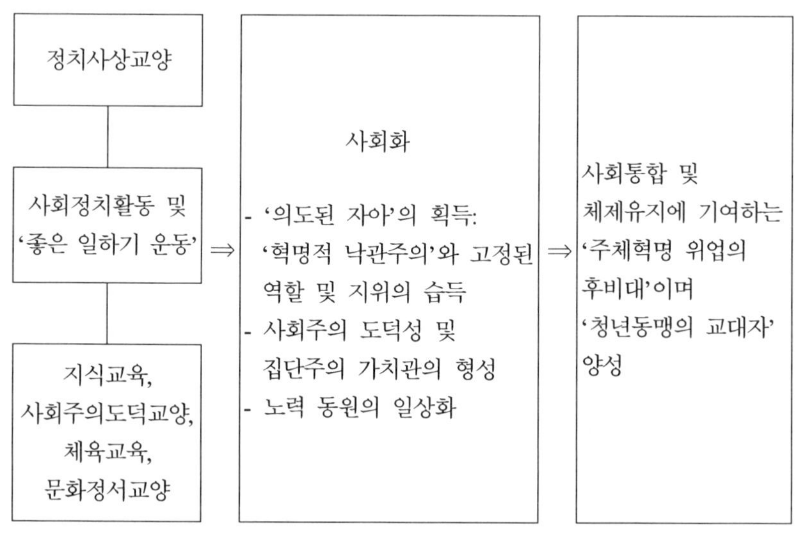

55) 홍민, 「교실풍경으로 본 북한의 교육문화」, 『북한』, 2004년 11월호(북한연구소), pp188-189.

2) 조선소년단 교육의 변화

(1) 교육 환경과 청소년 가치관의 변화

'고난의 행군' 시기의 경제난은 북한의 근간을 흔들 정도로 가혹했다. 이러한 어려움은 교육 부문에도 반영되었다. 1990년대 초반 이후 학교교육은 파행적으로 운영되었고 특히 '고난의 행군' 시기 이후 정상적인 교육의 실시는 불가능했다. 북한의 교육은 경제난 이후 교육 기자재 파손, 교육시설 낙후, 출석률 저하, 수업의 질 하락, 교권하락 등과 같은 총체적인 위기 속에 방치되었다.

현재 북한은 극심한 경제난이 어느 정도 완화되어 비록 배급체계는 이전 상태로 돌아가지 못했지만 학생과 교사의 출석률, 출근율은 정상에 가깝게 회복되었다고 한다. 그러나 오랜 경제난은 이미 교육에 많은 영향을 주었다. 교사의 지위와 권위는 하락했고, 출생률 감소로 전체 학령인구 또한 감소하고 있다.[56]

경제난은 국가의 교육정책에도 또한 영향을 미쳤다. 국가는 이제 모든 학생들에게 동일한 양과 질의 교육을 무상으로 제공하는 것에 대한 능력도 자신감도 상실했다. 이렇게 국가가 포기한 공교육의 공백은 고스란히 학생과 학부모의 부담이 되었다. 국가는 이제 단위 학교 구성원들(교사, 학생, 학부모, 지역사회)에게 교육에 관한 한 '자력갱생'할 것을 공공연하게 요구하고 있다.

북한은 공식적으로 여전히 11년제 무상의무교육제도를 실시하고 있다고 주장하고 있지만 더 이상 그러한 선전을 믿는 사람은 없다. 가지각색의 명목으로 학부모들에게 요구하는 돈이 너무 많아 경제적 부담 때문에 학교에 나오지 못하는 학생들도 많고, 차라리 법을 바꿔 일정 금액을 수업료로 납부하도록 하는 것이 훨씬 좋겠다고 말하는

56) 이교덕 · 임순희 · 조정아 · 이기동 · 이영호, 『새터민의 증언으로 본 북한의 변화』(통일연구원, 2007), pp.143-144.

학부모들도 많다고 한다. 학교가 학부모들에게 요구하는 금액은 학교마다 또는 지역마다 차이가 있겠지만 대체로 한 달에 몇 백 원에서 많게는 몇 천 원에 이르는 것으로 추정된다.57)

더욱 큰 문제는 국가에서 교사들의 월급을 주지 않는다는 것이다. 북한에서 초등학교 교사였던 북한이탈주민에 의하면, 형식적으로 월급에 해당하는 배급표를 주거나 아니면 아예 월급을 주었다는 영수증 같은 것만 준다고 한다. 그나마 그 배급표로는 아무것도 할 수 있는 것이 없어 그냥 종이조각에 불과한 것이라고 한다.

이러한 상황에서 교사의 권위가 유지되고 수업의 질이 제대로 보장되기는 힘들 것이다. 교사들이 수업의 질이나 학생들에 신경 쓰는 시간보다 학교 소년단 또는 청년동맹 지도원의 압박에 각종 명목으로 요구하는 소년단 또는 청년동맹의 분단별 과제를 수행하고 또한 학교 행정에서 학급별로 요구하는 학부모 찬조금을 걷는 것에 더 많은 시간을 빼앗기고 있는 것이 오늘날 북한 교육의 현실이다. 게다가 자신의 한 달 생활비까지도 학부모들에게 추가로 요구해야 하는 상

---

57) 학교에 내야 하는 학부모 부담액에 대해서는 자료마다 다르게 밝히고 있다. (사)좋은벗들은 2004년 10월 현재 학생 1인당 1년에 천 원 정도의 찬조금을 낸다고 밝히고 있다(김정숙, 『오늘의 북한, 북한의 내일』, 서울: 정토출판, 2006, p.121). 반면에 북한에 현재 살고 있는 사람들이 중국을 통해 기사를 보내와서 만든다는 『임진강』에서는 다음과 같이 소개되고 있다. “로동자 월급이 2천 원, 많아야 3천 원인데, 그것도 탈가말가인데 중학생에게 요구하는 세외부담액은 한 아이당 한 달에 만 원도 더 나갔다. 월급의 3배, 5배 이상이었다. 게다가 집에 아이가 둘, 셋이면? …”(임진강출판사, 『임진강』 제3호, 서울: 임진강출판사, 2008. 8, p.132) 1년에 천 원 정도라는 액수는 학교행정에서 요구하는 금액만을 계산한 것이고, 한 달에 만 원이 넘는다는 액수는 학교행정에 내는 금액 이외에 소년단이나 학교 청년동맹에 요구하는 금액까지 모두 합쳐서 학부모 입장에서 주관적으로 느끼는 액수인 것으로 판단된다. 더욱이 북한 역시 최근 출산율 저하로 학령기 아동 및 청소년의 수가 줄고, 경제적 부담 때문에 학교를 가지 않는 학생들이 생기면서 결국 남아 있는 학생들의 부담이 더욱 커지고 있는 상황이다.

황인 것이다.

이처럼 공교육에 대한 책임을 대부분 교육수요자에게 떠넘긴 대신 국가는 실력이 우수한 소수의 학생들에 대해 관심을 집중하게 된다. 이에 1999년에 전국 시, 군, 구역마다 제1중학교를 1개교씩 추가 신설하는 조치에 따라 제1중학교가 2백여 개로 증가하게 된다. 이 학교에 다니는 학생들만이 국가의 집중 관리를 받게 되고 제1중학교 졸업생의 경우에만 대학에 바로 진학할 수 있는 특혜를 부여받았다. 이제 북한의 중등교육체계는 평양제1중학교, 도제1중학교 및 시·군·구역제1중학교, 일반중학교의 순서로 서열화되었고 학교 등급에 따른 국가적 지원과 학생들의 학력, 대학 진학 기회 등에 있어서 큰 편차가 발생하기 시작했다.[58]

이러한 상황에서 남한 못지않은 북한 학부모들의 교육열은 사회주의 국가인 북한에 결국 사교육을 등장시킨다. 자식을 제1중학교에 입학시키기 위해 경제적 능력이 있는 부모들은 개인교사를 구해 입시준비를 맡기기 시작했다. 북한에서 사교육의 등장은 아직은 그 양적 비중이 미미할지라도 의미하는 바가 매우 크다. 사회주의 국가에서 가장 국가 주도적이고 절대적으로 공적 영역이어야 할 교육이 이제 사적 영역과 공유되기 시작했다는 것이다.[59]

북한의 학생들도 이제 입시 경쟁을 경험하게 되었다. 집단간의 경쟁만을 인정하던 사회주의 국가에서 개인간의 경쟁이 점점 더 치열해지고 있다. 제1중학교에 입학하기 위해 과외를 받느라 바쁜 학생들이 예전처럼 방과 후에, 주말에, 방학 기간에 소년단 반원들 또는 분단원들끼리 모여서 서로 뒤처지는 학과 공부도 도와주고 '좋은일하기 운동'도 함께 하면서 지낼 수 있을지 의문이다. 수재교육 중심으로의 국가 교육정책의 방향 전환, 이에 따른 입시 경쟁의 과열과 사교육의

58) 이교덕·임순희·조정아·이기동·이영호, 앞의 책, pp.150-151.

59) 같은 책, p.152.

등장은 분명 북한이 그토록 강조하고 붙잡으려던 가치였던 집단주의 정신의 퇴색을 가속화하게 될 것이다.

학교교육이 점점 더 효율성과 실리를 추구하는 방향으로 전개된다면 북한으로서는 사상교양의 무거운 짐을 점점 더 소년단에게 부과할 수밖에 없을 것이다. 앞으로 북한의 사회통합과 체제유지의 성공과 실패가 소년단이 이 엄중한 과업을 어떻게 수행해 나갈지에 달려 있다고 보는 것이 결코 과장된 표현은 아닐 것이다.

한편, '고난의 행군' 시기 이후 학생들의 가치관 또한 변화하고 있는데, 북한의 청소년들은 기성세대들에 비해 다양한 정보나 외래문화에 접할 기회가 많아진 덕분에 북한사회에서 요구하는 공식적인 가치관에서 다소 벗어난 자율적인 인성과 비공식적 가치관을 지니고 있으며, 때로는 북한당국의 희망과는 정반대의 인성 및 가치관을 지니는 경우도 있다고 한다. 심지어 남한 청소년들과 유사한 특성을 나타내는 방향으로 변화를 보이고 있는 경우도 있다고 한다.[60]

(2) 조선소년단 교육의 변화

'고난의 행군' 시기 이후 사회 전반에 걸쳐서 많은 변화가 있었음에도 불구하고 그것이 소년단 조직생활에 미치는 영향은 크지 않은 것으로 보인다. 물론 경제난이 절정에 달했던 1990년대 중반 이후 다른 조직생활과 마찬가지로 소년단 생활 역시 이전 시기에 비해 느슨해진 것은 분명하다. 토끼 가죽이나 파철, 파지 등을 모아서 내야 하는 소년단 과업을 수행하지 못하거나 심지어 생활총화에도 불참하는 등 조직생활에서 이탈하는 단원들이 생기기 시작한 것이다.

이러한 현상은 중학교 소년단 조직에서 더욱 빈번하게 발생하게 된다. 소학교 소년단에 비해 수행할 과업의 양도 많고, 특히 집안 형

60) 이인정, 『북한 '새세대'의 가치지향 변화』(서울: 한국학술정보, 2007), p.389.

편이 어려운 단원들의 경우 나이가 어렸던 소학교 때와는 달리 부모를 도와 생계를 꾸려야 하기 때문이다. 또한, '적대계층'인 단원들은 중학생쯤 되면 차츰 북한사회 속에서 자신이 처해 있는 상황과 한계를 깨닫게 되면서 체제에 대해 비판적 또는 회의적인 생각을 하게 되고 따라서 의식적으로 학교에 가지 않고 소년단 조직생활에 불참하는 경우도 많다고 한다.

그러나 이러한 사례를 일반적인 상황으로 볼 수는 없다. 일부 이탈자가 발생하기는 했어도 소년단 조직생활은 '고난의 행군' 시기에도, 또 그 이후로 지금까지도 여전히 이전과 다름없이 계속되고 있으며, 특히 정치사상교양은 더욱 강조되고 있다. 경제난으로 인해 조직생활이 이완되었다가 1990년대 말 이후에 재정비되고 있는 상황은 소년단뿐만 아니라 북한의 거의 모든 조직들에서 나타난 현상이다.

특히 소년단의 구성원들은 나이 어린 학생들이기에 다른 조직들에 비해 상대적으로 조직생활에서의 이탈이나 조직생활의 약화 등의 문제가 적은 것으로 보인다. 소년단원들의 대부분은 아직 규칙을 일방적으로 존중하고, 권위의 명령에 복종하는 것을 공정한 것이라고 생각하는 피아제가 말하는 '타율적 도덕성'의 발달 단계에 해당하기 때문이다. 또한, 아무리 생활 형편이 어려운 부모들이라도 자식들에게 최소한 글이라도 깨우쳐주기 위해서라도 소학교는 대부분 보내려 하기 때문이기도 하다.

오늘날에도 소년단에 막 입단하는 소학교 2학년 또는 3학년인 북한 아동들의 대부분은 엄숙하게 진행되는 소년단 입단식 과정에서 진심으로 조국과 김정일에 충성을 바칠 것을 다짐하게 된다. 물론 이러한 마음가짐은 나이가 들면서 점점 약화되겠지만 진심에서 우러나와 했던 어린 시절의 이 맹세는 오랫동안 그들의 머리와 가슴 속에 남아 있을 것이다. 이것이 북한이탈주민 B가 "만약 전쟁 같은 것이 난다면, 이상하지만 그래도 나도 모르게 김정일을 위해 정말 총폭탄이 되어 싸울 것만 같다."고 고백하는 이유이고, 예전에 어느 모임에서 만났던 한 북한이탈주민이 "지금도 장군님을 생각하면 눈물이 난다. 그분은 지금 어디서 무얼 하고 계실까?"라고 말하는 이유인 것이다. 물론 이들의 사례가 일반적인 것이라고 단정할 수는 없지만 이를 통해 초기사회화 과정에서 내면화한 내용을 탈사회화하는 데에는 상당히 오랜 시간이 필요할 수도 있음을 유추해 볼 수 있다.

4. 맺으며

소년단은 단원들을 '주체혁명위업의 후비대이며 청년동맹의 교대자'로 육성하기 위해 정치사상교양을 중심으로 다양한 사회정치활동을 일상적으로 수행하고 있다. 그뿐만 아니라 단원들의 학습을 돕고 체력을 증진시키며 도덕 및 정서 교양을 위한 사업 또한 담당하고 있는데, 이는 단원들이 발달의 중요한 단계에 해당하는 학령기의 아동 및 청소년이라는 조직의 특성으로 말미암아 강조되고 있는 소년단의 역할이다.

북한의 모든 학생들은 소학교 2학년 내지 3학년부터 시작되는 소년단 조직생활을 통해서 북한사회가 지향하는 가치체계들을 내면화하게 된다. 북한이 소년단을 통해 학생들에게 주입하고자 하는 가치는 일관되게 긍정적인 자아인식이다. 즉, 단원들로 하여금, 자신의 성격 및 의지, 자신의 능력 및 자신이 하는 일, 자신의 존재 가치 및 의의, 자신의 대인관계 및 사회 환경 등에 대해 긍정적으로 인식하도록 요구하는 것이다. 북한이 강조하는 긍정적인 자아개념은 '혁명적 낙관주의'라는 표현에 잘 집약되어 있다.

소년단원들은 또한 소년단 생활을 통해서 다양한 사회적 지위 및 역할을 습득하게 된다. 이 중 소년단원들에게 가장 강조되고 있는 지위는 '당의 후비대', '혁명의 계승자'와 같은 미래 사회의 주역으로서의 지위와 '당에 끝없이 충직한 소년근위대', '장군님을 결사옹위하는 3백만의 총폭탄' 등으로 표현되는 김일성과 김정일의 '충성동이, 효자동이'로서의 지위이다. 이 두 가지 지위는 소년단원들에게 '지배적 지위'이자 귀속적 지위로 부여된다.

다음으로 소년단원들은 집단주의 정신과 수령에 대한 충실성에서부터 사람 사이의 예절에 이르기까지 일상생활의 도덕규범을 모두 망라하고 있는 공산주의 도덕의 내면화를 요구받게 된다. 또한 국가적으로 요구되는 경제건설에 동원되는 것을 '학습'하게 된다. 이와 같은 사회화 과정을 통해서 북한의 학생들은 사회통합 및 체제유지에 기여하는 '주체혁명위업의 후비대'이며 '청년동맹의 교대자'로 양성된다.

'고난의 행군' 이후 사회 및 교육 환경의 변화로 북한 내부적으로 의미 있는 변화가 진행 중이고, 현재 북한의 주민들과 청소년들의 사회의식은 북한이 공식적으로 의도하고 요구하는 기준 또는 내용에서 상당히 벗어나 있다고 생각해 볼 수 있다. 이로 인한 개연적 결과로 북한이 현재 그리고 앞으로 과거와 같은 수준의 사회통합을 유지하는 것이 결코 쉽지 않을 것이라는 전망이 가능하다.

그러나 현재 북한이 최소한 겉으로 드러날 만한 변화 없이 사회통합을 이루고 있는 것은 분명하다. 이는 무엇보다도 북한이 과거와 같은 강력한 물리적 통제기제를 아직 유지하고 있기 때문이다. 또한 청년동맹 이후의 조직생활은 예전에 비해 많이 약화되었다고 할지라도 소년단만큼은 여전히 정상적으로 운영되고 있기 때문이기도 하다. 소년단이 지금껏 해왔던 대로 앞으로도 계속 북한의 모든 어린이들에 대한 초기사회화를 담당하는 이상 북한을 둘러싼 대내외 환경이 변하고 사람들의 사회의식이 변하더라도 북한 내부에서 아래로부터의 민주화가 진행된다거나 북한이 혁명적으로 변화할 가능성은 낮다고 보아야 할 것이다.

[참고문헌]

1. 북한문헌

교육과학연구회, 「혁명의 위대한 수령 김일성동지의 천재적 교육사상 2」(동경: 학우서방, 1972).

교육도서출판사 집필위원회, 『교육학: 사범대학용』(평양: 교육도서출판사, 1969).

금성청년출판사, 『조선공산주의청년운동사 2』(평양: 금성청년출판사, 1982).

김경숙, 『공산주의 생활륜리』(평양: 사회과학출판사, 1990).

김수곤, 『주체의 교육론』(동경: 학우서방, 1992).

김창호, 『조선교육사 3』(평양: 사회과학출판사, 1990).

남진우 · 리영복 · 리병모 · 리성식 · 김강호 · 김필규 · 류진석 · 한상유 · 류승겸, 『사회주의교육학 사범대학용』(평양: 교육도서출판사, 1991).

당정책해설도서편집부, 『위대한 수령 김일성동지의 로작 용어사전』(평양: 과학 · 백과사전출판사, 1982).

류영식, 『인민학교학생심리: 전공과용』(평양: 김형직사범대학, 1989).

리병모 · 김태환 · 신현식 · 리영환, 『사회주의교육학: 공통과용』(평양: 김형직사범대학, 1985).

사로청출판사, 『청소년사업에 관한 위대한 수령 김일성 원수님의 로작 해설 3』(평양: 사로청출판사, 1975).

서영준, 『인민학교 교수방법: 학교전교육학과용』(평양: 김형직사범대학, 1987).

신현식 · 서영준 · 리영환, 『사회주의교육학』(평양: 김형직사범대학, 1985).

안만히, 『혁명적 도덕관이란 무엇인가』(평양: 금성청년출판사, 1991).

전광두 · 장세운, 『소년단건설(1)』(평양: 교육도서출판사, 1987).

전광두 · 장세운, 『소년단건설(2)』(평양: 교육도서출판사, 1986).

조선로동당중앙위원회 당력사연구소, 『조선로동당략사』(평양: 조선로동당출판사, 1989).

조선청년사, 『청년들의 혁명화를 위하여』(동경: 조선청년사, 1969).

조성모, 『사회주의 교육심리학』(평양: 김형직사범대학, 1986).

채종완, 『청년사업경험』(평양: 사회과학출판사, 1990).

최복선, 『우리 소년단반』(평양: 금성청년출판사, 1976).
교육신문사, 『교원선전수첩』, 주체92(2003년) 제2호(4-6월).
교육신문사, 『인민교육』, 주체96(2007년) 제1호(1-2월).
교육신문사, 『인민교육』, 주체96(2007년) 제5호(9-10월).
교육신문사, 『인민교육』, 주체95(2006년) 제1호(1-2월).
교육신문사, 『인민교육』, 주체93(2004년) 제1호(1-2월).
『로동신문』
『로동청년』
『청년전위』

2. 남한 문헌

강문희 · 김매희 · 유정은, 『아동발달론』(서울: 공동체, 2007).
권태환 · 홍두승 · 설동훈, 『사회학의 이해』(서울: 다산, 2006).
김경동, 『현대의 사회학』(서울: 박영사, 2006).
김경동 · 이온죽 · 김여진, 『개정판 사회조사연구방법: 사회연구의 논리와 기법』(서울: 박영사, 2009).
김동규, 『북한학총론』(서울: 교육과학사, 1999).
_____, 『북한의 교육학』(서울: 문맥사, 1990).
김정숙, 『오늘의 북한, 북한의 내일』(서울: 정토출판, 2006).
김종수, 『북한 청년동맹 연구: 체제 수호의 전위대, 청년동맹』(서울: 한울, 2008).
김창환 외, 『독일의 학교 및 사회통일교육 프로그램 개발 및 운영 실태 분석』(통일부, 2002).
김형찬, 『북한의 교육』(서울: 을유문화사, 1990).
박성희, 『북한 청소년 단체활동에 관한 연구』(한국청소년개발원, 1995).
박영숙 외, 『미리 가본 2018년 유엔미래보고서』(서울: 교보문고, 2010).
북한연구학회, 『북한의 사회』(서울: 경인문화사, 2006).
세종연구소 북한연구센터, 『북한의 사회문화』(서울: 한울, 2006).
신효숙, 『북한의 문화형성과 대중교육』(서울: 교육과학사, 2001).
_____, 『김정일시대 북한교육의 변화』(통일부 통일교육원, 2006).
연합뉴스, 『북한용어 400선집』(서울: 연합뉴스, 1999).

이교덕, 임순희, 조정아, 이기동, 이영호, 『새터민의 증언으로 본 북한의 변화』(통일연구원, 2007).
이우영, 『전환기의 북한 사회통제체제』(통일연구원, 1999).
이온죽, 『북한사회 연구: 사회학적 접근』(서울대학교 출판부, 1988).
_____, 『북한사회의 체제와 생활』(서울: 법문사, 1993).
이인정, 『북한 '새세대'의 가치지향 변화』(서울: 한국학술정보, 2007).
이향규 · 김기석, 『북한사회주의 형성과 교육』(서울: 교육과학사, 1999).
임순희, 『북한 새 세대의 가치관 변화와 전망』(통일연구원, 2006).
_____, 『북한 청소년의 교육권 실태: 지속과 변화』(통일연구원, 2005).
임진강출판사, 『임진강』, 제3호(서울: 임진강출판사, 2008. 8).
정옥분, 『아동발달의 이해』(서울: 학지사, 2007).
_____, 『사회정서발달』(서울: 학지사, 2006).
조순래 외, 『북한용어소사전』(서울: 연합뉴스, 2003).
조정기 · 천정순, 『남북의 청소년』(서울: 시대정신, 2007).
추병완, 『도덕발달과 도덕교육』(서울: 하우, 2008).
한만길 엮음, 『북한에서는 어떻게 교육할까: 북녘에서 살다 온 16인의 생생한 교육체험기』(서울: 우리교육, 2006).
홍민, 「교실풍경으로 본 북한의 교육문화」, 『북한』, 2004년 11월호(북한연구소).
『동아일보』, 2005년 10월 10일자, 10면.
『연합뉴스』, 2008년 11월 21일자.

제 8 장
북한의 여성

이인정*

1. 서론: 북한 여성의 지위와 생활세계의 분리

마르크스와 엥겔스는 가족 내의 여성과 아동들이 종속되는 가부장적 지배의 근거를 사유재산제와 가족 단위의 재산상속제도라고 보았다. 레닌 역시 여성의 평등과 해방을 위한 전제조건은 근대적인 집합적 생산에 여성이 참여하고 개별 가구가 소멸하는 것이라고 하였다. 북한은 정권 수립 초기에서부터 남녀평등의 이념과 여성의 사회참여를 내세우면서 '가정의 혁명화'를 주장하였다. 그럼에도 불구하고 많은 새터민들의 증언과 다양한 일차자료들은 북한 내의 여성들의 삶이 매우 힘겹다는 것을 느끼게 한다.

북한 내에서 여성을 대상으로 하는 많은 법령과 교시들은 여성의 지위나 삶의 질을 고양하려는 의도보다는 북한이 직면한 대내외적 정치경제적 요인들에 더 직접적으로 의존하고 있다. 여성의 사회참여는 북한의 산업 발전 단계에 맞추어 필요한 노동력의 양에 따라 신축

* 한국교원대학교 특별연구원. injeongl@hanmail.net

적으로 요구되어 왔다. 게다가 체제의 안정이나 권력의 세습을 정당화하기 위한 차원에서 전통적인 가부장제가 강조되면서, 여성의 지위는 여타 사회주의 국가들에 비해서도 열악한 상태이다. 더욱이 1990년대 중반의 '고난의 행군', '고난의 강행군' 시기 국가배급체계의 붕괴는 여성들 스스로 사적 경제활동을 통해 가족을 부양의 부담을 짊어지게 만들었다. 이 글에서는 다양한 자료들을 통하여 북한의 대내외적 변동의 각 시기별로 북한의 여성의 지위 및 생활세계의 특징과 그 변화 추이를 살펴보고자 한다.

더불어 이 글에서는 북한 여성들의 삶의 모습만을 살피는 것이 아니라, 여성 계층에 대한 북한당국의 통제기제 및 교양 방법론을 함께 살피고자 한다. 북한의 모든 주민은 태어나면서부터 죽을 때까지 조직생활을 하게 되는데, 이는 여성 역시 마찬가지다. 북한 등의 사회주의 국가에서는 사회통제 및 체제유지를 위하여 당과 인민을 연결하는 인전대(引傳帶, transmission-belt)로서의 기제를 필요로 한다. 북한 내에서 조선로동당과 여성을 이어주는 근로단체는 '조선민주녀성동맹'으로서, 사상교양 및 조직동원 사업을 주된 기능으로 한다. 조선민주녀성동맹의 특징과 변화 추이를 검토하는 것은 위로는 북한당국, 아래로는 북한사회 내의 여성들의 특징과 변화 추이를 파악하는데 기여할 수 있을 것이다. 이에 따라 이 글에서는 조선민주녀성동맹 기관지인 『조선녀성』 분석을 중심으로 북한 여성들에 대한 당국의 통제 방법 및 그 변화를 검토하고, 이를 바탕으로 북한 여성들의 지위와 생활세계 및 그 변화 추이를 살펴보고자 한다. 또한 이 글에서는 북한 거주 당시 여맹 조직 생활을 경험한 바 있는 새터민 인터뷰를 병행함으로써 문헌 자료의 한계를 보완하고자 한다.

2. 북한 여성의 지위와 조선민주녀성동맹

1) 북한의 여성관과 가족관

마르크스와 엥겔스는 사회주의 인간관계의 구조에 대한 일반적인 모형을 도출하는 데 있어서 남녀관계를 전형으로 활용한다. 남녀관계는 일방적인 것이 아니라 상호적인 관계이며 직접적이고 필연적인 관계로서, 이를 통해 인간관계의 총체적인 특징을 발견할 수 있다는 것이다. 마르크스는 『자본론』을 통하여 대규모 산업이 가족 형태 및 남녀관계를 구축하는 데 있어서 새로운 경제적 기초를 조성한다고 본다.[1] 또한 마르크스와 엥겔스의 『가족, 사유재산 및 국가의 기원』에서는 유물사관에 기반을 둔 가족 이론을 제시한다. 사회발전 단계에 따라 발생한 사유재산은 개별 가구 중심의 재산상속제도를 요구하게 되었으며, 이는 가족 내의 여성과 아동들이 종속되는 가부장적 지배의 근거가 된다. 엥겔스는 여성의 경제적 의존이 종속을 초래하는 주요 원인이라고 보고, "부인들의 해방을 위한 첫째 조건은 무엇보다도 모든 여성을 공적 사업에 참여시키는 것이다."[2]라면서 여성 취업 등의 경제적 독립을 여성해방의 첫째 조건으로 보았다.

레닌 역시 여성의 평등과 해방을 위한 전제조건은 근대적인 집합적 생산에 여성이 참여하고 개별 가구가 소멸하는 것이라고 보았다. 레닌은 공적 서비스와 정치생활로 여성을 끌어내지 못하면 민주주의는 물론 사회주의를 건설할 수 없다고 주장하였다.[3] 레닌은 소련에서

---

1) K. Marx, *Capital*(N.Y.: International Publishers, 1968), p.84.

2) F. Engels, *The Origin of the Family, Private Property and The State*(N.Y.: Pathfinder Press, 1972), p.66.

3) V. I. Lenin, *On the Proletarian Militia, Polnoie Sobranie*, Vol. 31(Moscow: Gosizdat, 1962); 최홍기, 「북한의 가족제도」, 『북한사회론』(서울: 북한연구소, 1977), p.378.

가족의 기능을 대신하기 위한 탁아소와 육아기관들을 설립하는 것이 여성해방의 길에 기여할 것으로 생각하였다. 이 역시 개별적인 인간으로서의 여성의 지위나 역할에 대한 조망보다는 사회구조적 측면에서 경제적인 생산활동에의 참여를 독려하는 데에 치중한다.

북한의 여성관은 소련이나 동구권의 여성관과 유사한 출발을 보이면서, 사회의 모든 부문에서 남녀평등의 원칙 가운데 여성의 지위나 권리를 보장하고자 한다. 이러한 남녀평등과 여성해방은 '가정'으로부터의 해방을 뜻하게 되면서 '가정의 혁명화'와 여성의 '노동계급화'로 이어진다. 여타 사회주의 국가들에 비해 경제발전이 늦고 인구가 부족한 북한은 남녀평등의 이념이나 사회참여 자체보다는 여성의 노동 동원이 더 중요했다. 또한 북한이 지니는 폐쇄성은 북한사회로 하여금 매우 강한 남성중심적 사고와 관행을 잔존하게 한다. 더불어 북한의 고도 군사화 및 중공업 중심의 급속한 공업화로 인한 직업적 분절화는 남성중심적 풍토를 더욱 강화시켰다.4)

북한의 가족관 역시 여성관과 마찬가지로 사회구조적 요인에 의거하여 구축된다. 그런데 마르크스-레닌주의에서의 가족소멸론과는 달리, 북한에서는 가족을 사회주의 건설의 효율적 단위로 활용한다. 또한 북한에서는 김일성 정권의 유지와 세습 체제의 구축 등의 과정을 거치면서 '어버이 수령'과 '대를 이은 충성' 등을 강조하면서 전통적 가족주의를 활용하는 측면이 강하다. 그럼에도 불구하고 1980년대 말 이후의 경제적인 어려움을 극복하는 과정에서 가족 단위로의 자구적 노력을 촉구하는 과정에서 사회주의 이념과 전통적 가족주의 사이의 혼란이 발견된다.

북한의 여성관과 가족관은 북한의 일차자료 문헌들이나 가요, 영상물 등을 통해 간접적으로 엿볼 수 있다. 북한의 신문기사나 소설, 시,

4) 이온죽, 『북한사회 연구: 사회학적 접근』(서울대학교 출판부, 1988), pp.193-194.

가요 등에서는 여성을 '꽃'으로 비유하는 구절이 자주 발견되는데, '한 가정을 돌보는 생활의 꽃', 최근 들어서는 '혁명의 꽃'이나 '선군의 꽃', '건설장의 꽃' 등으로 비유하는 표현이 발견된다.[5] 또한 여성은 부엌을 지키고 순종해야 한다는 남성중심주의적 가부장 관행이 종종 드러나며, 남아선호 의식과 어머니의 희생을 강조하는 경향으로도 이어진다. 결국 여성은 공적 사업과 생산활동에 참여하면서도 가정 내에서는 전통적인 여성과 어머니의 책임을 다할 것을 요구받는다.

이처럼 북한사회 내에는 물질적, 경제적 측면의 변동에도 불구하고 규범이나 가치관에 있어서는 전통적 측면이 잔존한다는 점에서 일종의 지체를 발견할 수 있다. 그럼에도 불구하고 한 사회의 문화가 지니는 총체성은 결국 한 사회 체계 내의 하위문화 간에 조화를 추구하는 방향으로 나아가게 한다. 더욱이 남한을 비롯하여 중국 등과의 교류가 증대되고 이 과정에서 다양한 외부 문물의 수용이 증대될수록 그동안 북한이 고수해 왔던 폐쇄성이 이완될 수 있다. 특별히 1990년대 중반의 경제위기에 대응하는 가족중심적인 자구적 노력은 체제 의존보다는 가족에 대한 의존을 증대시켰을 수 있다. 나아가 주로 여성에 의해 이루어져 왔던 사적 경제활동은 과거에 비해 여성의 지위를 부분적으로나마 향상시켰을 가능성이 있다는 점에서도 그러한 변화 가능성을 엿보게 한다.

2) 조선민주녀성동맹과 여성

조선민주녀성동맹(이하 여맹)은 광범한 여성들을 교양하고 개조하여 당 주위에 묶어세우는 사상교양단체로서 조선로동당의 인전대이

5) 『조선녀성』 1998. 6호, p.26; 2003. 2호, p.30.

며 방조자이다.[6] 여맹은 해방 이후 1945년 11월 18일 평양에서 북조선민주녀성동맹(위원장 박정애)으로 창립되었으며,[7] 1946년 10월 16일 국제민주여성연맹에 가입하였다. 이후 1951년 1월 재일 남북조선의 여성동맹 합동중앙위원회에서 조선민주녀성동맹으로 통합 개칭되었다. 북한에서는 그 전신으로 '반일부녀회'를 들고 있기도 한데,[8] 이는 강반석에 대한 우상화 차원에서 부각되는 경우가 많다. 2000년대 이후의 『조선녀성』 기사에서는 이러한 여성 모델로서의 우상화 작업이 강반석에서 김정숙으로 변화되면서 반일부너회 역시 김정숙 우상화 차원에서 다루고 있다.[9]

---

6) 「조선민주녀성동맹」, 『정치사전 2』(평양: 과학백과사전출판사, 1985).

7) 관련 자료에 따르면, 김일성이 "녀성들은 우리나라 인구의 절반을 차지하고 있으며 따라서 녀성사업은 매우 중요합니다."라고 강조한 이후, "1945년 10월 10일 북조선공산당중앙조직위원회 창립대회에서 하신 력사적인 보고에서 각 지방에 산만하게 조직된 녀성단체들을 개편정리하여 각계각층의 녀성들을 녀성동맹에 망라시키고 하루빨리 녀성동맹의 중앙기관을 내오고 정연한 조직체계를 세우며 그에 대한 당의 령도를 확고히 보장할데 대한 과업을 제시하시였다."고 밝히고, "우선 녀성동맹을 창립하는 데서 녀성항일혁명투사들의 역할을 높이도록 하시였다. … 1945년 11월 18일 마침내 혁명의 수도 평양에서 북조선민주녀성동맹창립대회가 성대히 열리였다."고 소개한다. 『조선녀성』 2003. 11호, p.3.

8) "1926년 12월 26일에 결성된 반일부녀회는 우리나라의 첫 혁명적 녀성대중조직이였다. … 1928년 1월 어느 날 … 강반석 녀사께서는 반일부녀회 회장의 중책을 지니시고 부녀회 사업을 정력적으로 밀고나가시였다. … 녀사께서는 야학을 열고 녀성들에게 우리나라 글을 가르쳐주시였으며 토론회와 강습을 조직하시여 부녀회원들의 혁명의식을 높여주시고 그들에게 군중공작방법도 가르쳐주시였다." 『조선녀성』 1998. 6호, p.16.

9) "해방 후 녀성운동 안에서는 전통문제를 놓고 각이한 견해들이 제기되여 복잡성을 조성하고 있었다. … 김정숙 동지께서는 우선 우리나라 녀성운동의 시원에 관한 그릇된 견해들의 부당성을 명백히 밝혀주시면서 지금 일부 사람들은 지난날에 있었던 근로녀성들의 모든 투쟁과 운동이 우리나라 녀성운동의 전통으로 된다고 주장하고 있는데 이것 역시 잘못된 생각이라고 깨우쳐주시였다." 『조선녀성』 2007. 3호, p.10.

여맹은 북한 내에서 여성을 대표하는 조선로동당의 외곽단체로서, 수행하는 기능은 크게 (1) 사상교양단체로서의 사업과 (2) 조직동원 사업으로 나누어 살펴볼 수 있다.[10] 여맹은 여타 다른 근로단체와 마찬가지로 사상교양단체로서 맹원들의 정치의식과 문화수준을 높이고, 철저한 공산주의 어머니로 만들며, 사회주의 건설에 근로여성들을 조직동원하는 기능을 수행한다. 이러한 사상교양사업은 독서사업, 강연회, 예술소조활동, 구두, 직관, 모임선동, 영화관람 등의 방법을 통하여 이루어지고 있다. 이는 대체로 여맹 초급단체와 인민반 단위로 이루어지며, 어머니학교도 사상교양의 중요한 부분을 담당하고 있다. 이 외에도 여맹은 건설, 광산, 철도, 전기, 석탄 등 생산에 어려움을 겪는 현장 및 군대를 지원하기 위해 조직적으로 동원사업을 벌이기도 한다. 그 지원 방식은 여성들의 집단노력 및 구호품 등의 물자 지원, 그리고 선전대 활동을 통한 노동선동 등으로 구성된다.

여맹은 현재 약 120만 명의 맹원 수를 가지고 있으며, 직장생활을 하지 않는 주부들 중 만 31세 이상의 당원이 아닌 여성을 가입 대상으로 한다. 여맹 초기에는 여성들이 여타 근로단체와 여맹에 중복 가입하는 것이 허용되고 18세에서 55세에 이르는 모든 여성을 대상으로 하는 조직으로 맹위를 떨쳤다. 그러나 김정일의 후계 체제가 확고해지면서 위상이 악화되었고, 특별히 1983년 5차 대회를 기하여 여타 근로단체에 가입된 여성은 중복 가입이 금지되면서 직장과 공장기업소 혹은 협동농장에 소속된 여성이 제외된다. 결국 1980년대 중반 이후에는 가입연령이 30세(미혼일 경우)에서 55세까지의 여성으로 그 자격이 제한되면서, 이른바 '가두여성'과 요양 등으로 노동활동을 하지 못하는 여성[11]을 뜻하게 된다. 한편 1990년대 이후의 경

10) 정성장 외, 『조선로동당의 외곽단체』(서울: 한울아카데미, 2004), pp.224-236 참조.

11) 김근식, 「'북한식' 민간단체의 현황과 변화 전망」, 『평화연구』 제11권, 1호

제위기를 배경으로 가두여성들이 가계를 책임지는 사례가 증가하면서 여맹원의 수가 증가하게 된다. 경제위기 극복의 중추적 역할을 하는 가두여성을 관리, 통제하는 여맹의 역할이 새롭게 부각되었으며, 북한 지도부의 독려 속에 여맹은 1990년대 들어 일부 기업소 근로자 등으로 조직을 재정비한다.

3. 김일성 시대의 북한의 여성

1) 여성의 노동 동원과 여맹 조직의 확장

8 · 15 광복 후 북한은 여성들의 사상을 공산주의적으로 계몽, 개조하고 그들을 노력전선에 동원하기 위하여 '여성해방'이라는 미명하에 여맹을 창립[12]하고, 1946년에 '남녀평등권 법령'을 발표[13]하면서 일부 계층을 제외한 여성들을 망라하게 되었다고 선전한다.[14] 1947년 이후 김일성은 "각급 당 단체들은 여맹단체들이 동맹대렬을 확대하는 동시에 그것을 질적으로 공고화하는 데 깊은 주의를 돌리도록 하여야 하겠습니다."[15]라면서 조직 확대 및 내실화[16]를 시도하고 여

(2002/2003년 겨울), p.98.

12) 『조선녀성』 2003. 3호, p.3.

13) "1946년 7월 30일 발포 … 항일의 녀성영웅 김정숙 동지께서는 남녀평등권 법령을 외곡하려는 종파분자들과 불순분자들의 책동을 분쇄하고 … 거리에 나붙은 '근로녀성들에게 남자와 동등한 권리를 보장하자!' …" 『조선녀성』 2003. 7호, p.9.

14) "1946년 … 거의 모든 녀성들이 녀맹조직에 망라되여 있고 조직에 들지 않는 녀성들을 보면 주로 대동교쪽선교리의 기생들 … 녀맹일군들과 녀맹원들은 기생과 창녀 등 륜락녀성들을 하대하면서 그런 어지러운 녀성들과 어떻게 한 조직에서 녀맹생활을 같이하겠는가고 하며 녀맹에 받아들이는 것을 극력 반대하였다. … 따로 조직하고 지구녀맹위원회에서 직접 맡아 지도하는 것이 어떻겠는가 하는 것입니다." 『조선녀성』 2007. 3호, p.12.

15) 『조선녀성』 2003. 2호, p.9.

맹원증 수여사업을 진행하기도 한다.17) 여맹은 1965년의 제3차 대회(위원장 김옥순)와 1971년의 제4차 대회(위원장 김성애)를 거치면서 조직의 재정비와 당의 '인전대'적 성격을 직접적으로 드러내게 된다. 김일성의 부인이자 김정일의 계모인 김성애는 김일성의 후광 가운데 1970년대 초까지 로동당원과 청년동맹(당시 사로청)원을 제외하고는 모든 여성을 여맹에 망라하면서, 전국에 여맹 대표를 파견하여 검열 및 인사 해임 등을 행하였다.

여맹은 정치사회적 환경변화에 따라 임무와 과업의 특성이 변화해 왔는데, 이 모든 과정에서 당의 외곽단체로서의 성격을 분명히 하고 있다. 정권 획득 이전의 여맹은 투쟁을 위한 여성들의 결속에 초점을 두며, 반제 · 반봉건 민주주의 혁명단계에서는 교양사업을 통한 여성해방 투쟁에 관심을 둔다. 다음으로 사회주의 혁명단계에서는 혁명사상으로 무장하여 혁명과업수행에 나서도록 조직동원하며, 마지막으로 사회주의 혁명 승리 이후에는 조직적인 혁명화와 노동계급화를 위해 사업한다는 것이다.18) 예컨대 초기에는 여성과 가족 세대 내에서 자본주의와 봉건주의 사상을 제거하며 문맹을 퇴치하고 계몽하는 것이 여맹의 임무였으나,19) 현재는 수령에 대한 충실성교양과 김일성 가계 우상화, 당 정책 관철을 위한 동원과 같은 외곽단체로서의 역할

16) 『로동신문』 및 2차 자료 등에 산발적으로 소개되는 녀맹원수 발표에 따라 조직 확대의 정도를 가늠해 보면, 1945년 40만 명, 1946년 60만 명, 1960년 220만 명, 1971년 4차 대회까지 270만 명 등으로 증가한다.

17) "1947년 가을 녀성동맹맹원증수여사업이 전 동맹적으로 진행되였는데 …" 『조선녀성』 2003. 2호, p.9.

18) 정성임, 「조선민주녀성동맹」, 정성장 외, 『조선로동당의 외곽단체』, pp.200-201.

19) "녀성동맹은 각지에 성인학교들을 꾸리고 필요한 교구비품과 학용품을 마련하는 사업에 녀맹 조직과 녀맹원들을 조직동원하였다. … 스스로 성인학교에 망라되여 글을 배우도록 하는 것을 중요한 문제로 내세웠다." 『조선녀성』 2003. 3호, p.3.

을 하고 있다.[20]

북한당국은 가정여성들에 대한 교양사업을 강화하여 혁명화하는 것이 가정혁명화뿐 아니라 여성혁명화를 성공하는 데 핵심이라고 강조한다.[21] 가두여성들은 '이기주의'적 속성이 남아 있으며 일부 여성들은 일하기 싫어하고 놀고먹으려는 사상이 이모저모로 나타난다[22]는 것이다. 따라서 가정부인들이 집안일을 넘어 학교 및 사회 생활에 적극 나서야 하며, 탁아소와 유치원, 보육원 등의 문제를 해결할 것을 촉구하게 된다.[23] 이에 따라 북한은 1961년에 전국어머니대회를 개최한 이후 어머니학교를 통한 사상교양학습을 시도한다.[24]

---

20) "녀성들과 녀맹원들은 당과 수령에 대한 충실성을 신념화, 량심화, 도덕화, 생활화하고 사회주의위업에 끊없이 충직한 혁명전사가 되여야 하며 삶의 순간순간을 충성과 효성으로 빛내여나가야 한다. 녀성들과 녀맹원들은 '우리식사회주의총진군속도'를 창조할데 대한 당중앙위원회구호를 받들고 사회주의건설에서 혁명적 앙양을 일으키는데 적극 이바지하여야 한다. 녀성들과 녀맹원들 속에서 충실성교양, 혁명전통교양, 조선민족제일주의정신, 반제계급의식으로 무장시키기 위한 교양, 집단주의교양을 더욱 강화하여 우리의 사회주의진지를 튼튼히 다져나가야 한다." 『조선녀성』 1993. 4호, p.26.

21) "일부 여성들 속에서는 직장에도 다니지 않고 인민반 사업에도 잘 참가하지 않으며 집도 잘 거두지 않고 안일하게 되는대로 사는 현상이 적지 않게 나타나고 있다." 『김정일선집 2』(평양: 조선로동당출판사), p.389; 『조선녀성』 2003. 12호, p.40.

22) "수천 년 동안 사회생활 밖에서, 좁은 가정 울타리 안에서 살아와서 집단주의 정신이 부족하고 아직 이기주의 사상이 남아 … " 리경혜, 『녀성문제해결경험』(평양: 사회과학출판사, 1990), p.158.

23) "그들을 집에서 일만 시키지 말고 학교에 보내여 글을 배우도록 해야 한다고 말씀하시였습니다. 그리고 자녀들에 대한 도덕교양도 잘할데 대하여 세세히 가르쳐 주시였습니다. … 탁아소, 유치원을 꾸리는 문제와 보육원, 교양원들에 대한 교양사업, 우리 녀성들이 살림을 깐지게 하여 식량을 절약할데 대한 문제, 녀성들이 모두 직장에 나가 일하도록 할데 대한 문제 등 녀맹사업에서 나서는 모든 문제를 알기 쉽게 차근차근 일깨워 주시였습니다." 『조선녀성』 2003. 5호, p.16.

24) 어머니학교는 1962년에는 3만 5,306개였으며 1968년에는 11만 2천 개로 증가한다. 정성임, 앞의 글, p.210.

한편 1972년 사회주의 제도가 완성되고 사상, 기술, 문화의 3대 혁명이 과제로 대두되면서, 북한 내에서 인구의 절반을 차지하고 있는 여성의 혁명화와 노동계급화가 더욱 중요해졌다. 가정의 혁명화는 가정성원들을 공산주의적으로 교양하고 개조하여 가정을 혁명가의 집단으로 만드는 사업[25]이므로, 어머니가 공산주의자로 되지 않고는 아들딸들을 공산주의자로 키울 수 없으며 가정을 혁명화할 수 없다는 것이다.[26] 따라서 김일성은 "가정의 혁명화에서 시작하여 분조, 작업반, 인민반, 나아가 직장과 리를 혁명화하여 본보기를 창조하고, 그 경험을 일반화하는 방법으로 점차 온 사회를 혁명화, 노동계급화하여 나가야 한다."[27]고 강조한다. 또한 여성이 정치적 생명을 갖기 힘든 것은 사회생활을 하지 않기 때문이며, 취업 여성과 비취업 여성의 준비정도가 같을 수 없다는 점에서 그들의 준비정도에 맞는 사상사업을 전개할 것을 강조한다. 이에 따라 낡은 사상의식을 개혁하고 여성들로 하여금 정치적 생명을 얻게 하기 위해서 여맹 조직생활을 강조하며, 여맹중앙위원회로부터 기층조직에 이르기까지 정연한 조직체계를 지시한다.[28]

이 외에도 여맹은 유휴노동[29]을 활용하기 위해 가두여성에 사업을 집중한다. "큰 공장, 기업소들이 새로 많이 건설되어 노력에 대한 수요는 계속 늘어나고 있는" 상황이라는 김일성의 지적처럼, 사회주의하에서는 사회주의 건설이 진척됨에 따라 새로운 생산부문들과 공장, 기업소들이 늘어나면서 노동력 부족의 문제가 발생한다. 따라서 가두여성들은 '개인적 사정' 등으로 사회적 생산에 참가하지 못하는 유휴

25) 『정치사전 1』(평양. 과학백과사전출판사, 1985).

26) 『조선녀성』 1998. 5호, p.30.

27) 『김일성저작선집 25』(평양: 조선로동당출판사), p.292.

28) 사회과학원, 『<녀성들을 혁명화 로동계급화할데 대하여>에 대하여』(평양: 사회과학출판사, 1975), p.17.

29) 『경제사전 2』(평양: 과학백과사전출판사, 1985), p.657.

노동력으로 규정되어 언제든지 '노력이 긴장될 때' 경제활동에 참가해야 한다. 원칙적으로 모든 여성은 고등중학교를 졸업하자마자 무리배치를 받으며, 미혼 여성이 6개월 이상 노동을 수행하지 않을 경우 사회적 제재가 가해질 수 있다고 한다.[30]

실제로 북한은 1950년대와 1960년대의 급속한 공업화 이후 경제건설과 노동력 부족의 문제를 해결하기 위하여 여성 고용을 대폭 늘리면서, 기존의 남성 노력을 다른 힘든 부문으로 돌린 뒤 여성 노력을 배치하도록 행정적 조치를 취하기도 했다.[31] 1968년 11월 15일 당 중앙위원회의 분과회의에 따르면 18만 명에 가까운 노동력 예비가 있으며, 이 가운데 절반에 가까운 9만 1천 명은 여성 노동력으로의 전환을 통해 이끌어낼 수 있다[32]고 주장한다. 이는 특별히 탄광 등에서 광부의 아내들,[33] 공장이나 제철소 등에서의 노력지원사업 및 농촌에서의 농사일 및 관개공사, 제방공사들[34]에서 자주 발견된다. 김일성은 "좋은일하기운동은 로동을 사랑하는 정신을 키우고 사회주의

30) 남성 일반에게 적용되는 노동의 의무가 동등하게 주어지는 미혼 여성의 경우 90%가 취업하고 있으며, 결국 미취업 인구의 대부분은 가두여성일 가능성이 있다. 김애실, 「여성의 경제활동」, 『북한의 여성생활』(서울: 나남, 1992), p.49, p.193.

31) 리경혜, 앞의 책, p.96.

32) 『사회주의 경제관리문제에 대하여 3』(평양: 조선로동당출판사), pp.396-397, p.469.

33) "1961년 … 집에서 논다는 일군의 대답을 들으신 수령님께서는 녀성들은 일을 해야 한다. … 광석도 주워모으고 약초를 캐여 보약도 만들고 후방사업도 맡아하였다." 『조선녀성』 1993. 6호, p.3.

34) "녀성동맹에서 가두녀성들과 가정부인들로 로력지원대를 무어 인민경제 여러 부문을 로력적으로 돕기 위한 대책을 세울데 대한 가르치심을 주시였다. … 평양제사공장 … 황해제철소와 흥남비료공장 … 씨뿌리기와 모내기, 김매기 … 김정숙 동지께서는 천수답을 수리안전답으로 만들기 위한 관개공사, 제방공사들에 농촌녀성들이 적극 동원되도록 정력적으로 이끌어주시였다." 『조선녀성』 2007. 1호, p.16.

건설에 이바지하는 매우 좋은 운동입니다."라면서 '누에치기' 등에 '여맹이 주인'이 되어 적극 나서도록 강조했다.[35] 여맹을 통한 '좋은 일하기운동' 노력동원은 쌀과 콩 1천 포기 심기 운동, 들깨 심는 운동, 농촌살림집짓기 운동, 닭기르기 운동, 절약운동 등[36]으로 확대되어 1970년대에 최고조에 달했으며, 여맹위원회별로 경쟁을 유발하여 누에치기를 잘한 곳은 자동차 등을 포상[37]으로 받았다고 선전된다.

2) 김정일의 부상과 여맹의 위상 하락

상기한 바와 같이 여맹 조직을 통한 노력동원운동은 김성애 위원장의 강력한 위세와도 관련이 있으나, 석유파동 등과 같은 외부적 정세변화[38] 및 내부적 경제성장의 한계를 극복하기 위한 노동의욕 고

---

35) "1974년 6월 13일 … 녀맹이 주인이 되여야 한다고 가르치시였다." 『조선녀성』 2003. 11호, p.7; 『조선녀성』 2007. 1호, p.10.

36) "1974년 5월 … 가두녀맹원들은 빈땅을 찾아 1,000포기심기운동을 힘있게 벌려 27톤의 콩을 생산하여 위대한 수령님께 애국미로 바치였다. … 각급 녀맹조직들은 군중적 운동으로 기름작물을 심어 전국적으로 수천톤의 기름을 생산하여 먹는기름문제해결에 이바지하였다. … 녀맹조직들과 녀맹원들은 각지에서 농촌살림집건설을 지원하기 위한 투쟁을 더욱 힘있게 벌려 세기적으로 물려오던 초가집들을 말금히 없애고 우리나라 농촌을 살기 좋은 사회주의문화농촌으로 전변시키는데 이바지하였다. … 1977 … 특히 농근맹조직들과 녀맹조직들이 앞장에 서서 닭기르기를 군중적 운동으로 벌릴데 대하여 … 녀맹조직들이 녀맹원들 속에서 절약투쟁을 강화하여 나라살림살이에 보탬을 주기 위한 투쟁을 힘있게 벌리도록 이끌어주시였다. … 녀성들과 녀맹원들속에서 식량, 천, 전기, 물들을 절약하기위한 투쟁을 힘있게 벌리기 위한 과업과 방도들을 …" 『조선녀성』 2007. 1호, p.10.

37) "위대한 수령님께서는 전국의 모든 시 · 군 녀맹위원회들이 '승리58'형 자동차 1대, 누에치기를 잘한 시 · 군 녀맹위원회들은 '갱생'자동차를 더 받아 누에치기에 적극 리용하도록 하시였다." 『조선녀성』 2007. 1호, p.10.

38) "경애하는 장군님께서는 1970년대 중엽 세계가 식량위기를 겪고 있는 엄중한 실태를 과학적으로 통찰하시고 농업생산에서 새로운 전환을 일으킬데 대한 혁명적 방침을 제시하시고 녀맹 조직들이 동맹의 특성에 맞게 사업을 실

취[39]와도 깊은 관련이 존재한다. 1980년대의 대내외적 환경 변화를 반영하면서 여맹의 위상 역시 큰 변화를 겪게 된다. 우선 김정일 후계 구도가 본격화되면서, 1970년대 초반까지 막강한 영향력을 행사하였던 당시 여맹위원장 김성애의 위상이 급속히 약화되고 김성애의 친인척 및 자녀들은 '곁가지'로 분류하여 배척되었다. 이후로는 김일성의 외사촌동생이자 부위원장 겸 서기장인 강관선이 여맹의 모든 업무를 관장하게 되었으며, 1998년 3월에는 상징적이었던 여맹위원장직마저 박탈되고 천연옥 위원장으로 교체된다.

구체적으로 변화를 살펴보면, 1965년 규약에서 여맹의 가입 대상은 18세에서 55세까지의 전 여성으로, 가입에 특별한 자격이나 절차가 없이 자기가 속해 있는 초급단체에서 조직생활을 하고 이동할 경우 구두로 신고하는 방식이었다. 그런데 북한 내에서 14세에서 30세의 여성은 이미 사회주의로동청년동맹(현재 김일성사회주의청년동맹)에 가입하게 되며, 노동자와 사무원을 비롯한 정신노동 종사자는 조선직업총동맹에, 협동농장원들은 농업근로자동맹에 소속되어 있다.[40] 따라서 18세 이상 모든 여성의 조직체로서 여맹의 전체 맹원수는 매우 많지만, 중복가입의 문제로 인해 실제 여맹 사업은 주로 가정주부나 모성 등을 대상으로 이루어져 왔다. 결국 1983년 6월 여맹 5차 대회에서 여맹 규약이 개정되어, '만 18세 이상의 모든 여성'이 아니라 '다른 근로단체에 가입하지 않은 여성'으로 그 자격이 제한되면서 맹원수의 급격한 감소와 더불어 여맹의 역할과 활동력이 축소되었다.

이러한 변화는 여맹중앙위원회 기관지 『조선녀성』에도 반영된다.

속 있게 조직진행하도록 이끌어 주시였다." 『조선녀성』 2003. 11호, p.7.

39) "사상전을 전격전, 섬멸전, 집중공세의 방법으로 힘 있게 들이대게 … 녀맹조직의 주관하에 70일전투, 100일전투 … 1973년 9월 당중앙위원회 비서국 결정으로 녀맹예술선전대를 구성 … 충성의 알곡 1,000포기 심기운동"을 벌이면서 상품 등을 수여하기도 하였다. 『조선녀성』 2003. 11호, p.7.

40) 이태영, 『북한여성』(서울: 실천문학사, 1998), p.163.

『조선녀성』은 김일성이 직접 제호를 만들고,[41] 1946년 9월 6일에 여성의 계몽과 발전을 위해 출간되었다고 선전된다.[42] 우선 『조선녀성』은 1946년 출간 이후부터 매월 발간되던 월간지였으나, 1982년 8월부터는 격월간으로 축소 발간되었다. 그리고 50여 페이지에 달하던 지면 역시 40여 페이지로 줄어든다. 또한 등장인물들이 1983년을 기점으로 '각 경제 부문에서 활동하고 있던 여성'에서 '가두여성'이라는 표현으로 변화한다. 이는 여맹의 위상과 맹원수가 다시 증가하는 최근에 들어와 또다시 변화하는데, 2001년 1월 이후에는 『조선녀성』이 다시 월간으로 바뀌고 지면 역시 56페이지 가량으로 증가하여 현재에 이르고 있다.

여맹 5차 대회 규약 개정의 외현적인 원인은 근로단체 가입의 중복을 막고 맹원들에 대한 좀 더 효율적인 통제와 장악을 위한 것이었지만, 이는 1980년대 이후 북한이 직면한 공업화와 성장의 한계와도 관계가 깊다. 북한당국은 기존 산업시설에서 흡수하지 못하는 가두여성들의 유휴노동력을 '가내작업반'으로 전환하고 장려하게 된다. 가내작업반은 1983년의 김일성 신년사[43]에서부터 강조되었는데, 이후 1983년 8월 26일에 김정일 지시로 "온 사회에 주체사상화가 힘 있게

41) "위대한 수령님께서 쓰시는 책상우에는 편집성원들이 '문화부녀', '민주녀성', '해방부녀'라고 단 세 개의 표지안을 만들어 김정숙 동지께 올린 잡지표지도안이 놓여 있었다. … '잡지는 제호가 중요합니다. 이름을 문화부녀라고 하면 녀성들에게 친근감을 주지 않습니다. 해방부녀라고 하는 것도 성격에 잘 맞지 않습니다. 해방된 새 조선의 녀성들을 교양하는 잡지인 것만큼 민주녀성이라고 하는 것이 비교적 접근한 것 같기는 한데 제호를 그렇게 달아놓으면 해방된 조선녀성이라는 것이 안겨오지 않을 것 같습니다. 그래서 민주녀성동맹의 기관지제호는 '조선녀성'이라고 이름을 달면 어떻습니까. 온 세상에 이름을 떨칠 '조선녀성'들의 출판물이 아닙니까.' " 『조선녀성』 2003. 11호, p.4.

42) 『조선녀성』 2003. 3호 p.3.

43) 『김일성저작집 37』(평양: 조선로동당출판사), p.373, p.381.

내리고 있는 우리 혁명 발전의 요구에 맞게 사회주의 건설을 다그치며, 여성들은 혁명화, 로동계급화를 빨리 실현할 수 있도록 집에서 놀고 있는 가정부인을 빠짐없이 생산로동에 인입할데 대한 지시"를 내린다.[44] 이어 1984년에는 '813 인민소비품 창조운동'이 제기되고 시·군별 직매점이 생기면서 유통·공급체계가 자리 잡히게 된다. 이 운동은 각 기업, 가정에 조직된 생활필수품 직장작업반, 가내작업반에서 기업의 부산물, 폐기물, 지방 차원에서 모은 유휴 원료자재를 이용해 소비품을 생산하는 것이다.[45] 이는 당과 행정 및 경제지도원회의 지도를 받는 공장과 기업소에 설치되어 작업반장이 분공을 내리면 각 분조의 작업반원들이 수행하는 형식으로서, 해당 지역별로 사상교양을 강화할 수 있는 수단으로도 기능한다.

4. 고난의 행군·강행군 시기와 선군시대 이후의 북한의 여성

1) 고난의 행군 시기의 여성과 여맹 조직의 변화

김일성 사망 이후 연속 3년간 발생한 수해 등으로 1995년부터 3년간 진행된 '고난의 행군'과 그 이후의 '사회주의 강행군'은 북한의 모든 계층에 큰 고통을 초래하였다. 특별히 여성들은 배급 중단에 대응하여 황무지를 개간하거나 암시장에서의 거래 및 장사 등을 통하여

44) "숙천초물공장 가내작업반으로 말하면 가정부인들이 모여 지방에서 나는 왕골, 잘피, 쥐골 등으로 비자루 조리 같은 것을 만드는 것으로 첫걸음을 떼어서 몇 가지 초물제품을 만들고 있었다. 그런데 1981년 10월말 친애하는 지도자 동지께서는 이들에게 새로 개관될 청류관에 펴놓을 꽃방석을 만들도록 크나큰 믿음을 주시였다." 『조선녀성』 1983. 5호, p.16.

45) "가내작업반에서 자투리 천과 가위밥으로 한달 동안 만드는 인민소비품의 량이 4,000여 메터의 새 천으로 만들어내는 량과 맞먹는다고 하니 그야말로 가내작업반이 얼마나 좋은가." 『조선녀성』 1983. 5호, p.29.

생계를 유지하였다. 이 시기는 북한 내 모든 조직이 이완되었는데, 특별히 조직력이 상대적으로 약한 여맹의 경우 더욱 심각했던 것으로 보인다. 1990년대 초까지의 『조선녀성』 자료에서는 '새 세대' 여성들이 10일 생활총화, 학습회, 강연회에 빠지는 문제들에 집중되어 있었으나, 1990년대 후반의 자료에는 '일시적인 곤난'으로 인해 '제살 궁냥'을 하는 조직 이탈을 지적하는 자료가 급증한다. 이러한 조직 이탈은 전 시대처럼 비단 '새 세대' 여성에 그치는 문제가 아니며, 가정살림을 책임지는 전 연령대의 여성, 특별히 맹원들을 지도해야 할 여맹초급단체 위원장이나 부위원장들에게서도 동일하게 발견되었다.

북한의 '김일성사회주의청년동맹' 기관지인 『청년전위』를 분석한 자료에 따르면, 1980년대 청년들에 비해 1990년대 초의 청년들은 더 강도 높은 일탈 특성을 지닌다.46) 따라서 높은 일탈적 성격을 지녔던 1990년대의 청년 여성들이 결혼과 더불어 여맹에 소속되었다면, 이들은 이전 시대의 여맹원들에 비해 더 높은 일탈적 행동을 보일 가능성이 있다. 실제로 2000년대 이후의 『조선녀성』 기사들을 살펴보면, 비사회주의적인 행동, 여맹일군들에 대해 '빈정대는 말'로 대화를 이어가거나 아예 무시하거나 반항하는 '말썽꾼'들이 자주 등장한다. 이러한 새 세대 여맹원뿐 아니라, 일탈적인 청년 세대의 자녀들을 키우는 주부들 역시 자녀들의 영향으로부터 자유롭지 못할 가능성도 있다.

이처럼 맹원들의 조직 이탈의 경향이 높아지면서 여맹 조직에서는 과거에 비해 '포용적'인 유화책을 병행할 것과, 새 세대들의 개성 및 흥미를 반영하는 사상교양 '방법론'의 변화를 요청한다. 일차자료들을 통하여 확인할 수 있는 대표적인 당국의 교양 방법론을 꼽아보면, 첫째, '진심'을 주면서 '믿음과 사랑'으로 교양하는 '우리' 여맹위원

46) 1980년대 이후 북한 새 세대의 가치 지향 변화와 관련된 연구로는 이인정, 「1980년대 이후 북한 '새세대'의 가치 변화 연구: 청년전위 분석을 중심으로」 (서울대학교 사범대학 국민윤리교육과 박사학위논문, 2004) 참조.

장들의 접근방식은 상대방의 마음을 열고 심장을 열어주게 된다고 권장한다. 둘째로는 흥미와 개성을 존중하며 연령대의 장점을 살리고 긍정적 모범을 내세우는 등의 교양 방법론의 다양화이다. 구체적으로는 젊은 여성들의 예술선동대 활동 등을 통해 맹원들의 참여도를 높이거나 예술경연대회를 열어 집단의식을 고취하는 것, 일제 시기와 한국전을 경험한 나이 많은 여성들을 통한 대비교양 및 혁명의식 고취, 각자의 소질을 살리게 한 뒤 조직에서 적극 칭찬함으로써 참여도를 높이는 것 등이 제시된다. 또한 "상급 단위가 아래 단위로 내려가 당 정책을 인민들에게 잘 전달"할 것을 강조했던 기존의 군중로선을 넘어, '아래' 단위 자체의 특성과 능력을 이해하고 활용하라고 강조하기도 한다.47)

이러한 개성 존중의 방법론은 특별히 조직에서 이탈한 여맹원들을 교양하는 데 있어서 효과적이었다고 묘사된다.48) 자료들에서는 고난의 행군기 동안 사적 경제활동을 통해 부를 축적한 여맹원들과 그렇지 못한 여맹원들 사이에 식량이나 의복 또는 물품 등의 살림, 나아가 현금에 있어서 사회경제적 차별성이 존재한다. 이는 조직 내에서의 상대적 박탈감의 문제로 드러나, 사회경제적으로 열등한 여맹원들

47) "당조직들과 당일군들은 군중 속에 깊이 들어가 그들의 목소리에 귀를 기울이며 대중의 정치사상적 준비정도와 성격, 사상감정과 심리에 맞게 사업하는 것을 체질화하여야 한다. 인민을 위하여 일군들이 있다." 『조선녀성』 2007. 1호, pp.3-5.

48) "사상사업은 사람을 대상으로 진행하는 사업인 것만큼 녀맹원들의 마음을 움직이고 발동하기 위해서는 그들 속에 들어가 일도 함께 하고 사업과 생활에서 걸린 문제도 풀어주는 과정을 통하여 녀맹원들의 마음을 두드려보아야 한다. 녀맹조직들과 녀맹일군들은 일상적으로 녀맹원들이 무엇을 생각하고 어떤 것을 요구하며 애로되는 것은 무엇이고 어떤 문제들을 풀어주어야 하는가 하는 것을 잘 알고 그들의 마음을 움직이기 위한 묘술을 찾아 그에 맞게 사상사업을 진행해나가는 기풍을 세워야 한다." 『조선녀성』 2007. 4호, p.47.

의 경우에는 조직생활에 '재미'를 느끼지 못하고 오히려 멀어지게 되고 있다는 사례들이 『조선녀성』 기사들에서 발견된다. 이처럼 동무들과 잘 어울리려 들지 않고 조직에서 유리되는 여성들에게 효과적인 방법론으로 제시되는 것은 '개별담화'로서, 개별로 원인을 파악하고 조직이 나서서 문제를 해결하라고 촉구한다. 만일 경제적 어려움이나 가족 내 불화 등이 그 원인이었음을 발견할 경우, 초급단체 여맹위원장들이 조직원들을 발동하여 해당 여맹원의 식량 보조 및 집수리 등을 도와주면서 감복시키라는 것이다. 또한 '과오'를 범하여 조직에서 유리되는 여성들의 경우에는 '믿음과 사랑'으로 포용하는 가운데 '심금을 울리며' 교양할 것을 촉구한다. 기사들에서 특징적인 것은 '혈육의 정'으로 접근하는 이러한 '우리' 위원장의 노력으로 과거의 '말썽꾼' 여맹원들은 하나같이 감복하며, 조직생활에 점차 재미를 붙이게 되는 가운데 여맹 조직의 지도 하에 원군과 생산활동에 적극 헌신하는 것으로 묘사된다.

그런데 여맹의 사상교양 방식의 특성을 살펴보다 보면 종교단체 등에서 사용하는 방식과 유사한 감을 느끼게 하는 측면이 많다. 교회 등의 종교단체는 이질적인 연령대, 지적 수준, 경제적 계급, 사회적 지위, (사상적) 믿음, 성격과 취미 등을 지닌 매우 다양한 사람들이 모이는 곳이며, 특별히 한국 종교계는 여성 종교인의 수가 월등히 많다는 점도 특징적이다. 북한의 일차자료들을 통하여 확인할 수 있는 여맹 조직의 교양 방법론들은 공교롭게도 종교단체들이 교인들의 종교심 및 조직 결속을 높이는 데 효과적인 다양한 방법론들과 상통하는 측면이 있다. 그 배경으로는 우선 김일성의 가계가 기독교적 성향이 강했다는 점에서, 종교적 아이디어들을 취사선택하여 사상학습 및 조직동원에 활용했을 수 있다. 또한 북한의 정권 수립 초기에는 경제적 여유와 교육적 혜택을 받아온 지주나 자본가들이 대거 월남함으로써, 문맹률이 높은 북한 여성들을 교양하기 위한 '수준' 있는 일군을 충원하는 과정에서 종교적 배경을 지니고 있는 사람들이라도 일군으로 허용하기도 하였다.

북한의 여맹 조직 교양이 종교적 교양 방식과 지니는 유사성은 '화선식 정치수첩'49)이나 『조선녀성』 등 다양한 일차자료들에서도 유추될 수 있다.50) 자료들에서는 여맹 초급단체별로 예술선동과 예술 공연을 발표할 때 '승벽내기'를 시키며, 인기가 있는 예술선동대의 경우 1천여 명으로까지 조직하여 다른 초급단체나 건설대 등에 순회공연을 나서기도 한다. 또한 초급단체별로 겨울철 등에 혁명사적지 답사 겸 '거름모으기 순례행군'을 행하며, 조직의 지도 하에 다양한 '좋은일하기운동'을 통한 '봉사활동'을 권장하기도 한다. 더불어 신문기사 등에서 자주 소개되는 '수기글' 등에서 등장하는 내용들은 하나같이 수령님의 말씀을 바탕으로 자신의 과거의 실수를 고백하고 반성하는 형태로 이루어져 있는데, 이 역시 종교적 신앙고백이나 간증과 유사성을 띠고 있다. 물론 여맹의 교양 방법론과 사업형태들은 로동당 등에서 과거부터 강조되어 온 것이지만, 특별히 1990년대 후반 이후 '창발적'인 여맹일군들을 소개하는 과정에서 통한 이 같은 '종교식' 교양이 더욱 강조되고 있다.

상기한 조직 이탈이나 교양 방법론의 변화 이외에도 경제적 위기는 북한 여성 및 여맹 조직의 위상을 변화시킨 측면이 있다. 새터민들에 따르면, 이 시기 동안의 여성 개인 또는 여맹 조직 차원의 사적

---

49) 수첩의 첫 페이지에는 3대장군의 핵심적인 구절이 등장하며, 그 다음부터는 맨 위에 학습해야 할 주요 명제들이나 교시말씀들이 있고 그 아래에는 계속하여 빈 칸을 만들어놓는다. 작은 분조를 형성하여 분조장이 주요 교시들을 해설하면 분원들은 이를 학습한 뒤 빈 칸을 스스로 채워 놓고 분조장에게 검사받는 방식으로 진행된다.

50) 앞면 속표지에는 그 달의 정치사회적 관심사와 관련이 많은 노래 한 곡을 악보 및 가사와 함께 올리고 있으며, 학습 관련 분조모임을 하게 될 때마다 학습 시작 전에 녀맹원들이 함께 노래를 부르는 시간을 두도록 권유하고 있기도 하다.

경제활동은 여성들로 하여금 축적된 경제력과 조직의 위상을 상승시켰다고 증언된다. 경제난 시기 이전에서부터도 여맹은 초급단체별로 농장포전을 맡아 농촌 노력동원에 나섰으나, 1990년대 중반 이후에는 좀 더 조직적인 형태로 비경지 개간에 나서게 된다. 『조선녀성』 기사들에서는 이러한 산출물들이 일정 규모에 달하여, 자체적인 생계 유지를 넘어 지역사회 내의 보육원이나 후방가족, 건설대나 군대 혹은 나라에 '애국미'로 바쳐진다. 또한 산지 등 비경지가 많았던 강원도 지역의 경우 강행군 기간 동안의 여맹원들의 개간 노력으로 산출물을 낼 수 있는 땅으로 바뀌었는데, 이는 결국 나중에 '국토관리'라는 명목 하에 국가적으로 흡수당한다. 여맹은 경지 개간 외에도 가축기르기 등을 통한 여유 식량 및 현금들을 군대와 국가에 헌납하도록 경쟁적으로 독려하기도 했다. 이러한 조직사업은 쌀과 노동력을 넘어 각 가정이 보유한 현금들을 '인민생활공채구매사업'과 '여맹호 포 증정사업'의 명목으로 국가적으로 흡수하는 데 집중한다.[51]

여맹은 각종 '좋은일하기운동'을 벌임으로써, 경제난 시기 집중적으로 발생한 고아들을 입양하거나 키우는 일, 나아가 보육시설을 짓거나 물품과 현금 등을 지원하는 데에서도 중추적인 역할을 시도하였다. 1990년대 초까지는 남편들의 '출근길 환영모임'이나 자재 수집

51) "우리 아들딸들이 소년호 땅크, 기차도 마련하는데 어머니들이 왜 못하겠습니까. … 시녀맹위원회는 좋은일하기운동으로 포자금을 마련할데 대하여 호소하고 그 조직사업을 빈틈없이 짜고 들었다. … 시간이 다르게 속보가 나붙고 초급녀맹위원회별, 초급단체별, 개인별 경쟁도표가 시간을 다투며 쭉쭉 뻗어 올라갔다. … 우리 녀성들이 결코 유족한 생활의 여유로 떠받들어 올린 것이 아니다. … 배고픈 것은 참으면 된다. 우리 아이들에게 사탕을 쥐여수지 못한다 해도 총알만 있으면 된다. 총대가 강해야 자주적 인간으로 될 수 있다. 총대가 약하면 노예가 된다. 우리는 다시 노예가 될 수 없다. 우리는 경애하는 장군님의 선군령도를 높이 받들어 총대를 앞세우고 자주적 인간으로 살겠다. 이런 신념이 녀성들의 심장마다에 고패쳐 그들은 오늘 선군포 녀맹호를 받들어 올린 것이다." 『조선녀성』 2003. 10호, p.30.

등의 활동에 그쳤으나, 1990년대 후반 이후에는 초급여맹위원회의 조직지도 하에 예술선동과 원호 및 고강도의 육체노동을 포함한 노력동원에 나서는 기사들이 대거 등장한다. 이어 2000년대 이후에는 '공민적 의무감'을 강조하면서 여맹 조직의 방조 하에 집단적으로 '여맹소대'를 만들어 가정을 떠나 산이나 저수지, 발전소 건설사업 등을 하는 돌격대에 진출하는 데에까지 확대된다. 건설대 노동자들조차 "혹시 가정에 애착이 없거나 가정이 없는 녀성들이 아닌가고 생각"하고 달가워하지 않았다고 묘사되는데, 기사에서는 이들을 '건설대의 꽃이자 어머니, 누이'라면서 극찬한다.[52)]

이 외에도 1990년대 이후의 『조선녀성』 기사에서는 고아 입양에 대한 미담이 매우 자주 발견된다. 시기적으로는 "1990년대 초부터 10여 년간" 키웠다거나, 혹은 "1995년부터" 데려왔다고 제시되는데,[53)] 이는 고난의 행군기 동안 가족해체로 버려져 유랑하는 꽃제비 증가와 시기적으로 일치한다. 입양 미풍에 나서는 여성들은 매우 다양한데, 결혼하지 않은 처녀, 자신의 자녀를 둔 가정부인, '연로보장나이'

52) "백두산지구혁명전적지, 혁명사적지를 꾸리기 위하여 달려온 돌격대원들 속에는 건설장에 오직 하나밖에 없는 원산시 안의 가정부인들로 무어진 '녀맹소대'도 있다. … 철없는 어린 것을 이웃에 맡기기도 하고 넉넉지 못한 살림을 시어머니나 세대주, 아이들에게 맡겨두고 주저 없이 나섰던 것이다. … 건설장의 짐이 되지 말자, 건설장의 기수가 되고 꽃이 되자. … 온 건설장의 다심한 '어머니, 누이'가 되여 건설자들을 돌봐주고 … 리발 미용 4천 5백여 명, 옷수리 2천 3백여 벌, 6마리의 돼지를 길러 고기생산, 천 평의 빈 땅을 가꾸어 18톤의 남새생산" 『조선녀성』 2003. 2호, p.30.

53) "리일화, 조광문 부부는 10여 년간 성격과 취미가 서로 다른 수십 명의 부모 없는 아이들을 맡아 친부모의 심정으로 따뜻이 돌봐주면서 그들이 모두 다 선군시대의 위대한 장군님의 총 쥔 병사로 억세게 자라나도록 훌륭히 교육 교양하고 있다." 『조선녀성』 2003. 4호, p.20; "1995년 11월 안정복 동무는 부모 없는 어린애 세 명을 데려왔다. … 1997년부터 매일 매끼마다 백 그램의 식량을 덜어내어 절약함에 넣었다. 그리고 저금통을 만들고 매일 10원씩의 돈을 저금통에 넣기 시작하였다." 『조선녀성』 2003. 11호, p.46; 『조선녀성』 1993. 3호, p.37.

가 된 할머니, 영예군인 여성 등 각계각층에서 이루어지고 있다고 소개된다. 1990년대 후반 이후에는 여맹 조직이 자체적으로 육아사업에 나서기도 하며, 그 원호의 종류도 과거와 같은 가족 단위의 고아 입양을 넘어 이불, 옷, 기자재, 쌀, 현금봉투 등을 조직적이고 대규모로 지원하는 형태로 변화[54]한다는 것이 특징적이다.

2) 선군시대 이후의 여성과 여맹 조직의 변화

김일성의 사망과 고난의 행군을 지나오면서 1990년대 이후에는 여맹 조직의 재강화와 관련되는 다양한 징후들이 발견된다. 특별히 1990년대 후반 이후에는 김정일에 대한 충성과 '선군사상'에 대한 교양 내용이 추가된다. 김정일의 당 총비서 추대를 계기로 강관선 여맹 서기장 등 여맹 관계자들과 전국 여맹일군들이 참석한 가운데 개최된 "위대한 령도자 김정일 동지의 영도 따라 사회주의 위업을 끝까지 완성"하기 위한 전국 여맹일군들의 충성의 결의모임 보고 및 토론[55]

54) 50대 여성인 새터민 M씨에 따르면, 여성동맹에서 진행하는 모임은 정서적인 모임이 아니라 사상교양과 경제적 측면이 위주가 되는 것으로 보인다. 그녀는 북에 있을 때 여맹 단위로 계모임을 조직하여 '모임쌀'을 걷어 '일 있으면 돌아가면서' 사용했으며, 탄이 날라오면 함께 '탄찍기'를 하거나, 배추와 무 등의 재료를 받은 뒤 김치를 담는 '수마니(움인이)'를 했다고 밝혔다. 또한 여맹 조직 차원에서 야간에는 가스중독을 조심하기 위해 '탄순회'를 돌기도 한다고 하며, 탁아소를 조직해 놓고 "오늘은 ○○가 탁아소 봅니다." 하는 식으로 '품앗이'하면서 강연회에 참가한다고 했다.

55) 그 내용은 "첫째, 김일성의 사회주의 위업, 주체혁명 위업을 완성하기 위한 확고한 담보는 김정일의 영도를 충성으로 받들어 나가는 데 있으므로 모든 녀맹원들은 김정일을 목숨으로 받들어야 한다. 둘째, 인민대중 중심의 우리나라 사회주의를 고수하고 주체혁명 위업을 빛나게 완성하기 위하여서는 전 당과 전체 인민이 김정일의 영도를 잘 받들어 나가야 한다. 셋째, 강성대국을 건설하기 위해서는 군대가 강해야 하며 군대가 강해야 우리식 사회주의를 옹호, 고수하고 빛내나갈 수 있다."고 하면서 "동맹원들은 군민일치의 전통적 미풍을 계속 활짝 꽃피우며 인민군대 원호사업에 녀맹 조직들이 앞장

에 따르면, 여맹의 역할은 김정일에 대한 충성심과 군민일치 등의 원호사업에 집중되고 있다. 북한 중앙방송에 따르면[56] 여맹은 이에 앞선 10월 6일에도 로동당중앙위 근로단체부장 원동구가 참석한 가운데 평양시 여맹일군들과 여맹원들의 궐기모임을 가졌다. 이어 1998년 10월 29일에는 평양에서 여맹중앙위원회 위원들과 도(직할시), 시(구역) · 군 여맹간부들이 참석한 가운데 조선민주녀성동맹 중앙위원회 제5기 29차 전원회의가 개최되기도 했다.[57]

북한당국이 강조하는 사상교양에는 당과 수령에 대한 충실성교양, 혁명교양, 계급교양, 사회주의 애국주의교양, 공산주의 도덕교양이 있으며, 1990년대 초에는 '황색바람'에 대비하는 청년교양과, 1990년대 후반의 김정일의 선군사상교양이 새로이 강조되고 있다. 북한당국은 외래사조의 유입과 김정일의 부족한 카리스마, 그리고 경제위기 등으로 인한 사상 이완의 원인을 당일군과 동맹일군의 문제로 돌리는 측면이 강한데, 여맹 조직의 이완 역시 '초급일군'들에 대한 교양에 집중된다. 또한 '전시정신'과 '군'과 같은 혁명적 군인정신을 강조한다는 점이 특징적인데, 과거에 치열했던 전시상황을 회상하도록 교양하면서 김정일의 '선군정치'를 뒷받침한다.[58] 당국에서는 여맹 조직으로 하여금 선군시대의 요구에 맞게 여성들을 '절대적 신봉자'로 만들 것을 강조[59]한다. 이를 위하여 여맹중앙위원회에서는 선군교양자료

서야 한다."로 요약된다.

56) 『내외통신』, 1998년 11월 2일자.

57) 전원회의에서는 여맹중앙위원장 천연옥의 보고에 이어 토론이 진행됐으며, 보고와 토론에서는 김정일이 1998년 10월 1일 자강도 대홍단군을 현지 지도하면서 제시한 감자농사의 획기적 전환, 축산업의 대대적 발전, 농촌전기화 실현, 국토관리 강화, 군(郡) 지도일꾼들의 역할 배가 등의 과업을 충실히 수행할 것을 독려하기도 했다.

58) "녀맹원들 속에서 주체사상교양, 선군사상교양을 여러 가지 형식과 방법으로 끊임없이 벌려야 한다." 『조선녀성』 2007. 4호, p.42.

59) "선군시대의 요구에 맞게 녀맹원들에 대한 사상교양사업을 참신하게 벌려

를 만들어 하달하며, 각급 여맹 조직들에서는 여성들에게 군사부문 내용의 덕성실기, 구호문헌에 대한 연구발표모임을 조직하기도 한다. 주목할 만한 개념으로 '화선식 정치사업'[60]이 있는데, 이는 '불붙은 전선'을 상징하는 인민군대식의 사상교양방법으로, 『조선녀성』에서 1990년대에도 드물게 등장한 적은 있었으나 주로 2000년대 이후 자주 발견되는 표현이다.

더불어 2000년대 이후에 북한당국이 강조하는 '선군시대의 참된 일군'은 '실력가형의 재능 있는 여맹일군'으로서, 천태만상의 여맹원들을 교양할 능란한 영도예술을 지니고 교시와 자료 등의 학습성과를 높여야 한다고 촉구한다.[61] 이러한 실력가형 일군들의 특징으로 대표되는 것은 초급단체별로 백두산 3대 장군 및 교시 등의 위대성 자료카드들을 체계적으로 준비하는 역량이나, 예술선동 등을 통해 학습성과를 높이고 노력동원에 나서도록 이끄는 것 등이다. 여타 근로

그들을 선군사상의 절대적인 신봉자, 철저한 옹호관철자로 키우는 것은 우리 녀맹조직들이 틀어쥐고 나가야 할 중요한 문제이다. 녀맹원들을 선군사상의 절대적인 신봉자, 철저한 옹호관철자로 키운다는 것은 우리 당의 선군사상을 삶과 투쟁의 좌우명으로, 절대불변의 진리로 간직하고 견결히 옹호하며 철저히 관철하기 위하여 한목숨 서슴없이 바치는 선군시대의 참된 혁명가로 만든다는 것을 말한다." 『조선녀성』 2007. 4호, p.47.

60) "녀맹 조직들은 녀맹원들에 대한 사상교양사업을 화선식으로, 인민군대식으로 실속 있게 진행해 나가야 한다. 인민군대에서 힘있게 벌어지고 있는 화선식 정치사업은 위대한 장군님의 선군혁명령도 밑에 그 생활력과 위력이 남김없이 발휘되고 있는 전투적이며 혁명적인 사상사업방법이다." "화선식 선전선동과 예술활동을 사업에 철저히 구현하여 녀맹원들이 있는 곳에서는 언제나 힘있는 노래와 구호, 구두선동의 힘찬 메아리가 울려퍼지도록 하여야 한다." 『조선녀성』 2007. 4호, p.47.

61) "높은 충실성을 지니고 있어도 실력이 안받침되지 않고 능란한 령도예술을 소유하지 못하고서는 천태만상의 사람들을 교양해나갈 수 없다. 일군들이 생활의 론리에 따라 때로는 말로, 때로는 웃음과 노래로 사람들의 사상감정을 불러일으킬 줄 알아야 녀맹원 대중의 지지와 공감을 받으며 자기 사업을 능란하게 해나갈 수 있다." 『조선녀성』 2007. 4호, p.47.

단체에 비해 맹원들의 이질성이 높은 여성동맹은 학습에 시나 음악 같은 예술선동을 배합하여 흥미와 기억력을 높이는 방식을 취하는 경우가 많다. 또한 초급단체별로 예술선동경연대회를 열고 맹원들의 참여도를 최우선으로 평가함으로써 자연스럽게 조직 참여율과 단합력이 높아졌다고 선전한다.

나아가 여맹 조직은 '선군시대 녀성'들로서 선군시대의 '최대의 애국은 참군'이라는 명목 하에 참군과 원군 미풍을 적극적으로 강조한다. 『조선녀성』 등에서는 '경쾌하고 우아한 옷차림새'가 아닌 '군복'이 제일이라면서 대를 이어 입대하는 할머니와 손녀딸의 모습이나, 여성 군인이나 군관의 안해들을 가장 아름답다며 칭송한다.[62] 또한 연령의 고하를 막론하고 원군가정과 군민일치의 가풍을 자랑하면서, '선군시대 원군영웅'이나 '원군미풍열성자 대회' 등을 소개하기도 한다. 이 모든 과정에서 여성동맹은 조직적이고 체계적인 지도 방조를 행하면서 각종 여성 영웅들을 탄생시키기 위해 경쟁 도표 등까지 동원하고 있다고 선전한다. 결국 원래는 국가가 책임져야 했던 전쟁로병들과 전사자 가족, 공로자들을 여맹 차원에서 집단적으로 찾아가 후방가족들의 집수리와 경조사 준비, 명절음식 등을 보살피도록 유도한다. 이러한 변화들은 와해된 국가 배급 체제를 여맹 차원에서 보완한 것으로, 국가를 대신하여 여성들 스스로 가족 부양의 방법을 구체적으로 제시하는 역할에 불과하다는 한계를 지닌다.[63]

그럼에도 불구하고 여맹 조직의 재강화를 유추하게 하는 근거들로

---

62) "녀성이라면 누구나 경쾌하고 우아한 옷차림새를 생각하게 되는 것이 아마 녀성 일반의 취미라고 해야 할 것이다. 하지만 조선녀성들은 그 어떤 옷차림새보다 군복차림을 좋아한다." 『조선녀성』 1993. 4호, p.14; "옛 병사동지 어떻습니까? 막내딸의 군복 입은 모습이 … 오냐, 너에겐 군복이 제격이다. 아무렴, 선군시대에 군복 입은 처녀 이상 더 있을라구." 『조선녀성』 2003. 5호, p.31.

63) 정성임, 앞의 글, pp.233-234 참조.

는 우선, 김성애 위원장 이후 1998년에 천연옥 위원장으로 바뀌면서 변화가 시도되었다는 점이다. 둘째, 1961년 11월 16일 전국어머니대회가 개최되어 '어머니학교'를 통한 교양사업이 시도된 이후 수십 년 만에 제2차 전국어머니대회가 개최되었다는 점이다.64) 셋째, 『조선녀성』 최근호들에서는 가두여성뿐 아니라 직장과 공장 기업소 혹은 협동농장에 소속된 여성까지 포함하면서 '읍 가두여맹원'이나 '기업소 여맹원'이라는 표현들이 등장하는 등 맹원수의 증가를 예상할 수 있게 한다.65) 새터민들의 인터뷰에 따르면, 1980년대경까지는 여맹 조직과 관련하여 사업했던 전력이 있는 여성들은 그 능력과 상관없이 출세에 있어서 직접적인 장애가 상당한 정도로 존재하였다고 증언된다.66) 그러나 1998년의 김정일의 여맹 관련 언급들에 따르면 "사회에서 여맹의 존재 자체를 부정하거나 여성들의 역할을 무시하는 것은 그릇된 사고방식"67)이라고 지적하고 있다는 점에서 부분적인 변

64) 『조선녀성』에는 「전국 어머니들의 충성의 대회 성대히 진행: 제2차 전국어머니대회」라는 제목의 기사와 관련 사진이 발견된다. 여기서는 조선민주녀성동맹 중앙위원회 천연옥 위원장의 보고, 재일본조선민주녀성동맹 중앙상임위원회 김일순 위원장의 축하연설 등이 소개되었다. 『조선녀성』 1998. 6호, p.17.

65) 정성임, 앞의 글, p.218.

66) 김일성종합대학 출신의 50대 인텔리 남성인 새터민 H씨에 따르면, 1969년 이전까지는 김성애의 우상화가 극심하여 당시 『로동신문』 등에는 '존경하는 김성애 여사' 등의 표현을 쓰는 등 거의 '수령과 동급'이었다고 한다. 당시에는 김성애가 김정숙의 서거 행사도 못하게 막았으며, 김정숙의 김일성에 대한 충실성에 대해서도 "그 상황에서는 누구나 다 그럴 수 있어!"라면서 깎아내리는 등 김정일의 원한이 깊었다고 한다. 이후 김정일의 후계 체제가 진행되면서 '곁가지'로 분류하는 작업이 시작되고 1970년대 말에는 해외로 보내는 등 김성애 측근의 직접적인 제거에 나섰다고 한다. 이에 따라 1980년대 이후에는 여맹 소속이었다는 이유만으로도 승진 등에서 결정적인 장애가 있었으며, 부인이 여맹 고위직이었을 경우 그 남편도 '지뢰밭'처럼 '발전'하지 못하고 외국으로도 나가지 못했다고 한다. 이 시기에 여맹 위원장이 되는 것은 "호박 쓰고 돼지굴로 들어가는" 형상이었다고 한다.

화를 엿보게 한다.

이 외에도 여맹 기관지인 『조선녀성』 등을 통해 확인할 수 있는 2000년대 이후의 북한 여성들의 특징을 몇 가지 살펴보면 다음과 같다. 우선 직접적인 언어적 상호작용 중심의 여성 특성상 교양 내용 역시 가족이나 친구, 인민반 사이의 예의도덕 및 언어예절 등에 초점을 둔다.68) 『조선녀성』의 표현방식도 과거에 비해 다양화되어 수기나 기사뿐 아니라 만화, 그림, 시 등 다양한 형태와, 요리, 육아, 옷차림, 건강상식 등 다양화된 내용구성을 통해 여성들의 흥미를 유발하려 노력한다. 한편 2000년대 이후의 『조선녀성』에서는 전통적인 여성의 미덕이나 전통적인 예의범절, 더 나아가 김정일이 중시하는 전통명절과 전통음식, 민속놀이, 전통옷차림 등도 자주 소개한다. 반면 전통적인 것 중 '허례허식'과 같은 '낡은 생활양식'에 대해서는 적극적으로 경계하면서, 제사나 혼례 등에 있어서 김정숙의 '항일유격대식 결혼식'을 본받아 '선군시대'에 맞게 간소하고 검소하게 진행하며 미신적이고 이색적인 것을 없앨 것을 촉구한다. 또 하나 눈에 띄는 것은 2000년대 이후의 기사들에서는 부부관계와 관련된 자료들이 많다는 것으로, '안해'들에 대한 세대주들의 태도에 대한 교양이나, 부부애 및 가정파탄, 이혼에 대한 언급, 자녀와의 불화, 정조 등 민감한 현실적 주제들도 등장한다.

---

67) 정성임, 앞의 글, pp.216-217.

68) 가족 내에서 어머니의 '고상한 도덕품성'으로 자녀를 교양할 것과, 배우자에 대한 부름말, 자녀, 이웃, 탁아소 보육원, 학교 교원, 방문객 등에 대한 언어례절, 전화예절 및 명절인사 등의 전통인사법, 경조사 인사 등 상당히 구체적이고 자세하게 도덕교양을 시도한다. 또한 이웃끼리도 복장예의를 갖추고 빌린 물건들은 잘 손질하여 돌려주는 것, 각계각층이 모여 있는 인민반에서의 예절, 길에서 마주친 웃어른들에 대한 인사성 혹은 버스 등에서의 자리양보 예절 등을 강조하는 형태 등 다양하다.

5. 결론 및 변화 전망

이 글에서는 조선민주녀성동맹 기관지인 『조선녀성』 분석을 중심으로 북한 여성들에 대한 당국의 통제 및 그 변화를 검토하고, 이를 바탕으로 북한 여성들의 지위와 생활세계 및 그 변화 추이를 살펴보고자 하였다. 남녀평등과 여성의 사회참여를 강조하는 북한당국의 선전과 달리, 실제 여성의 사회참여는 대내외적 변동으로 인한 북한의 정치경제적 요인에 의거하여 강조되거나 혹은 축소되어 왔다.

정권 수립 초기에는 인구가 부족한 북한의 노동력 수급 차원에서 여성이 사회적 건설과 산업 활동에 동원되었다. 또한 부족한 식량 및 부식물, 생활용품을 수급하기 위한 차원에서 여맹 조직이 개입하여 각종 '좋은일하기운동' 및 '인민소비품 생산'에 유휴노동력으로서 활용되었다. 반면 1980년대 이후의 북한의 공업화 정체 시기에는 가장 먼저 여성 노동력이 타격을 받았으며, 여맹 1983년 5차 대회를 기하여 여맹 조직이 급격하게 위축되게 된다. 1980년대 말 이후의 공산권 붕괴로 인한 고립과 에너지 및 식량 부족 등의 문제는 여성들의 삶을 더욱 고단하게 만들었으며, 1990년대 중반의 고난의 행군기 동안 여성들은 사적 경제활동을 통해 가족의 생존을 담당하게 되었다. 이러한 경제위기 극복 과정에서 좀 더 효율적인 사업을 위한 여맹 조직의 개입이 이루어졌으며, 이는 여맹 조직의 위상 및 가족 내에서의 여성 지위를 부분적으로 향상시켰다. 그러나 경제위기가 해소되어 가는 시점에서 북한당국은 개별 가구 단위로 개간된 황무지를 '국토관리사업'으로 회수하였고, 여맹 조직은 각 가정에서 보유하고 있는 쌀과 현금 등을 '애국미'와 '공채사업' 등의 형태로 국가에 바치도록 유도하는 역할을 하기도 하였다.

북한이 경험한 1990년대의 경제적 위기는 여성 계층을 대상으로 당 정책 전달과 조직동원 기능을 담당하는 여맹 조직의 사업에도 부분적인 변화를 요구하였다. 배급 붕괴로 인해 사적 경제활동을 벌이는 '제 살 궁냥'은 여맹원들을 교양하는 초급단체위원장들에게서도 공공연히 발견되었으며, 이러한 조직 이탈은 사상교양단체로서의 여맹의 기능을 크게 약화시켰다. 또한 여맹 조직 자체가 지니는 구성원의 이질성, 새 세대 여맹원들의 증가 등은 기존의 여맹 교양 방법론에 있어서 '개성'과 '흥미'를 강조하는 방식으로의 변화를 요청하였다. 또한 김정일의 선군시대 이후에는 여맹은 '선군' 관련 교양을 증대하고 '선군시대'의 상징물이나 '녀맹호 포' 등을 마련하기 위한 모금활동을 진행하기도 했다.

이 글에서 살펴본 바와 같이, 북한의 여성들의 사회참여의 출발점은 당국의 정치경제적 필요성에 의거한 측면이 크며, 여맹 조직 역시 근로단체로서의 기능 그 이상도 이하도 아니다. 그럼에도 불구하고 특별히 경제난 시기 여성들이 담당한 경제적 생산 기능의 중요성은 간과하기 어려우며, 한 번의 큰 위상 약화를 경험하였던 여맹 조직의 위상 재강화 역시 의미 있다고 볼 수 있다. 사회주의 국가에서 중시하는 유물론적 관점에 의거해 보자면 북한사회가 경험한 경제적 측면의 변동은 기간상의 '지체'가 있을지언정 정치, 사회, 문화적 측면의 변동으로 이어질 가능성이 존재한다. 따라서 북한사회 구성원들이 경험한 사적 경제활동 및 그에 기반을 둔 생활세계의 변동은 가장 폐쇄적인 국가로 남아 있는 북한 역시도 장기적으로는 변화될 가능성이 높음을 예측하게 해준다.

제 2 부

통일 및 탈북자 문제

제 9 장
남북한 교육과정 통합

오기성*

1. 서론

통일은 상이한 이념과 체제 속에서 삶을 영위해 온 구성원들 간에 발생할 수 있는 갈등을 완화하고, 더욱 안정된 통일사회를 기반으로 선진국으로 도약하기 위한 중요한 발판으로서의 의미를 지닌다. 이러한 통일을 달성하기 위해서는 다각적인 노력이 필요하다. 여러 부문의 노력이 필요하지만, 특히 우리가 통일 이전에 통일사회가 지향해야 할 가치와 관련한 이념과 체제를 설정하고, 이를 구현할 수 있는 초중등학교 교육과정을 설계하는 것은 통일 이후 진정한 민족통합을 위해 매우 중요한 일이라고 할 수 있다.

이러한 교육과정의 설계 과정에서 고려해야 할 두 가지 문제가 있다. 그 하나는 통일사회의 이념과 체제 문제이다. 통일사회의 이념과 체제는 새로운 통일국가의 사회체제가 세계적 추세나 남북한 변화 방향에 비추어 볼 때 자본주의적 경제체제에 기반한 다원주의적 민

* 경인교육대학교 윤리교육과 교수. oks@ginue.ac.kr

주체제를 지향할 가능성이 높다는 점을 부정할 수 없다. 이는 곧 현재 실현 가능성이 높은 통일 형태로서 자유민주주의를 표방하는 남한 체제 중심의 통일을 부정할 수 없음을 의미한다. 따라서 그 반대 방향, 즉 북한식 수령중심체제 또는 '우리식 사회주의'가 유지되는 방향으로의 남북한 통합은 21세기 세계사의 흐름과 조화되지 않을 뿐만 아니라 민족사의 바람직한 발전 방향과도 부합되지 않으며, 현실적 가능성이 거의 없다는 데에 큰 이의가 없을 것이다.

다른 하나는 통일 시기의 문제이다. 통일 과정은 앞당겨질 수도 있고 늦추어질 수도 있다. 그러나 통일 과정이 압축적으로 실현되거나 상황적 흡수통일이 불가피하다고 하더라도 그러한 과정에서 발생할 수 있는 정치사회적 문제들을 해결하기 위한 정책의 기본적 접근 방향에는 근본적인 차이가 없을 것이며, 이는 남북한 교육통합 및 교육과정 통합에서도 유사한 맥락을 유지할 것이다. 이러한 관점 하에 이 글은 자본주의적 경제체제에 기반한 다원주의적 민주체제를 지향하는 남북한의 합의통일을 전제하고, 그러한 전제 위에서 통일사회의 교육통합, 교육과정 통합의 방향을 살펴보고자 한다.

2. 교육통합과 교육과정 통합

한반도에서의 통일은 단순히 분단 이전의 상태로의 회복을 의미하지 않는다. 그것은 정치 및 경제 체제와 사회체제 간의 통일일 뿐 아니라 남북한 주민들 간의 의식과 가치관을 포함하는 생활세계의 통합이다. 여기서 정치적, 제도적 통일은 정치체제의 구조적 통일에 불과하다. 따라서 온전한 통일은 이질화된 두 체제에서 살아온 남북한 주민들 간의 의식과 사고방식을 통합하고 다양한 사회적 균열을 치유하는 생활세계의 통합이 뒷받침되어야 한다.

종래의 통일에 대한 논의, 특히 정치적, 제도적 접근은 주로 체제적 통일에 주안점을 두고 전개되어 왔다. 반면, 생활세계 또는 사회문화적 통일은 의식이나 가치관, 태도, 삶의 화합 등을 의미한다. 통합은 체제적 통일과 생활세계의 통일을 모두 포함한다. 즉 제도나 이념에 중점을 두는 체제적 통일과 의식과 가치관, 사회와 문화를 포함하는 생활세계의 통일을 포함하는 개념이 곧 통합이다.[1)]

통합을 체계통합과 생활세계 통합으로 구분하여 볼 경우 사회학에서 제시되고 있는 통합이론은 우리가 교육통합의 문제를 좀 더 정교하게 볼 수 있는 틀을 제공한다. 교육통합 또한 이러한 두 가지 틀로 바라볼 수 있다. 남북한 교육제도의 통합이라는 개념은 다음과 같이 정의할 수 있을 것이다.[2)] 즉 교육제도 통합이란 남한과 북한의 상호 이질적인 교육제도가 기능상, 구조상으로 전혀 연계됨이 없이 분리되어 조직, 운영되는 것을 떠나, 기능적이고 구조적인 차원에서 연계되거나 또는 적극적인 차원에서 민족동질성 회복을 위한 표준화된 특성을 지닌 교육체제를 지향하여 하나의 교육공동체로 형성되어 가는 일련의 동태적인 과정을 의미하는 것을 말한다. 바꾸어 말하면, 체계통합 차원에서 남북한 교육공동체 형성을 위한 제도가 기능과 구조 측면에서 연계되고 단일화된 교육체제를 지향하는 과정이라고 할 수 있다.

그러나 독일의 사례에서 볼 수 있듯이 교육제도만의 통합은 한계

1) 이와 관련한 논의는 Craig Calhoun, “Indirect Relationships and Imagined Communities: Large-Scale Social Integration and the Transformation of Everyday Life”, Pierre Bourdieu and J. C. Passerson, *Reproduction in Education, Society and Culture*(London: Sage, 1977), pp.99-100; Margaret S. Archer, *Culture and Agency*(Rev. ed.)(Cambridge: Cambridge University Press, 1996), p.288, pp.291-292; Ian Craib, *Modern Social Theiry: From Parsosn to Habermas*(N.Y.: St. Martin Press, 1992), pp.53-54; 오기성, 『남북한문화통합론』(서울: 교육과학사, 1998) 참조.

2) 최영표 · 한만길 · 홍영란, 『통일에 대비한 교육정책 연구(II)』(한국교육개발원, 1993).

를 갖는다.[3] 즉 통독 사회에서 구성원들이 동독과 서독 간의 가치관 갈등이나 요구 충족의 미흡 등 많은 문제에 직면했다는 점, 장기간의 분단으로 인해 남아 있는 동독 지역 주민 의식의 혼란, 마르크스-레닌주의에 치우쳤던 교육 내용으로 인한 교육의 편향성, 교육에 종사하는 사람들의 이데올로기 의식 등의 문제들은 교육제도의 통합만으로 해소하기에는 어려운 것들이었다.

이러한 사례에서 볼 때, 통독에서의 교육제도 통합의 한계는 바로 생활세계 통합의 미흡에서 찾아질 수 있다. 교육과정 통합은 생활세계 통합과 밀접한 관계를 갖는다. 따라서 통독 사회에서 교육통합의 한계는 생활세계 통합과 밀접한 관련성을 갖는 교육과정 통합에서 찾아질 수 있다. 왜냐하면, 교육제도 통합에 비해 교육과정이나 교과서 통합은 생활세계 통합에 주안점을 두기 때문이다. 즉 교육과정은 교육을 통해 무엇을 가르쳐야 할 것인지를 규정하는 기본 계획서로서 교육을 통해 길러내야 할 바람직한 인간의 모습에 대한 기본적인 설계서라는 점에서, 그리고 교과서 관련 논의가 그러한 인간을 기르는 데에 적합한 교육 내용이 무엇인지, 즉 개설할 교과목의 종류나 각 교과목에 담아야 할 내용에 대해 다룬다는 점에서 교육제도 중심의 하드웨어 통합 차원의 체계통합과는 달리 소프트웨어 차원의 통합을 다루기 때문이다.

교육과정 통합이란 남북한의 상이한 교육과정 간의 이질성을 극복하고 동질성을 확대해 나가는 과정이라고 말할 수 있을 것이다. 좀 더 구체적으로 보면, 교육과정의 통합은 교육의 목표나 기르고자 하는 인간상의 특징에 대한 합의를 의미하는 교육목표의 통합, 개설되어야 할 교과목의 종류, 시간 배당 및 운영, 학습 방법 및 평가 방식, 각론 및 교과용 도서 개발 방향, 학교급별 편제 및 시간 배당 등의

3) 한종하 외, 『남북한 교육과정 · 교과서 통합방안 연구』(한국교육개발원, 1994).

통합을 의미하는 교육과정 편제 및 운영의 통합 등을 통해 통일사회에서 구성원들이 나눔과 배려의 더불어 사는 가치관을 형성하여 교육공동체를 형성하는 과정이라고 볼 수 있다.

이렇게 통합된 교육과정을 통해 교육공동체를 형성하는 것은 정치통합, 사회통합, 문화통합, 교육제도 통합을 아우르는 민족통합의 기초가 된다. 민족통합은 민족 내부의 여러 요소들 간의 구조적인 결합과 기능적인 결합을 통하여 민족공동체 형성을 지향하는 것이다. 교육공동체는 우리가 보편적으로 사용하고 있는 민족공동체의 하위 개념으로서 남북한의 교육 목적, 제도, 수행체제, 교육 내용의 구성 등에 있어서 한 민족으로서 공통성을 지닌 조직체를 의미한다.

공동체란 한 사회 내부의 다양한 조직과 기능들이 상호 보완적인 관계를 유지하면서 상호간에 조화와 균형을 이루면서 하나의 사회로 발전되어 가는 단위를 말한다. 이렇게 볼 때 교육공동체 또한 그 내부에 서로 다른 특성들이 존재하면서도 상호 보완 관계를 유지하여 높은 차원의 동질성을 지속시켜 나가는 하나의 유기적 성격을 지니고 있다. 즉, 남북한 교육은 내부적으로 이질적인 요소가 내포되어 있지만, 이러한 이질성이 교육공동체의 발전을 저해하지 않으면서 발전을 도모하는 방향으로 기능함으로써 한민족 교육공동체의 발전에 기여하게 되는 것이다.

따라서 교육과정 통합은 궁극적으로 민족동질성을 바탕으로 공동의 현실적 목표를 지향하되, 이질성을 다양성의 차원에서 교육공동체의 발전을 위한 순기능을 발휘함으로써 더욱 발전된 한민족의 교육공동체를 형성하는 과정을 의미한다. 이러한 측면에서 교육공동체의 형성은 다음과 같은 원리에 기초해야 한다.[4] 첫째, 새로운 교육공동체는 남북한 간의 대립과 경쟁을 극복하고 조화점을 찾음으로써 통

4) 윤덕희, 「통일문화의 개념정립과 형성방향 연구」, 『통일문화 연구(상)』(민족통일연구원, 1994).

일 이전 남북한 체제가 지향하였던 교육이념을 가급적, 적극적으로 포괄할 수 있어야 한다. 즉 남한과 북한의 기존 체제 하에서 나타났던 이념적 상극성을 해소하고 서로의 장점을 부각시킴으로써 민족 성원 모두의 삶의 질을 향상시킬 수 있는 체제를 통일사회의 교육과정으로 발전시켜 나가야 한다. 둘째, 한민족 교육공동체의 내용은 국제사회의 발전 추세 및 인류의 보편적 가치체계와 부합되어야 한다. 남한과 북한이 각기 체제 대립에서 오는 정치, 경제, 사회, 문화적 폐단을 지양하고 적극적 평화, 자유와 평등의 조화, 민주화, 개방 등으로 요약되는 세계적인 조류와 조화를 이룰 수 있는 통합교육과정의 체제를 갖추어야 한다. 셋째, 한민족 교육공동체가 추구하는 이념과 가치는 사회 내 특정 집단이나 계급, 혹은 국가에 의해 일방적으로 결정되어서는 안 될 것이다. 그것은 사회 내의 교육과 관련한 다양한 계층, 구성원, 집단이 추구하는 가치체계와 조화를 이루어야 한다. 그러기 위해서는 통일사회의 변화 방향과 남북한 구성원이 더불어 살면서 갈등을 최소화하고 한민족의 비전을 최대한 효율적으로 실현할 수 있는 통합교육과정에 대한 심도 있는 논의가 이루어져야 할 것이다.

3. 교육과정 통합의 방향

1) 교육과정 통합의 철학

분단 이후 남북한은 서로 다른 이념과 체제 속에서 서로 상이한 교육체제와 교육문화를 형성해 왔다. 따라서 이러한 이질성이 강한 교육 부문의 통합이 이루어질 경우 여러 갈등이 발생할 수 있으며, 갈등 간에 증폭 현상도 발생할 수 있고, 나아가 정치, 경제, 사회, 문화적 갈등과 중첩되어 나타날 수 있다. 따라서 남북한이 정치제도적 통일을 이루고 이를 기초로 교육통합을 진행해 갈 경우 무엇보다 중요한 것은 이러한 갈등을 최소화하는 것이라고 할 수 있다. 그리고 이를 위해 남북한이 교육 부문에서 갖고 있는 동질성과 이질성에 대한 대승적 차원의 접근이 필요하다. 무엇보다도 남북한 교육통합에 있어서도 남북한 교육 부문에서 동질성이 갖는 이러한 측면에 유념하여 남북한 청소년들의 민족공동체 의식 함양을 위한 교육적 노력을 해야 하는 한편, 남북한의 교육 부문에서의 다름을 부정적인 것으로만 볼 것이 아니라 통일 한국 사회의 교육문화를 풍부하게 할 수 있다는 관점을 가지고 통합을 완성하려는 노력을 기울여야 할 것이다. 이러한 관점을 형성하는 데 있어 토대가 될 수 있는 바람직한 가치로서 이 연구는 평화와 관용, 다양성과 단일성의 조화, 개인과 공동체의 조화와 상생, 공존과 연대의 패러다임 지향의 가치 등으로 제시하고자 한다.

(1) 평화와 관용

평화주의를 지향하는 교육은 근본적으로 나와 다른 사람들과 어떻게 함께 더불어 사는가를 의식화시키는 교육이라고 할 수 있다.[5] 동시에 평화교육은 사람들 간에 존재하는 갈등관계를 공격성이나 배타성, 폭력을 통해 해결하지 않고 대화와 합의를 통해 평화적으로 해결하는 교육으로서 남북한의 통합교육과정 설계 시 교육철학적 기초가 될 수 있다.

현재 남한사회는 가치 및 생각이 다른 집단들 간 공존의식이나 생존양식이 부족한 후진적인 양상들을 많이 지니고 있다. 학생들이 생활하는 학교 교실에서는 가정환경과 생활환경, 개성이 서로 다른 학

5) 이삼열, 「평화교육의 철학과 실천방법」, 최상용 편. 『현대평화사상의 이해』 (서울: 한길사, 1992); 한준상, 「남북 국민정서를 하나로 묶는 평화교육」, 『통일사회』, 1993년 5월호.

습자들이 서로의 다름을 인정하고 서로 조화로운 교실 공동체의 삶을 형성하는 데 어려움을 겪고 있다. 자신과 외모가 다를 경우, 생각이 다를 경우, 자신이 마음에 들지 않을 경우, 다름을 차이로 받아들이는 것이 아니라 차별로서 인식하고 왕따를 시키는 것뿐만 아니라 심한 언어폭력, 욕설, 비난 등을 서슴지 않는 경우가 발생하기도 한다. 심지어 인터넷 가상공간에서도 특정 학생을 괴롭히거나 정신적, 육체적 피해를 주는 비평화적인 현상이 발생하기도 한다.

이러한 경우는 같은 이념과 체제 속에서 살아가는 구성원들 간의 삶에서 발생하는 현상들이다. 문제는 여기에 더하여 분단 이후 서로 다른 이념과 체제 속에서 삶을 영위해 온 사람들 간의 만남에서 이러한 현상이 더욱 증폭될 수 있다는 점이다. 물론 갈등은 통일 이전 남한사회이든, 남북의 구성원들이 함께 삶을 영위하게 되는 통일사회이든 있기 마련이다. 중요한 것은 사회적 갈등현상에서 문제가 되는 것이 생각의 차이에 있는 것이 아니라, 다른 생각을 가진 사람이나 집단이 서로 어떻게 관계를 가질 것인가에 있다는 점이다. 생각이 다른 사람들이 다른 생각에 기초해서 공존할 수 있는 관계를 만드는 것이 '공존의 원리'이다. 따라서 교육에서 이를 어떻게 만들어가느냐 하는 것은 중요한 과제이다.

따라서 교육에서는 사회의 발전을 위해 생각의 차이를 파고들어 갈등을 고착시키고 부추길 것이 아니라, 차이를 인정하지 못하는 사회적 관행과 의식을 문제시할 필요가 있다. 그러므로 통일사회의 교육과정 통합은 남북의 구성원들이 다름의 인정을 사회적 가치관으로 만들고 관용이 넘치는 성숙한 평화로운 사회를 만들어가는 데 기여해야 한다. 다름을 인정하고 관용을 발전시켜 가는 태도나 평화적 갈등 해결 능력의 육성은 통일을 만들어가고 통일 이후를 더 아름다운 사회로 창출하는 데에 가장 훌륭한 방편이 될 것이다.

(2) 다양성과 단일성의 조화

문화는 개성의 기초 위에 다양성이란 집을 짓고 사는 '생명체'라고 부른다. 그래서 개별 국가들은 고유한 문화가 없이 문화의 다양성을 이룰 수 없고, 세계 문화를 풍요롭게 할 수 없기 때문에 개별 문화 하나하나가 모두 소중하다. 문화의 정체성은 자기 나라의 고유한 문화만을 가장 뛰어난 것으로 믿고, 다른 나라나 민족을 배척하는 극단적인 태도나 경향이 아니다. 그것은 세계 여러 문화를 이해하면서 자신의 문화에 대한 이해를 깊이 하는 것이라고 할 수 있다.

이러한 관점에서 볼 때, 남북한 통일에 있어 도움이 되는 문화의 동질적 측면은 바로 통일된 사회에서 중요한 문화적 자산이다. 따라서 긍정적 의미의 문화적 동질성은 통일에 대한 희망을 심어주고, 통일사회에서 우리 문화를 더 풍요롭게 해줄 수 있으며, 민족적 주체성을 가슴에 지닌 한국인으로서 성장하는 데 기여할 수 있다.[6] 따라서 통일사회의 통합교육과정에서는 남북한 문화의 긍정적 같음을 소중한 문화적 자산으로 발전시켜 고유한 문화로 승화시키는 동시에, 우리 사회에서 확산되고 있는 다른 문화의 수용을 통해 우리 문화를 더욱 성숙시키는 기회로 받아들이고자 하는 태도를 육성해야 할 것이다. 특히 경제적인 측면을 잣대로 통일사회에서의 북한 지역 구성원들의 문화를 폄하하고 멸시하는 태도를 극복하도록 해야 한다.

통일 한국 사회가 실현되었을 때, 이주 노동자, 결혼 이민자 등의 다른 문화적 배경을 지닌 사람들은 더욱 증가된 상태가 되었을 것이다. 반면 새터민이나 북한이탈주민이라는 개념은 그 효력을 상실할 것이다. 새로운 터를 찾아온 사람, 북한사회를 이탈하여 한국사회로 온 사람이라는 개념은 통일사회에서 성립될 수 없는 개념이다. 통일사회에서 남북한 구성원들의 의식 통합을 위해 한민족이라는 민족공

---

6) 오기성, 「학교 통일교육의 다문화교육적 접근」, 『교육과정평가연구』 제11권, 제2호(2008).

동체 의식 함양이 교육 부문에 있어 매우 중대한 과제이지만, 다른 한편 이주 노동자, 결혼 이민자 등의 다른 문화적 배경을 지닌 사람들과의 더불어 사는 삶뿐만 아니라 반세기 이상 서로 다른 이념과 체제, 문화 속에서 삶을 영위해 온 구성원들 간의 문화적 이질성을 다양성 차원에서 이해하고 인정할 수 있어야 한다. 이는 서로 다른 이념과 체제, 문화에 따라 다르게 형성, 발전되어 온 사고방식, 가치관, 태도의 차이를 인정하고 그러한 기반 위에서 다른 문화가 서로 만나서 대화하고 소통할 수 있는 기회를 만들어가는 과정을 통해 구현될 수 있다. 이러한 교류과정을 거치고 나서야 비로소 서로 다른 두 개의 문화가 서로의 정체성을 훼손시키지 않으면서 새로운 하나의 문화로 거듭 태어나는 상생의 통일이 가능하게 된다.

민족주의 또한 단일민족주의나 순혈민족주의에 집착하기보다는 남과 북의 문화, 의식, 생활방식에서 나타나는 동질성을 존중하면서도 서로 다른 삶의 영위 속에서 나타나는 차이도 인정하며, 자유롭고 평등한 시민공동체의 일원으로서의 '한민족'을 만들어가는 다원적인 '시민민족주의'이어야 한다. 또한 국내 외국인과의 관계에 있어서도 배타적인 종족적 민족주의(ethno-nationalism)의 부활이 아니라 다른 민족과 문화적 측면에서 공존과 공영을 지향하는 '열린 민족주의'를 지향해야 할 것이다. 이러한 노력을 통해 통합교육과정은 학습자가 '민족적 주체성을 가슴에 지니고 통일을 열망하는 한국인'인 동시에 '넓게 열린 시야를 가지고 문화적 다양성을 포용하는 세계시민'으로 성숙하게 하도록 해야 할 것이다. 이러한 통합교육과정의 지향 방향은 결국 다양성과 단일성 간의 '정교한 균형(delicate balance)'을 추구하는 것이라 하겠다.

(3) 개인과 공동체의 조화와 상생

북한사회는 그동안 사회주의 체제를 지향하면서 개인의 생각과 행동을 집단에 귀속시키는 공동체 중심의 집단주의 사상을 고취시켜 왔다. 따라서 북한에서 개인주의적 인생관은 곧 개인의 안일과 향락을 지상의 목적으로 삼는 삶과 동의어로 타도 대상이었다. 이에 비해 그동안 남한사회는 상대적으로 개인주의 사상에 경도되어 왔다. 따라서 기본적으로 사회체제는 개인의 자율적 성취와 자아실현이 중시되기 때문에 경쟁 체제가 된다.

남북한 사회가 중시하는 이와 같은 규범의 차이는 각각의 사회가 추구하는 이상적 인간상에서도 차이를 보인다. 북한에서 생각하는 이상적 인간은 공동체 삶에 요구되는 덕목인 협동, 순종, 겸손, 이타, 인내, 절제, 화목, 충성과 같은 자질을 갖춘 사람이다. 그러므로 인간적으로 '훌륭한' 사람, 즉 집단을 위해서 희생할 수 있는 인격적이고 자기수양적인 사람을 이상적인 인간으로 간주했다. 한편 남한에서 생각하는 이상적 인간은 자기실현을 위해 요구되는 덕목인 개성, 창의, 합리, 능률, 자율, 공정, 책임, 독립과 같은 자질을 갖춘 사람이다. 그러므로 뛰어난 사람, 즉 개성이 뚜렷하고 창의적이고 자기실현을 중요시하는 사람을 이상적 인간으로 생각했다.

그런데 양쪽 체제에서 추구하는 이와 같은 인간상이 그들이 생각하는 것처럼 그렇게 바람직한 자질만을 갖춘 것을 의미하지는 않는다. 왜냐하면 한 체제에서 바람직한 자질이 다른 체제에서는 오히려 바람직하지 못한 자질로 부각되기 때문이다. 동시에 양 체제가 상이하게 빚어낸 이상적 인간은 모두 강점과 동시에 약점도 갖고 있는 것이다. 양쪽 인간 중 어떤 인간상도 온전하게 이상적인 인간상은 아니다. 결국 개인을 중요시하는 교육과 공동체를 중요시하는 교육, 양자가 초래할 수 있는 문제점을 극복하고, 조화와 화해를 모색하는 인식의 전환이 요구된다.

우리는 조화와 화해를 모색하는 인식 전환의 한 방법으로서 원효의 화쟁(和諍) 사상을 들 수 있다. 원효의 화쟁 사상은 조화와 상생적 가치를 추구하는 사상으로, 우리의 전통사상의 맥박 속에 연면히 흐르고 있다. 원효에 있어 화쟁은 상대적 이분과 이항대립의 갈등을 넘어서는 어떠한 계기이다. 따라서 긍정과 부정을 넘어서는 인식의 전환 방법인 화쟁법은 바로 원효가 제시하는 새로운 사유방식인 것이다. 이러한 사유방식을 통해서 원효는 삼국통일을 인간들의 마음의 통일로부터 제시해 가고 있는 것이다.[7] 원효의 화쟁을 통한 통합논리가 우리 시대의 원리로 새롭게 부각되어야 하는 이유는 남북한 교육과정 통합을 위한 설계에 있어 개인을 중요시하는 교육과 공동체를 중요시하는 교육, 양자가 초래할 수 있는 문제점을 극복하고, 조화와 화해를 모색함으로써 개인과 집단 모두에게 상극(相剋)보다는 상생(相生)의 결과를 가져다주기 때문이다.

(4) 공존과 연대의 패러다임 지향

통일 한국 사회는 남북한 구성원의 더불어 사는 삶뿐만 아니라 지구촌 구성원들이 함께 더불어 살아야 할 공동의 집인 지구에서의 삶이다. 따라서 통일사회의 교육과정은 우리가 살고 있는 지구촌에서 일어나는 문제에 대한 인식과 함께 어울릴 수 있는 가치와 태도의 형성이 중요하다. 따라서 인류가 함께 살기 위해서는 자기 문제만이 아니라 지구상에 일어나는 절박한 문제들(빈곤, 질병, 환경파괴, 폭력의 세계화 등)을 자신과 자기 공동체의 문제로 인식하고 이를 해결하고자 하는 가치관과 태도를 육성할 수 있는 교육과정을 지향해야 한다.

이러한 관점을 취할 경우, 우리가 잘 알고 있는 '토끼와 거북이' 우화에 대한 시각은 달라진다. '토끼와 거북이' 우화의 끝에는 "천천히 그리고 꾸준히 노력하는 자가 승리한다."는 교훈이 제시되고 있다. 인생을 경주에 비교했고, 토끼는 게으른 인간, 거북이는 성실한 인간

---

7) 고영섭, 「원효 일심의 신해성 분석」, 『불교학연구』 제20호(2008).

을 상징한다. 그러나 다른 시각에서 보면, 이 이야기가 전하는 삶에 대한 패러다임은 경쟁과 승리의 삶과 이를 위한 성취로서의 삶의 과정이 암묵적인 전제로 깔려 있다. 삶의 실재는 타자간의 경쟁과 승리에 기초하며 그것을 성취하기 위한 가치와 태도는 성실함이다. 우리의 판단과 행동에 하나의 패러다임이 전제되어 있고, 이 이야기를 듣고 성장하는 구성원들은 이러한 경쟁의 문화를 자신의 의식과 정서로 내면화하여 당연시하게 된다.

그런데 이 '토끼와 거북이' 이야기에 대해 아이들이 질문을 던진다. "선생님, 거북이가 불쌍해요. 왜 땅에서만 경주를 해야 하나요? 물에서 하면 더 잘 이길 텐데요." "선생님, 저는요 누가 지는 거 좋아하지 않아요. 땅에서는 토끼가 거북이를 업어주고, 물에서는 거북이가 토끼를 업어서 가서 같이 손잡고 우승하면 안 되나요?" 천진한 아이들은 질문을 통해 '토끼와 거북이' 이야기의 게임의 규칙이 공정한지를 묻고, 또 그 게임이 꼭 경쟁과 승리를 목표로 해야 하는지에 대한 정당성의 문제를 제기한다.

새로운 패러다임은 상호 의존과 공존의 게임에 대한 삶의 이야기를 만들어내는 것이다. 즉 새로운 삶의 이야기는 다음의 내용을 갖게 된다. 토끼와 거북이는 경쟁하기 위해 존재하지 않는다. 다름은 경쟁과 비교를 위해 있는 것이 아니라 나눔과 조화를 위해 있다. 차이가 배움의 기회를 제공하고 — 토끼가 뭍에서 업고 뛰기와 거북이가 물에서 업고 헤엄치기 — 이로 인해 서로가 삶의 기술(art of life)에 있어 풍성해진다. 이러한 측면에서 교육은 토끼 민족/문화와 거북이 민족/문화가 만났을 때, 승자-패자의 삶의 게임이 아니라 서로가 상생하는 삶의 게임을 즐기는 이야기로서 새로운 패러다임으로 전환된다.

인간만이 그런 것이 아니다. 상호 공존과 연대, 상생의 패러다임은 인간공동체뿐만 아니라 생태공동체에도 해당된다. 중국의 왕양명은 "대인(大人)이란 천지만물을 자기와 한 몸으로 여기는 사람이라고 하였다. 그는 천하를 보기를 제 집 보듯 하고 온 나라 사람을 제 몸처럼 여긴다. 반면에 형체를 구분하여 너와 나를 나누는 자는 소인(小人)이다. 그 마음속의 인(仁)이 본래 그렇기 때문에 천지만물과 더불어 하나가 되는 것이다. 이 우주의 모든 것이 나와 연결되어 있다는 믿음으로 사람들 속에 얽히고설켜 살아가고 싶다."고 하였다. 이것은 전일적 사고 또는 유기체적 사고이다. 이런 관점은 우리 인간공동체나 생태공동체 모두는 구성원이나 구성인자들이 네트워크로 긴밀하기 연결되어 있음을 보여준다. 인간공동체나 생태공동체 모두 구성인자들 간의 호혜성이 공동체의 공존공영을 실현할 수 있는 토대를 이루는 것이다. 이러한 관점에서 볼 때 남북한 통합교육과정 또한 경쟁과 승리보다는 상호공존과 상생, 연대라는 가치를 기초로 남북한의 교육공동체뿐만 아니라 인간공동체와 생태공동체의 호혜성 속에서 공존공영을 추구할 수 있는 철학을 지향해야 할 것이다.

2) 교육과정 통합의 방향

통일국가의 교육과정은 아무런 토대 없이 전적으로 새로운 내용으로 구성되는 것이 아니라 기존의 남북한 학교 교육과정을 바탕으로 할 때 그 구체성과 적합성을 확보할 수 있을 것이다. 이는 남과 북의 현행 교육과정을 비교하여 버릴 것은 버리고 취할 것은 취하되, 때로는 적절한 변형과 절충도 모색해야 함을 의미한다. 따라서 여기에서는 앞서 제시한 통합의 지향 가치를 바탕으로 남북한 교육과정이 만나서 통합을 이룰 경우 더 상생할 수 있는 관점에서 통합교육과정의 설계 방향을 제시하고자 한다.

(1) 같음과 다름의 변증법적 종합

현재 남북한의 교육과정에는 서로 공통되는 교육 내용이 상당히 많이 있다. 특히 수학과 화학의 내용 등이 그러하다. 부분적인 공통 내용 요소는 전 교과에 걸쳐 상당히 많은 편이다. 교과명이 일치하는 교과도 상당수 있다. 초등 수준의 국어, 수학, 자연, 체육, 음악 등과 중등 수준의 국어, 수학, 체육, 음악, 미술, 한문, 외국어 등이 그것이다. 물론 교과명이 일치한다고 하더라도 내용상 많은 차이가 있을 수 있다. 그러나 교과명이 일치하는 이러한 교과 내용에는 공통적인 내용이 많아 통일국가 교육과정 구성 과정에서 그대로 유지될 가능성이 많다고 할 수 있다.

남북한의 교육 내용 중에는 한쪽이 다른 쪽에 비해 특징적인 강점을 가진 내용이 있다. 북한과 비교하여 상대적으로 남한에서는 학생의 개성과 흥미, 적성을 중시하는 개별적인 활동을 요구하는 내용이 많다. 반면, 북한의 교육 내용 중에는 집단주의적 생활을 강조하는 학생 단체 생활이 강조되어 공동체적인 정서를 키우는 데서 적극적인 역할이 기대되고 있다. 개성의 신장과 공동체적인 생활을 조화시키기 위해서는 이 같은 남북의 교육과정의 다름과 같음을 적절하게 선택하여 활용할 필요가 있다.

그러나 다름과 같음의 변증법적 종합을 지향할 경우 유의해야 할 점이 있다. 다름과 같음의 변증법적 종합은 서로의 변화과정에서 긍정적으로 발전한 다름과 같음의 양상을 변증법적으로 발전시킨다는 것에 유의해야 한다. 교육적 측면에서 남북의 다름의 양상 중에는 다음과 같은 것이 있다. 예컨대 북한에서는 공산주의 도덕과 현행 공산당 정책(중학교용)이, 남한에서는 민주주의에 바탕을 둔 도덕, 윤리가 교육 내용으로 포함되어 있다. 남한에서는 민주시민 생활이, 북한에서는 공산주의자 양성이 전 교과(예를 들면 과학, 역사, 국어, 수학 등)에 걸친 주요 교육 목표이자 내용이다. 북한에서는 사회주의 혁명과 국가 건설이, 남한에서는 자본주의 체제가 사회의 기본 목표로 되어 있다. 북한에서는 6 · 25를 북침으로, 남한에서는 남침으로 가르치고 있다. 남한에서는 미국을 우방으로, 북한에서는 원수로 보고 있다. 남한에서는 북한의 '주체사상'을 우상화로 보지만, 북한에서는 사상적인 지주로 삼고 있다.[8] 이러한 양상들은 다름의 변증법적 종합의 대상이 될 수 없다. 왜냐하면 이는 교육이 추구하는 보편적 가치의 측면, 즉 인간의 존엄성, 인권, 평화, 자아실현, 복지 등의 가치와 어긋나는 것이기 때문이다. 즉 남한의 경우 교육이 추구하는 보편적 가치를 완전히 실현하지 못하고 있는 것이 현실이지만 이에 근접하기 위해 노력하고 있다는 것은 분명한 사실이다. 반면 북한의 경우에는 상당 부분 이러한 보편적 가치를 실현하기에는 어려운 방향을 추구해 온 것이 사실이기 때문이다.

(2) 민족공동체 의식 지향

통일은 남과 북의 한민족 전체가 다시 하나로 통합되어 또 다른 어떤 것으로 탄생함을 의미한다. 즉 새로운 하나의 국가, 하나의 정치경제 체제, 하나의 정부, 하나의 민족공동체 등을 형성하는 제2의 건국 과정이라고 할 수 있다.

지난 60여 년 동안 남과 북이 나뉘어 6·25 전쟁과 같은 동족상잔의 아픔을 겪었고 서로 다른 이데올로기와 정치체제, 서로 다른 경제질서와 사회적 분위기, 서로 다른 생활조건 속에서 살아오는 동안 양측의 거리감 또는 적대의식과 이질성이 단기간에 해소하기 어려울 정도로 심화되어 왔다. 따라서 통일 후 가장 시급한 과제는 민족공동체 의식의 회복이라 할 수 있다. 그러므로 통일 이전부터 남북한 모두의 화해와 협력을 위한 시도들이 정치, 경제, 사회, 문화 등 모든 영역에 걸쳐 광범하게 전개되어야 하겠지만, 통일 후에도 장기간에 걸쳐 민족공동체 의식 회복을 위한 노력들이 체계적으로 지속되어야

8) 곽병선 외, 『통일대비 교육과정 개발 방안 연구』(한국교육개발원, 1999).

할 것이다. 학교교육에 있어서도 민족공동체 의식 회복을 위한 프로그램들(국어국문학과 국사, 국토 지리 교육의 강화와 민족의식의 고취, 민족의 각종 문화유산에 대한 긍지 고양과 국토 순례 프로그램 및 국악, 국기, 한국 예술 등의 교육 내용 확충 등)이 다양하게 전개되어야 할 것이다.

한편 통일국가의 교육과정에는 통일 후의 새로운 사회적 상황에 적응하기 위하여 한시적으로 지금까지는 없던 독특한 교육 내용을 새로이 포함시킬 필요가 있다. 즉, 통일 후에 이질화된 사회체제가 어려움 없이 통합을 이루어갈 수 있도록 각종 적응 프로그램이 추가되어야 한다. 여기에는 이질적인 두 체제가 통일되는 데 따른 실제적인 사회심리적인 어려움이 고려되어야 한다. 쉽게 생각해 볼 수 있는 것으로는 민족공동체 의식을 갖게 하고 또 심화시킬 수 있는 내용이다. 그것은 역사공동체, 언어공동체로서의 인식을 갖게 하고 역사, 언어, 철학, 민속, 음악, 체육 측면에서 남북한의 이질화를 이해하고 극복할 수 있는 내용이 되어야 할 것이다. 새로운 통일사회의 일원으로서, 또 국제사회의 일원으로서 인간 존중, 공동체 의식, 자유사회의 생활, 합리적인 의사결정, 준법정신, 국민의 권리와 의무 등을 포함한 민주시민교육, 폭력 배제, 전쟁의 방지, 경제적 평등, 인권 보장 등을 포함한 평화교육, 국제관계 교육, 정치와 시장 및 경제 원리, 다양한 사회의 문화, 직업의 다양성과 역할 등이 이러한 관점에서 통일국가의 교육과정에 포함될 수 있는 내용들이다.

(3) 미래 사회 대비

통일사회는 새로운 가능성, 즉 남북한의 총체적 저력 혹은 그 이상의 저력이 발휘될 수 있는 무한한 가능성을 지니고 있다. 통일사회의 교육과정은 이러한 가능성이 실현될 수 있도록 학생들에게 구체적인 능력과 기능을 획득하게 하는 교육 내용(경험과 활동)을 제공해야 한다.

일반적으로 미래 사회를 대비하기 위한 교육과정 구성에서 새롭게 부각시켜야 할 교육 내용으로 창의력, 정보 활용 능력, 의사소통 능력, 협동심 등을 들고 있다. 이는 지식기반 경제에서 기본적으로 요구되는 지식 및 기술을 습득할 수 있는 교육 내용이라고 할 수 있다.[9] 이를 위해 교육과정에서는 문학, 예술, 문화, 역사, 지리, 과학, 어학, 수학 등의 지식과 기술을 이해하고 보유하며, 동시에 이를 일상생활과 관련지어 사고하고 활용할 수 있는 능력을 개발할 수 있도록 교육 내용을 구성해야 한다. 특히, 세계화 시대, 인터넷의 확산 등에 적극 대처할 수 있도록 외국어 교육을 내실화해야 한다. 그리고 우리의 고유한 지적, 문화적 기반(전통 예술, 전통 기술, 국학 분야)을 교육 내용에 적극적으로 포함하며, 고등교육 단계에서는 지식 발전이 가장 빠르리라고 예상되는 정보기술 및 매체, 신기술, 생태학, 환경공학, 국제경제와 일의 세계, 사회적 변화 및 지식 관리 등과 같은 분야의 전공 및 교육과정을 확대한다. 대체로 지식기반사회에서 2020년에 요구되는 핵심 직업 능력과 학습 방법으로는 도구적 능력, 개인적 능력, 사회적 능력 등을 제시하고, 지식기반사회에서 등장하게 될 새로운 교과들로는 의학과 건강, 인간정신/인성, 사회관계, 의사소통 등이 제시되고 있다.

미래 사회의 변화는 이와 같이 종래의 학교교육 내용과 다른 내용들을 학교에서 가르칠 것을 요청하고 있다. 따라서 이와 관련하여, 기존의 학교교육 내용에 대해 근본적인 재검토가 필요하고, 새롭게 부각되고 있는 내용들을 어떻게 학교 교육과정에 수용할 수 있는지에 대한 구체적인 방안이 모색되어야 한다.

이러한 점에서 특히 통일사회의 교육과정은 교과 내용 선정이나

9) 조난심, 「21세기 학교 교육과정의 전개 방향」, 『한국교육연구』 제7권, 제1호 (2004).

교수 방법에 있어 명실 공히 소량의 기초지식을 중심으로 사고력, 창의력의 신장을 강화하는 방향으로 바뀌어야 할 것이다. 교육 내용의 양과 수준을 적정화하고 각 교과의 기본 개념과 원리를 중심으로 학생들의 사고활동, 창조적인 경험이 중심이 되는 교육과정이 구성되어야 한다.

(4) 교육과정의 보편적 추세 반영

오늘날 사회변화에 따라 각국은 이에 부응하는 교육과정 개선을 위한 노력을 기울이고 있다. 우선, 능력 있는 학습자 양성을 위한 교육과정 설계를 들 수 있다. 이를 좀 더 구체적으로 보면, 첫째, 현대사회의 문제에 대처하는 능력을 키우기 위한 교육과정 설계 경향을 들 수 있다. 즉 빠르게 변화하는 복잡한 현대사회에서 성공적으로 살아가기 위한 능력과 경쟁력을 갖추기 위한 교육과정을 개발하고 있는 것이다. 둘째, 학업 성취도를 높이기 위한 교육과정 개선 노력을 들 수 있다. 각국은 학생들의 학업 성취도를 높이기 위해 교육과정을 개선하거나 평가를 강화하고 있다.[10]

다음으로 공통 교육과정으로의 개선을 들 수 있다. 이를 좀 더 구체적으로 보면, 첫째, 의무교육기간 동안 학습할 공통 교육과정 제시를 들 수 있다. 대부분의 국가에서 학습자가 반드시 학습해야 할 공통 영역과 내용을 제시하여 지역과 학교 교육과정의 기본 틀이 될 수 있도록 하고 있다. 반면, 국가 수준의 교육과정이 제시되지 않는 경우에는 주에서 공통 교육과정을 제시하고 있다. 둘째, 학년 및 학교급 간 교육과정 연계를 들 수 있다. 즉 국가 교육과정에 단계를 설정하고 각 단계별로 성취 기준을 제시하여 학년 간 연계성을 추구하고 있다. 셋째, 공통 교육과정 이수 이후의 교육과정에 대한 변화를 들

---

10) 박순경 외, 「교육과정 선진화와 교육과정 설계의 합리화」, 『초중등학교 교육과정 선진화 방안 연구 세미나 자료집』(2008).

수 있다. 즉 직업이나 진로, 대인관계 능력, 세계인으로서의 행동 능력 등과 관련한 과정을 설정, 운영하고 있다.

교육과정상의 주요 개선과 관련하여 국가 교육과정의 성격, 기능, 역할 상의 변화도 주목할 만한 측면이다. 일반적으로 국가 교육과정의 성격, 기능은 크게 세 가지로 분류가 가능하다. 첫 번째 방식은 학교 교육과정의 근간으로서 비교적 강한 구속력을 갖는 교육과정을 구성, 운영하는 경우이다. 두 번째 방식은 학교 교육과정의 기본 틀(framework)로서의 교육과정을 구성, 운영하는 경우이다. 세 번째 방식은 학교 교육과정 안내서(guideline)로서의 교육과정을 편성, 운영하는 경우이다.

끝으로 교육과정상의 주요 개선과 관련하여 국가 교육과정의 교과 편제 방식에서의 변화를 들 수 있다. 대부분의 국가들은 의무교육기간 동안 공통필수교과를 편성, 운영하고 있으며 여기에 중핵교과를 선정하는 경우도 있다. 또는 초등학교 수준에서는 공통필수교과를 선정하고 그 이상의 학교급에서는 혼합 편성 방식을 선택하는 경우도 있다. 물론 공통필수교과와 선택교과를 혼합 편성하는 경우도 있다. 반면, 의무교육기간 이후의 교과편제 방식을 보면, 첫째로, 공통필수교과와 선택교과를 혼합 편성하는 경우, 둘째로, 선택교과 위주의 편성을 하는 경우 등이 있다.

이러한 세계 각국의 교육과정 관련 개선 노력을 통해 볼 때, 남북한 통합교육과정도 이러한 변화 추세에서 나타나는 장점을 우리 현실에 맞게 받아들여야 할 것이다. 예컨대 지식기반사회로의 변화 등을 고려하여 여기에 적합한 지적 소양, 기능, 태도를 육성할 수 있는 교육과정을 고려해야 할 것이다. 또한 의무교육과정의 내실화를 기초로 남북한에서 필수적으로 요구되는 공통 교육과정의 운영, 공통 교육과정 이수 이후, 예컨대 국민공통기본교육과정 이수 후 다양한 선택과목의 제시를 통해 폭넓은 소양을 길러야 한다는 점 또한 소홀히 할 수 없을 것이다. 아울러 교육과정 통합과 관련하여 교육과정의 기능 정도 측면에서 통일 초기에는 비교적 강한 구속력을 갖는 국가 중심의 교육과정을 구성, 운영하고, 안정기에는 지방과 단위학교의 자율성이 증대되는 교육과정을 운영하는 것 등도 고려대상이 되어야 할 것이다.

(5) 교과 간의 균형 및 재량권 부여

남북한 통합교육과정 설계는 교과 간 균형을 지향해야 한다. 즉, 인문사회, 자연, 예체능 교과 영역 간 균형이 이루어져야 한다. 남북한의 초중등학교 교육과정을 학문 영역 또는 문화 요소별로 비교해 보면, 남한의 경우, 인문사회 : 자연 : 예체능의 비율이 대체로 38 : 28 : 18인 데 비해, 북한에 있어서는 그것이 46 : 39 : 15로 나타나고 있음을 알 수 있다.[11] 남한에 있어서는 이 외에도 재량활동(10%), 특별활동(6%) 등이 포함되어 있다. 이들을 제외하고 인문사회, 자연, 예체능만 비교하면 약 45 : 33 : 22의 비율이다. 대체로 보아 인문사회 영역의 교과에 있어서는 남북한이 비슷한 비율을 보여주고 있으나 자연 영역의 경우 남한보다 북한에서 훨씬 더 높은 비율을 점유하고 있으며(약 6% 정도), 반대로 예체능 영역은 남한이 북한보다 훨씬 더 높은 비율을 나타내고 있다(약 7% 정도). 이에 대한 국제적인 추세는 한마디로 말하기 어려우나 대체로 남한의 교육과정과 비슷하게 세 영역 간의 균형을 유지하고 있는 것 같다. 따라서 통일 한국의 교육과정에 있어서도 영역 간의 균형을 유지하는 것이 필요할 것으로 보인다. 그럼으로써 학생들의 삶과 성장, 발달에 초점을 두는 교육과정이 될 수 있도록 해야 한다. 학교 교육과정에 포함되는 교과 또는 각종 교육 프로그램들은 학생들의 현재와 장래의 삶과 관련성이 높

---

11) 차우규, 「남북한 교육과정 통합 방안과 과제. 통일에 대비한 교육 부문의 과제」, 한국교육개발원 연구자료 RM 2006-84(2006).

은 것이어야 하고 그들의 성장, 발달에 최적한 것들이어야 한다.

과목 선택상의 재량권을 부여하는 것도 중요하다. 학교급별로 최소한의 공통필수과목을 지정하되 남북한별, 또는 지역 및 학교별 특성에 따라 교육과정을 융통성 있게 운영할 수 있도록 과목 선택상의 재량권을 부여한다. 공통필수과목은 국어, 국사, 윤리 등 민족공동체 의식 및 민주시민 의식 형성에 필요한 과목과 수학, 과학, 외국어 등 국제 경쟁력 강화를 위해 필요한 과목을 중심으로 선정한다. 윤리 교과는 통일국가의 기본적인 이념과 생활규범을 가르치도록 확대, 재구성한다.[12] 정치사상 관련 과목은 남북한 간에 충분한 협의를 통해 공통필수과목에 포함시키되, 교육이 추구하는 보편적 가치에 어긋나는 내용을 편파적으로 강조하는 과목은 폐지한다. 사회(정치, 경제) 또는 민주시민 교과를 통해 자본주의와 사회주의, 남한과 북한의 현실을 이해할 수 있는 내용을 구성한다. 모든 교과서는 통일사회의 교육이념이 반영되도록 재구성한다.

(6) 단계별 통합 구분을 통한 교육 갈등 최소화

남북한은 분단 이후 상이한 교육체제 속에서 서로 다른 인간상, 교육 목표, 내용, 방법, 평가 체계 속에서 교육이 이루어져 왔다. 이렇듯 교육적 측면에서 서로 다른 길을 걸어온 남북한이 합의에 의해 통일을 이룰 경우 통일 이전에 남북이 교육적 측면에서 얼마나 교류협력을 통해 통합 준비를 했는가 하는 것은 통일 이후 교육통합에 중요한 영향을 끼칠 것이다. 그러나 분단 기간 및 이로 인한 이질화 양상을 완전히 극복하기 어려울 것이다. 따라서 현재보다 상당 부분 교류협력이 이루어진 후에 통합이 시작된다고 해도 혼란은 피할 수 없을 것이다. 이러한 측면에서 우리는 통합 이후 갈등과 혼란을 최소화하고

12) 신효숙, 「남북한 교육 행정 및 제도 비교」, 김계동 외, 『남북한 비교론』(체제통합연구회, 2006).

비교적 단기간 내에 통합을 안정적으로 이루어내기 위해 일종의 과도기 교육과정의 운영을 고려할 수 있다. 특히 제도 통합은 단기간 내에 구축될 수 있지만, 이들 제도를 운영하는 사람들의 가치관, 태도 등이 통합되는 데는 많은 시간이 필요하게 될 것이고, 이를 뒷받침하는 교육과정의 통합은 상대적으로 긴 시간과 노력을 필요로 한다. 따라서 통합 이후 일종의 남과 북의 서로 다른 특성이 존재하는 교육체제 및 교육과정이 운영되는 과도기를 거치고, 이 과도기 동안 설정한 목표가 달성되면, 단일의 교육체제와 교육과정 하에서 교육이 이루어지는 완전통합기를 설정하여 갈등을 최소화하고 좀 더 짧은 시간 내에 안정적 운영을 시행할 수 있을 것이다.

이와 관련하여 지난 1996년 한국교육개발원이 실시한 통일사회의 교육제도 구상에 있어서 어떤 형태의 교육제도를 취할 것인가에 대한 조사 결과는 매우 의미가 있다. 이 조사에서는 다음 세 가지 안이 제시되었다.[13] 제1안은 현행 남한형으로 통합하는 단일제도(교육개혁을 전제로 하는 것을 포함)를 형성하는 것이었으며, 제2안은 남과 북의 이원적 제도를 운영, 제3안은 제3의 교육제도를 구안, 운영하는 것이었다.

이러한 세 가지 유형의 교육제도 중에서 통일 직후의 상황을 고려할 경우 남과 북의 이원적 제도를 운영하면서 점차적으로 '교육개혁을 전제로 하는' 남한형, 예컨대 현행 사교육의 팽배를 완화하고 교육이 평등, 인간존엄성, 평화, 복지 등을 실현한 형태로 통합하는 것이 바람직하다고 볼 수 있다. 이는 분단 이후 60여 년간 완전히 서로 다른 이념과 체제 하에서 정치사회화가 이루어진 집단들의 통합에서 발생할 수 있는 충격을 최소화하기 위한 방안이다.[14] 즉 자유민주주

13) 김영철 외, 『한국의 교육비선 2020』(한국교육개발원, 1996).

14) 안기성 외, 『남북통일 이후 사회통합을 위한 교육의 역할』(서울: 집문당, 1998).

의를 지향하는 방향으로 통일이 이루어질 경우 남북한 간 분단 상황에 따른 이질화를 극복하기 위한 노력과 급격한 통합으로 인한 사회심리적 충격을 최소화하는 데 중점을 두는 것이다. 필요할 경우 북한 지역에 대한 한정적 계엄을 선포하거나 북한 지역을 '특별행정구역'으로 관리하면서 북한 주민에 대한 대북긴급물자 원조계획과 탈북억제정책 및 선별작업을 연계시키면서 남북한의 통합적 차원의 전략을 선택해 나가야 한다.

반면 완전통합기의 교육은 과도기의 이원적 교육체제와는 달리 일원적 교육체제를 이루어내면서 남북한의 동질성을 회복하는 데 중점을 두어야 한다. 따라서 과도기의 교육은 가급적 단기간에 끝내는 것이 바람직하지만, 남북한 간의 심화된 이질화 정도를 고려할 때, 대략 3-5년 정도의 과도기를 거쳐 체제 안정을 이루도록 한다. 즉 남북한이 통일 과정에서 이질적인 이념을 하나로 수렴하고 남북한 지역 간의 경제적, 사회문화적 격차를 줄이는 과도기적 과정을 거치지 않을 경우, 자칫 사회적 혼란이 가중되고 남북 예멘과 같이 통일 이후 부정적 결과를 예상할 수도 있다. 따라서 이 시기에는 통일을 이룬 독일 등 다른 나라의 사례와 북한이탈주민의 교육 경험을 참고하여 교육의 역할을 마련해야 할 것이다.

과도기에 남북한은 모두 민주시민교육과 민족공동체 의식 함양에 중점을 두어야 할 것이다. 물론 자유민주주의 질서를 기본으로 하는 교육통합을 지향하였을 때, 남한의 경우에 민주시민교육은 더 수월할 수 있다. 그러나 민족공동체 의식 교육은 강화되어야 할 것이다. 동시에 남한 교육이 안고 있는 문제점, 특히 과도한 사교육비 지출 등의 문제 등을 극복하여 교육의 건전성을 회복해야 할 것이다.

다른 한편 이 시기에는 어느 정도의 사회적 통제를 감수해야 한다. 궁극적으로 다원주의를 인정하는 방향으로 나간다고는 하지만, 통합 직후는 한민족 전체의 역량을 결집해야 할 시기이기 때문이다. 따라서 북한 지역에서의 각종 집회와 결사의 자유는 제한하되, 특히 김일성, 김정숙, 김정일 개인숭배와 관련된 주체사상을 자유민주주의의 보편적 이념으로 서둘러 바꾸지 않으면 안 된다. 한 사회를 통합시켜주는 것은 그 사회가 가지고 있는 보편적 사고의 틀로, 이는 교육이념과 관련되기 때문이다. 교육 부문의 갈등을 최소화하고 안정적으로 관리할 수 있도록 과도기 교육과정 설정과 관련한 주요 방향을 제시하면 다음과 같다.

■ 인간의 존엄성, 인권, 평화, 자아실현, 복지 등을 추구하는 통일국가의 이념적 지향을 반영하여 교육과정의 목표와 내용을 설정하되, 변화로 인한 혼란을 최소화하고 완전통합기의 통일시대를 주도할 수 있는 기본 능력을 길러줄 수 있도록 교육과정을 개편한다.

■ 북한의 비이념적 필수교과를 기본으로 하면서 남북한 통합교육과정에 대비할 수 있는 교과들을 도입한다.

-- 교과의 성격에 따라 교육통합 방식을 조절한다. 북한의 이념적 교과들은 가능한 폐지하고 자유민주주의, 시장경제, 문화적 다원주의를 수용하는 방향으로 개편한다. 비이념적 교과들은 남북한의 현행 교육과정을 가급적 수용하는 방향으로 교육과정 통합을 진행한다.

■ 남북한의 학생들이 통일에 대비하여 갖추어야 할 지식과 소양을 가르치는 교과를 운영한다. 개인 우상화 관련 교과목 대신에, '통합교육'(별칭) 교과를 설치한다. 통합교육은 별도의 교과서를 만들어 사용하거나 또는 다음과 같은 주제와 관련되는 교과를 선택하여 가르칠 수 있다. (통합교육은 남북한 이해 교육, 민주시민교육, 인성교육, 경제교육, 통합교육, 국제이해교육, 인권교육, 다문화교육 등 통일을 이룩하고 통일 이후의 삶을 준비하는 데 필요한 가치관과 태도를 함양하기 위한 교과목들이다.)

■ 과도기 시기에는 교과서와 관련해서 통일 이후에도 잠정적으로

북한의 교과서를 사용한다. 특별히 정치적이고 이념적인 색채가 없는 수학, 자연, 지리, 물리, 화학, 생물과 같은 과목에서는 북한 교과서를 과도기 기간에 그대로 사용할 수 있다.

-- 이념성이 강한 교과목, 즉 국어, 도덕, 역사에서는 잠정적인 혹은 추가적인 교재를 사용한다.

■ 북한 교육과정의 주요 특징인 교육과 노동의 결합원리에 따른 수업원칙과 이와 관련된 과목들은 당장은 폐지하지 않더라도 자본주의 시장경제 원리에 맞추어 과목명의 변화 및 내용상의 변화를 고려해야 할 것이다.

-- 예컨대, 북한 지역의 기술, 실습 관련 다양한 교과목은 실과 영역에 포괄한다. 특히 실습 교과에서는 실습(남녀), 제도, 기계 및 전기기본, 전자공학기초의 학습시간을 포함한다.

■ 북한의 국가적 청소년 조직인 조선소년단과 김일성사회주의청년동맹 등을 폐지하고 다양한 분야에서 민주적인 학생 자율단체의 활동이 이루어질 수 있도록 한다.

교육행정의 측면에서 보면, 통일 초기인 과도기 단계에서는 중앙정부가 중심적 역할을 하는 것이 바람직하다. 남북한의 이질성을 조기에 극복하고 교육과정의 체계성과 일관성을 확보하기 위해 중앙정부가 주도적 역할을 해야 한다는 것이다. 그러나 다른 한편 남북간의 이질성이 현재로서는 대단히 크다는 점을 고려할 때, 이와 같은 차이점이 올바르게 고려될 수 있도록 모든 것을 중앙에서 획일적으로 결정하여 적용하기보다는 지역적 특성에 따른 융통성이 함께 보장되어야 할 것이다.[15] 반면 완전통합기에는 국가 수준에서 표준 교육과정의 기본 구조를 제정하고 모든 학교가 이를 준수하도록 하되, 표준

15) 한종하 외, 앞의 책; 윤종혁 외, 『남북한 실질적 통합단계의 교육통합 방안 연구』(통일연구원, 2002).

교육과정의 구체적 적용에 있어서는 지역적 특성, 학생의 수준, 교육환경 등을 고려하여 남북한 지역, 시도 및 학교 수준에서 재량권을 발휘할 수 있도록 허용한다.

완전통합기에는 다원주의적 시대상황 속에서도 바람직한 한국인상을 정립하고, 통일국가의 발전과 인류공영에 이바지할 수 있는 교육이념이 제시되어야 한다. 이 시기에는 우리 역사와 민속 및 전통적 가치에 대한 올바른 이해를 바탕으로 남한의 자유주의적 가치관과 부분적으로는 북한의 사회주의적 인간 양성이 갖는 교육적 장점조차도 포용하여 한민족 공동체 이념으로 확산시키도록 해야 한다.

완전통합기에는 북한의 교육제도뿐만 아니라 남한의 교육제도에 대해서도 부분적 손질을 통해 재구조화하여 남북한 교육의 장점을 취한 동일한 구조와 내용의 교육행정체제를 갖추도록 한다. 즉 일정기간의 통제교육시기를 지난 이후에는 제도적으로나 내용적으로 남북한 간에 일체의 차별이 없도록 하며, 남북한 교육 여건의 격차를 신속히 해소해야 한다.

완전통합기의 교육과정은 민주주의 교육을 지향하고 민족공동체 의식을 함양시키는 교육 역할의 핵심적 내용이라고 할 수 있다. 이 시기에는 국제화, 정보화에 맞게 학습 방법도 다양하게 전개될 것이다. 즉 기존의 교육과정이 주어진 자료를 수동적으로 수용하는 데에 중점이 놓여 있다면 미래의 교육과정은 좀 더 개방적인 형태를 위하여 학교 현장에서의 주어진 교재 이외에도 다양한 자료들이 교육과정으로 쓰일 수 있다. 따라서 완전통합기의 교육과정은 교육의 본래성을 재음미하면서 다양한 형태의 학습 자료를 제공하는 것이 되어야 한다. 이 과정에는 단순히 인문교육적 내용뿐만 아니라 오히려 직능교육과 관련된 직업기술교육 자료와 실습 과정이 보장될 수 있어야 한다. 완전통합기의 교육과정 설계와 관련한 수요 방향을 제시하면 다음과 같다.

■ 완전통합기의 교육과정은 남북한 지역 모두 국민공통기본교육과정과 고등학교 선택 중심 교육과정으로 구성한다. 국민공통기본교육과정은 교과, 재량활동, 특별활동으로 편성한다.

■ 국민공통기본교육과정 기본 편제는 미래 사회의 변화, 통일사회의 안정과 발전, 각국 교육과정의 보편적 흐름을 고려하여 학급별로 최소한의 공통필수과목을 지정하되, 남북한별 또는 지역별 및 학교별 특성에 따라 교육과정을 융통성 있게 운영할 수 있도록 과목 선택상의 재량권을 부여한다.

■ 국민공통기본교육과정의 필수교과는 민족공동체 의식 형성 및 민주시민성 함양에 필요한 국어(한문 포함), 도덕, 사회(지리, 역사, 정치, 경제) 과목과, 국제 경쟁력 강화를 위해 필요한 수학, 과학(자연, 물리, 화학, 생물), 예체능(체육, 음악, 미술), 외국어(영어) 등을 중심으로 선정한다. 다만, 초등학교 1, 2학년의 교과는 활동 영역으로 구성하여 통합교과 형태로 이루어지도록 한다.

■ 모든 교과에 비민주적인 내용, 왜곡된 내용은 모두 수정, 삭제하여 교과서를 재발행한다.

-- 완전통합시기에는 가칭 남북한 교육과정 개발위원회가 개발한 교과서를 사용한다. 이로써 과도기에 잠정적으로 사용된 북한 교과서는 사용하지 않는다.

■ 1-2학년 동안 이루어지는 활동중심 통합교과 I, II의 경우에는 초등학생의 발달수준에 맞추어 필수적인 보편적 내용을 중심으로 구성하되, 여기에 민주시민성과 민족공동체 의식을 함양할 수 있는 내용, 다름을 인정하고 관용할 수 있는 능력을 함양하는 내용, 일상생활에서 갈등을 평화적으로 해결할 수 있는 능력을 함양할 수 있는 내용을 중심으로 구성하여 운영한다.

■ 도덕과는 종선의 한국사회에서 추구하는 도덕규범과 지구촌의 보편적 도덕규범을 토대로 하되, 통일국가의 기본적 이념과 생활규범

을 보완 구성한다. 예컨대 민주주의의 기본원리와 생활규범, 자본주의와 사회주의의 이념과 현실, 한민족의 문화와 남북한의 현실, 갈등해결과 평화 구성 등의 내용을 구성하여 가르치도록 한다.

■ 사회(역사, 지리, 정치, 경제) 교과를 통해 자본주의와 사회주의, 남북한의 현실, 공통의 역사와 문화 등을 이해할 수 있는 내용을 구성한다. 예컨대 민주주의, 자본주의, 사회주의의 기본 이념과 체제적 특성을 객관적으로 이해할 수 있는 내용, 남북한의 사회 현실에 기초하여 장단점을 객관적으로 파악할 수 있는 내용, 남북한 간의 공통의 역사적 전통과 자긍심을 고취할 수 있는 내용 등이 그것이다.

■ 국어(국어, 국어문법, 문학 포함) 교과는 남북한의 이질적인 언어를 이해할 수 있는 내용으로 구성한다. 특히 언어와 문학을 통해 나타나는 동질성에 대한 이해를 바탕으로 한민족으로서 동질적인 상징 메커니즘을 유지하고 있음을 이해할 수 있는 내용을 중요시한다.

■ 수학 및 과학 교과는 실제 생활에 적용할 수 있는 실용적인 지식에 비중을 두면서 남북 지역의 공통적인 교육과정 수준을 결정하고 이에 기초하여 남북한 간에 학교급별, 학년별 교육 내용의 수준 차이가 없도록 구성한다. 특히 실험, 실습, 체험 등의 다양한 활동을 강조한다.

■ 예체능 교과는 전통적 요소를 통해 민족동질성을 회복하는 한편, 예술 분야에서 남북한 지역의 전통과 현대화 양상을 더욱 발전적으로 인식하여 서로의 장단점을 인정하고, 서로 보완할 수 있는 의식과 태도를 길러줄 수 있도록 한다.

■ 남북한 상호 이해 교육, 민주시민교육, 인성교육, 경제교육, 통합교육(우리는 하나), 국제이해교육, 인권교육, 다문화교육 등을 교과 재량활동을 통해 이루어질 수 있도록 적극 권장한다.

■ 북한에서 이루어진 실습(남녀), 제도, 기계 및 전기 기본, 전자공학 기초 등의 교과목은 전문교과에 포함하여 운영한다.

4. 결론

일반적으로 통일사회를 이야기할 때 우리는 암묵적으로 북한에 비교해서 더 다원주의적이고 자유민주주의를 지향하고 있는 남한이 기초가 되어야 한다고 생각한다. 이러한 시각이 전적으로 그른 것만은 아니다. 그러나 좀 더 정확히 표현하면 사회주의, 공산주의, 사민주의, 제3의 길 등 여러 이념적 지향이 가능할 수 있지만, 현재 전 세계에 공통으로 받아들여지는 민주주의의 보편성에 기초한 통일이 이루어져야 한다는 것이 적절한 표현이다. 물론 한민족 모두에게 보편적으로 받아들여질 수 있는 우리 고유의 사상에 근거한 철학과 이념이 통합 과정에서 창출된다면 더할 나위 없겠지만, 현재로서는 민주주의를 대체할 만한 이념적 대안은 존재하지 않는다. 따라서 최선책은 아닐 수 있으나 최소한 우리가 통일사회에서 추구해야 할 이념적 지향으로서 차선책일 수 있다는 것은 부정할 수 없다. 아울러 전 세계적인 보편성을 인정받는 것이 자유민주주의라고 규정할 경우, 현재 우리 사회에서 운영되고 있는 자유민주주의도 더욱 건전한 방향으로 개선되어야 할 측면이 많음을 간과할 수 없다. 따라서 바람직한 통일방식을 통해 통일사회를 이루기 위해서는 남한사회도 변해야 한다.

교육통합의 측면에서 볼 때, 이러한 방향 설정은 통일 직후의 상황을 고려할 경우 남과 북의 이원적 제도를 운영하면서 점차적으로 '교육개혁을 전제로 하는' 남한형, 즉 현행 사교육의 팽배를 완화하고 평등, 인간존엄성, 평화, 복지 등을 확충한 남한형을 설정하고 이러한 형태로 통합하는 것이 바람직하다는 전제를 기초로 한다. 특히 이러한 접근은 분단 이후 60여 년간 완전히 서로 다른 이념과 체제 하에서 정치사회화가 이루어진 집단들의 통합에서 발생할 수 있는 충격을 최소화하기 위한 방안으로 제시하였다.

다른 한편 이러한 접근은 우리 사회의 통일이나 통합에 대한 그릇된 시각을 경계한다. 일반적으로 우리 사회 일각에서는 통일을 북한 사회의 남한사회화, 즉 현재의 남한사회를 기준으로 북한사회를 동질화시켜야 한다는 관점을 강하게 제시하는 경우가 많다. 그러나 이러한 동질화를 강조할 경우, 권력 면에서 우월한 어느 한쪽이 약한 다른 한쪽에게 자신들의 기준을 강요하게 되고, 오히려 그 결과로 생활세계의 통합을 저해할 수 있다. 결국 생활세계의 통합을 이루기 위해 시작한 동질화가 오히려 통합을 저해한다는 아이러니로 나타난다. 독일 통일의 경우가 바로 그러한 사례이다. 따라서 강한 어느 한쪽으로의 일방적 동질화는 결코 생활세계의 통합에 이바지하지 않는다는 점을 인식해야 한다.16)

이러한 점에서 오히려 동질성이 강한 사회에서도 생활세계의 통합이 잘 이루어지지 않는 경우가 있고, 이질적인 사회에서도 생활세계의 통합이 이루어질 수 있음을 주목해야 한다.17) 예를 들어 남한은 세계에서 유례없이 민족, 언어, 가치체계 등에서 동질적인 사회이지만, 영남과 호남 간의 지역갈등과 같이 생활세계의 통합을 저해하는 문제를 안고 있다. 반면 캐나다와 같은 다인종 · 다민족 사회는 사회문화적 측면에서 마치 다양한 모자이크와 같은 사회이지만, 다문화주의가 생활세계의 통합의 가치와 이념으로 그리고 구체적인 정부 정책으로 실천되면서 서로 다른 인종, 민족 간의 조화와 공존관계를 유

---

16) 독일 통일은 구동독을 전부 서독식으로 재편하는 방식으로 이루어졌다. 서독 출신들은 변한 것이 별로 없는데, 동독 출신들만이 서독의 체제와 제도, 기차와 행위 양식을 배워야 했다. 그 과정에서 "구동독의 것은 모두 나쁘다. 서독의 것은 좋다."라는 식의 분위기가 형성되어 동독 출신들 간에는 과거에 대한 향수, 서독에 대한 반발이 형성되었다고 한다. '동독정체성' 또는 '오스탈지(Ost + Nostalgie)' 등의 동독 출신들의 감정은 통일 후 변혁과정에서 자신들이 배제되고 인정받지 못하고 있다는 데서 발생한 저항적 지역정체성이다. 윤인진, 「남북한 사회통합모델의 새로운 모색」, 한국사회학회 2001년 춘계 특별 심포지엄 자료집(2001. 5), p.15.

17) 같은 논문.

지하고 있다.

따라서 남북한 교육통합에 있어서도 남북한 교육 부문에서 동질성이 갖는 이러한 측면에 유념하여 남북한 청소년들이 민족공동체 의식을 함양할 수 있도록 교육적 노력을 해야 하는 한편, 남북한의 교육 부문에서의 다름을 부정적인 것으로만 볼 것이 아니라 통일 한국 사회의 교육문화를 풍부하게 할 수 있다는 관점을 가지고 통합을 완성하려는 노력을 기울여야 할 것이다.

[참고문헌]

고영섭, 「원효 일심의 신해성 분석」, 『불교학연구』 제20호(2008).

곽병선 외, 『통일대비 교육과정 개발 방안 연구』(한국교육개발원, 1999).

김영철 외, 『한국의 교육비전 2020』(한국교육개발원, 1996).

박순경 외, 「교육과정 선진화와 교육과정 설계의 합리화」, 『초중등학교 교육과정 선진화 방안 연구 세미나 자료집』(2008).

신효숙, 「남북한 교육 행정 및 제도 비교」, 김계동 외, 『남북한 비교론』(체제통합연구회, 2006).

안기성 외, 『남북통일 이후 사회통합을 위한 교육의 역할』(서울: 집문당, 1998).

양영자, 「분단-다문화시대 교육이념으로서의 민족주의와 다문화주의의 양립가능성 모색」, 『교육과정연구』 제25권, 제3호(2007).

오기성, 『남북한문화통합론』(서울: 교육과학사, 1999).

오기성, 「학교 통일교육의 다문화교육적 접근」, 『교육과정평가연구』 제11권, 제2호(2008).

윤덕희, 「통일문화의 개념정립과 형성방향 연구」, 『통일문화 연구(상)』(민족통일연구원, 1994).

윤인진, 「남북한 사회통합모델의 새로운 모색」, 한국사회학회 2001년 춘계 특별 심포지엄 자료집(2001. 5).

윤종혁 외, 『남북한 실질적 통합단계의 교육통합 방안 연구』(통일연구원,

2002).
이삼렬, 「평화교육의 철학과 실천방법」, 최상용 편. 『현대평화사상의 이해』(서울: 한길사, 1992).
조난심, 「21세기 학교 교육과정의 전개 방향」, 『한국교육연구』 제7권, 제1호(2004).
차우규 외, 『남북한 교사양성 교육과정 실태 분석 및 통합 방안』(청주: 한국교육대학교 통일교육과정연구위원회, 2007).
차우규, 「남북한 교육과정 통합 방안과 과제. 통일에 대비한 교육 부문의 과제」, 한국교육개발원 연구자료 RM 2006-84(2006).
최영표 · 한만길 · 홍영란, 『통일에 대비한 교육정책 연구(II)』(한국교육개발원, 1993).
한종하 외, 『남북한 교육과정 · 교과서 통합방안 연구』(한국교육개발원, 1994).
한준상, 「남북 국민정서를 하나로 묶는 평화교육」, 『통일사회』, 1993년 5월호.
Archer, Margaret S., *Culture and Agency*(Rev. ed.)(Cambridge: Cambridge University Press, 1996).
Calhoun, Craig, "Indirect Relationships and Imagined Communities: Large-Scale Social Integration and the Transformation of Everyday Life", Pierre Bourdieu and J. C. Passerson, *Reproduction in Education, Society and Culture*(London: Sage, 1977).
Craib, Ian, *Modern Social Theory: From Parsons to Habermas*(N.Y.: St. Martin Press, 1992).

제10장
통일교육, 안보와 평화의 융합

박찬석*

1. 들어가며

통일교육은 1992년 이후 명실상부한 통일과 북한 문제에 대해 정상적으로 논의하게 되었다. 이에 그동안 금기시되었던 통일에 대해 입장들의 논의가 활발해졌다. 동시에 우리 사회를 통합하려는 통일교육적 성격도 강화되었다.

그러한 과정 속에서 그동안 통일교육의 원칙은 민족 화해와 협력을 이루며 이질적인 남북한 사회의 차이를 인정하고, 그 차이 속에서 우리 내부에서 더욱 포용력을 강화하는 통일교육 논의를 강화하자는 것이다. 그 틀로 보자면 우리 사회 내부의 상황 인식이 더 정교해질 필요가 있다.

그러나 통일은 궁극적으로 남북한의 통합을 추구하는 일이지만, 그 현실적 기초는 우리 사회에서의 갈등의 해소가 남북한 통합에 선행되어야 하는 중요한 상황에 놓여 있다. 1998년부터 강화된 진보적 입

* 공주교육대학교 윤리교육과 교수. pcskmy@gjue.ac.kr

장의 통일교육은 남북한의 객관적인 사실보다는 미래지향적인 논의를 강조하였다. 그러한 의미에서 현실적 기초에 대한 보수적 입장의 통일교육 논의가 상당한 반대논리를 가지고 있다가 2008년 정권 교체기에 발흥하였다.

다양한 논의 속에서 2008년을 전후하여 이전에는 진보적 입장의 통일교육이 기승하고 이후 보수적 입장의 통일교육이 주도하고 있다. 이러한 차이를 보이는 현상 속에서 중요한 것은 2008년 이전의 주도적 진보 성향의 통일교육은 안보에 대해 소홀히 하여 보수의 빈축을 샀고, 2008년 이후의 보수적 성향의 통일교육은 평화에 대해 작위적인 해석을 확대하여 진보의 미움을 받고 있다. 이러한 상황에서 재차 안보와 평화에 대해 심도 있는 논의가 요구된다.

통일교육지원법 2조에는 "통일교육은 모든 국민들이 자유민주주의에 대한 신념과 민족공동체 의식, 건전한 안보관을 바탕으로 평화적 통일에 대한 공통의 인식과 태도를 형성해 나가기 위한 것이다."라고 규정되어 있다. 이런 통일교육의 목표는 분명 평화의 언급을 표방하고 있다. 또한 우리나라 헌법 전문을 보면 "조국이 평화적 통일의 사명에 입각하여 …", 그리고 "대한민국은 통일을 지향하며 자유민주주의적 기본 질서에 입각한 평화적 통일정책을 수립하고 이를 추진한다."는 헌법 규정에 근거하고 있다. 이처럼 통일과 평화는 분단 이후 오래전부터 효과적으로 접근되어 있으며 통일교육을 실시하기 위하여서 국가적 차원에서 평화의 법적, 제도적 뒷받침을 하고 있는 것도 사실이다.

그러나 통일교육과 그의 배경이라고 할 수 있는 평화문제는 복잡한 양상을 안고 있다. 안으로 보수와 진보 진영이 통일교육이나 평화교육 문제에 대해 상충된 주장을 하고 있을 뿐 아니라, 다양한 기관이나 단체들은 그 성격에 걸맞게 다양한 통일의 길과 평화의 길을 의견으로 제시하고 있다. 물론 통일문제와 평화문제의 다양성은 다원주의 사회를 지향하는 국가적 현실에 비추어 볼 때 한편으로는 자연스러운 현상이며 또한 바람직한 현상이라고 할 수 있다.

이러한 현상에 대해 좀 더 진지하게 논의하면서 통일문제가 정치문제화 되지 않도록 노력하는 것이 중요하다. 종종 서로 타협하거나 절충하기 힘든 상황이 발생하면 우리 사회는 평화와 안보에 대해 극단적인 방법을 취할 수 있는 문제를 야기할 수 있다. 따라서 이러한 전반적인 상황에서 통일교육은 평화교육과의 연계와 조율을 통해 남남갈등이나 남북 화해협력에 부응하는 긍정적인 조치를 실천하여야 할 것이다. 그러므로 미국, 중국, 일본, 러시아 등 주변 국가들이 추구하는 각자의 국익에 따라 한반도 통일문제에 접근하는 것에도 대비할 필요가 있다. 평화와 안보 인식을 균형 있게 파악하는 눈을 통해 국제환경과 통일에 어느 정도 긍정적 입장을 갖게 하는 통일교육이 요구된다. 결국 평화문제나 안보문제에 대한 국민들의 인식을 제고하기 위해, 통일교육은 평화와 안보의 연계와 그 필요성이 지속적으로 제기되는 것이다.

통일교육은 실천적 과제로 '객관적 북한 이해'를 통한 평화를 진척하는 과정인 '통일의 바탕인 평화와 안보의 중요성 인식'을 제시하여야 할 것이다. 이런 교육목표는 결국 청소년 통일교육을 좀 더 효과적으로 내실 있게 진행할 필요가 있음을 시사한다.

2. 통일교육에서의 평화와 안보의 연계

1) 통일교육에 대한 진정한 단상의 필요성

통일교육은 어느 시점이나 상황에서 일어날 국내외적 변화인 통일에 대해 준비하는 교육이다. 그러한 준비를 위해서는 너 전체직인 측면에서 우리 내부의 다양한 입장의 핵심적인 요소인 평화와 안보의 올바른 융합이 견지되어야 한다. 그러한 방안으로의 통일교육이 이루어질 수 있도록 방안이 마련되어야 한다.

통일교육을 둘러싼 시각에는 현재 북한정권에 대해 비타협적으로 나아가 북한을 정상국가로 만들어가는 노력을 전개하려는 보수적 입장이 존재한다. 북한이 그동안 미국과의 협상이나 6자간의 협상에 대해 진지하게 나서지 않는 것에 대한 원칙적인 책임을 두는 입장이다. 따라서 통일문제는 지금의 현실에서 북한정권에 대해 불신을 가중하면서, 북한 스스로 변화를 추구하자는 논리가 주도되고 있다.[1)]

한편에서는 다른 시각으로 가까운 미래에 이루어질 통일에 대해 전반적으로 생각하는 내용을 담고 있다. 그러기에 우리 청소년들의 통일문제에 대한 관심을 이끄는 작업을 중시하고 있다. 북한을 한 국가나 민족 간의 특수한 관계로 이해하자는 입장이다.

양자의 입장은 정권의 비호를 받으며 성장하였다. 전자의 경우는 이명박 정부에 의해 확대 재생산되고 있으며, 후자는 이전 김대중, 노무현 정권 당시 기승을 부렸다. 그러한 상황에서 통일교육을 바라보는 중요한 인식은 차이가 있었다. 따라서 국가는 그 차이를 잘 수렴하여야 할 것이다. 만약 국가적으로 잘못 수렴한다면 상당한 문제를 야기하는 꼴이 된다.

역사적인 사례를 들어보자. 1572년 영의정이었던 이준경은 유언으로 4조를 선조에게 올렸다. 그 내용 중 마지막은 지금 붕당이 있으니 속히 그것을 없애도록 하라는 것이었다. 임금이 이것을 신하에게 보이자, 율곡 이이는 상소하여 그 말에 대해 배척하는 상소를 올렸다. 그러나 3년 후 당론 문제가 터지고 말았다.[2)] 이러한 근거로 볼 때,

---

1) 이러한 논리를 단적으로 담고 있는 책이 김동길 · 복거일 · 이춘근 외, 『북한 자유 선언』(서울: 르네상스, 2007)이다. 북한에 대해 전변적인 재인식을 보수적 논객을 중심으로 전개하고 있다.

2) 함석헌, 『뜻으로 본 한국역사』(서울: 한길사, 2000), pp.302-303. 율곡의 상

율곡의 인물됨으로 어찌 이런 상소를 올렸는지 가늠하기 어렵다. 다만 아무리 선각자일지라도 미래를 올바르게 본다는 것은 매우 어려운 일이라는 교훈을 얻게 하는 역사의 한 단면이다.

그러므로 지금 현실에 근거한 통일문제 접근이 오늘을 사는 우리에게 미래를 잘 파악하게 해줄지는 생각해 보아야 할 것이다. 이러한 입장에서 학교 현장에서의 교육자들은 청소년 통일교육의 바람직한 방향에 대해 더 깊은 논의를 해야 할 것이다.

즉 어느 사회나 그 사회의 사상들이나 운동들은 그 사회의 구성원과 환경에 의해 만들어지는 것이다. 이러한 현상을 칼 만하임은 존재구속성이라 했다. 그러한 측면에서 우리 사회에서, 특히 통일교육에 있어서 극명하게 드러나는 대립과 갈등도 남북한의 성립을 전후하여 만들어지고 구속되어 있는 이데올로기적 경향에 놓여 있는 것이다. 그러기에 오늘날 우리 사회는 극명하게 과거 분단사에 대해 상이한 인식을 갖는 부류들이 존재하며, 지극히 갈등적인 양상을 극복하고 통합적으로 파악할 수 있는 사회적 힘이 필요하다.

이러한 측면에서 아직도 우리 사회는 다양화된 사회에서의 다양한 의견을 슬기롭게 해결하는 사회적 힘이 부족하다. 이 사회적 힘은 대립되는 양자가 지나친 갈등관계로 비화되지 않는 길을 찾게 하는 노력인 것이다. 다양한 이견에 대해 각기 맡은 기관이나 단체에서 의견을 피력하고 그 의견을 수렴하며 결정짓는 일에 대해 신뢰하는 길이 바로 사회적 힘이라고 생각한다.

그럼에도 아직도 우리 사회는 해방 전후의 해석에 있어서 상당히 분분할 수밖에 없다. 그렇지만 사회를 이끄는 주류적인 생각은 곳곳에 스며 있는 분단의 아픔에 대해 구체적 사실에만 얽매이는 것에서

소에 의하면 "옛사람은 죽을 때 그 말이 선했는데(古人將死 其言也善) 지금 사람은 죽을 때 그 말이 악하다(今人將死 其言也惡)." 하여 이준경의 유소에 대해 반박하였다.

벗어나야 한다. 따라서 분단의 구체적인 역사를 풀어가는 데에는 구체적인 고민의 흔적이 우리 사회에 더 축적되었으면 한다. 한 사건, 한 사례를 통해 전체 사회를 이분법적으로 구분하는 것은 옳지 못하다. 분명히 좌우 대립은 우리의 역사였으며, 그 역사에서 어느 한쪽으로의 이해를 얻기에는 너무 힘든 사회이다. 그러므로 각각의 주장들은 사회적 힘이라는 대통합을 위해서 자기의 의견이나 생각이 파문을 일으키는 것인가 아닌가를 거듭 생각하는 인내력을 길러야 할 것이다.

2) 평화와 안보의 오해들

통일교육은 민족주의 논의, 평화와 안보 논의 등의 다양한 이념을 반영하고 있다. 이러한 이유로 인해 통일문제의 한 주제인 북한사회에 대해 어떻게 파악할 것인지는 중요한 과제이다.

보수가 말하는 것처럼 현 체제에서 최소한 교정되어야 할 북한사회인지, 아니면 진보가 말하는 것처럼 적절한 시기에 통합을 위해 계속적인 교류와 협력이 중요한지를 생각하여야 한다. 그러한 접점 속에서 통일교육에 활력을 불어넣어 줄 내용 요소가 북한사회 이해에 대한 논란에서 갈등을 벌이고 있는 평화와 안보의 통합력을 모색하는 것이다.

즉 통일교육은 우리 사회의 노력을 통해 북한의 적극적인 변화 속에서 교류와 협력을 추진하려는 논의들이다. 이 속에서 정권의 교체기 정부는 다양한 통일논의의 여러 가지 방안에서 융합적인 입장보다는 자기 정권이 갖는 기본적 입장에 더 위상에 두는 한계성을 가지고 있다. 따라서 통일교육의 논의들은 우리 사회의 다양한 주장들을 상호 존중하면서, 우리 사회 중심으로 통합하려는 노력을 갖추지 못한 실정이다.

이러한 문제 속에서 왜 그러한 사태가 벌어지는가를 생각하여야 한다. 전반적으로 반공교육 시기에는 민주화가 덜 되었거나 되지 않은 시기에 국가안보가 정권안보용으로 이용되었다. 이러한 사례는 후진국의 정치사에서 잘 보이는 사태이다.[3] 남북 대치 상황에서 진정한 국가안보를 모색하는 길이 정권 집권의 호도용으로 구사되었던 전례를 극복하는 것이다. 이에 통일교육에서 안보논리가 현재 분단에 대해 적절하게 대처하는 객관적이며 보편적인 가치로 체계적으로 모색되어야 할 것이다.

또한 통일교육에서 평화논리가 인간의 보편적 가치를 지향하려는 시각의 확대에서 사실상 북한 자체가 갖고 있는 비관적인 사실과 과정에 대해 직시하면서, 남북간의 진정한 발전을 이루게 하는 논리로 구성되어야 할 것이다.

이러한 전반적인 만족을 줄 수 있는 안보와 평화 문제는 진정성을 가지고 접근되어야 한다. 통일교육은 분단사회에서의 발전적 계승에서 통일문제를 내용으로 다루어야 한다. 그렇게 하기 위해서는 정치적 논의에서 사회공동체와의 조화를 심화할 수 있는 분위기를 조성하여야 한다.

통일교육에 있어서 안보와 평화는 진지한 논의가 성숙되는 과정에 따르는 결과이다. 그러나 우리 사회는 통일교육에 있어서 국민들에게 남북한 통합의 인식, 통합을 가능하게 할 전제에 대해 개인적이며 사회적인 문제에 대한 보편적 전망과 대비를 조성하지 못하였다. 학습자는 물론 피학습자도 올바른 남북통합을 이루는 인식과 정서, 그리고 실천을 도모하는 데 일방적이다.

일반적으로 평화와 안보를 말하는 데에는 적극적 입장과 소극적 입장이 있다. 다시 말해서 평화의 개념은 단순히 집단간에 전쟁이 없

3) 한용섭, 「평화의 군사안보」, 하영선 편, 『21세기 평화학』(서울: 풀빛, 2002), p.202.

는 상태의 소극적 평화와 집단간의 전쟁을 막고 없애려는 움직임을 포함하는 적극적 평화의 개념으로 크게 나눌 수 있다. 단순히 전쟁이 일어나고 있지 않은 상태의 소극적 평화는 기본적으로 국가간 힘의 균형에 의해 가능하지만 소극적 평화 개념 속에는 전쟁의 근본원인이 되는 극도의 빈곤 및 비위생 상태, 정치적 억압, 문화적 소외, 인종차별 등과 같은 넓은 뜻의 구조적 폭력이 내포되어 있다.[4]

또한 안보는 국가의 대내외적 위협으로부터 국가체제와 국가이익을 보호하고 확장하는 기능을 가지고 있다.[5] 이러한 국가안보의 정의에 입각하여 서해에서 벌어지는 북방한계선(NLL)을 사이에 둔 남북의 군사적 대치나 북한 핵개발은 매우 심각한 국가안보의 문제이다. 이러한 문제에 대해 국가적인 안정된 입장이 결여되고서는 적극적인 평화나 소극적인 평화를 운운하는 것이 우리나라의 보수세력에게는 매우 위험한 사태 인식으로 비추어질 수 있다.

이러한 전반적인 인식 속에서 통일교육의 추진력은 평화와 안보의 사안의 중요성을 인정하면서도 북한에 대해 경험적으로 연결시켜 논의하는 그 중간에 놓이게 되어 있다.

이러한 연유로 인하여 통일교육에는 한반도의 평화와 안보가 당위적으로 구성의 한 부분을 차지하게 되는 것이다. 그래서 우리 사회에서는 적극적인 평화적 논의의 통일교육이 존재하며 적극적인 안보적 논의의 통일교육도 성립되는 것이다. 그런데 각각의 통일교육에 대한

4) 소극적 평화는 부분적으로는 패권국가 중심의 질서유지를 위한 수직지배 형태에서 비롯되어 오히려 인간의 신체적, 정신적 자유와 평화에 대한 침해가 있을 수 있다. 따라서 소극적 평화는 일견 부족한 평화이론에 바탕을 한 것이므로 평화의 개념은 단순히 전쟁 결여 상태인 소극적 평화를 뜻하는 데 머물지 않고 안정된 평화를 얻으려는 적극적 태도를 지향할 필요가 있다. 적극적 평화의 개념은 상태를 뜻하는 동시에 평화운동과 평화교육을 뜻하기도 한다.

5) 한용섭. 앞의 논문, p.201.

입장은 자신의 평화와 안보를 지고의 가치로 파악하고, 상대방의 논리는 보편적 정신을 구현하지 않고 특정 논리만을 실현하는 것이라고 파악하고 있다. 이에 정권의 통일교육은 당대에 평화와 안보로 마땅히 가르쳐야 할 내용에 대해 지나치게 축소하거나 확대하려는 이데올로기적 대응에 빠져 있는 한계를 보인다.

이러한 통일교육의 양상이 통일을 대비해서 남북한의 평화적 안보, 안보를 보장하는 평화를 잘 구성하지 못하고 있다. 따라서 그동안 60년간 진행되어 온 통일교육은 성찰하는 내용구성에 대한 논의와 발전적인 진행을 이루어내지 못하고 있다. 이러한 악습을 벗어나기 위해서는 평화의식 향상과 더불어 동북아의 급변에 대한 국가안보적 인식 교육의 반성적 노력도 필요하다.

3) 통일교육에서의 바람직한 안보와 평화의 방향

1990년대에 들면서부터 통일교육의 규범적 접근 방법이 북한과 통일문제에 대하여 일정한 시각과 가치를 전제로 하고 있을 뿐만 아니라 통일에 대한 의지를 강조하고 있다. 남북한과 우리 내부 속에서 많은 사건과 사고가 객관적인 이해와 합리적인 판단을 흐리게 할 가능성을 안고 있다. 북한 사회와 주민들을 사실에 기초하여 객관적으로 이해하거나 통일문제를 합리적으로 인식하고 판단하는 데 장애가 될 수 있다. 통일의지를 배양하려는 노력은 정의적 특성에 중점을 둠과 동시에 북한의 변화를 일견 파악할 수 있는 교육에서 이루어져야 한다. 즉, 남남갈등을 보이는 상황에서 미래의 국민통합을 이야기하는 것은 오늘날 21세기를 맞이하여 변화하는 세계질서, 변화하는 한반도 상황, 그리고 변화하는 남북관계의 상황을 올바르게 인식하는 목표 지향성을 가져야 한다.

변화하는 시대의 국민통합의 길은 다양성과 개방성을 존중하는 입장에서 다양한 주장과 개방된 논의를 허용하고 이를 적극적으로 격려할 수 있도록 하면서, 학생들로 하여금 자율적으로 문제 사태를 분석하고 판단하고 비판할 수 있도록 해야 한다.

이를 좀 더 구체적으로 살펴보면, 첫째, 북한에 대한 정확한 이해를 통하여 남북한의 차이와 현실을 바르게 인식할 수 있도록 함으로써, 북한은 우리와 다른 점도 있지만 비슷한 점도 많다는 사실을 이해하는 교육이 이루어져야 한다.[6] 학생들은 북한 주민에 대해 배울 수 있는 기회를 가져야 한다. 이러한 바탕 위에서 학생들이 궁극적으로 남북한의 화해와 협력의 길이 무엇인지를 합리적으로 판단하면서 점진적이고 평화적인 통일의 길을 모색할 수 있는 능력을 갖출 수 있도록 해야 한다.

둘째, 통일교육을 실시할 때에는 안보와 평화의 기준에 대한 각각의 내용이 정리되어야 할 것이다. 예를 들자면 북한 핵개발이나 서해상의 남북의 대치와 갈등에 대해 평화적 입장과 안보적 논의에 대해 밝히고 그에 대한 복합적인 사안에 대해 통합적으로 파악할 수 있는 길을 모색하여야 할 것이다. 이처럼 통일교육은 남남갈등을 극복하기 위해 통일부 자료나 국정 교과서의 내용을 충분히 이해하는 것을 기초로 하여 실시하여야 한다. 앞으로의 통일교육의 내용은 북한의 현실에 관한 사실적인 정보와 통일문제와 관련되는 시사 정보 등을 다양하게 다루어야 하기 때문에 교과서의 고정된 정보로는 한계가 있다. 따라서 교과서의 내용은 통일에 관한 일반적인 원칙과 기본적인 시각을 제시하는 것으로 그 범주를 삼되, 교과서 지식에 기초하여 변화하는 현실에 관한 다양하고 풍부한 지식과 정보를 융통성 있게 다룰 수 있도록 해야 한다.

셋째, 남남갈등을 해소하는 방향으로 이제 보편적인 인권과 평화를

6) 강만길, 『강만길 선생과 함께 생각하는 통일』(서울: 지영사, 2000).

지향하는 입장에서 남북한 사회를 바라보아야 할 것이다. 민족은 현실적인 존재이다.[7] 우리가 민족문제를 생각하지 않으면 않을수록 우리 민족문제는 우리의 정치적인 삶, 경제적인 삶, 사회적인 삶, 문화적인 삶을 단절시키고 축소시킬 것이다. 우리가 정경 분리 원칙으로 북한과 접근하고 있다고 그것을 위해 북한의 인권과 핵문제에 대해 유보적인 태도를 가지면 가질수록, 우리는 정치, 경제, 문화적으로 북한에 대해 객관적이고 원칙적인 합의를 끌어낼 수 없을 것이다. 남북한 간의 현실적인 교류와 협력을 할 수 있는 기회를 우리 스스로 만들어야 할 것이다. 그래야 우리 사회의 보수와 진보가 중도적인 방향, 즉 민족통합적 모색을 할 수 있는 것이다. 그러한 입장에서 통일교육은 민족의 의미를 찾아야 한다. 민족은 다소 보수적인 내용으로 상당한 저항감을 가지고 있으나, 그 자체가 주는 문제를 해결하는 노력이 필요하다.[8]. 그리고 민족을 통해 보수나 진보 양자들이 우려하는 입장들에 대해 충분히 개방적인 비판을 수용할 필요가 있다.[9]

3. 통일교육에 있어서 안보와 평화에 대한 다양한 논의와 재검토

1) 통일교육, 평화와 안보 가치와 태도 함양 교육

통일교육은 실제적이어야 한다. 지식 전달이나 참여자 중심의 교육에서의 통일교육은 생각의 전환을 강화하는 시도가 계속 이루어져야 한다. 이에 정부는 통일교육에 있어서 객관적 사실의 정확한 전달을

---

7) 안재홍선집간행위원회 편, 『민세 안재홍선집 5』(서울: 지식산업사, 1999).

8) 이향규, 「통일교육의 다양한 스펙트럼은 자연스런 현상」, 평화문제연구소, 『통일 한국』, 2001년 6월호, pp,66-68.

9) 김유남, 「이익사회로 가는 통일론」, 이상민 외, 『21세기의 남북한 정치』(서울: 한울아카데미, 2000), pp.389-422.

위하여 개방적이고 합리적인 토의라든지, 참여를 확대하기 위한 다양한 교육기법을 적극적으로 활용하여야 한다.

특히 평화교육과 안보교육은 합리적 토의와 교육기법 등을 통해 객관적 지식 전달을 위한 방법론으로 활용되어야 한다. 평화교육은 평화의 내용, 평화의 가치, 평화의 태도 등 세 가지 차원에서의 상호작용을 지향하고, 사실과 지식의 전달보다는 피교육자들이 창조적으로 문제를 인식하고 해결하는 능력을 기르는 데 더 큰 가치를 두어야 할 것이다. 또한 안보교육은 국제안보, 국가안보, 그리고 국내적 안보인 정치, 경제, 사회, 문화의 안보적 상황에 대해 의미 있는 이해를 강화하여야 한다. 이러한 노력이 구가되어야 실제적으로 건전한 안보와 평화를 강화할 수 있을 것이다.

따라서 교사는 지식 전달자로서 정해진 대답을 주기보다 학생들의 창조적 사고를 발전시키고 촉진시키는 조력자(facilitator)의 역할이 더 크다. 평화를 만들어가는 능력의 발달, 갈등을 평화롭게 해결하고 전환시킬 수 있는 문제해결학습, 의사소통, 관용, 수용, 편견과 적대감 줄이기 등의 능력을 키우는 데 더 초점이 주어진다. 특히 '과정으로서의 통일', '사실상의 통일'을 강조하는 현행 통일교육에서는 남과 북이 공존하는 데 현실적으로 갖는 문제와 앞으로 평화적으로 더불어 살아가는 평화적 모색이 강화되어야 한다. 이는 지식 전달 혹은 효과적인 지식 전달을 위한 토의와 참여로서는 부족하고 오히려 '다름'을 인정하는 기술과 기법, 북한 주민을 편견 없이 바라볼 수 있는 능력과 태도 그리고 자세를 길러주는 데 더 초점이 두어져야 함을 의미한다. 통일교육을 평화교육적 관점으로 보완해야 하는 이유는 바로 이 때문이다.

또한 북한에서 일고 있는 전투적 양상에 대해 철저한 안보적 준비를 갖추는 일도 중요하다. 북한에서는 한반도의 위기를 미국의 팽창과 한미일의 동맹에 있다고 본다. 또한 우리 사회의 진보세력도 그렇게 본다. 그러나 이러한 방향의 안보체제를 변화시킬 수 있는 방안은 바로 북한에 달려 있다. 북한이 핵이나 플루토늄을 비롯한 대량살상무기에 집착하지 않으면 그 변화는 가시적으로 북한에 긍정적으로 일어날 수도 있다. 즉 전적으로 한반도의 긴장이 한국과 미국에 달려 있다는 절대적 인식은 북한 스스로의 입지를 줄이는 것이다. 북한의 군사력 강화는 결국 남한의 보수세력을 강경하게 하는 것이 될 것이다. 즉 한국사회의 안보문제에 대해 긴장하는 태도를 북한이 만들고 있다는 생각을, 북한당국은 물론 우리 사회의 진보세력도 해야 한다. 올바른 안보교육을 위해서는, 북한의 경제적 위기를 극복할 수 없을 정도의 군사적 모험주의에 대해 우리 사회의 진보세력들은 우려하여야 할 것이다.

2) 통일교육에서의 안보 논의의 재인식

그동안 1990년대 중반 이후 통일교육은 반공을 통한 논의에서 냉전 상황의 안보적 논의나 체제 우월적 논의로, 반공에 반발하는 비판적 시각에서 남남 대화[10]와 북한 이해적 논의로 발전되어 왔다. 이러한 양분된 시각 속에 우리 사회는 통일에 있어서 우선적인 것인 북한 이해라는 측면을 강조하기에 이르렀다.

그러나 어떻게 북한을 이해할 것인가에 대해 많은 사람들은 아직도 합의하지 못하고 있는 것도 사실이다. 현재 많은 언론매체들이나 북한 전문가들은 북한 이해에 초점을 두고 있다. 그러나 북한의 일차적인 자료에 대한 해석들은 아직도 전략적인 입장[11]에만 머물러 있

10) 우리 사회에서 대두되고 있는 통일논의 간의 협력적 대화를 상정하는 하는 용어임.

11) 전략적인 입장이라고 명명한 것은 아직도 우리 사회가 북한 이해를 '친북적이다' 또는 '반북적이다'라는 이중적인 입장으로만 보는 경향을 말한 것이다.

[표 1] 통일과 북한을 올바르게 보는 관점(---: 대립, →: 지양 및 수용)

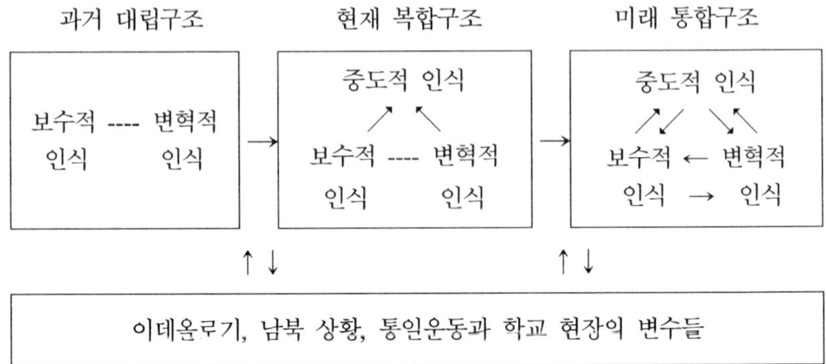

출처: 박찬석, 『남남갈등, 대립으로 끝날 것인가』(서울: 인간사랑, 2001).

어서 북한에 대한 통일로의 진척을 위한 시각을 갖는 데 방해가 되고 있다. 이러한 북한 이해에 있어서도 그동안 장기간에 걸친 흑백논리와 경험적 피해의식이 아직도 통일교육의 내용에 흐르고 있다. 이러한 문제에서 우리는 현 상황을 볼 때, 더욱 극명하게 통일로 가는 길이 무엇인지를 파악할 필요가 있다.

현실적으로 [표 1]을 보면 통일교육은 아직도 많은 변화와 발전이 요구된다. 통일교육은 다양한 인식이 갈등과 경쟁 중이며 한편으로는 지양과 수용이 이루어지고 있다. 이러한 관점에서 통일교육은 대한민국에서의 중도적 인식, 보수적 인식, 그리고 진보적 인식을 중심으로 전개되고 있다. [표 1]에서와 같이 우리 사회 스스로 인식들의 차이를 통합적으로 해나가기 위해서는 다음과 같은 노력이 요구된다.

이러한 이중적인 측면으로 북한을 본다면 분명히 북한에 대해 호전적이며, 전쟁 불사의 입장 또는 민족적이며 주체적인 입장만 찾을 수 있다. 그러나 그러한 경향에서 벗어나지 못한다면 결국에는 분단된 한반도의 현 상황을 벗어날 수 없는 인식들로 전락할 것이다. 따라서 고정관념이나 사실의 개량적인 객관성을 벗어나 기존의 인식에 대한 판단에서 좀 더 유연하게 바라보며, 통일이 의미하는 주체를 직관할 수 있는 눈을 통해 파악하는 노력, 즉 현상학적 노력이 필요하다고 볼 수 있다.

첫째, 통일교육은 우리 사회에 존재하는 일단의 보수적 인식과 진보적 인식, 그리고 이들 사이에 있는 중도적 인식을 갖는 국민들 간의 공감이 확충될 수 있는 교육적 조치가 이루어져야 한다. 즉 통일교육을 담당하는 교육과학기술부나 통일부, 그리고 국방부는 다양한 민간 차원과 협조하여 국민 전체가 상당 부분 동의할 수 있는 일반적 교육교재를 편성하여야 한다. 통일교육이라고 명명되는 모든 활동들이 다양한 형태로 이루어지는 통일에 대한 관심과 남북한의 교류협력을 가능하게 하는 목적을 상실해서는 안 된다. 통일교육은 다양한 입장을 내부적으로 통합하는 노력이 수렴되어야 할 것이다.

둘째, 통일교육의 논쟁 중 하나인 안보문제와 평화문제에 대한 인식이다. 여기에서 평화문제를 추진하는 일환으로 안보문제를 파악하는 노력은 지속되어야 한다. 통일교육의 보수적 측면은 북한에 대한 안보를 좌시하지 말라는 입장을 보이고 있다. 즉 보수적 인사들의 생각을 순화할 수 있는 방법은 통일교육 내용에서 안보와 평화를 동시에 생각하는 논의를 개진하여야 한다는 것이다.[12] 그리고 통일교육은 보수와 진보가 우려하는 입장들에 대해 충분히 개방적일 필요가 있다. 우리 사회의 진보적 인식들은 평화문제를 중시하여야 한다는 입장을 가진다.

셋째, 통일교육을 활성화하는 방향으로는 민족통합적 측면을 중시하여야 한다. 첨예한 통일교육의 논쟁에 대해 현실적인 분단을 극복하는 발전적 전개가 있어야 한다. 민족통합을 위한 교육적 환경 조성이 필요하다. 만약 보수적 사고를 설득하지 않고 통일문제를 남북 사이의 관계 개선으로만 본다면 그러한 인식으로는 통일로의 과정을 설정할 수 없다. 이는 남북정상회담의 취지와 실천과도 어긋나는 것이다. 이러한 의미에서 우리의 통일교육은 다양한 사고들의 차이를

12) 박찬석, 『남남갈등, 대립으로 끝날 것인가』(서울: 인간사랑, 2001).

부각하는 것이 아니라, 될 수 있으면 통합으로 포용성 있게 전개하려는 인식과 노력이 필요하다.13)

4. 통일교육 환경에서의 논란과 대안

1) 통일교육 환경에서의 인식 차이

통일교육은 남과 북의 만남과 갈등에서 활성화가 이루어지고 회의적 반응이 드러나기도 한다. 이에 두 차례의 남북정상회담과 여러 차례의 남북 이산가족의 상봉은 남북한 대화의 공간을 구축하였고 진보적 통일교육의 긍정적 환경을 조성하였다.

그러나 현재 남북한의 갈등은 북한의 핵문제 야기로 발생되고 있으며, 전반적인 남북한의 교류 환경에서도 문제를 야기하며 동시에 통일교육에 대한 다른 각도로의 자리 매김이 요구되고 있다. 즉 우리 사회의 보수세력이 추구하는 통일교육이 강화된 것이다. 이는 북한이나 통일에 대해 강경한 입장에 대한 수정과 보완을 요구한다. 이처럼 자기 세력의 논리를 구사하는 것이 우리 사회에 만연되어 있는 것이 사실이다. 그러한 사실 속에서 안보교육과 평화교육은 그 강도를 어떻게 운영하여야 할 것인가를 거듭 생각하여야 할 것이다.

> 이제 한반도는 비핵화 선언이 휴지 조각이 되었으니 남한도 핵 주권에 대한 새로운 플랜을 준비해야 하며, 북한의 끝 모를 협박에 맞서 우리도 '북한을 불바다로 만들어 숨통을 끊어버리는' 액션 플랜을 준비해야 합니다. 국가란 이처럼 비장한 각오를 보일 때 체제유지, 안전유지, 치안유지가 가능한 것입니다. 국가가 모욕을 당하고도 참는 것은 스스로 국가이기를 포기하는 행위입니다. 북한이 해안포를 증가하고 핵무장

13) 오기성, 「남북한 문화의 '긍정적 다름'이 통일교육에 주는 함의 연구」, 통일연구원, 『통일정책연구』 제10권, 1호(2001).

을 하고, 미사일을 대거 보유하는 것을 두 눈 뜨고 보면서 남북화해, 대북지원을 운운하는 자들은 불법폭력을 자행하는 자들을 진압하는 경찰을 살인마라고 선동하는 자들과 다른 것이 없는 '내부의 적'입니다. 박정희 대통령 시절 북한이 판문점 도끼 만행 사건을 저질렀을 때 한미 양국은 '전쟁을 각오하고' 문제의 미루나무를 절단한 사례가 있습니다. 박정희는 공식석상에서 북한을 향해 "미친개에게는 몽둥이가 약"이라는 경고를 서슴지 않았습니다. 평화는 스스로의 자존과 위엄을 지킬 수 있는 능력을 가질 때 비로소 주어지는 것입니다. 이제 대한민국이라는 자유민주주의와 시장경제체제를 지키기 위해 비장한 각오를 해야 할 때가 온 것 같습니다.[14]

이러한 다소 긴장된 보수적 인식이 우리 사회의 주류라면, 통일교육은 그 이념성에서 지나치게 경직된 인식을 갖는 것으로 보인다. 이러한 보수적 인식이 평화와 화해의 입장을 갖지 못하게 된 것에는 북한의 책임도 많이 있다.

그러나 우리 내부의 통일교육은 아직은 남북한 사회 모두를 일정 정도 긍정하는 동시에 지양하는 것에 있지 않고, 북한의 용단, 즉 실제적인 핵 포기와 개방화에서 진정한 통일의 기초를 모색하는 것을 볼 수 있다. 이러한 인식에서는 우리의 보수와 진보가 자신의 입장에서만 일방적인 태도를 가지는 통일교육일 때 진정한 통일교육은 가능하지 않을 것으로 본다.

2) 통일교육 환경 강화를 위한 방안

그동안 논의된 교육이념과 교육과정의 내용을 통해 볼 때, 통일교육은 평화통일과 안보적 측면에서 동시에 이해되어야 함을 알 수 있다. 이러한 교육은 앞으로 보수와 진보의 올바른 통일교육의 지향을

---

14) 김용삼, 「미친개에게는 몽둥이가 약」, 『월간조선』, 2009년 3월호, p.61.

위해 진정한 민족통합교육의 대안적 요소라고 하겠다. 이러한 측면에서 분단의 현실성을 극복하고 민족 이해와 화해를 이루는 초기 작업이 안보와 평화적 논의에서의 진지성을 갖추는 일이다. 따라서 안보의 인식이 보수세력의 우려와 관심이라면, 평화적 논의는 진보세력의 관심과 지향이 주도적이다. 이러한 의미에서 안보와 평화적 인식이 통일교육의 목표로 진척되는 것을 보수와 진보는 더 많은 관심을 갖고 지켜보아야 할 것이다. 이러한 노력에서 각자의 중요한 한계를 알고 더 나은 방향으로의 진척을 찾는 것이 올바른 방향의 대안임을 알 필요가 있다.

(1) 보편적 평화 지향

6·25 전쟁과 그동안 분단 55년의 남북한 갈등 사례들은 남북한 관계를 극단적으로 악화시키고 서로를 적으로 규정시킨 전쟁과 갈등이다. 전쟁의 교훈은 평화를 통하지 않은 일체의 통일이 가능하지 않음을 한국사회에 각인시킨 것이었다. 이러한 관점에서 통일교육 목표는 평화적 입장을 견지하여야 한다.

평화는 남북한의 모든 사람들이 바라는 것이다. 우리 사회는 권위주의를 지나 전반적으로 개방화된 다원주의적 내용을 지향하였다. 평화는 차이를 유연하게 인정하는 속에서 강화된다. 따라서 민족주의나 민주주의의 목표에 대한 다양한 생각들은 의견제시나 논의를 통해 논란을 줄이거나 지양할 수 있는 통합력을 길러야 하는데, 그것이 평화적 접근이라고 하겠다. 이처럼 평화적 접근은 인간의 존엄성에 기초를 두고 있다. 따라서 통일교육의 목적과 실제에서는 일차적으로 평화의 이념과 원칙을 밝히는 데 있다. 그 하나는 현 남북한 체제를 인정하면서 점진적으로 교육 내용에서 평화적 관점을 도입하는 것이다.

이러한 방식으로 통일교육은 이전의 현행 남북한 통합 논의의 자유와 평등 개념을 포함하는 것이다. 통일교육이 인간 존엄성과 자유와 평등을 현 상황의 변화에 알맞게 보편적인 입장을 견지한다면 통합 사회로의 최적 수준까지 수용될 수 있을 것이다. 즉 한반도 평화를 이루려는 진보세력의 노력에 대해 보수세력은 북한의 통일전선전술에 빠지는 환상에 젖어 있다는 인식을 유보하여야 한다. 여기서 보편적 평화적 관점이 요구되는 것이다. 단순히 북한을 옹호하는 것으로 파악되는 논리도 천착하여 파악하면 단순하지 않다. 감정적인 보수의 논리는 갈등을 야기할 수 있다. 따라서 다른 관점에 대해 관대하고 경청하는 자세가 바로 평화의 요건이며, 단순히 안정적인 것보다는 삶의 전반적인 영역 속에서 갈등을 극복해 나가려는 의지에 대해 보수세력은 존중하고 귀중하게 여기는 방안이 요구된다.

(2) 객관적 안보 지향

전쟁과 평화에 관한 교육은 통일교육으로 의미를 강화할 수 있는 것이다. 민족통합을 위한 통일교육은 현실적인 민족의 이질적 사고를 지양하기 위해서 더욱 적극적인 국가의 해결 노력의 기초에서 조성된다. 따라서 민족통합교육은 민주사회의 보편적 사회 원리를 제시함으로써 스스로 판단을 할 수 있는 민주시민교육으로 기초한 안보교육이 구성될 필요가 있다. 이는 보편적 안전보장교육이다. 이러한 보편성에 입각한 논리가 가장 확실한 민족통합의 길이다.

또한 통일교육의 평화적 논의와 더불어 안보적 입장을 보편적으로 파악하기 위해서는 남북 교류협력을 위한 구체적이고 국제적인 시각을 올바르게 인식하여야 한다. 국가적으로 대내외적 환경의 올바른 조성을 위해서는 학교교육, 외국어 습득, 국제문제 이해에 대한 학제적 접근이나 시각(interdisciplinary approach and perspective), 국내문제와 국제문제를 연관하는 교육으로 조성되어야 한다.[15]

이상과 같이 파악한 각각의 민족, 민주, 그리고 평화 교육적 논의로는 평화와 안보의 접목을 지속적으로 강화할 수 없을 것이다. 남북한의 평화와 안보 상황의 통합적 인식은 복합적 사회문제로 접근되어야 한다. 이처럼 통일교육은 그 자체가 모든 국민을 대상으로 논의되고, 국제환경, 남북한 관계, 국내환경의 전반적인 이해를 기초로 한 종합학문 성격을 가지는 것이다. 여기서 통일교육은 국민적 통합을 기초로 하는 궁극적인 최적의 통합을 이룰 수 있도록 하기 위한 목표를 전체적인 시각으로 모색하여야 한다. 이러한 의미에서 통일교육은 개체적으로 인식하기에는 너무도 당황스러운 일들의 연속이며, 그러한 연속에서 매몰되어 바라보면 궁극적으로 한계를 가질 것이다.

통일교육은 점차적으로 현실적인 북한의 안보적 위협에 대해 다양한 의견을 추출할 수 있는 내용으로 보강해 나가야 할 것이다. 이러한 의미에서 통일교육은 실질적인 북한의 안보적 위협에 대해 객관적인 인식을 추구할 필요가 있다. 예를 들면 서해 5도나 NLL 문제에 있어서 진보세력들은 우리 정부의 주장에 대해 평화의 원칙, 법적 근거가 없다는 것에서 분개한다. 그러나 그러한 발판에서는 보수세력에게 '반한적인 논리 맹신자'로 낙인찍힐 수 있다. 그동안 현실적으로 이루어져 있던 실질적인 분계선임을 인정하면서 방법을 찾아야 할 것이다. 즉 안보는 자유민주주의의 포용력, 분단 상황의 해소, 경제성장과 빈부격차의 해소, 자연과 환경 그리고 생태 등 인간과 삶의 근본적 문제해결을 위한 기초이다. 이러한 생각에서 진보세력은 보수세력이 우려하는 것에 대해 진지성을 갖고 북한의 상황이나 변화에 대해 좀 더 일반적으로 요구하며 동시에 우리 사회의 맹점에 대해 지나치게 일반화하는 것을 자제하는 사회통합적인 노력이 요구된다.

---

15) 전인영, 「남 · 북한 상호교류를 위한 국제환경 교육」, 『향원 이용필 교수 화갑기념 논문집』(1993), pp.334-335.

5. 통일교육의 보편적 인식과 근거에 따른 내용

통일교육은 국민적 통일논의 과정과 결과로 나타난 것이다. 즉 통일교육은 통일 지향의 국민적 의지를 강화하는 방법으로서, 과거와 현재의 한반도 분단 상황에 대한 현실과 미래의 당위를 논의하는 것이다. 따라서 통일교육은 국민적 통일논의 속에서 평화적 내용, 안보 상황에 대한 인식 내용이 잘 조화를 이루고 추출하는 것이 필요하다. 즉 통일교육은 현재 상황에서 벌어지고 있는 문제를 전체적으로 파악하고, 어느 특정 계층, 정파의 논의가 타협과 화해되는 사회 성원의 실천 가능한 내용으로 이루어져야 할 것이다.

1) 학교 통일교육의 현 상황

그동안 도덕과 교육과정에서의 통일교육은 반공교육을 지나 평화적 관점에서 북한 이해 및 통일 교육을 강조하여 왔다. 이러한 내용 구성의 진척이 오늘의 2007년 개정 교육과정에서도 민족의 최대 과제인 통일의 실현이라는 중요한 목표를 향하고 있다.

그러나 통일교육의 중추인 도덕과에서의 통일교육 내용은 통일 환경의 조성에 있어서 이전의 반공교육이나 안보교육의 상황보다도 축소되는 과정이 확연하다. 즉 남북한 간의 긴장과 현 집권 정당의 보수적 성향은 통일문제에 대한 확산을 수용하지 않으려는 경향을 보인다. 이러한 인식은 학교 통일교육에 있어서도 자유민주주의 정신의 배양, 자유민주주의의 수호, 그리고 안보교육을 중시하는 통일의 원칙을 더욱 강화하고 있다. 즉 안보와 평화의 균형적 인식에 있어서 이전 김대중, 노무현 정부에서는 평화를 강조하고 현 정부는 안보에 치중한나. 이러한 학교 통일교육의 변화에 대해 학교는 상당히 혼란을 느끼고 있다. 그러한 혼란을 줄이기 위해 전 학교급 및 전 학년을

[표 2] 7차 및 2007년 개정 도덕과 교육과정에서의 통일교육 내용 비교

학교급	학년		초중고등학교 도덕과	
			7차 교육과정	2007년 개정 교육과정
초등학교	바른생활	1	- 국기 바르게 달기 - 애국가 바르게 부르기 - 무궁화 사랑하기	- 국기 바르게 달기 - 애국가 바르게 부르기 - 무궁화 사랑하기
		2	- 우리나라의 자랑거리 알기 - 통일에 대한 관심 가지기	- 우리나라의 자랑거리 알기 - 통일에 대한 관심 가지기
	3		- 나라 사랑하기 - 분단 현실과 통일 필요성 알기	- 나라의 상징과 나라 사랑 - 분단의 배경과 민족의 아픔
	4		- 민족문화유산 애호 - 국가안보를 위한 바른 자세	- 우리나라, 민족에 대한 긍지 - 통일의 필요성과 우리의 통일 노력
	5		- 국가 발전에의 협력 - 평화통일의 당위성과 방법	- 북한 동포 및 북한이탈주민 (새터민)의 삶 이해 - 재외동포에 대한 관심
	6		- 통일국가의 미래상과 민족 통일의 의지 - 해외동포들에 대한 이해와 사랑 - 세계평화와 인류 공영	- 우리가 추구하는 통일의 모습 - 평화로운 세상
중학교	1		(없음)	- 바람직한 국가의 모습 - 국가 발전과 나
	2		- 민족의 발전과 민족문화 창달 - 국가의 중요성과 국가 발전 - 올바른 애국 애족의 자세 - 남북통일과 통일 실현의지	- 민족의 삶과 통일의 필요성 - 북한 주민과 민족애 - 바람직한 통일의 모습
	3		(없음)	- 세계평화와 인류애
고등학교	1		- 민족 분단의 원인과 과정 - 남북한 통일정책과 통일의 과제 - 민족공동체의 번영과 통일 한국의 모습	- 국가와 윤리 - 민족과 윤리

통해서 그 상황에 맞는 통일논의 구조를 만들려는 입장, 즉 평화와 안보를 함의할 수 있는 내용구성이 요구된다.

통일교육 내용은 양적인 측면에서 7차 교육과정과 2007년 개정 교육과정을 비교해 보면, 전반적인 내용이 각 학년별로 실시되는 방향으로 전개되고 있다. 초등학교의 경우에는 북한에 대해 민족동질성을 갖고 통일의지를 갖게 하는 정서적 접근을, 중고등학교의 경우는 남북한의 통일 여건이나 북한에 대한 객관적인 이해를 강화할 수 있는 내용으로 이루어져 있다.

이러한 방향은 통일교육의 체계성과 계열성을 명확히 하여, 저학년에서 통일에 대한 염원과 상상력을 기르고 학년이 올라갈수록 자유롭고 개방적인 논의를 통해 통일의 문제를 적극적으로 검토하고 민족공동체의 번영에 기여하려는 자세를 갖도록 하는 방향성을 읽을 수 있다.

이제 도덕과에서의 통일교육은 도덕과 특성에 알맞은 교육을 전제로 발전되려는 입장을 읽을 수 있다. 그동안 통일교육은 전반적으로 북한이나 통일을 이해하는 것에 한정되어 있었다. 그러나 2007년 개정 도덕과 교육과정에서는 학생들에게 의미를 부여할 수 있는 여지를 주기 때문이다. 따라서 각 교과에 통일교육에 관련된 내용을 심화할 수 있는 여지가 강화되어야 할 것이다.

2) 구체적 통일교육에서 평화와 안보 내용

통일교육은 분단의 역사적 공간 속에서도 민족주의적 정서와 이에 따른 통합 의지를 지향하려는 교육 목표와 내용을 구현하고자 하였다. 통일교육은 민족주의적 요소를 가르치면서 동시에 실질적으로 민족의 통합 실현이라는 중요한 목표를 선개하여야 한다.

그러한 의미에서 현재 도덕과의 경우를 볼 때, 통일교육은 도덕과 내용 체계 중에서 국가, 민족, 지구 공동체와의 관계 영역에서 다루어진다. 이러한 분류의 변경은 다음과 같은 이유에서 나타난다.

이는 통일문제에 대해 국가적 차원, 민족적 차원, 그리고 지구적 차원으로 파악하고자 하는 의도를 보인다. 7차 교육과정의 국가, 민족 생활 영역에서 민족주의적 관점을 중시한 사례를 볼 때, 통일문제에 대해 객관적인 인식도 매우 중요하다는 입장이 반영되고 있다. 이러한 의미에서 민족의 동질성에서 통일교육을 모색하는 노력도 중요하지만, 실질적인 상황에 기초한 통일교육을 실시하고자 하는 의도를 갖는다.

이러한 관점에서 평화와 안보는 매우 중요한 통일교육의 내용으로 부각될 수 있는 것이다. 즉 이제는 통일문제에 있어서 민족주의적 정서를 강화하면서 또 다른 내용의 부각을 통해 가능하다는 현실적인 요구를 통찰할 필요가 생겼다.

예를 들면 통일교육의 내용들은 북한의 사회를 어떻게 볼 것인가에 대해 진지한 물음을 던져야 한다. 북한에 대해 일방적으로 사회를 포용하는 입장에 서 있으며, 우리 내부의 보수적 논리에 대해 진지한 검토가 부족한 것이다. 이는 남북한이 단절과 불신을 해속함과 동시에 우리 사회의 보수 논리를 심도 있게 파악하지 못하는 단선적 접근을 의미한다. 따라서 통일교육은 우리 사회의 보수와 진보의 상호 이해를 통해, 남북한의 지원 문제나 논의를 전개하는 의식을 지속해 나가는 것이 중요하다.

이러한 측면에서 통일교육은 정치, 경제, 사회, 문화 영역에서 발생할 수 있는 남과 북의 문제는 물론 우리 내부에서 다양하게 인식될 수 있는 보수와 진보의 인식 차이에 대해 합리적이며 더 분별력 있는 해결을 모색하려는 노력이 요구된다. 따라서 통일교육의 내용은 평화와 안보의 입장을 고루 반영해야 한다.

이러한 평화와 안보의 인식을 전반적으로 파악하는 통일교육이 이루어지려면 민주적 원칙을 통해 접근되어야 한다. 통일교육은 합리적 사고, 비판적 인식을 내용으로 삼는다. 민주적 원칙은 민족적 동질성을 회복하는 포용력을 확대하는 것이다. 이 원칙은 민주적 이념 지향을 표방하는 것이다.

한반도 통일은 우선 우리 내부의 타협을 전제로 하여 남북한 체제를 포용할 수 있어야 한다. 그러한 의미에서 통일교육은 '안보와 평화의 다원적 가치'를 통합적으로 추구하는 민주주의적 인식을 조성하여야 한다.

(1) 평화주의 내용 요소

통일교육은 진정한 의미의 제도적인 변화 속에서 추구되어야 한다. 그러한 의미에서 변화의 기조를 교육에서 모색할 필요가 있다. 이러한 바탕 위에서 우리 사회는 민족통합교육을 통해 자유민주주의와 공산주의의 이데올로기적인 해결을 도모하는 동시에 사회 전반적인 저항적 세력의 존재에 대한 정확한 인식을 기초로 하여야 한다. 이러한 의미에서 각 이데올로기에 대한 비판교육이 선행되어야 한다. 즉 이데올로기는 그 사회 분위기가 건전하게 조성되고 용인되는 경우에만 그 효력을 가지게 된다는 것을 국민들에게 교육하여야 한다는 것이다. 이러한 의미에서 민족통합교육은 민족 내부 속에 존재하는 모든 조직과 단체 그리고 개인에게까지 중요한 인식의 변화를 부여하는 것이다.

그러나 현실적으로 민족통합교육의 일환인 통일교육은 북한의 존재를 염두에 두고 통일에 대한 제도적인 변화를 시도하는 것이기 때문에, 공동체의 합리성에 근거하여 수렴할 수 있는 데에는 한계를 가지게 된다. 즉, 정부나 국민들은 심정적으로 통일을 이루는 것이 책임과 권리로서 동일을 이해하는 것과는 상당한 격차가 존재한다는 것을 알게 된다. 이러한 현실성에서 통일을 촉진하는 방향과 통일 이후의 삶에 대비하는 학교 통일교육의 일대 변화를 요구한다. 또한 통일교육에 중요한 국내적인 민주화를 진행하는 과정에서 '민주시민 공동체의식', '더불어 살아가는 인간의 협동심'을 강조하는 통일의 국내적 환경 변화를 모색하였다.

완전한 민족통합의 구상과 그 비전은 궁극적으로 민족 화합과 신뢰 구축에 중점을 두고 있다. 따라서 통일교육의 분단 인식은 기존의 보수세력이나 변혁세력이 가지는 감정적 적대감이나 편견을 벗어나 현실적인 인식을 시도하고 있다.

통일교육은 평화적 원칙을 이루기 위하여 교육 목표나 내용에서 '평화주의'를 지속적 목표로 삼는다. 통일의 과정에서 폭력을 행사하는 경우, 그 논리는 어떠한 경우에도 정당화될 수 없기 때문이다. 통일교육은 '구성원의 공존 합의'를 보장할 수 있는 것이어야 한다.

그러나 평화적 원칙에 대해 자기중심적인 이해 경향이 통합 사회에서도 존재할 가능성이 높다. 그래서 통합 도덕과의 평화주의 접근은 민족 구성원 전체가 민족에 대해 폭력 사용을 포기하는 내용으로 전개되어야 한다. 그것은 일방의 폭력 사용이나 집단과 개인의 폭력 사용을 제어하고 계도하는 통일교육의 전반적인 평화적 원칙이 관철될 때, 그 의미를 찾을 수 있는 것이다. 예를 들면 통일교육은 인권교육과 평화교육을 중심으로 전개되는 목적을 겸비하여야 한다. 이렇게 하기 위해 학교 환경은 인권과 평화를 중심적 가치로 세울 수 있는 분위기가 조성되어야 한다. 이러한 문제의식은 학생들이 수긍할 수 있는 내용으로 이루어져야 현실의 문제를 해결하는 미래지향적 결과를 얻어낼 수 있을 것이다.

(2) 안보 인식의 내용 요소

평화와 안보를 균형 있게 제시하며 합리적인 문제해결을 강조하는 통일교육 교육과정이 형성되어야 한다. 이러한 노력은 우리 사회에서 계속 추진되어야 한다. 남북한의 변화에 따라 안보 상황은 수시로 바뀌고 있다. 그 속에서 포용적인 입장을 갖는 우리의 노력은 일방에 의해 통합을 추진하는 것이라고 하더라도 공동체의 지속을 위한 평화 정착을 위한 통일교육 연구의 기초가 되는 것이다. 이러한 의미에서 통일교육은 평화와 안보 논의의 지속적인 활동이 요구된다.

학교는 학생들이 활동하는 공간이며 세계이다. 이러한 교실 속에서의 통일 인식이 좀 더 구체화된 내용을 담고 있어야 한다. 학습자들이 잠재적으로 교실 환경에서 이루어지는 갈등 상황이나 문제에 대해 개선점을 더 평화적으로 모색함으로써 바람직한 안전을 취할 수 있는 것이다.

이러한 의미에서 통일교육은 평화와 안보의 실천 행위 교육을 지향하여야 한다. 통합된 인격 교육은 학생들과의 토론 속에서 가치 있는 행동을 궁극적으로 이끌어낸다. 가치 있는 행위들에 의해 이끌어진 반성은 학생들을 도덕적으로 책임 있는 개인으로 성숙하게 한다.

2007년 개정 교육과정의 통일교육 내용은 다음과 같이 전개되고 있다.[16] 초등학교 3학년의 사례를 들면, 분단의 배경과 민족의 아픔의 단원에서 (1) 남북 분단의 국내외적인 배경, (2) 이산가족의 아픔 등 민족 분단으로 인한 어려움, (3) 남북 분단의 극복을 위해 노력하는 자세를 배운다.

여기에서는 남북 분단의 배경과 분단의 고통을 여러 측면에서 이해하고, 이를 극복하기 위해 노력하는 자세를 다루고 있다. 이를 위해 남북 분단의 배경을 국내외적인 차원에서 찾아보고, 남북한 분단의 어려움이 실제 우리의 삶에 어떤 부정적인 영향을 미치고 있는지를 분석하며, 자신의 의견을 제시할 수 있도록 하고 있다.

이 지도 요소는 평화, 통일을 중심 가치로 하면서 애국애족 및 협

16) 교육인적자원부, 『초중등학교 교육과정: 도덕[별책 1]』 고시 제2007-79호 (2007) 참조.

동과 관련되는 요소이다. 민족 분단의 역사적 배경을 가르칠 때는 민족공동체의 역사에 대해 인식시킴으로써 민족정체성을 갖고 민족공동체의 현실과 미래, 민족 분단을 극복하고 평화를 실현하기 위해 자신이 기여할 바가 무엇인지를 스스로 생각해 볼 수 있도록 하는 데 중점을 두어야 한다.

전반적으로 도덕과의 통일교육의 내용은 통일을 이루기 위한 내용 요소로 만들어져야 한다. 내용 요소는 전반적으로 통일의 기본 이념, 방향, 목적, 그리고 민족통합의 방법을 찾는 것이다. 여기서는 국가안보 상황에 있어서 충실성이 빈약하다. 따라서 앞으로 안보 인식은 통일교육에서 강조되어야 할 내용이다. 즉 통일교육은 통일의식과 안보의식의 조화이다. 그러한 국가안보는 주적인 북한에 대한 즉자적인 경계태세를 갖는 것이다. 또한 통일교육은 북한당국과 북한의 주민 및 학생들을 구분하여 볼 줄 아는 시각을 강조하고 있다. 그러나 이 또한 편향된 시각에서 북한을 인식하는 교수 학습 방법이다.

통일교육의 안보 내용은 북한만 경계하는 안보관에 머물러 있는 인상을 받는다. 통일교육의 내용은 현재 통일 환경의 사태를 주시할 수 있는 국민적 소양을 키우도록 구성되어야 한다. 이러한 의미에서 안보교육의 내용은 자주성을 함양하고 호혜 평등적인 국제관계 속에서 이루어져야 한다. 그러나 우리의 현실은 국외적으로는 사회주의의 몰락과 소련의 붕괴, 다원화 정보화 사회로의 변화 등 세기말의 패러다임적 변화를 목격하고, 국내적으로는 사회의 민주화, 과격한 통일운동의 현실화, 금융 및 산업 전반의 경제적인 재조정 단계 등 상당한 변화를 겪고 있다. 북한도 권력의 공고한 세습이 이루어져 있다. 이러한 국내외 환경에서 포괄적인 안보 능력은 국가안보 상황의 인식으로 되어야 한다.

그러므로 국가안보 상황의 인식의 내용은 "북한은 대내 적화 노선을 포기하지 않고 있기 때문에 우리에게는 경계 대상이다. 그러나 민족통일의 관점에서 보면 안보의 개념이 북한을 포함하는 한반도 전체의 안전과 평화라는 좀 더 폭넓은 의미로 이해해야 한다. 이를 통해 변화하는 국제정세에 대응하여 주변 강대국과의 협력을 통해 우리의 안전을 보장할 수 있는 안보 역량을 갖추는 것이 중요할 뿐만 아니라, 남북한을 포용하여 하나의 민족 단위로서 우리의 안전과 평화를 지키려는 의식과 자세를 갖추도록 해야 할 것이다."[17]이라는 입장이 필요하다.

학교 통일교육은 우리의 미래를 이야기하기 때문에 학생들의 관심 밖에 있는 것을 끌어들여야 한다. 통일의지의 박약으로 가지 않아야 우리 민족이 통일되기 때문이다. 따라서 학생들의 관심을 유도할 수 있는 방안이 모색되어야 한다.

6. 결론

통일교육은 평화와 안보 논의의 교육이념을 반영하며, 전반적으로 평화와 안보를 강화하는 객관적이며 보편적인 내용 체계가 요구된다. 이러한 입장은 내부적으로 우리 사회가 인간의 보편적 가치를 지향하려는 민주화의 노력과 전통적인 사회에서의 계승이라는 민족주의 그리고 사회공동체의 발전을 심화할 수 있는 평화주의를 실현해 가는 과정에 따른 것이다. 통일교육을 통해 교사는 학생들로 하여금 남북한 통합의 인식, 통합을 가능하게 할 평화와 안보에 대해 전망과 대비를 가능하게 하여야 한다.

따라서 통일교육은 남북한 미래 사회의 주역인 학생들에 대한 평화와 안보를 지키는 교육이어야 한다. 현실적으로 남북한 통합은 그 자체가 현실적인 안보문제와 미래지향의 평화문제를 담고 있다. 이러

17) 한국교육개발원, 『통일교육의 새로운 방향과 실천과제』, 수탁연구 CR 97-61 (1997), pp.76-77.

한 입장들에 대한 논의가 이루어져야 한다.

남북한 통일사회로 향한 통일교육의 과제는 남북한의 갈등 해소를 위한 모색, 그리고 남남갈등의 새로운 방안으로 그 자체가 의미 있는 작업이다. 통일교육 연구는 우리의 내부에서 이루어지는 현실적인 인식의 편향에 대한 반성과 새로운 지향을 의미하는 것이다. 그것이 진정한 민족통합의 시간을 앞당기는 것이다. 그러한 조건을 충족시키기 위하여 통일교육의 활동은 실제적인 평화와 안보 문제에 대해 진지한 논의와 숙고를 통해 이루어지는 실천이다.

남남갈등의 해소 여부는 우리의 통일에 있어서 얼마나 위기관리 능력을 있는가를 가늠하는 바로미터이다. 그것을 극복할 수 있는 노력만이 학생들에게 통일문제에 대해 새로운 지평을 가지게 하고, 우리 사회와 북한을 정확하게 이해하는 마음을 실천할 수 있게 할 것이다. 따라서 남남갈등에서 화해로 가는 길은 바로 우리 내부의 조율과 정리를 필요로 하는 것이다.

현 북한정권은 체제유지를 위해서는 위기관리를 그들 나름으로 잘 진행할지는 몰라도 북한 인민의 삶을 보면 안타까운 면이 많다. 북한 정권은 2010년 신년사로 '한국과 미국에 대해 적극적인 대화 의지'를 보이고 있다. 그럼에도 북한은 자체 보호라는 입장에서 핵을 포함한 고도의 전략을 군사적으로 갖추고자 할 것이다. 이러한 북한 내부에서는 적극적인 개방적 변화의 조짐은 매우 미약하다. 그럼에도 그러한 북한에 대해 평화와 안보를 동시에 생각하는 것은 대한민국에 살고 있는 사람들의 숙제이다. 북한을 연민하고 생각하는 것에서는 반드시 양 축을 고려하여 접근하여야 한다. 즉, 평화와 안보에 대해 우리 사회 내부에서 벌어지고 있는 좌우의 남남갈등은 극복되어야 한다. 그러한 인식이 가능해져야 우리 대한민국의 구성원들은 진정으로 한반도의 평화 능력, 안보 능력을 실천하는 민족통일의 사회 동력을 갖추는 것이라고 할 것이다.

[참고문헌]

강만길, 『강만길 선생과 함께 생각하는 통일』(서울: 지영사, 2000).

교육인적자원부, 『초중등학교 교육과정: 도덕[별책 1]』 고시 제2007-79호 (2007).

김동규, 『북한학 총론』(서울: 교육과학사, 1999).

김동길 · 복거일 · 이춘근 외, 『북한 자유 선언』(서울: 르네상스, 2007).

김용삼, 「미친개에게는 몽둥이가 약」, 『월간조선』, 2009년 3월호.

김유남, 「이익사회로 가는 통일론」, 이상민 외, 『21세기의 남북한 정치』(서울: 한울아카데미, 2000).

김재권, 「국가경쟁력과 안보」, 『국방연구』 제39권, 제1호(1996).

김형찬, 『북한의 교육』(서울: 을유문화사, 1990).

류길재, 「통일 방안의 새로운 모색」, 유호열 외, 『남북 화해와 민족통일』 (서울: 을유문화사, 2001).

박찬석 외, 『통일교육론』(서울: 백의, 2000).

박찬석, 『남남갈등, 대립으로 끝날 것인가』(서울: 인간사랑, 2001).

안재홍선집간행위원회 편, 『민세 안재홍선집 5』(서울: 지식산업사, 1999).

오기성, 「남북한 문화의 '긍정적 다름'이 통일교육에 주는 함의 연구」, 통일연구원, 『통일정책연구』 제10권, 1호(2001).

이종석, 『분단시대의 통일학』(서울: 한울아카데미, 1998).

이향규, 「통일교육의 다양한 스펙트럼은 자연스런 현상」, 평화문제연구소, 『통일 한국』, 2001년 6월호.

전인영, 「남 · 북한 상호교류를 위한 국제환경 교육」, 『향원 이용필 교수 화갑기념 논문집』(1993).

정세구 외, 『통일교육 교수기법』, 통일부 통일교육원(1999).

조민, 『한국사회 냉전문화 극복방안 연구』, 통일연구원 연구총서 99-18 (1999).

차우규 외, 『남북한 초·중등 도덕과 교육과정 및 교과서 통합 방안 연구』 (교육부, 2000).

통일부 통일교육원, 『2009 통일교육기본지침서』(2009).

한국교육개발원, 『통일교육의 새로운 방향과 실천과제』, 수탁연구 CR 97-

61(1997).

한국정신문화연구원, 『통일한국의 미래상과 삶의 양식』(성남: 한국정신문화연구원, 1991).

한용섭, 「평화의 군사안보」, 하영선 편, 『21세기 평화학』(서울: 풀빛, 2002).

함석헌, 『뜻으로 본 한국역사』(서울: 한길사, 2000).

함택영, 『국가안보의 정치경제학』(서울: 법문사, 1998).

Buzan, B., 김태현 옮김, 『세계화 시대의 국가안보』(서울: 나남, 1995).

Hirks, David, 고병헌 옮김, 『평화교육의 성격에 관한 연구』(서울: 서원, 1993).

Bailey, Kenneth D., *Social Entropy Theory*(NY: State University of New York Press, 1990).

제11장
다문화 공동체 윤리와 통일교육*

윤영돈**

1. 서론

외국인 1백만 명 시대. 한국사회는 2050년이면 인구 대비 외국인의 비율이 10%가 되는 이민자 사회로 진입할 전망이다. 이러한 사회적 변화에 따라 한국인의 정체성의 구성요소에 있어서도 급격한 변화가 일어나고 있다.

동아시아연구원(원장 김병국)과 중앙일보가 광복 60년, 중앙일보 창간 40주년을 맞아 실시한 '2005년 한국인의 정체성' 설문조사에 따르면 '한국인'의 정체성은 혈연이라기보다는 국적에 입각한 개념으로 받아들여지고 있다.[1] 즉, '한민족 되기'보다 '대한민국 국민 되기'

---

* 이 장은 필자의 「다문화 · 공동체 윤리와 통일교육」(『통일문제와 국제관계』 제18집, 인천대학교 평화통일연구소, 2008)을 수정 · 보완한 것이다.

** 인천대학교 윤리 · 사회복지학부 교수. danielyoun@hanmail.net

1) 송종호, 「단일민족환상 깨고 다문화주의로의 '전환시대'」, 『민족연구』 제30호(한국민족연구원, 2007), pp.100-108; 『중앙일보』, 2005년 10월 13일자의 「한국인 그들은 누구인가: '대한민국 민족주의' 뜬다」 설문조사는 한국리서치가 2005년 8월 31일부터 9월 16일까지 1,038명을 상대로 개별면접 방식

를 중요시한다는 것이다. 한국인은 자신을 한민족(64%)보다 한국 국민(77%)에 더 가까운 것으로 느끼고 있다. 한민족이나 한반도 같은 혈연 내지 지연적 특성보다 대한민국이라는 정치공동체의 소속감이 한국인의 정체성(正體性)을 만드는 핵심 요소가 된 것이다. 한국인은 진정한 한국인이 되기 위한 조건으로 '대한민국에서 출생'(82%)하거나 '한국인의 혈통'(81%)을 가져야 한다거나 '평생 대한민국에서 거주'(65%)하는 것보다 '대한민국 국적을 유지'(88%)하는 것을 더 중시했다. 그래서인지 한국인은 대한민국 국적을 취득한 외국인을 한민족으로 봐줘야 한다(28%)는 관대한 의식을 일부 갖고 있는 반면, 국적을 포기한 한국인을 한민족으로 봐주는 것엔 매우 인색하다(9%). 한국에 거주하는 결혼 이민자 역시 스스로를 한국인으로 인식하는 비율이 높다는 점도 주목할 필요가 있다. 이민자의 국민 정체성과 관련하여 '대한민국 국민과 나의 본국 국민 모두'라는 응답이 40.4%로 가장 높았다. 자신이 속한 민족에 대한 답변에서 38.1%가 '한민족'이라고 응답했고, '둘 다'라고 응답한 비율이 31.4%, '본인의 출신 민족'이라고 답한 비율은 30.5%였다.[2] 여기서 우리는 민족의 외연을 '혈연공동체'에서 '혈통·문화공동체'로 확대하는 것이 필요하고, 또 '순수혈통주의 민족'관념을 지양해야 함을 확인할 수 있다. 한국사회는 1997년 전면 개정된 국적법에 따라 가족 성원에 대한 국적 다양성이 인정되기 시작했다. 그 이전에는 외국인의 처나 미성년의 자녀가 남편 또는 아버지를 따라 우리 국적을 자동으로 취득하게 하는, 이른바 가족국적동일주의에 기반한 '수반취득제도'였다. 그러나 이는 당사자의 자유의사를 무시하는 것으로 인권을 소홀히 한다는 문제점을 지니고 있다. 그러나 1997년 개정 국적법 이후 법률적으로 대한민

으로 진행했다. 표집 오차는 95%, 신뢰 수준에서 ±3.0%포인트다.

2) 설동훈, 「결혼이민자 가족실태조사 및 중장기 지원정책방안 연구」(여성가족부, 2006); 송종호, 앞의 논문, p.100.

국은 가족 성원의 국적 다양성을 인정함으로써 단일민족국가에서 다인종·다민족 국가임을 법적으로 인정하게 되었다.

그러나 민족을 '혈통주의'의 관점으로 접근하는 사람들은 '문화적 공동체'로서의 민족 개념을 확장하는 것에 대해 문제제기를 할 수 있다. 한국 국적을 취득한 외국인 이주자와 북한이탈주민 가운데 도덕적 혹은 제도적 배려의 우선순위를 어느 쪽에 두어야 하는가? 이러한 문제뿐만 아니라 남북한 통일문제에 대해서도 기존의 혈연공동체로서의 민족을 강조하는 입장과 다문화 공동체 윤리의 관점에서 접근하는 통일의 논의가 상이할 수 있다. 사실 다문화 공동체 윤리의 관점은 통일의 문제뿐만 아니라 남한 내 외국인 이주민의 문제, 남남갈등, 세대갈등, 빈부갈등, 종교갈등 등 한국사회가 직면한 다양한 갈등 요소를 해소하고 상생의 공동체 지향을 목표로 한다는 점에서 미래 한국사회의 통합을 위한 더욱 근본적인 시도라 할 수 있다.

이 글은 다문화 사회로 진입한 한국사회에서 다문화 공동체 윤리의 필요성과 그 정립 논거를 살펴보고, 이러한 관점에 입각하여 남북한 사회문화 통합을 위한 통일교육의 방향에 관해 논의하고자 한다.

2. 한국사회의 윤리적 도전과 다문화 공동체 윤리의 필요성

개화기 이후 한국사회가 직면한 각종 사회문제는 인류가 해결해야 할 다양한 윤리적 문제들의 축소판이라 할 수 있다. 지난 20세기 한국사회는 남북 분단과 이념적 대립, 압축적 근대화로 인한 가치의 왜곡과 아노미 상황, 사회 양극화로 인한 계층갈등 양상의 심화, 저출산·고령화 사회로의 급속한 진전으로 인한 세대갈등 요인의 심화, 동남아 이민자의 유입으로 인한 새로운 갈등 요인의 증폭, 전통 신앙과 서구 유입 종교 간 갈등 문제 등 다양한 종류의 사회 갈등을 겪어 왔다. 이러한 맥락에서 한국사회에는 사회적 소통과 화합을 위한 새로운 윤리학적 처방이 요청되고 있다. 여기서 우리는 다문화 공동체 윤리의 필요성을 확인할 수 있다. 다문화 공동체의 윤리는 무엇보다 인종, 종교, 이념, 지역, 세대, 빈부 등 다양한 차이의 현존을 인정하고, 화해와 상생을 지향할 필요가 있다. 이상의 논의는 [그림 1]과 같은 모형으로 표현해 볼 수 있다.3)

개항 이후 한국사회는 전통적 가치와 서구적 가치 간의 충돌과 갈등을 겪어왔고, 산업화와 민주화로 인한 사회계층 간의 갈등을 겪고 있으며, 세계화의 물결 속에서 다인종・다문화 사회를 맞이했다. 사회적 소통과 화합을 위한 새로운 윤리학적 처방, 즉 다문화 공동체 윤리의 정립이 필요한 대목이다. 이러한 관점은 남북한 간의 통합 논의에 있어서도 일정한 함의를 지닌다. 그동안 남북한 간의 통합 논의

[그림 1] 개항 이후 한국사회의 윤리적 도전과 다문화 공동체 윤리의 필요성

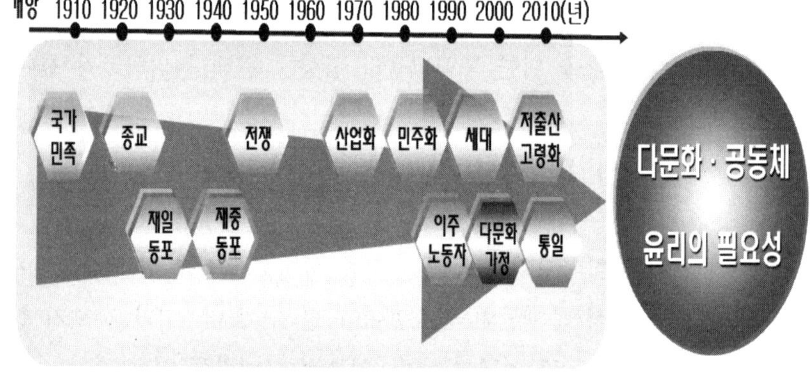

3) 김시천, 「21세기 새로운 인문학의 모색: 한국 다문화 공동체 윤리와 그 사례로서 실버인문학」, 『중국학논집』 제2집(인천대학교 중국학연구소, 2008), pp. 136-138; 인천대학교 인천학연구원, 「다문화 공동체 윤리 연구: 미래 한국사회 소통을 위한 가치창출」, 2008년도 인문한국지원사업 인문분야 신청서, pp.2-8.

는 단일민족이자 혈연・운명 공동체라는 감성적이고 당위론적인 접근에 의해 진행되어 왔다. 그러나 이러한 접근 방식은 이미 우리 사회의 구성원이 된 다양한 민족과 인종으로 분류되는 한국인을 배제할 가능성이 크며, 남한 내 다양한 층위의 갈등 해소 및 통합 논의에 적절하게 대처하기 어렵다.

사실 남북한 간의 문화 차이는 분단이라는 서구 열강에 의한 외부적 요인에 의해 형성된 것이다. 분단 전 남북한 간 역사적 경험과 문화적 배경을 공유했으나 분단 이후 반세기 이상을 지나오면서 이념 갈등과 체제의 대립 구도에서 기인한 문화적 차이와 간극은 여타 문화권 간의 차이 이상이다. 단일민족의 전통과 한반도 역사를 공유했다는 기억은 과거의 동질성을 회복해야 한다는 강박증과 의무 의식을 낳았고, 이로 인해 통일의 과제는 더욱 무거운 것으로 다가온 측면이 없지 않다.[4] 여기서 우리는 남북한 통합 논의에 있어서 다문화 공동체 윤리의 관점이 요구됨을 확인할 수 있다. 우리는 남북한 간의 차이와 이질적 요소를 단시일 내에 돌려놓아야 한다는 강박관념에서 벗어나 차이와 이질성의 요소의 현존을 인정하는 자세로부터 통합의 논의를 전개할 필요가 있다.

요컨대 한국사회의 통합 논의에 있어서 남북한 간의 이질화 해소 및 통합 문제뿐만 아니라 남한 내 빈부갈등, 도농갈등, 세대갈등, 종교갈등, 이념갈등 등 다양한 층위에 노정된 다양한 갈등의 해소 및 통합 문제를 함께 아우를 수 있는 거시적이고 일상의 삶을 반영하는 윤리관, 즉 다문화 공동체 윤리의 정립이 필요하다.

4) 인천대학교 인천학연구원, 앞의 논문, p.20.

3. 다문화교육과 다문화 공동체 윤리

1) 도덕과 교육과정에 나타난 다문화교육

최근 유치원 및 초중등 교육에서 다문화교육의 바람이 불고 있다. 이는 다문화시대를 맞이한 우리 사회의 현실적인 필요성에 의한 반응이다. 다문화교육과 관련하여 국내 연구 동향을 살펴볼 때, 유치원 및 초중등 교육과정과 관련한 다문화교육 논의가 상당수 있고, 다문화가정 상담 및 언어 교육 관련 논의나 다문화시대의 시민성 논의도 다수 있다.[5)] 그런가 하면 통일교육의 문제에 있어서 다문화교육적 접근도 시도되고 있다.[6)]

第7차 교육과정(1997년 고시)에 이르기까지 도덕과 교육과정에서 다문화교육의 관점은 직접적으로 찾아보기는 어렵다. 다시 말해서 도덕과에서 다루고 있는 개별 생활영역인 개인생활, 가정 · 이웃 · 학교생활, 사회생활, 국가 · 민족생활에 다문화 공동체 교육의 관점이 거의 반영되어 있지 않다. 물론 보편적 도덕규범을 고려하기는 하지만 도덕과에서 추구하는 인간상과 관련하여 바람직한 한국인상이 부각되고 있다. 그런데 그 한국인상에는 이미 한국사회의 구성원으로 살아가는 북한이탈주민, 한국 국적을 취득한 이주 노동자나 외국인 배우자, 혼혈아 등에 관한 고려가 미비하다. 외국인이나 외국문화에 관

---

5) 김남국, 「다문화시대의 시민: 한국사회에 대한 시론」, 『국제정치논총』 제45권, 제4호(한국국제정치학회, 2005); 조기제, 「다문화사회에서 민주시민교육: 심의민주주의 교육의 필요성」, 『초등도덕교육』 제10집(한국초등도덕교육학회, 2002); 최현, 「한국인의 다문화 시티즌십(multicultural citizenship): 다문화 의식을 중심으로」, 『시민사회와 NGO』 제5권, 제2호(한양대학교 제3섹터연구소, 2007).

6) 차우규, 「통일교육의 다문화교육적 접근」, 『통일교육론』(서울: 백의, 2000); 오기성, 「학교 통일교육의 다문화교육적 접근」, 『교육과정평가연구』 제11권, 제2호(2008).

한 이해 및 존중에 대해서는 언급하고 있지만, 외국인이나 외국문화는 우리 사회의 구성원이나 한국인 및 한국문화의 범주 밖에 위치하는 것으로 전제하고 있다. 아울러 남북한 간의 문화적 차이나 북한이탈주민의 남한사회 적응에 있어서도 다문화교육적 관점이 부족하다는 점을 언급할 필요가 있다.

그러나 2007년 고시된 개정 교육과정에서는 다문화교육의 관점이 본격적으로 도입되고 있다. 이는 한국사회가 이미 민족, 인종, 종교, 문화 등에 있어서 다양성을 띠고 있다는 현실적 상황을 충분하게 고려한 것이라 할 수 있다. 다문화교육이 적용되는 영역은 성차 문제, 피부색이나 문화가 다른 다양한 종류의 이웃과의 관계 문제, 문화적 이질감이 심화되어 가는 남북한 주민 간의 소통 문제나 남한 내 북한이탈주민의 한국문화 적응 문제 등을 들 수 있다. 다문화교육의 관점이 반영된 2007 개정 도덕과 교육과정상의 내용 체계는 [표 1]과 같다.7)

2) 다문화 공동체 윤리의 철학적, 윤리적 논거

2007년 교육과정에 다문화교육의 관점이 도입된 것은 바람직한 현상이다. 최근 다문화를 주제로 한 학회 차원의 학술발표회도 자주 목격된다. 이는 급속히 진전되는 한국의 다문화 상황에 대한 현실 인식에서 비롯된 것이다. 게다가 2007년 8월 18일 유엔인종차별위원회(CERD)의 한국사회에 대한 "외국인과 혼혈을 차별하는 단일민족국가 이미지를 극복하라."는 권고 보고서도 교육과정에 다문화교육적 관점을 반영하는 중요한 계기가 되었다. 이러한 배경 하에 2007년 개

7) 교육인적자원부, 『도덕과 교육과정』(2007); 윤영돈, 「사회주의 예술과 남북한 통합의 다문화교육적 접근」, 『중국학논집』 제2집(인천대학교 중국학연구소, 2008), p.35.

[표 1] 다문화교육 관련 도덕과 내용 체계

학년	단원명	내용 요소
3학년	2. 우리 · 타인 · 사회와의 관계 - 친구간의 우정과 예절	친구간에 지켜야 할 예절 (혼혈아, 입양아, 북한이탈주민 친구 등과 친하게 지내기)
5학년	2. 우리 · 타인 · 사회와의 관계 - 이웃간의 도리와 예절	다양한 현대생활 예법 동양예절과 서양예절, 전통예절과 현대예절
5학년	3. 국가 · 민족 · 지구공동체와의 관계 - 북한 동포 및 북한이탈주민의 삶 이해 - 재외 동포에 대한 관심	북한 동포나 북한이탈주민에 대해 가지고 있는 오해나 편견이 무엇인지 분석하고, 북한이탈주민이 우리 사회에서 적응하도록 돕는 방법
6학년	3. 나라 · 민족 · 지구공동체와의 관계 - 편견 극복과 관용	예절, 관습 등을 포함한 다른 문화에 대한 우리의 편견, 다양한 문화가 공존하는 사례와 공존의 강점, 다른 문화에 대한 이해와 존중
7학년	1. 인간과 도덕 - 예절과 도덕	친구와 우정의 의미, (다양한) 이웃에 대한 관심과 배려
8학년	3. 통일과 민족공동체 윤리 - 바람직한 통일의 모습	통일의 주체는 민족 구성원 모두임을 알고, '같음'을 발견하고 '다름'을 인정하기 위해 남북한 간의 평화적 교류와 협력의 중요성을 인식하고 북한이탈주민의 사회 적응을 돕기 위한 방법을 찾아본다.
9학년	2. 인간 존엄성과 인권 - 인간존엄성과 소수자 보호 - 양성평등의 도덕적 의미	인간존엄성의 의미, 타인의 고통과 약자의 불행에 대한 공감, 소수자 보호를 위한 다양한 방안, 성역할 및 남성다움과 여성다움에 대한 의미와 문화적 다양성
9학년	3. 세계 평화와 인류애 - 타문화에 대한 이해와 편견 극복	문화의 다양성과 문화상대주의적 태도, 다른 나라 풍습 중 우리가 존중해야 할 것, 문화적 차이로 인한 편견이나 오해(혼혈아, 해외입양아, 이주노동자 등에 대한 편견 등), 타 문화 이해를 위한 문화체험, 문화교류

9학년	4. 삶과 종교 - 종교와 도덕	삶에서 종교가 갖는 의미, 종교와 도덕의 관계 등을 이해하고, 다양한 종교활동에 대해 관용적 자세를 지닌다.
10학년	3. 국가와 민족의 윤리 - 민족과 윤리	세계화가 진전된 오늘날 민족의 정체성과 역할에 변화가 있음을 이해하고, 배타적인 자민족중심주의를 넘어 보편성과 특수성의 조화를 바탕으로 한민족공동체를 형성할 수 있는 열린 자세를 지닌다.
10학년	4. 이상적인 삶 - 평화로운 삶의 추구	인간 삶에서 갈등은 피할 수 없는 요소임을 알고, 현실 속에서 갈등을 불러일으키는 다양한 요인들을 분석하고 해결하고자 노력하며, 평화로운 삶을 위한 용서와 화해의 자세를 지닌다. 또한 인간과 자연 및 우주와의 조화를 추구한다.

정 교육과정에 '다문화교육'이 범교과학습 주제로 반영되었으며, 기존 교과서의 '단일민족' 관련 부분에 대해 삭제 및 수정이 가해지기도 했다.[8] 그런데 다문화교육에 관한 논의가 빠른 속도로 진행되고, 학술지나 단행본, 다문화교육 자료, 다문화교육 프로그램, 다문화가정지원센터 등 다양한 형태의 결과물 및 정책들이 쏟아져 나오고 있지만, 문제는 다문화교육의 논의가 한국이라는 공동체의 맥락 속에 체계적인 윤리관의 형태로 정립되지 않았다는 데 있다. 다행히 다문화시대의 도덕원리에 관한 논의[9]나 다문화교육의 윤리교육적 논의[10]가

8) 정순미, 「'다문화' 적응을 위한 윤리교육」, 『윤리연구』 제69호(한국윤리학회, 2008), p.151.

9) 김남준, 「다문화시대의 도덕원리 논쟁: 관용과 인정」, 『철학논총』 제54집(새한철학회, 2008).

10) 정탁준, 「다문화교육의 도덕과 교과교육적 적용에 대한 연구」, 『교육과정평가연구』 제10권, 제1호(2007); 정순미, 앞의 논문; 송선영, 「다문화사회에서 윤리문화의 충돌과 윤리교육의 과제」, 『윤리교육연구』 제17집(한국윤리교육학회, 2008); 추병완, 「다문화사회에 필요한 한국인의 새로운 가치관」, 『도덕윤

진행되고 있지만 좀 더 적극적으로 우리 사회의 타자, 즉 외국인 노동자, 외국인 배우자, 탈북자 출신의 북한이탈주민, 더 나아가 북한 주민까지도 아우르는 윤리관 정립이 필요하다.

다문화 공동체 윤리의 철학적, 윤리적 논거를 탐구하기 전에 다문화 공동체라는 개념이 지니고 있는 긴장관계에 주목할 필요가 있다. 다문화가 차이와 해체의 방향을 지향한다면 공동체는 정체성과 응집의 방향을 지향하기 때문에 두 개념의 통합은 일견 모순처럼 보인다. 그러나 다문화의 논의는 한국사회라는 공동체의 맥락 속에서 진행되는 것이 불가피하므로 대립되는 두 개념이 화학적 결합으로 융합될 필요가 있다. 결국 이러한 긴장관계를 내포하고 있는 다문화 공동체 윤리는 무엇보다 '차이(다름)'와 '정체성(동일성)'을 융합할 수 있는 근거를 규명해야 한다. 한마디로 '다양성 속의 통일성'을 지향할 수 있는 철학적, 윤리적 근거가 요구된다. 다양성과 차이의 공존과 상생을 강조하는 다문화주의는 그 성격상 문화상대주의와 친화력이 있다. 물론 우리는 문화상대주의의 문제를 긍정적으로 바라볼 수 있으나, 문화의 다양성과 차이에 입각하여 '보편적인 혹은 객관적인 가치 규준은 없다'라는 윤리상대주의로 비약하는 것은 경계할 필요가 있다. 따라서 다문화 공동체 윤리는 윤리상대주의를 지양(止揚)하되, 차이와 다름을 인정하면서도 일정한 보편적인 가치의 지평 위에 정초될 필요가 있다.

다문화 공동체 윤리의 철학적, 윤리적 논거의 탐구 방식은 크게 동일성에 기반한 논의와 차이성에 기반한 논의, 혹은 자유주의적 보편주의와 공동체주의적 특수주의의 논의, 더 나아가 최소도덕과 최대도덕의 논의 등을 생각해 볼 수 있다. 여기서 우리가 주목해야 할 것은 논리적인 측면에서 특수주의는 보편주의의 지평 위에 위치하며, 최대

리과교육』 제24호(한국도덕윤리과교육학회, 2007); 추병완, 「다문화 도덕교육 정립을 위한 시론」, 『초등도덕교육』 제28집(한국초등도덕교육학회, 2008).

도덕은 최소도덕의 지평 위에 위치한다는 점이다. 최대도덕으로서의 초과의무(supererogation) 역시 최소도덕으로서의 의무의 연속선상에 위치한다고 보아야 한다.11) 그러므로 도덕교육 및 도덕성의 정초 문제는 보편주의나 최소도덕으로부터 특수주의나 최대도덕의 스펙트럼상에 위치한다. 특수주의나 최대도덕은 보편주의나 최소도덕의 연속선상에 위치한다고 볼 필요가 있다. 가령, 한국의 특수성은 보편적인 세계상과 무관한 것이 아니다. 언제나 어떤 특수성은 보편성의 논의 위에서 다루어질 수 있는 것이다. 이러한 상황은 도덕교육의 목표로서 '좋은 시민'과 '좋은 인간'의 관계에서도 확인할 수 있다. 다시 말해서 최소도덕은 '좋은 시민'을 목표로 하는 데 비해, 최대도덕은 '좋은 인간'을 목표로 한다. 좋은 시민은 그가 속한 정치공동체라는 특수한 맥락 속에서 다루어질 수 있으며, '좋은 인간'은 특정한 정치공동체를 초월하여 이상적이고 보편적인 인간상으로 다루어질 수 있다. 그렇다고 '좋은 시민'과 '좋은 인간'이 반드시 분리되는 것은 아니다. 왜냐하면 '좋은 시민'은 '좋은 인간'이 될 수 있는 가능성이 있기 때문이다.12)

다문화 공동체 윤리를 구성하는 데 있어서 유념할 것은 윤리의 지평으로서 최소도덕, 자유주의적 보편주의, 엄격한 의무는 무엇보다 '악의 회피'를 위해 노력하고, 관용의 태도로 자신의 의견을 조정하

---

11) 다음은 강한 의무로부터 최상의 이상까지의 연속성을 도표로 나타낸 것이다.

의무(obligation)		초과의무(supererogation)	
강한 의무 (strict obligation)	약한 의무 (weak obligation)	의무를 넘어선 이상 (ideals beyond the obligatory)	성인, 영웅의 이상 (saintly & heroic ideals)

출처: G. L. Beauchamp and J. F. Childress, *Principles of Biomedical Ethics* (Oxford and New York: Oxford University Press, 2001), p.42. 이상의 분류에 참고할 수 있는 문헌 소개는 같은 책, p.54(주 33) 참조.

12) 김상돈, 「아리스토텔레스의 '좋은 인간'과 '좋은 시민'의 관계」(서울대학교 박사학위논문, 2007).

면서 공존의 방안을 찾는 과정에서 따라야 할 '소극적인 의무'라는 점이다. 이때 소극적인 의무의 위반은 적극적인 의무의 위반보다 심각한 도덕적 위반이다. 한편 최대도덕으로서의 적극적인 의무는 '최선의 가치를 추구하라.' 혹은 '자선을 베풀어라.'와 같은 의무를 상회하는 초과의무의 성격을 지니고 있다. 초과의무를 이행하는 당사자는 초과의무를 마치 거부할 수 없는 하나의 의무로 받아들이기도 하지만 그러한 초과의무를 모든 사람에게 의무의 형태로 제시하기는 어렵다. 물론 우리는 초과의무를 이행하는 사람을 칭찬하고, 우리가 그렇게 하지 못하는 것에 대해서는 안타까워하지만 말이다. 그러나 모두가 따라야 할 엄격한 의무로서의 최소도덕은 한 사회에서 상이한 가치관을 지닌 다양한 사람들이 공존할 수 있는 기본 토양이라 할 수 있다.

우리는 자유주의적 시민사회에서 합리성에 기반한 가장 정교한 형태의 도덕원리로 칸트의 정언명법과 롤즈의 가역성(reversibility)으로서의 정의(justice)를 들 수 있다.[13] 한마디로 아주 낯선 사람의 입장까지도 고려할 것을 의무로 규정하는 도덕원리이다. 특히 롤즈의 언급처럼 '무지의 베일'을 쓴 계약당사자는 최소수혜자의 처지를 고려하는 사회체제를 계약할 것으로 전망된다. 따라서 '무지의 베일'은 우리 사회의 한 구성원으로 참여하고 있지만, 그러나 낯선 타인으로 간주되는, 탈북자 출신의 북한이탈주민, 외국인 노동자, 다문화가정의 자녀들의 입장을 고려할 수 있는 좋은 기제가 될 수 있다.

한편 우리 사회의 낯선 타인들의 입장을 적극적으로 고려할 수 있는 레비나스(E. Levinas)의 타자 윤리적 관점도 생각해 볼 수 있다. 타자 윤리는 타자에 대한 적극적인 책임을 요청한다.[14] 타자 윤리는

---

13) J. Rawls, *A Theory of Justice*(Cambridge: Harvard University Press, 1971).

14) 김연숙, 『타자 윤리학』(서울: 인간사랑, 2001); 김연숙, 「지구공동체를 위한 소수자 권리와 책임」, 『동서철학연구』 제47호(한국동서철학회, 2008); 변순

타자의 존재사실과 타자의 절대적 다름으로부터 타자와 관계 맺는 윤리적 담론을 제공할 수 있다. 이는 모더니즘의 이성 우위의 자아관을 벗어나 감성의 수용성 내지 타자에 대한 민감성을 강조한다는 측면에서 포스트모더니즘의 성격을 일정 부분 띠고 있다고 할 수 있다. 그리하여 레비나스의 타자 윤리는 나에 의해 타자가 규정되는 것이 아니라 타자에 의해 내가 규정된다. 타자 윤리에 의하면 나와 타인은 비대칭적 관계에 있다. 우리는 우리가 초래하지 않은 사건에 대해서도 책임을 져야 한다. 이는 "나 자신이 타자에게 묶이는 것을 의미한다."[15] 그렇기 때문에 나와 전혀 연고가 없는 사람의 고통에 대해서도 무관심할 수 없다. "고통 받는 이웃에 대해 의무를 지는 자는 이익 추구와 결별하는 지점에 서게 된다. 그 지점은 이기주의로부터의 단절점인 동시에 타자와 접속하는 지점이며, 타자와의 유대로 묶이는 연대성의 지점이기도 하다. … 타자를 위하는 자는 자기 안에서 쉬지 못한다. … 가깝게는 우리의 이웃에 대하여, 조금 멀리는 우리와 함께하고자 온 탈북자에 대하여, 조금 더 나아가서는 우리의 힘든 일들을 떠맡고 있는 외국인 노동자들에 대하여, 멀리는 우리보다 약한 나라의 사람들에 대하여, 유랑하고 떠도는 지구촌 난민들에 대하여" 타자에 대한 책임은 무제한적이다.[16] 책임의 무한성에 있어서 사실적인 무한성은 '내'가 책임을 인수하는 정도만큼 증가한다. 타자의 헐벗고 굶주린 '얼굴'은 우리가 거부할 수 없는 도덕적 호소력을 지닌다.[17] 타자 윤리는 '내 안의 타자'를 지향하는 윤리적 자아관을 제시함으로써 본래적인 연대성 형성에 기여할 수 있는 적극적인 윤리 담론이다.

용, 『책임의 윤리학』(서울: 철학과현실사, 2007), pp.87-111.

15) 김연숙, 앞의 논문, p.316.

16) 같은 논문, p.317.

17) 변순용, 앞의 책, p.108.

4. 통일정책과 다문화 공동체 윤리에 기반한 통일교육

1) 한반도의 통일 기상도와 통일정책

우리 사회의 통일교육은 남한과 북한의 관계가 이념적 대결 구도에 있는지 혹은 화해협력 구도에 있는지에 따라 변모되어 온 것이 사실이다. 1980년대 중반까지 통일교육은 이념교육의 맥락에서 '반공교육'으로, 1980년대 후반기부터는 '통일안보교육'으로, 1990년대 이후에는 '통일교육'으로 전개되었다. 특히 1998년 이후 10년긴은 국민의 정부의 '햇볕정책'과 이를 계승한 참여정부의 '평화번영정책'을 통해 남북한 간의 화해 분위기와 상호 교류가 어느 때보다 활발했으며, 특히 국민의 정부 시절, 2000년 6 · 15 남북공동선언에서 절정에 달했다고 평가할 수 있다. 그러나 햇볕정책과 평화번영정책 기조는 항상 긍정적인 결과만을 산출한 것은 아니었다. 한편으로는 개성공단 사업이나 금강산 관광 사업, 남북한 간 철도 · 도로 연결 사업 등 3대 경협사업이나 학술 및 문화 교류를 통해 양국 간의 신뢰와 협력의 토대가 견고해지는 긍정적인 측면도 있었지만, 다른 한편으로는 통일정책에 대한 남한 내 보수와 진보의 갈등을 촉발시켰으며, 이는 다시 친미와 반미의 갈등으로 증폭되기도 했다. 2002 한일 월드컵 기간 중의 서해교전이나, 2002년 10월 이후 재개된 북한의 핵개발 위기상황도 간과할 수 없는 대목이다. 남북한의 통일문제는 남북한 간의 관계뿐만 아니라 힘의 균형(balance of power)과 비핵화를 원하는 미국, 일본, 중국, 러시아 간의 복잡 미묘한 대(對) 한반도 정책이라는 변수들과 맞물려 있다.

우리는 동서독의 통일(1990. 10. 3)이 동독 내부의 자유와 통일을 갈망하는 시위의 발생, 그리고 구소련의 개혁 및 개방과 신사고 정책에 따른 대외적 정세의 변화에 의해 주어졌다는 점을 잘 알고 있다.

사실 대외정세는 가변적인 측면이 있으므로 좀 더 장기적인 관점에서 서독의 동방정책(Ostpolitik)처럼 일관된 대북정책 기조가 필요하다. 그런데 2008년 등장한 이명박 정부의 핵과 평화 발전을 연계한 '비핵 · 개방 3000', 다시 말해서 "비핵화와 개방을 이루면 1인당 국민소득이 3천 달러가 될 수 있도록 지원"하겠다는 대북정책 기조는 비핵과 개방을 분리하여 접근하던 기존의 대북 포용정책과는 접근 방향이 다르다. 최근 남북한 관계는 소강 국면을 넘어서 대립과 갈등의 상황도 보여주고 있다. 오히려 북한에 대한 강경 노선을 유지했던 부시 정부 말기에 북한을 테러지원국에서 해제하고 적극적으로 대화와 협상의 테이블로 나아가고자 하는 모습도 보여주었다. 미국의 오바마(2009. 1. 20 취임) 행정부는 북한과의 대화 창구를 열어놓고 있지만 북핵 현안에 대해서는 북미 양측의 직접적 해결보다는 6자회담의 틀 속에서 처리하고자 한다. 그런데 벼랑 끝 전술을 구사하는 북한과의 협상은 이른바 비겁자 게임(chicken game)을 방불케 한다. 이 때문에 북한과의 협상은 상호 대칭적인 관계에 기반한 장군멍군 식(tit for tat)의 방식으로 접근하기보다는 이명박 행정부가 표방하는 그야말로 '실용주의적 태도'를 실제적으로 견지할 필요가 있다.

여기서 우리는 통일을 위한 '실용주의적 태도'를 강조하는 귄터 그라스의 조언을 참고할 필요가 있다. "한국의 분단선은 예전 독일보다 훨씬 철저하며, 통일의 과정도 훨씬 험난할 것이다. 오랜 시간이 걸릴 것이고, 그 과정에는 '실용주의적 태도'가 필요하다고 생각한다. 한쪽이 체면을 잃는 일은 피해야 할 것이다. 생필품만 줄 것이 아니라 북한이 자립할 수 있도록 산업기반을 세워야 한다. 북쪽 사람들이 제 고장을 탈출하는 일이 없어져야 할 것이다. 그렇게 하는 것이 장기적으로 남한을 위해서도 좋을 것이다."[18]

---

18) 『동아일보』, 2002년 6월 11일자, 기사 재구성.

우리는 동서독의 통일 과정에서 정치적, 경제적 통합도 어렵지만 사회적, 문화적 통합은 한 세대가 소요될 만큼 지난한 과제임을 잘 알고 있다. 통일정책의 방향은 무엇보다 가변적인 대외정세의 변화에도 불구하고 일관되게 추진될 필요가 있다. 북핵과 개방을 일괄적으로 접근하기보다는 양자를 분리하여 접근하는 것이 장기적으로 한반도 비핵화 및 북한 체제의 개방을 유도할 가능성이 크다. 비정치적인 다방면의 거래와 교류의 확대를 통해 좀 더 전체적인 차원으로의 파급효과(spill-over effect)를 목표로 하는 기능주의적 통합 관점이 필요한 대목이다.[19] 사실 서독의 동방정책은 한 체세의 다른 체제로의 적응을 강요하기보다는 '상호 접근을 통한 변화', 즉 비정치적 분야의 교류와 협력을 지속적으로 수행하면서 동독의 '폐쇄적 시스템'을 장기적으로 개방하고 변화시킴으로써 동독사회가 체제 변형을 스스로 준비할 수 있으며, 더 나아가 독일의 미래를 스스로 결정할 수 있을 것이라는 가정에서 출발한 것이다.[20] 물론 기능주의적 통합 관점이 만능은 아니다. 왜냐하면 기능주의는 통합보다는 평화공존을 지향하기 때문에 '과연 통합이 가능한가?'라는 비판에 직면한다. 따라서 평화공존과 상호 신뢰가 견고한 적절한 시점에서 정치적 결단을 통한 제도적 통합의 추구를 위해서는 연방주의적 요소가 요구된다. 이런 맥락에서 기능주의와 연방주의를 절충하고자 하는 신기능주의(neo-functionalism)의 관점은 일정한 시사점을 준다. 북한이 정치적 분야

19) Michael Haas, "The Functionalist Approach to Korean Reunification", in: Michael Haas(ed.), *Korean Reunification: Alternative Pathways*(New York: Praeger, 1989), p.40.

20) Hans Giessmann, "German 'Ostpolitik' and Korean Unification. Parallels, Contrasts, Lessons," Presentation at the Conference on "South Korea's Sunshine Policy and West Germany's Ostpolitik for Peace and Security" on May 17th 2001, organized by the Inha University and Friedrich-Ebert-Stiftung(출처: http://www.fes.or.kr/Publications/pub/Ostpolitik.htm. 검색일: 2008. 5. 1).

에서의 일괄적 타결이 선행되면 다른 모든 분야의 문제는 자동 해결된다는 연방주의적 논리를 전개하는 데 비해, 남한은 비정치적 분야의 교류 및 확대를 통해 정치적 분야의 통합을 장기적으로 지향하는 기능주의적 논리를 전개해 왔다. 이런 맥락에서 남북한의 통일정책의 교차점으로 신기능주의적 접근이 위치하고 있다고 할 수 있다. 남북한 통합 논의의 절충안으로서 신기능주의는 2000년 6 · 15 남북공동선언에 비교적 잘 반영되어 있는 것으로 보인다.21) 최근 남북한 통합을 둘러싼 기상도는 그다지 청명하지는 않다. 북미관계가 상당 부분 개선된 점은 다행이지만 남북한 관계가 냉각 기류를 타고 있다는 점이 문제이다. 사실 남북한 통일 기상도는 상당히 가변적일 수 있다. 그러나 통일을 준비하는 교육은 더 일관되고, 더 장기적인 관점이 요구된다. 이에 대해 다음에서 살펴보도록 하자.

2) 사회통합의 문화충격 해소와 다문화 공동체 윤리에 기반한 통일교육

사회통합의 문제에 있어서 우리는 정치적, 경제적 통합도 어렵지만 사회적, 문화적 통합은 더 어려운 과제라는 것을 동서독의 통합 과정을 통해 목격하였다. 베를린 장벽의 붕괴 후 발생한 급격한 변화는 일종의 '문화충격' 현상을 촉발했다. 동서독의 통일 과정에서 나타난 사회적, 문화적, 심리적 갈등은 이른바 문화충격이론의 맥락에서 심도 있게 해명될 수 있다. 문화충격을 완화하고 상이한 문화 및 가치를 지닌 구성원들 간의 통합을 유도하기 위해서는 먼저 사회통합 과정에서 겪을 수 있는 일련의 문화충격의 도식에 대해 이해할 필요가 있다.22)

---

21) 유영돈, 앞의 논문, pp.22-23.

22) Babette Kalippke, 「구동독 여성이 본 독일통일」, 서울대학교 교양강좌 「여

[그림 2] 문화충격의 도식(U 커브)

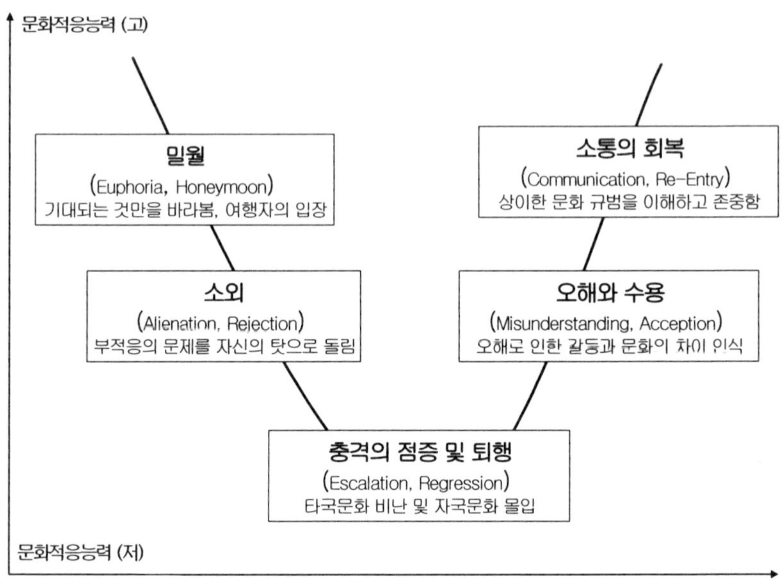

출처: Babette Kalippke, 「구동독 여성이 본 독일통일」(2003. 11. 11).

오베르그(Kalvero Oberg)에 의하면 모든 사람은 다른 국가나 문화권에 여행하거나 살게 되었을 때 유사한 감정을 느끼며, 그 문화충격(culture shock)은 하나의 질병과도 같다. 그는 질병처럼 문화충격 역시 그 원인과 증상 그리고 치료방법이 있다고 말한다. 문화충격은 새로운 환경에 처한 사람이 무엇을 어떻게 해야 할지 모르는 느낌, 무엇이 적절하고 부적절한지에 대한 기준의 상실 등 새로운 문화를 접함으로써 겪게 되는 불안감과 좌절감을 묘사한다. 동서독의 통합의 과정은 일종의 문화충격의 과정으로 설명할 수 있다.[23)]

성과 사회」(담당: 이온죽 교수) 개설 20주년 기념 초청강연(서울대학교 문화관 국제회의실, 2003. 11. 11); 윤영돈, 앞의 논문, p.15.

23) Kalvero Oberg, "Culture Shock", presented to the Women's Club of Rio de Janeiro, Brazil, August 3, 1954; Kalvero Oberg, "Culture Shock and the

1989년 11월 9일 베를린 장벽이 붕괴됨으로써 독일은 40년이 넘는 분단의 역사를 접고 통일로 향한 큰 발걸음을 내딛었다. 그러나 통일 독일의 구성원들 상당수는 '현실에서 이루어진 통일은 또 다른 심리적 분단을 야기했다.'고 생각한다.

(1) 밀월 : 짧은 밀월기간 동안 통일에 대한 비현실적 기대, 긍정적인 측면의 부각, 분단된 조국의 통일이라는 민족적 자긍심 등이 중요한 요인으로 작용했다. 이 시기에 동서독은 각기 서로에 대한 지식의 결핍이나 유사성의 부족 내지는 일상생활의 차이에 대해 간과했다.

(2) 소외 : 일상생활에서 동독인은 심리적인 부적응을 보이는 경우가 많았으며, 자주 의사소통에 있어서 말실수와 오해를 사기도 했다. 그런가 하면 서독인에 대한 비판적인 태도 및 사회적 적대감을 지니게 되었으며, 새로운 체제에의 적응에 대한 자신감 상실과 자책감을 갖게 되었다.

(3) 충격의 점증 및 퇴행 : 동독인뿐만 아니라 서독인 역시 상대방에 대한 고정관념을 갖게 되었다. 결국 '마음의 벽(Mauer im Kopf)' 혹은 '한 국가 내의 두 사회'라는 상징적 표현뿐만 아니라 동서독 주민들 사이에 서로를 베시스(Wessis: 서쪽 것들/베씨)와 오시스(Ossis: 동쪽 것들/오씨)라고 부르는 데서 동서독 지역간의 심화된 심리적 갈등을 확인할 수 있다.

(4) 오해와 수용 : 동독인, 서독인 양쪽 모두 상대방을 편견으로 대하며 오해하는 부분이 있다. 통일 독일의 시민들은 점차 동서독인 상호간 의사소통과 조화에 대한 열망을 가지고 있다.

(5) 소통의 회복 : 소통의 회복을 위해서는 상대방의 문화에 대한 이해 및 수용 능력의 회복이 필요하며, 타인의 행위에 대해 긍정적으

Problem of Adjustment in New Cultural Environment"(1960). 출처: http://www.sabri.org/CultureSchock.htm(검색일: 2008. 5. 15); 윤영돈, 앞의 논문, pp.13-19 요약.

로 평가하고 인정하는 태도가 요구된다. 또한 동일성의 측면을 확대하면서, 차이를 수용하고 이해하며 존중하는 법을 배우는 것도 요청된다.

동서독의 사회적, 문화적 통합의 과정에서 주의 깊게 살펴보아야 하는 것은 어느 한쪽이 다른 한쪽의 문화에 '적응'해야 하는 방식으로 통합이 진행되어서는 안 된다는 점이다. 다시 말해서 주류 문화에 비주류 문화가 적응하거나 더 나아가 동화되어야 하는 사회적 분위기에서는 1등 시민과 2등 시민으로 분리되는 심리적 분단을 피하기가 어렵기 때문이다. 주지하듯이 서독인에게 익숙한 문화는 동독인에게 심리적 불안과 좌절감을 갖게 했고, 이러한 심리적 문제는 동독인으로 하여금 서독인에 대해 강한 불만을 표출하게 했으며, 서독인 역시 동독인을 비하하는 태도를 갖게 함으로써 동서독 주민 간에 새로운 심리적 장벽이 드리워졌다.

문화란 우리가 편안하게 거주할 수 있는 제2의 환경이다. 일상생활에서 의사소통과 관련되는 모든 것은 문화의 체계에 속한다. 악수하기, 이야기하기, 사람 만나기, 물건 구입하기, 초대하기, 식사하기, 자기 표현하기 등 이 모든 것은 자신이 속한 문화적 분위기 속에서 자연스럽게 표출될 수 있는 것이다. 이러한 일상생활 속에서 표출되는 언어나 말씨, 제스처, 얼굴 표정, 관습, 신념 등과 같은 가치 및 태도는 우리가 의식하지 못한 채 형성되는 것이다.[24] 여기서 우리는 분단된 두 나라의 사회적, 문화적 통합을 위해 다문화교육적 관점을 고려할 필요성을 확인하게 된다.

그런데 이미 다문화 사회로 진입한 우리 사회에서의 통일교육은 먼저 그 안에 내포되어 있는 문제점을 규명하고 해소하는 작업이 필요하다.[25] 가령, 다문화교육적 관점은 기본적으로 보편적 가치를 강

24) Kalvero Oberg, "Culture Shock and the Problem of Adjustment in New Cultural Environment,"(1960).

조하는 데 비해, 남북한 통일의 필요성 및 당위성에 관한 통일교육의 주된 관점은 '민족정체성'에 기반하고 있다. 과연 이 두 관점이 조화를 이룰 수 있는 것인가? 기존의 통일교육은 남북한 통합의 주체로 한민족이라는 순수 혈통을 지닌 구성원을 전제하고 있다. 그러나 순수 혈통이나 반만년 단일민족론은 지양(止揚)되어야 할 이데올로기라는 비판을 수용할 필요가 있다. 물론 단일민족이라는 이데올로기는 민족해방투쟁을 위한 사상적 기반이 되기도 했지만 인종차별주의라는 부산물을 만들어낸 것도 사실이다.[26] 향후 다문화 사회를 넘어 인구의 10%가 이민자로 구성되는 이른바 '이민자 사회'의 도래와 남북한 통합의 시대는 맞물려 진행될 가능성이 크다. 결국 남북한의 사회적, 문화적 통합을 위한 통일교육은 우리 사회의 낯선 타자들까지도 자유롭고 평등한 '시민공동체'의 일원으로 포괄하는 다양성의 가치와 함께 '열린 민족주의'로서의 '다원적인 시민민족주의'를 동일성(정체성)의 가치로 지향할 필요가 있다 요컨대 다문화시대의 통일교육은 다문화교육의 기본 가치인 '다양성과 단일성의 정교한 균형' 혹은 '여럿으로 이루어진 하나(e pluribus unum)'를 목표로 해야 한다.[27] 여기서 유의할 것은 다문화 공동체의 윤리가 다문화교육의 기본 가치로부터 출발하지만 다문화교육의 기본 가치를 넘어선다는 점이다. 다문화시대에 다문화교육은 현실적으로 그 목표를 달성하는 것도 결코 쉽지는 않지만, 모두가 따라야 할 최소한의 도덕의 성격을 갖는다. 그런데 이 논문에서 다룬 다문화 공동체 윤리의 목표는 최소도덕을 바탕으로 하되 최대도덕을 지향해야 함을 제시하고자 했다. 우리가

25) 오기성, 「학교 통일교육의 다문화교육적 접근」, 『교육과정평가연구』 제11권, 제2호(2008), p.158.

26) 조국, 「인권 OTL: '단일민족'을 극복하라」, 『한겨레 21』 제725호(2008. 8).

27) A. J. Banks, 모경환 외 옮김, 『다문화교육 입문』(서울: 아카데미프레스, 2008), p.16, p.27.

살고 있는 다문화시대는 차이(다름)와 정체성(동일성)의 융합 혹은 다양성 속에서의 통일성의 추구를 요청한다고 할 때, 통일교육 역시 이러한 윤리적, 문화적 요청을 고려할 필요가 있다.

제12장
민족정체성 개념과 통일교육 개선 방안 연구*

신봉철**

1. 서론

지금까지 통일교육은 분단된 민족의 통합이 역사의 과제라는 의무론적 관점에서 접근되어 왔다. 통일은 우리의 역사적 사명이고, 통일교육이라는 것은 이 사명을 후속 세대에게 고취시키는 것을 목적으로 해왔다. 북한을 바라보는 관점이나 통일에 대한 시각은 다양하지만 궁극적으로 민족을 우선시하는 관점은 보수적인 관점에서건 진보적인 관점에서건 공통적으로 나타난다.

우리나라는 전통적으로 민족에 대한 애정이 유별나다. IMF 외환관리 위기와 같은 경제적 어려움이나 태안 기름 유출 사고 같은 재난 상황, 올림픽이나 월드컵 같은 운동경기에서 우리 민족은 특유의 단결력을 보여준다. 이것은 분명 지구상의 어느 국가나 민족이 가질 수

* 이 장은 필자의 박사학위논문의 일부(1, 2, 6, 7장)를 수정 · 보완한 것이다. 신봉철, 「독일 통일과정과 정치교육에 관한 연구」(서울대학교 대학원 박사학위논문, 2009).

** 인천기계공업고등학교 교사. sinji22@hanmail.net

없는 우리의 특성이다. 하지만 정작 통일교육에 있어서 수요자인 학습자들(특히 학습자의 연령이 어려질수록)에게 통일은 민족의 과제라는 절대적 명제가 점차 설득력을 잃어가고 있다.

적어도 현재로서 민족은 남북한의 엘리트와 민중을 동시에 설득할 수 있는 거의 유일한 실체이다. 민족이라는 개념에서 현실적으로 민족 관념 이외에 남북한을 공통적으로 묶을 수 있는 공통분모가 없다는 점에서 민족은 여전히 통일교육에서 중요한 역할을 차지할 수밖에 없다. 그럼에도 불구하고 젊은 세대들에게 민족공동체의 회복이 더 이상 설득력을 가지지 못하는 이유는 무엇일까? 민족은 과연 근대화의 과정에서 방어적으로 등장한 상상의 공동체인가? 그렇다면 민족주의적 관념을 배제하고 한반도의 통일은 가능한 것인가?

이 논문에서는 독일 통일 사례를 통해서, 민족정체성을 일관적, 연속적 개념이 아닌 역동적으로 변화할 수 있는 개념으로 파악하고자 한다. 나아가 남한과 북한 사회에서 나타나고 있는 민족 관념의 변화를 통해서 양측이 이야기하는 민족 개념의 불일치성을 지적하고자 한다. 그리고 무엇보다 통일교육이 다시 설득력을 갖기 위해서는 변화하는 민족정체성에 대응하여 새로운 방향을 모색할 필요성을 논하고자 한다.

2. 민족정체성과 민주시민교육

민족주의는 "민족의 통일, 독립 및 발전을 지향, 추진하는 이데올로기와 운동"으로 정의된다. 특히 겔너(E. Gellner)는 민족주의를 민족 단위와 국가 단위를 일치시키려는 믿음 내지는 노력으로 정의했다. 하나의 민족이 구성되기 위해서는 (1) 지역, (2) 언어, 관습, 습관, 문학과 같은 공통의 문화적 특성, (3) 공통의 사회정치적 제도, (4) 독립, 주권정부 또는 하나가 되려는 갈망, (5) 공통된 역사 및 기원에 대한 믿음, (6) 같은 민족성원에 대한 애정과 존경, (7) 민족이라는 실체에 대한 헌신, (8) 민족의 발전에 대한 공통의 긍지와 그 비극에 대한 공통된 슬픔, (9) 반민족적 집단에 대한 무관심 내지 적의, (10) 민족의 위대하고 영광된 미래에 대한 희망 등이 전제되어야 한다.[1] 이러한 민족주의는 발생 지역이나 연원에 따라서 여러 가지 형태로 나타난다. 영국이나 프랑스와 같이 시민혁명과 산업혁명을 경험한 근대국가가 외부로 팽창하는 과정에서 민족주의가 나타나는가 하면, 독일이나 일본과 같은 후발 자본주의 국가에서 경제발전을 위한 강력한 정치적 리더십 유지와 대중 동원을 위한 민족주의가 나타나기도 했다. 제2차 세계대전 이후로는 제국주의 침략에 대응해 방어적인 성격을 띠는 아프리카, 아시아 등 제3세계에서 저항적 민족주의가 나타났다. 특히 자립할 수 있는 자본 발달이 미약하고, 근대적 시민의식이 부족했던 제3세계 국가들의 경우 사회주의 이론과 저항적 민족주의가 결합하면서 대중들에게 강한 설득력을 가지게 되었다.

전통적으로 정체성이란 자아를 구분짓고, 그 자아를 독특한 것으로 만드는 특성을 의미해 왔다. 에릭슨(H. Erikson)은 정체성을 연속성의 개념으로 이해했는데, 이에 따르면 정체성이 유지되기 위해서는 시간이나 공간적 변화에도 지속적이고 연속적인 자기동일성이 자각되어야 한다. 하지만 포스트모더니즘의 관점에서 자아개념은 해체와 재구성의 과정을 거치게 된다. 자아는 그 자체의 본질로서 존재하는 것이 아니라 사회적 관계와 맥락에서 재정의된다. 전통적 관점을 따르자면 관계가 변한다고 해도 정체성은 바뀌지 않지만, 포스트모더니즘의 관점에 의하면 정체성은 다양하고 유동적인 것이 된다.[2]

---

1) Boyd Shafer, *Nationalism: Myth and Reality*(New York: Harcourt Brace and World, 1955), pp.7-8.

2) 고미숙, 「정체성 교육의 새로운 접근」, 『한국교육』, Vol. 30, No. 1(2003), pp.9-13.

따라서 두 관점의 입장을 상호 보완한다면 민족국가에 있어서 정체성은 내적인 정체성과 외적인 정체성으로 구분될 수 있다. 실제적 존재로서의 정체성은 이 내적인 정체성과 외적인 정체성 사이의 변증법적 발전에 의해 발생한다. 외적인 정체성은 한마디로 외부에 의해 자신이 규정되는 정체성이다. 외적인 정체성은 국가의 형식적인 지배 양식 혹은 지배 권력에서 나온다. 반면에 내적인 정체성은 일반 국민들의 민족의식 혹은 내재화된 자기정체성에 대한 자각에서 나온다. 남한과 북한이 교육은 서로가 한민족이라는 자각을 가지고 내부적 정체성을 교육을 통해 각자의 사회 성원에게 가르친다. 하지만 외부적 정체성에 있어서 양 국가는 심각한 차이를 보이고 있다.

블룸(W. Bloom)은 정체성 형성을 타자에 대한 태도, 관념, 행동을 내면화하는 기제로 설명했다. 특히 집단이 정체성을 획득하는 과정은 유의미하고 실제적인 경험을 공유함으로써 이루어진다고 주장했다.[3] 따라서 같은 동시대를 함께 살아간다고 해도 세대마다 겪은 역사적 경험이 다르다면, 혹은 동일한 세대가 같은 역사적 사건을 경험한다고 해도 서로 다른 가치관과 환경 속에 있었다면 서로 다른 정체성을 갖게 된다. 이는 통일 이후 동독과 서독 간의 격차를 '비동시성의 동시성(Gleichzeitigkeit des Ungleichzeitigen)'이라고 표현하는 것에서 잘 드러난다.

문제는 오늘날과 같은 다원적인 민주국가의 정체성이다. 민주국가 자체가 그 안에 여러 가지 다원성을 내포하는 집합적 정체성을 가지고 있다. 사실 민주주의는 어떻게 해석하느냐에 따라 그 형태와 내용이 전혀 다를 수 있다. 실제적인 정체성으로서 민주주의를 갖는다는 것은 스스로가 그 안에 여러 정체성이 혼동되어 있다는 의미를 내포한다. 일반적으로 민주주의에서는 관용 혹은 다원성을 중요한 전제조

3) William Bloom, *Personal Identity, National Identity, and International Relations*(Cambridge: Cambridge University Press, 1993), p.51.

건으로 생각한다. 관용 혹은 다원성이라는 개념이 성립하기 위해서는 우선 서로 다른 정체성이 그 안에 존재하고 있어야 한다. 즉 민주주의라는 외적 정체성은 서로 다른 내적 정체성끼리 끊임없이 갈등하는 구조에서 존재하는 것이다.

어떤 사회에서건 정치교육은 그 사회 성원들로 하여금 그 사회에 대한 소속감을 갖는 것을 목적으로 한다. 따라서 정치교육은 민족주의 내지는 민족적 감정과 밀접한 관련을 가지지 않을 수 없다. 하지만 민족의 특수성과 그에 대한 소속감을 강조하다 보면 필연적으로 민족의 우월성이나 배타적인 감정으로 흐르기 쉽다.[4] 따라서 정치교육에서 두 가지의 정체성을 동시에 교육하는 것이 우리의 목표가 된다. 하나는 민족으로서 혹은 국민으로서의 정체성과 다른 하나는 다원성과 관용을 전제로 하는 민주주의 성원으로서의 정체성이다.

3. 독일의 통일과 민족주의 관념의 변화

독일이 공식적으로 통일교육이라는 용어를 사용하지 않은 까닭은 역사적으로 전범국가이기 때문에 스스로 통일에 대한 결정을 내릴 수 없었기 때문이다. 독일의 분단은 4대 전승국과 주변 국가의 동의와 도움이 없이는 스스로 민족이나 통일을 논하는 것이 터부시되었다. 오히려 독일에서의 시급한 과제는 민주주의 사회를 건설하여 유럽의 평화에 기여하는 것이었다. 그리고 결과적으로 민주주의의 기본에 충실한 정치교육과 주변국을 고려한 통일정책이 독일 통일의 기반이 되었다.

넓은 의미에서 독일 문제는 단순히 강대국에 의한 동서독 분단의 문제가 아니라, 전체 역사를 고려해 볼 때 게르만 민족은 과연 어떠

4) 권오정 외, 『민주시민교육론』(서울: 탐구당, 1987), p.110.

한 정체성을 가져야 하느냐의 문제였다. 독일은 제2차 세계대전 전범 국가로서 민족주의에 대한 죄책감을 가지고 있기 때문에 되도록 민족에 대한 언급을 자제한 채 통일을 추진했다. 이러한 맥락에서 등장한 것이 헌법애국주의와 유럽통합이다. 하지만 그럼에도 불구하고 통일 과정에서 민족의 실체를 완전히 부정하는 것은 불가능했다.

서독의 브란트(W. Brandt) 총리는 독일 영토에 있는 독일 민족이 임시적으로 두 개의 국가를 이루고 있다는 1민족 2국가론(Zwei Staaten in einer Nation)을 제창한 것에 비해서, 동독의 울브리히트(W. Ulbricht)는 다른 사회체제를 갖는 국가에 있어서 두 개의 민족(Zwei Nationen in Staaten verschiedner Gesellschaftsordnung)이 있음을 분명히 했다. 동독은 이를 통해 서독에게 전쟁의 책임을 지우고자 했다. 원래 사회주의권에서 민족의 개념은 스탈린의 정의에 의하면 "하나의 민족은 역사적으로 이루어진 안정된 인간공동체로서 언어, 영토, 경제생활과 문화적 공동체로 표현되는 심리적 특성의 토대 위에 형성"되는 것이다. 하지만 1971년 호네커(E. Honecker)는 SED 전당대회에서 동독의 사회주의 민족의 등장은 마르크시즘적 사회발전 단계에 부합하는 것으로 구시민주의적 민족이 집권하는 서독과 동독 사이에는 내독관계가 존재하지 않는다고 선언했다. 그리고 1974년 개정된 동독 헌법에서 "독일 민족의 사회주의 국가"라는 문구가 "노동자, 농민의 사회주의 국가"라는 문구로 대체되었다.[5] 즉 독일 민족 내에서 두 개의 서로 다른 국가정체성이 형성된 것이다.

울브리히트의 2민족 2국가론에 따르면 동독은 분단과 함께 서독과 구별되는 '사회주의 민족'을 형성했다. '사회주의 민족론'은 처음에 단순히 사회주의 국가의 외교적 수사라고 생각되었다. 하지만 막상 통일되고 보니 동서독 주민 간에는 같은 민족이라고 하기에는 서로

5) 김병웅, 「독일민주공화국의 민족개념의 변모」, 『평화연구』, Vol. 8(1983).

다른 생활습관과 사고관이 형성되어 있다는 사실이 점차 드러났다.

동독의 붕괴는 "우리가 국민이다(Wir sind das Volk)."라는 구호에서 "우리는 한 민족이다(Wir sind ein Volk)."라는 구호로 바뀌는 순간 급속히 진행되었다. 오랫동안 잊혀져 있던 독일 민족이라는 단어가 다시 공식적으로 등장했다. 당시 기본법 23조에 입각한 통일을 추진한 사람들은 독일 민족이 동독이건 서독이건 상관없이 하나의 문화적 바탕에서 성장하고 있다고 믿었다. 전범국가인 독일 내부에서는 민족적인 색채가 짙은 통일(Einheit)이라는 단어보다 재통합(Wiedervereinigung)이라는 단어가 공식적으로 사용될 만큼 민족에 대한 논의가 자유롭지 못했다.

하지만 이러한 독일에서조차도 통일 과정에서 민족주의가 결정적인 역할을 했다. 따라서 통일이 이루어질 당시 브란트의 말대로 "함께 속했던 것이 함께 자라게 되었다(Jetzt wachse zusammen, was zusammengehöre)."고 생각했지만 통일 이후 밝혀진 동독과 서독의 이질감은 그들이 생각했던 것 이상으로 심각했다. 결국 호네커가 1971년 동독공산당 전당대회에서 이야기했듯이 동서독에는 같은 민족이 존재하는 것이 아니라, 동독에서는 사회주의적 민족(Sozialistische Nation)이 서독에서는 자본주의적 민족(Kapitalistische Nation)이 나타났다는 선언이 경험적으로 입증된 셈이다.6) 그리고 이러한 국가정체성의 차이는 통일이 실현되고 20년이 지난 지금에도 쉽게 사라지지 않고 있다([표 1] 참조).

구동독 주민들 사이에서 과거 구동독 사회를 동경하는 '오스탈기(Ostalgie)'나 '머릿속의 장벽(Mauer im Kopf)'이라는 용어가 공공연히 사용되고 있다는 사실은 주목할 만하다. 이것은 과거의 동독이 좋

6) 동서독 통일 후유증과 내적 통일에 관한 연구는 김누리 편, 『머릿속의 장벽』(서울: 한울아카데미, 2006)와 Hans-Joachim Maaz, *Der Gefühlsstau*(Berlin: Argon Verlag, 1990)을 참조.

[표 1] 신연방주민의 국적 의식

연방독일	22%
동독	11%
둘 다 아니다	62%
무응답	5%

출처: Reinhard Liebscher, *SOZIALREPORT 2008: Daten und Fakten zur sozialen Lage in den neuen Bundesländern*(Berlin: Sozialwissenschaftlichen Forschungszentrum Berlin-Brandenburg e. V.(2008), p.41.

다는 것이 아니라 현재의 상태가 싫다는 심리상태를 반영한다고 보아야 할 것이다. 동독 주민들의 이러한 부적응 상황은 이미 우리에게도 탈북자 연구를 통해서 익숙한 것이다. 갑작스러운 통일로 인해 미처 자본주의 체제에 대한 준비가 없었던 과거 동독인들은 실업뿐만 아니라 정신적 소외감을 겪어야 했고, 서독인들은 통일로 인한 막대한 재정 부담을 안아야 했다. 통일이 유럽의 안정과 독일 민족의 자부심을 찾아주었지만 그것이 곧 독일 내의 경제발전과 사회 안정으로 이어지지는 않은 것이다. 결국 하나의 국가 건설에는 성공했지만 동일한 가치관을 지닌 공동체 건설에는 여전히 어려움을 겪고 있는 것이다. 이러한 이유에서 독일에서는 통일 이후에 오히려 정치교육의 중요성이 더욱 강조되고 있는 실정이다.

문제는 통일 이후에야 비로소 서독과 동독이 서로의 실체를 알게 되었다는 것이다. 사실 통일 이전에 동독은 장벽에 가려져 그 실체를 알 수 없었다. 심지어 동독인 스스로조차도 자신들의 체제가 어떠한 모습인지를 정확히 알지 못했다. 외부와의 교류가 막혀 있었기 때문에 다른 체제와 비교할 기회가 없었던 것이다. 그리고 통일의 과정이 너무나 숨 가쁘게 진행되었기 때문에 서로의 차이점을 점검할 기회도 없었다. 너무 서로를 몰랐기 때문에 통일 이후 진정한 의미의 통합은 요원한 것이 되었다. 독일 통일이 실현된 지 20년이 되었지만 아직도 독일 사회는 완전한 통합을 이루지 못하고 있으며, 통일 후유증에 시달리고 있다. 독일 통일을 실패라고 단언하기에는 아직 이르지만 그렇다고 성공이라고 하기에는 그 부작용을 무시할 수 없는 상황이다. 독일 통일은 국가체제 형성(state building)보다 민족국가 형성(nation building)이 훨씬 어려운 과제라는 것을 보여준다.

통일 추진 과정과 주어진 환경은 독일보다 한반도가 훨씬 불리하다. 독일에 비하면 현재 한반도가 처해 있는 조건은 훨씬 불리하다. 경제력이나 외교력이 서독처럼 강하지도 않고, 상호 교류가 완전히 막혀 있다. 서로의 이데올로기에 대한 폐쇄성과 왜곡된 이해에도 불구하고, 민족을 앞세운 감성적인 통일론이 남북한 모두를 지배하고 있다. 동독의 경우는 많은 사람들이 해외여행을 할 수 있었고, 심지어 제한적이지만 서독의 친척집을 방문할 수도 있었다. 그리고 반체제 활동의 구심점이 될 수 있는 교회가 존재했다. 동독은 당시 동유럽에서 가장 큰 경제력을 보유하고 있었고, 서독 역시 서유럽 최대의 경제 강국이었다. 그럼에도 불구하고 통일 이후에 경기 침체와 실업 증가를 막을 수는 없었다.

현재 한반도의 상황은 독일이 통일될 당시와 비교하여 볼 때 상호 교류도 부족하고, 경제 격차도 훨씬 심하다. 특히 동서독은 서로 전쟁을 한 경험이 없지만 한민족에게는 아직도 한국전쟁에 대한 서로의 앙금이 남아 있다. 끈끈한 민족성이 그 차이를 극복해 주리라 기대해 보지만 북한의 체제는 동독의 체제보다 훨씬 폐쇄적이다. 그리고 탈북자 적응의 어려움에서 보듯이 단일민족의 문화적 공통성과 새로운 체제의 적응은 별개의 문제이다. 더군다나 북한은 자존심이 강하고, 자기 체제에 대한 상당한 자부심을 가지고 있다. 따라서 한반도의 통일은 독일의 통일보다 훨씬 신중하고 노련한 운영기술을 필요로 한다.

4. 북한의 민족주의 관념 변화

북한의 사회주의 체제 속에서는 이미 초기 자본주의적인 시장거래가 이루어지고 있다. 북한의 사회주의 체제가 갑자기 무너질 정도로 그 틀이 체제 내구성이 약하지는 않을지 몰라도, 이미 현재의 생활 속에서 일어나는 변화를 다시 되돌리기는 쉽지 않을 것이다.[7] 그렇다면 현재 북한 체제를 지탱하는 주요 이념은 무엇인가? 북한은 이미 1960년대 말 중소 분쟁을 거치면서 마르크스-레닌주의나 마오이즘과는 결별하여 그들만의 독특한 주체적인 이데올로기 체계를 확립하고 있다.

북한은 정권 수립 초기에 마르크스-레닌의 프롤레타리아 국제연대주의에 의거하여 민족주의에 부정적인 입장을 취해 왔다고 알려져 있다. 하지만 북한은 처음부터 일본 제국주의 침략에 반대하는 저항적 민족주의에서 출발했기 때문에 민족적인 색채를 강하게 띠고 있었다. 김일성은 회고록 『세기와 더불어』에서 그의 성장과 사상적 배경이 마르크스-레닌주의에 입각한 사회주의 계급투쟁이 아니라 항일무장투쟁과 민족의 자주독립운동에 있음을 밝히고 있다.

북한의 '우리 민족 제일주의'가 수령의 유일사상체계를 뒷받침하기 위해 나중에 만들어진 보조 담론에 불과하다는 지적도 있지만, 적어도 현재 북한의 학교교육이나 대중교육에 있어서 대일, 대미의 저항적 민족주의가 중요한 부분을 차지하고 있다는 점은 부정할 수 없는 사실이다. 그리고 이러한 저항적 민족주의는 타 국가와의 적대성을 자극함으로써 외부에 대한 폐쇄성과 내부적인 단결을 이끌어내는 원동력이 되고 있다.

동독이 2민족 2국가를 주장한 것에 반해 북한의 '고려연방제 통일

---

7) 임수호, 『계획과 시장의 공존』(삼성경제연구소, 2008).

방안'은 1민족 1국가 2체제를 전제하고 있다는 사실에서 북한의 통일정책은 기본적으로 핏줄, 언어, 문화의 동일성에 기초한 민족을 강조한다는 것을 알 수 있다. 1970년대까지 북한 문헌은 때때로 민족주의에 대해서 부정적으로 진술하는 경향이 있었는데 이것은 이른바 부르주아 민족주의를 반대하는 것일 뿐, 북한은 자신의 민족주의를 일관되게 주장해 왔다. '우리 민족 제일주의'는 1980년대 중반 이래 갑자기 대두된 것이 아니라 중소 분쟁 이후 줄곧 진행된 '우리식 사회주의'가 전술, 전략 차원에서 강조된 것에 지나지 않는다. 문제는 북한이 민족을 어떻게 설명하고 있느냐이다. 북한 민족주의의 가장 큰 특징은 수령을 중심으로 한 가부장적 질서와 혈통을 강조하고 있다는 점이다.

1989년 김정일은 「조선민족제일주의를 높이 발양시키자」라는 연설에서 조선민족제일주의를 다음과 같이 설명하고 있다.

> "우리 민족 제일주의는 이처럼 위대한 수령을 모시고 위대한 당의 영도를 받으며 위대한 주체사상을 지도사상으로 삼고 가장 우월한 사회주의 제도에서 사는 긍지와 자부심입니다."

한편 1997년 김정일의 「혁명과 건설에서 주체성과 민족성을 고수할데 대하여」라는 논문에서는 다음과 같이 민족성을 설명한다.

> "김일성 민족의 민족성에서 핵을 이루는 것은 자기 수령에 대한 충효심이다. 위대한 수령 김일성 동지에 대한 우리 인민의 절대적인 충성과 효성은 조국과 민족의 운명을 개척하는 오랜 력사적 과정에 실지체험을 통하여 신념과 의지, 량심과 도덕으로 굳어진 것이다. 수령에 대한 충효심은 김일성 민족의 훌륭한 민족성의 최고표현으로 되고 있으며 김일성 민족의 모든 우수성의 근본바탕을 이루고 있다."

북한의 이러한 민족 인식은 상당히 배타적이어서 남한의 민족 인식과는 상당한 차이를 보인다. 북한의 우리 민족 제일주의는 통일을 위한 민족론이기보다는 체제유지를 위한 수단으로 민족을 이용하고 있다는 인상이 강하다. 북한의 교육은 체제지향성이 매우 강하기 때문에 역사 교육에 있어서 김일성의 항일 투쟁 이후 근현대사가 강조된다. 북한의 역사 교과서와 남한의 역사 교과서를 비교한다면 똑같은 시기에 대한 평가가 반대되는 경우가 많다. 예를 들어, 남한에서 강조되는 통일신라시대나 조선 후기의 실학과 같은 부분은 북한의 역사에서 매우 부정적으로 서술된다. 이러한 경향은 문학, 지리, 음악 교육 등에서도 마찬가지인데 같은 언어로 교육한다고 하지만, 동일한 민족적 정체성이 교육된다고 보기는 힘들다.

오늘날 수많은 탈북자 부적응 사례는, 같은 민족이므로 남북한의 문화적 차이는 쉽게 극복될 수 있다는 명제가 얼마나 잘못된 것인가를 말해 준다. 남한과 북한은 단순히 정치체제와 경제체제가 다른 것이 아니라 생활문화가 완전히 달라졌다. 같은 역사를 공유한 민족이라 해도 이들의 역사 교육은 남한의 그것과 근본적인 차이가 있다. 다음과 같은 탈북자들의 증언들은 그러한 사실을 증명해 준다.

> "노동자와 농민만이 민족의 일원이다. 반동분자는 민족의 일원이 아니다."

> "핏줄이나 언어의 동질성보다는 남한의 노동자, 농민처럼 평범한 주민이 민족이고 자본가, 지주, 정치가, 관료들은 적대적 계급이니까 타파해야 한다."

> "노동자, 농민이기 때문에, 즉 피착취계급이기 때문에 통일해서 구원해야 한다. 그러나 민족이 역사적 공동체이기 때문이라는 생각은 없다."

"영화 『민족과 운명』에서 신의주 폭동 후에 남한으로 간 반동분자를 묘사하면서 민족이란 말을 사용하고 있기는 하지만 민족이란 말을 북한에서 자주 사용하지는 않는다. 윤이상과 최덕신에 관한 영화에서 민족이란 단어가 나오기는 하지만 어쨌든 자주 사용하는 언어는 아니다."

"민족은 노동자, 농민과 가난한 사람들로서 남조선의 인민이다. 그리고 그들은 구원해야 할 대상이다. 대체적으로 민족이란 말을 따로 떼어서 사용하지는 않는다."8)

결국 이 차이는 그냥 단순히 민족감정을 자극하거나 북한문화에 대한 간접적 학습으로 극복되기 힘든 문제가 되어 버렸다. 따라서 민족적 일체감 이외에도 새로운 국민 정체성 형성을 위한 교육이 요구된다. 지금까지 우리의 통일교육은 통일의 정체성을 단순히 민족의 동질성에서 찾았다. 만약 통일이 되어 하나의 체제를 갖게 된다면, 어느 한쪽은 기존 국가에 대한 정체성을 버리고 새로운 정체성을 선택해야 한다. 하지만 애국심이나 국민으로서의 정체성은 누가 부여해준다고 해서 획득할 수 있는 것이 아니다. 독일 통일의 경우, 민족적 동질감은 일단 통일국가를 형성하는 데 도움을 주지만 이것이 통일 이후 사회통합에는 그리 유용하지 않다는 것을 보여준다. 분단이 시작되면서 이미 서로가 생각하는 민족의 의미가 달라졌으며, 민족적 감정만으로는 현실적으로 해결할 수 없는 문제가 많기 때문이다.

5. 남한의 민족주의 관념 변화

지금까지 한반도의 교육은 통일, 민족통합 등의 명제를 당위의 문제로서 다루어왔기 때문에, 이것은 판단의 대상이 될 수 없었다. 최근의 연구 결과에 의하면 남한 국민의 안보의식이 국가이익보다 민

8) 한만길, 『통일교육의 이론과 실천』(서울: 교육과학사, 2001), pp.210-211.

족주의적 경향이 강하다는 것을 알 수 있다.9) 그럼에도 민족에 대한 남한의 평가는 다소 모호하다. 비록 운동경기나 대중문화에 있어서 민족에 대한 관심과 애정은 매우 높지만 이것이 정말 진정한 민족적 감정인지, 경제난을 이겨내려는 방어적 심리인지, 집단적 이기주의의 발로인지, 민족주의와 구별되는 국가에 대한 애국심인지는 명확하지 않다. 실제로 일본과의 영토 분쟁, 스포츠 경기, 심지어는 과학 분야의 연구 성과나 음악이나 영화와 같은 대중문화에서도 민족주의는 훌륭한 마케팅 수단이 된다. '민족주의는 반역',10) '민족은 상상의 공동체'라고 외치는 지식인이 생겨나는가 하면, 고구려라는 소재는 가장 대중적인 역사극의 단골 소재가 되고 있다. 이러한 논쟁 자체는 그만큼 한국사회를 설명하는 데 있어서 민족이 중요한 키워드라는 반증이 된다. 중요한 축구 경기마다, 심지어 이종 격투기에까지 우리 민족의 위대함을 외치는 아나운서의 모습이 우리에게는 어색하지 않게 느껴진다. 이는 우리가 이념을 떠나서 민족에 애정을 가지고 있으며 때로는 집착한다는 사실을 보여주고 있다.

식민통치와 분단의 경험으로 인해서 한국사회는 민족에 대해서 본능적인 애착을 보인다. 민족 혹은 민족국가는 근대에 와서도 사람들이 가장 자연스럽고 정당하게 여기는 사회공동체의 모형이 되었다. 민족은 지금까지 공동체의 역사적 정체성을 설명해 주는 가장 설득력 있는 개념이 되어 왔다. 하지만 민족이란 실체가 고대부터 존재해 온 원초적인 실체인가? 아니면 자본주의 발전과정에서 생겨난 역사적 구성물인가? 앤더슨(B. Anderson)은 민족의 실체를 후자에 있다고 본다.11) 외국의 민족주의 이론을 도식적으로 적용하여 우리 민족

9) 박균열, 「학생들의 안보의식 연구: 도덕 교과를 중심으로」, 『국방연구』 51권, 3호(2008), pp.173-195.

10) 임지현, 『민족주의는 반역이다』(서울: 소나무, 1999).

11) Bendict Anderson, *Imagined Communities: Reflections on the Origin and*

을 단순한 상상이나 환상의 산물로 치부해서는 안 된다. 민족이라는 대상은 보편적인 성격보다는 각 지역의 역사적, 문화적 배경에 좌우되는 특수성이 강하기 때문이다. 하지만 적어도 민족을 절대시하고 신성시하는 태도에도 성찰이 필요하다. 특히 현대에 이르러 민족이라는 혈연적, 역사적 정체성뿐만 아니라 민주시민, 시장경제의 일원으로서의 정체성 역시 그 중요성이 부각되고 있다.

민족주의에 대한 부정적적인 시각이 한국사회에 퍼지게 된 것은 비교적 최근의 일이다. 민족주의에 대한 비판을 대체적으로 정리하자면, 우선 민족주의의 배타성이 개방화된 세계화 시대에 역행한다는 것이다. 이른바 민족에 대한 근대적인 해석에 의하면 민족은 그저 상상의 공동체에 불과하며, 민족주의라는 관념이 민족이라는 실체를 낳았다고 주장한다. 이들은 주로 민족주의가 등장하게 된 억압적이고 경쟁적인 배경에 주목하여 민족주의 자체가 근대화 과정에서 나타난 비정상적이고 과도기적인 현상이라고 한다. 이러한 민족주의에 대한 비판은 일견 지나친 것으로 보일 수 있다. 왜냐하면 각각의 민족주의는 특수한 역사적, 지리적 상황에서 발달한 것인데, 일반화된 이론의 틀에서 도식적으로 우리의 민족주의를 해석하려 하기 때문이다. 하지만 다소 경직되게 해석할 수 있는 민족주의에 대해서 유연한 시각을 제시하고, 이것이 변질되고 왜곡되는 것을 막는 반성적 성찰의 기회를 제공하는 점에서는 긍정적으로 평가할 수도 있다.

한국사회에서 민족주의를 둘러싼 논쟁이 활발하다는 것은, 환언하자면 그만큼 민족이라는 존재 자체가 위협받은 적이 많다는 의미이다. 주지하다시피 한민족은 역사상 많은 외침에 시달려 왔고, 20세기 초에는 주권을 잃고 식민통치를 경험했다. 이데올로기에 의해 내전을 겪었고, 산업화와 근대화를 겪는 과정에서도 외국 자본의 도움을 받

Spread of Nationalism(London: Verso, 1991).

아야 했다. 겔너나 앤더슨의 이론에 따르면 해방 이후 한국의 민족주의는 근대화 과정에서 국민통합을 위해서 만들어진 상상의 공동체이다. 독일이나 일본의 후기 자본주의 국가들이 빠르게 근대화를 이루어낸 원동력은 바로 근대화 과정에서 발생한 민족주의 관념이 강하게 작용했음을 부인할 수 없다. 그리고 적어도 대한민국 정부 수립 이후 우리나라에서도 이러한 이론은 어느 정도 적용되는 부분이 있다.

하지만 민족이라는 용어 자체가 본격적으로 사용된 것은 일제시대 이후였다고 해도 한민족의 전체 역사에서 민족의 실체 자체를 부정하기는 힘들다. 심지어 비교적 사대주의적 관점에서 기술되었다는 현존하는 가장 오랜 역사서인『삼국사기』에서조차도 민족의 주체성을 강조하는 대목을 발견할 수 있다. 임진왜란이나 동학농민운동과 관련한 기록에서도 당시가 농업사회였음에도 불구하고 오늘날과 그리 크게 다르지 않은 민족의식을 발견할 수 있다. 따라서 서구에서 도입된 근대화와 관련한 민족주의 이론은 오랜 세월에 걸쳐 형성된 우리 민족의 내적 정체성을 간과하고 있다.

하지만 오늘날에 와서 민족이라는 개념이 예전만큼 학생들에게 큰 공감을 얻지 못하는 것이 사실이다. 서울대학교 통일평화연구소와 한국갤럽이 전국의 1,213명을 대상으로 조사한 2008년 통일의식조사에 따르면, 통일의 필요성을 묻는 질문에 51.6%만이 긍정적인 응답을 했다. 이는 같은 기관의 2007년 조사에서 동일한 질문에 63.8%가 긍정적인 응답을 한 것과 비교해도 크게 떨어진 수치이다. 탈북자 지원에 대해서도 45.2%만 긍정적으로 응답했으며, 이는 2007년의 59.2%에 비해 무려 14%나 감소한 수치이다. 북한에 대한 부정적 인식과 긍정적 인식은 의외로 반반 정도로 나타나는 것에 비해서 통일에 대한 회의적인 시각과 현상유지를 바라는 사람이 늘어난 것도 주목할 만한 사실이다.[12] 통일의식과 관련한 의식조사의 결과는 조사 시점의 정치적 사건이나 사회적 분위기에 지배되는 경향이 있지만, 이러한 결과는 남한과 북한 간의 동일한 민족의식이 점차 흐려지고 있는 것으로 해석할 수 있다. 민족의식과 남북한 동족의식이 젊은 세대를 중심으로 서서히 약해지고 있으며, 이는 통일의지의 약화를 가져오고 있다.

그리고 민족주의라는 배타적인 개념은 국제적으로 개방화된 현대 세계에서 과거만큼 사람들에게 환영을 받지 못하고 있다. 한반도의 주변 국가로 눈을 돌리면 이 문제는 더욱 심각해진다. 한반도 주변에 위치해 있으면서 통일에 영향을 줄 수 있는 일본이나 중국의 입장에서 본다면 한국의 민족주의가 우려스러울 소지가 다분하다. 이는 일본의 극우주의나 중국의 동북공정이 우리 입장에서 불편한 것과 마찬가지다. 최근 들어 한국, 중국, 일본의 일부 젊은 세대들이 극우적인 민족주의 성향을 띠는 것은 매우 우려할 만한 현상이다.

최근에 증가하고 있는 민족주의에 대한 부정적인 시각은 민족이라는 정체성을 지나치게 절대적이고 일관된 성격으로 이해하려는 시각에서 비롯되었다. 과도하게 민족을 강조하는 것은 이제 젊은 세대들에게 더 이상 설득력을 갖기 힘들 뿐더러 거부감을 불러일으키기까지 한다. 젊은 세대들은 기성세대에 비해 현실적이고 실리적인 성향을 가진다. 물리적인 활동 영역이 기성세대와는 비교할 수 없을 만큼 다양하고 넓어지면서 어려서부터 다양한 문화를 거부감 없이 받아들인 세대인 그들은 과거의 역사적 책임에 대해서 자유롭기를 원한다. 따라서 민족정체성에 대한 젊은 사고 변화에 발맞추어 통일교육도 마찬가지로 새로운 논리 개발에 나서야 할 시점에 있다.

12) 박명규 외, 『2008 통일의식조사』(서울대학교 평화통일연구소, 2008).

6. 헌법애국주의

오히려 한국의 통일교육에 있어서 필요한 부분은 민족적 애국심이 아닌 헌법애국주의(Verfassungspatriotismus)이다. 헌법애국주의란 그 국가의 헌법이 지향하는 정신과 가치에 대한 애착을 가지게 하고 그에 입각하여 국민으로서의 정체성을 갖게 하는 것이다. 물론 대한민국이 건국된 역사적 맥락을 고려할 때, 헌법애국주의라는 개념 자체가 민족적 애국심과 명확히 구분되는 것은 아니다. 헌법 전문 첫 문장에 "유구한 역사와 전통에 빛나는 우리 대한국민은 3 · 1 운동으로 건립된 대한민국 임시정부의 법통"을 계승하고 있다고 밝히는 것에서 알 수 있듯이 헌법 자체가 우리 민족에 대한 자긍심과 애국심에서 나온 것이기 때문이다. 하지만 왜곡된 민족주의나 이데올로기 갈등으로 헌법적 가치관에 대해 혼란이 일어나기도 했던 헌법애국주의는 한국의 통일교육과 정치교육에 충분히 시사점이 있다.

헌법애국주의는 전후 독일의 정치학자인 돌프 슈테른베르거(Dolf Sternberger)에 의해서 처음 개념화되었다. 나치 독일이 일으킨 제2차 세계대전은 민족주의의 변질이 얼마나 위험할 수 있는가를 보여주었고, 전쟁 이후 독일에서는 이에 대한 반성이 이루어졌다. 그런데 민족이라는 개념을 대신해서 무엇을 대상으로 공동체에 대한 열정을 이끌어내느냐는 문제가 대두되었다.

헌법애국주의는 "자유와 민주주의의 원칙에 기초하는 헌법을 애국심의 대상으로 취하는 정치적 심정"을 말한다.[13] 헌법애국주의는 특정 민족을 위한 민족에 대한 애착이 아니라 하나의 정치적 정체성, 인간중심적이고, 보편주의적인 가치를 추구하는 애국심을 말한다. 헌법애국주의는 자신이 속한 국가에 대하여 합리적인 공동체 의식, 자

13) 원준호, 「헌법애국심과 통일 독일의 정체성 문제」, 『국제지역연구』, Vol. 6, No. 3(2002), pp.191-192.

기가 속하는 국민과 민족을 위하여 살기 좋은 질서를 마련하려는 의지, 국민과 민족의 안녕과 복지를 위한 감수성으로 정의할 수 있다. 합리적인 공동체 의식, 질서 구축에 대한 의지는 이 혜택이 인류 누구에게나 적용될 수 있어야 한다는 보편성을 함축한다.

사실 역사적으로 이것과 유사한 생각은 고대 그리스 이래 마키아벨리, 루소, 토크빌 등 많은 사상가들에 의해 계속 주장되어 왔다. 이를테면 프랑스의 계몽사상가들에 따르면 '조국(patrie)'이란 단어는 우리가 태어난 장소를 의미하는 것이 아니라, 우리를 구성원으로 하고 그 법이 '우리의 자유와 행복'을 지켜주는 '자유국가'를 의미한다. 계몽주의 정치가들은 조국이라는 단어와 공화국이라는 단어를 동의어로 간주했는데, 왜냐하면 오직 공화국만이 진정한 조국이 될 수 있다고 믿었기 때문이다.14)

헌법애국주의는 다른 민족에 대해서도 개방적인 자세를 요구한다. 하지만 이 헌법애국주의는 오늘날 세계가 공통적으로 가지고 있는 평화, 안보, 빈곤, 환경파괴 등과 관련하여 우리의 책임이 어디까지이며, 우리가 다른 민족과 다른 국가에 대해 가지고 있는 책임이 어디까지인가에 대한 의문을 제기한다. 하지만 애국심을 헌법애국주의와 민족적 애국심과 분리하여 생각하는 것이 가능한 것인가에 대해서도 의문을 제기할 수 있다. 우리나라의 헌법 자체가 저항적 민족주의에 기반을 둔 임시정부를 계승하고 있기 때문이다.

무엇보다도 독일 내에서 헌법애국주의가 발생하게 된 배경에 주목할 필요가 있다. 사실상 독일의 정치 민주주의 역사는 주변의 프랑스나 영국에 비해 매우 짧다. 독일이 하나의 통일된 국가를 이룩한 시기(1871년 독일제국 성립) 자체가 다른 국가에 비해 늦으며, 국가의 권력도 아래에서부터가 아닌 위에서 이루어진 것이었다. 여러 봉건국

---

14) Maurizio Viroli, 김경희 · 김동규 옮김, 『공화주의』(서울: 인간사랑, 2006), p.167.

가로 분열된 상태에서 통일을 이루고, 후발 국가로서 경제성장을 위한 대중 동원을 이끌어내고, 외부와는 끊임없이 전쟁을 겪는 과정에서 독일의 민족 관념은 주변 국가들과 끊임없이 갈등을 빚어왔다. 18세기 말에서 19세기 초에 민주적 해방운동의 형태를 띠었던 독일의 민족 관념은 두 차례의 세계대전, 바이마르 공화국의 실패, 나치의 등장 등으로 인해서 독일만의 특수한 민족 개념으로 변화했다.

두 차례의 세계대전을 겪은 1949년 이후 새로운 기본법 아래에서 성취한 민주주의를 바탕으로 하는 애국은 단순한 민주주의에 대한 신념이 아니라 나치 독일과의 철저한 단절에 대한 신념이 포함된 것이다. 이러한 단절을 근거로 하여 민족적 애국심과 헌법애국주의를 철저히 대체하여 주장한 사람이 바로 하버마스(J. Habermas)이다.[15] 그러나 하버마스와 같이 철저히 민족과 헌법을 대체하는 것은 한국 현실에 적합하지 않다. 그리고 보편적이고 이상적인 헌법만을 애국심의 대상으로 삼는 것은 너무 추상적이고 현실적으로도 매우 어려운 일이다. 독일의 기본법과 그에 기반한 헌법애국주의는 과거와의 단절을 위해 만들어졌지만, 한국의 헌법이 만들어진 배경은 그렇지 않다는 차이점이 분명히 존재한다. 오히려 한국사회에서 헌법애국주의는 민족적 애국심과 완전히 배타적인 감정이 아니라, 상호 보완적인 의미를 가진다.

하지만 한국의 헌법과 독일의 기본법이 만들어진 배경이 다르다고 해서 한국의 통일사회에 헌법애국주의가 부적합하다는 의미로 해석해서는 안 된다. 독일의 헌법애국주의는 나치즘의 비인간적이고 전체주의적 면을 반성하고 극복하여, 인간적이고 바른 민주주의 사회를 만들고자 하는 의지에서 나왔다. 이것은 한반도의 통일국가가 자유민주주의의 가치에 기반해서 건설되어야 한다는 국민의 의지와도 부합

15) 정갑영, 「역사의 단절인가, 역사의 연속인가」, 『현상과 인식』, Vol. 16, No. 1(1992), pp.29-31.

한다. 남한의 헌법에서도 한민족의 특수한 상황을 극복하고 현대사회에서 세계시민으로서 보편적으로 가져야 할 덕성을 동시에 찾을 수 있다.

다만 지나치게 헌법애국주의를 절대적으로 주장하는 것은 남한과 북한 간의 정치체제의 차별성을 부각시켜 통일의 중요한 전제인 민족의 동질성을 해칠 우려도 있다. 북한 주민들에게 대한민국 헌법의 가치를 어떻게 설득시킬지의 문제는 여전히 통일 이후에 문제가 될 것이다. 그리고 이성적으로 생각할 때 헌법애국주의가 타당하다 해도 감정적으로 헌법애국주의는 한민족에게 아직 생소한 개념이다. 헌법애국주의라 함은 대한민국의 헌법이 추구하는 가치와 국민의 애국심을 일치시키는 것을 말한다. 하지만 우리의 헌법이 추구하는 가치는 헌법 전문에서도 밝히는 바와 같이 매우 밀접한 관계를 지닌다. 따라서 민족적 애국심과 뚜렷이 구별되는 헌법애국주의라는 개념의 실체가 불분명해진다. 또한 애국심이라는 감정이 단지 이성적인 사고로 발양되기는 힘들다. 헌법애국주의를 어떻게 공동체에 대한 열정이나 애정으로 승화시키느냐의 방법적인 문제는 매우 어려운 과제임에 틀림없다.

7. 민주시민교육의 중요성

독일의 정치교육에 있어서 가장 중요한 방법적 특징은 주제의 다양성과 복잡성에 따른 여러 가지 관점들이 공존하는 유연성에 있다. 이는 독일의 사회정치적 상황을 반영하고 있기 때문에 우리의 관점에서 본다면 다소 혼란스럽고, 국민들에게 올바른 가치관을 전달하기 위한 우리의 교육과 배치되는 것으로 보이기도 한다. 보이텔스바흐 합의(Beutelsbacher Konsens)나 연방정치교육센터(Bundeszentrale für politische Bildung)는 단순히 표면적으로 보았을 때는 일치된 사회적

합의와 교육의 국가적 통제 수단으로 오해하기 쉽다. 하지만 보이텔스바흐 합의의 경우 그 내용은 정치교육에 있어서 일치된 결론이 아니라 일종의 잠정협정으로서 서로의 다양성을 인정하고, 그 다양성을 침범하지 말자는 내용이다. 마찬가지로 연방정치교육센터의 경우도 국가가 정치교육을 통제하는 역할이 아니라 다양한 입장의 정치교육을 지원하기 위한 기관이다.

다만 이러한 다양한 정치교육이 허용된다고 해서 다원적 민주주의 자체에 대한 부정이나 특정 이데올로기를 주입, 교화시키는 정치교육조차 허용되어야 한다는 의미는 아니다. 따라서 갈등 해결의 기준이 될 수 있는 기본법은 독일의 정치교육에 있어서 매우 핵심적인 역할을 한다. 물론 다양한 정치교육에 대한 이러한 포용적인 태도에 부작용이 없는 것은 아니다. 통일 이후의 동독적 가치관과 서독적 가치관이 혼재된 상황에서 이러한 정치교육은 아직 명확한 정치관이 확립되지 못한 청소년들에게 가치 혼란을 일으킬 가능성을 가지고 있다.

효과적인 민주주의 정착을 위해서는 무엇보다 공동체와의 연대감, 기회균등과 사회통합 등에 신경 쓰지 않을 수 없다. 동시에 시민적 용기와 참여, 관용의 자세가 필요하다. 이러한 여러 민주시민적 덕목들을 독일의 정치교육에서는 '성숙(Mündigkeit)'이라는 단어로 압축하여 표현한다. 성숙이라는 독일 정치교육의 목표는 칸트의 계몽 개념과 밀접히 관련된다. 정치교육의 목표는 일반적으로 계몽을 통한 시민적 성숙이라고 할 수 있다. 이는 행동, 사고의 자유와 함께 자유로운 시민들이 이성으로 공공 의지에 부응하는 자유의 획득을 의미한다. 여기에 더불어 정치에 대한 관심을 일깨우고, 자주적인 판단 능력을 갖게 함으로써 하나의 정치 성원으로서 자주적으로 활동하게 해준다. 즉, 정치적 성숙은 참여와 시민적 용기, 비판적이고 개방적인 사고방식을 포괄하는 매우 다양한 의미로 이해될 수 있다.

독일의 통일 과정에 있어서 정치교육은 도구적 합리성이 아닌 연대적 합리성이 필요함을 보여준다. 도구적 합리성이 특정한 목적 달성을 위한 수단으로서의 합리성을 뜻한다면, 연대적 합리성은 인간 그 자체를 목적으로 대하는 의무론적 윤리성에 바탕을 두고 있다.16) 일반적으로 '합리적'이라는 단어는 효율성과 호혜성을 전제로 하고 있다. 하지만 연대적 합리성은 기독교적 정신과 계몽주의 사상에 뿌리를 둔 것으로, 좀 더 인본적인 정치문화의 형성이 전제되어야 한다. 따라서 정치교육은 그러한 인본주의적 정치문화 형성의 수단이 되어야 하고, 독일의 정치교육은 합리적인 의사소통의 수단을 가르쳐야 한다. 따라서 개인간의 합리적인 의사소통이 이루어지기 위해서는 계몽을 통한 성숙이 필수적인 것이 된다.

독일의 경우 전범국가의 짐을 지고 있기 때문에 우리나라와 같은 통일교육보다는 민주시민교육의 기본에 충실한 정치교육의 틀 속에서 독일 문제를 다뤄왔다. 민주시민의 육성은 우리의 통일 역량을 강화하는 데 기여할 뿐만 아니라 통일 과정과 통일 이후의 민주국가 건설에 있어서도 매우 중요하다. 이념과 체제가 다른 환경에서 성장한 사람들이 통일로 새로운 국가를 형성하고, 그 안에서 함께 살아가기 위해서는 무엇보다 다양성을 존중하고, 정당한 절차를 통해 공동의 의사를 도출할 수 있는 민주적인 생활규범이 필요하다.17) 아울러 통일문제에 대한 국제적이고 개방적인 시각을 갖도록 하는 것이 중요하다.

통일교육에서 민주시민교육을 강조한다 함은 통일의 궁극적인 형태가 자유민주국가를 지향하고, 민주시민으로서의 자질이 충만한 시민을 길러내는 것이 통일에도 도움이 된다는 맥락에서 이해될 수 있나. 민수시민으로서의 자질이라 함은 앞에서 정치교육의 목표에서 언급한 시민적 성숙, 합리적 의사소통 능력, 자발적인 참여 능력 등을

16) 박성소, 『한반도 붕괴』(서울: 랜덤하우스, 2006), pp.17-18.

17) 정창우, 『도덕교육의 새로운 해법』(서울: 교육과학사, 2004), p.374.

의미한다. 이러한 자질은 통일 과정에서나 그 이후에 한국사회에 반드시 필요한 것들이다. 따라서 통일교육은 기본적으로 민주시민 양성의 목표와 일치된다.

8. 결론

우리의 통일교육에 있어서 전통적으로 가장 강조하여 내세운 목표는 바로 민족의 단결, 통합이었다. 남한이건 북한이건, 혹은 좌익이건 우익이건, 공통적으로 민족 내부의 동질성을 확보하고, 이질성을 완화하여 민족공동체를 형성하는 것을 우리 민족의 가장 큰 과제로 내세우고 있다. 민족공동체 교육은 남북한의 체제 대결적인 교육에서 탈피하고 단일민족으로서의 민족의 화해와 통합을 모색한다는 점에서 의의를 찾을 수 있다. 민족공동체 의식은 우리 민족이라면 누구나 가지고 있는 생각으로, 만약 이러한 의식이 없다면 통일은 거의 불가능할 것이다.

민족공동체란 일반적으로 '민족국가'로서 갈등과 분쟁을 지양하고 민족의식과 국가의지를 바탕으로 하여 공동체의 기능과 문화를 통합하여 더 이상적인 민족의 미래상을 제시하는 동질적인 집단을 말한다.[18] 민족공동체교육은 단일민족으로서 북한 동포에 대해서 일체감을 갖고, 민족과 역사에 대한 감수성을 길러서 통일에 대한 의지를 갖게 하는 교육이다. 이는 통일 이후에 일어날 혼란과 갈등, 여러 가지 손실들을 견디고 극복하기 위해서도 반드시 필요하다. 따라서 반공교육에 의해 만들어진, 북한을 무조건 부정적으로 보는 시각에서 벗어나 미래를 함께할 동반자로서의 시각을 가질 필요가 있다. 단일민족으로서의 일체감을 일깨우기 위해서 남북한 공통의 민족문화에

18) 한흥수, 「민족주의와 민족공동체의 형성」, 한국정신문화연구원 편, 『민족의식의 탐구』(성남: 한국정신문화연구원, 1985), p.226.

대한 교육이 필수적인데 이를 위해 역사와 언어, 사회문화적 측면에서의 교육에 중점을 두어야 한다. 따라서 적어도 양측이 합의할 수 있는 공통의 교육과정 내지는 교육 내용에 대한 고민이 필요하다. 하지만 현실적으로 인문 교과에서 그것이 힘들기 때문에 수학, 과학, 기술, 직업 등 비교적 사상성이 덜 들어가 있는 교과부터 거부감 없이 공동으로 가르치고 연구할 수 있는 영역부터 찾아야 할 것이다.

민족공동체교육은 주변 국가에 대한 이해와 국제화시대에 걸맞은 시민성 교육과 병행되어야 한다. 그리고 이러한 개방적 민족주의에 대한 교육은 반드시 우리 교육의 과제라기보다 동아시아 교육 전체의 문제이다. 반성적 시각을 결여한 민족주의가 얼마나 위험한 형태로 발전할 수 있는가를 우리는 독일의 나치, 일본의 군국주의 등에서 보아왔다.

통일교육이 지속적으로 학습자들에게 설득력을 갖기 위해서는 민족의식을 강조하는 것 이외에 새로운 접근 방법이 요구된다. 민족의식은 아직도 우리 사회에서 가장 설득력이 강한 국민의식 단결의 수단임에도 불구하고, 북한과 남한을 민족의식만 가지고 연결시키기에는 그 연결고리가 많이 약해진 것이 사실이다. 이미 분단 60년이 넘어선 시점에서 북한과 남한의 혈연적 관계를 공감하는 세대보다는 그렇지 않은 세대들이 사회에서 활동하고 있으며, 앞으로는 더욱 심해질 것이다. 장기적으로 통일에 대한 의지는 남북한 모두 상당히 약해질 것이 분명하다.

그럼에도 불구하고 만약 통일의 과정이 가속화된다면 독일의 경우처럼 민족의식이 강조될 것이 분명하다. 따라서 민족 개념에 대한 남북한의 합의가 필요하다. 우리 민족은 단일민족으로서 반만년의 유구한 역사를 자랑하고 있다. 통일신라부터 거슬러 올라가서 생각해 보아도 1,300년이 넘는 세월 동안 통일국가 형대를 유지해 왔다. 하시만 분단 이후 남한과 북한은 서로 다른 정치적 정체성을 유지해 왔으며, 그로 인해 현재로서는 서로 다른 역사관을 가지고 있다. 1989년 북한에서 발표된 '우리 민족 제일주의'는 그러한 차이를 보여주는 예이다. 이러한 차이를 무시하고 통일에 있어 민족을 최우선의 가치로 삼는다는 것은 결국 대중의 감성에 호소하여 단기적인 성과를 거둘 수 있을지 몰라도 통일 이후의 장기적인 관점에서 볼 때나, 앞으로 급속히 진행된 우리 사회의 다문화화에 얼마나 긍정적인 영향을 줄지는 의문이다.

통일이 되어 하나의 국가를 이룬다는 의미는 그 국가의 국민들이 하나의 통일된 정체성을 갖게 된다는 의미이다. 우리의 경우 남한과 북한은 60년이 넘는 분단에도 불구하고 같은 민족으로서의 내적인 자각을 잃지 않고 있다. 지금까지의 통일교육은 이러한 같은 민족으로서의 정체성을 회복하는 것에 중점을 두고 있었다. 하지만 민족으로서의 내적인 정체성만 가지고 사회통합을 이끌어내기에는 부족함이 있다. 우리가 민족에 대해서 갖는 이미지는 혈연적, 지연적인 인간관계에 기반한 것이다. 거기에 일본 제국주의 침략에 의한 반발로서 혈연, 지연 공동체의 자주성을 지키기 위해서 발양된 것이다. 이러한 민족주의는 산업화 이후 다원화, 복잡화된 사회 속에서 일정한 한계를 가질 수밖에 없다.

[참고문헌]

권오정 외, 『민주시민교육론』(서울: 탐구당, 1987).
김누리 편, 『머릿속의 장벽』(서울: 한울아카데미, 2006).
박명규 외, 『2008 통일의식조사』(서울대학교 평화통일연구소, 2008).
박성조, 『한반도 붕괴』(서울: 랜덤하우스, 2006).
임수호, 『계획과 시장의 공존』(삼성경제연구소, 2008).
임지현, 『민족주의는 반역이다』(서울: 소나무, 1999).

정창우, 『도덕교육의 새로운 해법』(서울: 교육과학사, 2004).
한만길, 『통일교육의 이론과 실천』(서울: 교육과학사, 2001).
고미숙, 「정체성 교육의 새로운 접근」, 『한국교육』, Vol. 30, No. 1(2003).
김병웅, 「독일민주공화국의 민족개념의 변모」, 『평화연구』, Vol. 8(1983).
박균열, 「학생들의 안보의식 연구: 도덕 교과를 중심으로」, 『국방연구』 51권, 3호(2008).
원준호, 「헌법애국심과 통일 독일의 정체성 문제」, 『국제지역연구』, Vol. 6, No. 3(2002).
정갑영, 「역사의 단절인가, 역사의 연속인가」, 『현상과 인식』, Vol. 16, No. 1(1992).
한흥수, 「민족주의와 민족공동체의 형성」, 한국정신문화연구원 편, 『민족의식의 탐구』(성남: 한국정신문화연구원, 1985).
Anderson, Bendict, *Imagined Communities: Reflections on the Origin and Spread of Nationalism*(London: Verso, 1991).
Bloom, William, *Personal Identity, National Identity, and International Relations*(Cambridge: Cambridge University Press, 1993).
Liebscher, Reinhard, *SOZIALREPORT 2008: Daten und Fakten zur sozialen Lage in den neuen Bundesländern*(Berlin: Sozialwissenschaftlichen Forschungszentrum Berlin-Brandenburg e. V., 2008).
Maaz, Hans-Joachim, *Der Gefühlsstau*(Berlin: Argon Verlag, 1990).
Shafer, Boyd, *Nationalism: Myth and Reality*(New York: Harcourt Brace and World, 1955).
Viroli, Maurizio, 김경희·김동규 옮김, 『공화주의』(서울: 인간사랑, 2006).

제13장
북한이탈 청소년 적응 지원 전환교육*

서승희**

1 서론

사람은 누구나 자신이 살던 터전을 벗어나 새로운 상황에 적응하기 위해서는 많은 어려움을 겪게 된다. 자신이 자발적으로 선택하고 많은 준비를 한 후에 이주를 하더라도 적응이 어려운 상황인데, 북한이탈 청소년들은 전혀 준비되지 않은 상태에서 새로운 사회로 진입하여 적응해야 한다. 게다가 성인으로 삶을 준비하는 청소년기의 기본적인 발달 과업이 복합적으로 작용할 때 북한이탈 청소년의 남한사회 적응은 결코 쉬운 일이 아니다.

그런데 남한으로 입국한 북한이탈 청소년들은 대부분 짧은 기간의 기초 적응교육을 받은 후 남한의 일반 학교로 입학하여 남한 학생들과 같이 교육을 받게 된다. 남한의 교육과정이나 교육 용어에 익숙하지 않고 교육의 공백이 있는 북한이탈 청소년들이 학교생활에 적응

* 이 장은 필자의 박사학위논문의 일부를 수정 · 보완한 것이다. 서승희, 「북한이탈 청소년 전환교육모형 연구」(서울대학교 대학원 박사학위논문, 2010).

** 염경중학교 교사. sh6702@chol.com

하지 못하고 중도탈락하거나 학교에 다니더라도 졸업장을 획득하기 위해 무기력하게 학교생활을 이어가는 경우가 많다.1) 학교생활에 적응하지 못하는 학생들이 많아지자 북한이탈 청소년들만 따로 교육시키는 특성화 학교와 학교에서 벗어난 학생들에게 교육의 기회를 제공하는 민간단체 교육기관들이 생겨나게 되었다. 하지만 이들 교육기관들은 모두 북한이탈 청소년들이 현재 직면한 학교생활 부적응 문제에만 초점을 맞추고 있어 상급학교에 진학하거나 사회로 진출한 후에 또다시 부적응과 일탈, 방황을 겪는 경우가 발생하게 되었다.

그리고 북한이탈 청소년을 지원하는 지원 실무자들 입장에서도 이들에게 적절한 시기에 필요한 지원을 할 수 있는 여건이 충분하게 마련되어 있지 않아 많은 어려움을 겪고 있다. 교사나 자원봉사자들이 개인적인 사명감이나 의무감만으로는 해결할 수 없는 구조적인 문제들과 과중한 업무로 인해 실제적으로 북한이탈 청소년들을 지원하는 지원 실무자들의 불만도 고조된 상황이다.

이러한 중첩적인 문제점을 해결할 수 있기 위해서는 무엇보다 북한이탈 청소년 적응교육에 대한 전체적인 시각의 전환이 필요하다. 북한이탈 청소년이 현재 남한사회에서 겪는 부적응의 해결이 적응교육의 목표가 아니라 북한이탈 청소년이 가진 능력을 바탕으로 남한사회의 건전한 성인으로 성장할 수 있도록 지원하는 것이 적응교육의 목표가 되어야 한다. 즉, 남한 청소년과 비교하여 북한이탈 청소년의 부족한 면을 보충하는 것이 아니라 북한이탈 청소년이 가진 개인적 자원을 활용하여 남한사회에서 건전한 성인으로 살아갈 수 있는 능력을 키워주는 데 초점을 맞추어야 한다는 것이다. 그러기 위해

1) 북한이탈 청소년의 중도탈락률은 2008년 기준 평균 6.1%로 일반 남한 학생의 0.96%보다 6배 이상 높은 것으로 나타났다. 그리고 이들 중 39.9%가 중도탈락의 사유로 지적한 것이 부적응이다. 교육과학기술부 보도자료(2009. 8. 13).

서는 북한이탈 청소년 개개인의 요구와 능력을 정확하게 파악하여 이들이 올바른 진로를 선택할 수 있도록 하는 진로교육과 진로에 알맞은 준비를 할 수 있는 환경적 조건을 제공하여야 한다.

장애인을 위한 특수교육 이론에서 출발한 전환교육 이론은 이러한 복합적인 문제들을 해결할 수 있는 전체적인 교육적 방향과 틀을 제공하고 있다. 전환교육은 진로교육과 직업훈련 등을 통해 삶의 전환과정에 사회가 적극적으로 개입하여 장애인들이 독립적인 성인으로서 성공적인 생활을 영위하도록 돕는 지원 서비스이다.[2] 전환교육은 사회적으로 불리한 입장에 놓인 장애인들을 사회복지 수혜집단으로만 규정하지 않고 독립적이고 당당하게 역할을 할 수 있는 사회 구성원으로 생활할 수 있도록 지원하는 것이 목적이다. 그래서 전환교육은 장애인을 위한 서비스로 시작되었지만, 다양한 이유로 불리한 입장에 있는 사람들이 사회의 소외계층으로 자리 잡지 않고 독립적인 사회 구성원으로 역할을 할 수 있도록 지원하는 데 유용한 이론적 틀이 될 수 있다. 북한이탈 청소년들 역시 장애인은 아니지만 환경의 급격한 변화로 인해 사회적으로 불리한 위치에 놓여 있고, 적절한 지원을 받지 못하면 성인이 되었을 때에도 사회복지의 수혜를 받는 소외계층으로 남아 있을 가능성이 높다. 그러므로 전환교육을 통해 성인으로 성장할 때까지 사회의 적극적인 개입과 지원을 제공하여야 한다.

전환교육은 자신의 능력과 환경을 확인하고 진로를 선택하게 하는 진로교육과 직업훈련이 포함되어 있어, 현재 직면한 문제에 대한 해결뿐만 아니라 장기적 안목에서 발생할 수 있는 부적응의 문제까지

---

2) P. L. Sitlington, G. M. Clark, O. P. Kolstoe, *Transition Education and Services for Adolescents with Disabilities*(Boston: Allyn and Bacon, 2000); 박승희 · 박현숙 · 박희찬 옮김, 『장애청소년 전환교육』(서울: 시그마프레스, 2006), pp.48-50.

대비할 수 있게 된다. 자아정체성이 확립되고 사회 구성원으로서 역할을 준비하는 청소년기에 긍정적인 자아상을 확립하고 진로에 대한 구체적인 계획을 세우고 실천할 수 있도록 적극적으로 지원한다면, 남한사회의 일원으로서 뿐만 아니라 남북통합의 과정에서 중요한 역군으로 역할을 하는 성인으로 성장할 수 있을 것이다. 이 논문에서는 현재 진행되고 있는 북한이탈 청소년 지원체계의 문제점을 지적하고, 이러한 지원체계의 문제점을 보완할 수 있는 전환교육 코디네이터 제도에 대하여 살펴보고자 한다.

2. 북한이탈 청소년 지원체계의 문제점

1) 일관성과 체계성의 부족

북한이탈 청소년에 대한 지원체계가 가진 가장 큰 문제는 일관성과 체계성이 부족하다는 것이다. 먼저 정부의 북한이탈 청소년 지원 업무가 그러하다. 왜냐하면 정부 각 부처에서 북한이탈주민에 대한 지원 업무를 일부분씩 나누어 맡고 있어 북한이탈 청소년 지원에 대한 역할 분담이 명확하지 않기 때문이다. 북한이탈 청소년 지원 업무를 맡은 정부의 각 부처 및 기관들은 기존의 업무 위에 가중된 업무로 생각하여 전문적인 인력이 배치되거나 정확한 지원 방침이 정해져 있지 않은 경우가 많다. 이로 인해 북한이탈 청소년을 지원하는 교사나 지원단체 입장에서는 정부의 교육 목표나 방향이 일정하지 않고 책임 소재가 분명하지 않아 일관성 있고 효과적인 지원을 받을 수 없다는 불만을 나타내고 있다. 또한 북한이탈 청소년이나 학부모 입장에서도 지원 기관마다 교육 방향이나 담당자가 다르고 업무에 대한 이해가 부족하여 필요한 지원을 요구하는 데 어려움을 겪고 있다.[3] 현재 교육과학기술부 산하에 탈북청소년 지원센터가 설치되어 이러한 문제점을 해결하고자 하고 있으나 아직 초기 단계이고, 북한이탈 청소년 교육에 대한 교육 방침이나 교육 인력의 공급, 지원체계를 조정하는 결정력을 가진 기관이 아니라서 이 센터를 중심으로 전체적으로 일관적인 교육 시스템이 마련되었다고는 보기 어렵다.

그리고 민간단체의 지원체계는 각 단체의 성향에 따라 각기 다른 교육 내용과 지원체계를 형성하고 있다. 기본적으로는 북한이탈 청소년이 당면한 현실적인 문제해결을 목표로 하고 있지만 각 단체가 가진 종교적 색채나 단체의 성향이 강조되어 본래의 취지를 흐리게 되는 경우도 있다. 또한 정부 부처의 지원을 받지 못해 북한이탈 청소년 교육을 적극적으로 실시하고 있음에도 불구하고 심각한 재정적 어려움으로 인해 양질의 교육 환경을 제공하고 있지 못하는 경우도 있다. 북한이탈 청소년이 남한으로 입국한 후 어느 단체와 연결되어 지원받느냐에 따라 지원의 정도나 교육 내용이 달라져 북한이탈 청소년들 간에도 교육과 지원에 대한 형평성 문제가 발생할 수 있다.

이 외에도 북한이탈 청소년에 대한 지원체계가 북한이탈주민들이 밀집된 지역을 중심으로 형성되어 있어, 지방이나 북한이탈주민의 수가 적은 동네에 살고 있는 북한이탈 청소년은 상대적으로 서울이나 수도권에 살고 있는 아이들에 비해 필요한 정보나 지원을 받지 못하는 경향이 있다. 이러한 지역간 지원 불균형 현상은 북한이탈 청소년의 수도권 집중 현상을 발생시키는 원인의 하나가 되고 있다.

이러한 외면적인 지원체계의 문제점 외에 교육 내용의 일관성이나 체계성이 부족한 것은 더욱 큰 문제를 야기한다. 이제까지의 북한이

---

3) 북한이탈 청소년을 담당하는 부서에서도 담당 인력이 자주 교체됨으로 인해 업무의 지속성과 책임성이 보장되고 있지 못하다. 그렇기 때문에 북한이탈 청소년 지원 문제로 관련부서와 접촉하는 교사나 학부모, 관련단체 관계자들의 불만이 높아지고 있다. 김경준 · 이수정 · 김헌아 · 원재연 · 윤상석, 「북한이탈 청소년 종합대책연구 III: 정규학교 재학 북한이탈 청소년들의 진로탐색에 대한 질적 연구」(한국청소년정책연구원, 2008), pp.47-49.

탈 청소년에 대한 적응교육은 하루빨리 남한사회에 진입하여 안전하게 안착하게 하는 것을 목표로 하여 주로 지금 당면한 눈앞의 문제에만 초점이 맞추어져 있었다. 하지만 북한이탈 청소년에 대한 개별적인 고려와 전체적인 삶의 과정을 고려하지 않은 상태에서 이루어진 긴급구호적인 적응교육은 이미 그 한계를 드러내고 있다. 초등학교에서 잘 적응하였던 북한이탈 아동이 상급학교로 갈수록 오히려 적응력이 떨어진다든지, 학교생활에 적응하지 못하고 중도탈락하는 학생 비율이 학년이 올라갈수록 증가하고 있다는 것은 북한이탈 청소년에 대한 단기적 안목의 적응교육이 가지고 있는 한계를 보여주는 것이다.

이런 한계는 북한이탈 청소년에 대한 교육이 체계적으로 이루어지지 않는다는 데서 출발하고 있다. 미리 교육 목표를 설정하고 교육과정을 만든 후에 북한이탈 청소년을 교육시킨 것이 아니라, 북한이탈 청소년이 급증하자 이들에 대한 대책으로서 교육이 급조되어 진행되었기 때문에 북한이탈 청소년에 대한 이해도 부족하고 이들에게 알맞은 구체적인 교육과정이나 체계가 부족할 수밖에 없는 현실이었다.

현재 대부분의 공교육에서는 기초학력 부진과 대인관계 기술 부족으로 인해 북한이탈 청소년들이 학교생활에 적응하지 못하고 중도탈락하거나 학교생활에 흥미를 잃고 그냥 왔다 갔다만 하는 경우가 많다. 이러한 아이들을 대상으로 민간단체에서 진행하는 대안교육들은 검정고시와 같은 학력 인정을 위한 시험 대비에만 주력하고 있는 상황이다.

북한이탈 청소년에 대한 체계적이지 못한 교육은 북한이탈 청소년을 사회의 주변인으로 소외시키는 원인이 될 수 있다. 대부분의 북한이탈주민들이 남한사회에서 성공적으로 적응하여 자립하지 못하고 사회보장제도의 수혜자로 살아가고 있는 상황에서, 북한이탈 청소년에 대한 적응교육이 먼 미래를 내다보며 이루어지지 않는다면, 이들 역시 사회보장제도의 잠재적인 수혜자가 될 뿐이다.

2) 전문 인력의 부족

일반 학교에서 북한이탈 청소년을 담당하는 교사들은 북한이탈 청소년을 담당하기 전에는 이들에 대한 정보를 얻거나 전문적인 교육을 받은 적이 없는 경우가 대부분이다.4) 막상 북한이탈 청소년을 담당하고 보면 어떻게 도와주어야 하고 어떻게 교육시켜야 할지 막막하게 된다. 이들이 학교생활에서 겪는 어려움에 직면하고서야 비로소 관심을 갖고 필요한 정보를 수집하게 된다. 하지만 우리나라 학교제도에서는 해마다 담임이 바뀌고 특히 중고등학교에서는 과목마다 교사가 다르다 보니 이들에 대해 충분한 사전 정보를 바탕으로 적절한 교육을 한다는 것은 불가능한 일일 뿐이다.

교사들은 일단 북한이탈 청소년을 담당한 이상 이들에게 필요한 적절한 도움을 주고 싶어 한다. 하지만 정보도 부족하고 학교에서 지원할 수 있는 내용에도 한계가 있기 때문에 대부분의 일반 교사가 할 수 있는 일은 단지 한 해 아무 문제없이 조용하게 보호하다가 다음 학년으로 진급시키는 것이다. 이로 인해 북한이탈 청소년들도 수업을 알아들을 수 없거나 교사와의 관계가 원만하지 않을 때, 학교생활에 대한 흥미를 잃어버리고 시간만 흘려보내거나 중도탈락을 선택하게 된다. 교사들 역시 북한이탈 청소년을 담당하여 기본적인 학교 업무 이외에 시간을 할애하여 북한이탈 청소년을 지도하지만, 제대로 된 정보나 교육과정, 적절한 지원이 없는 상태에서 교사의 무리한 헌신

---

4) 북한이탈 청소년 담당교사에 대한 연수가 필요하다는 질문에는 전문연수과정(27.5%)보다는 간단한 오리엔테이션(58.2%)을 원하였으나, 연수가 필요하다는 의견이 필요 없다는 의견(14.3%)보다는 많았다. 이는 북한이탈 청소년을 담당한 교사들이 북한이탈 청소년 지도에 어려움을 느끼고 있으며, 이들에 대한 기본적인 정보 부족이 가장 큰 어려움이라고 여기는 것으로 보인다. 정병호 · 양계민 · 이향규 · 임후남 · 황순택, 「새터민 청소년 사회적응력 제고를 위한 교육방안 마련 연구」(수원: 경기도 교육청, 2006), pp.172-173.

을 요구하는 상황은 교사들을 지치게 만든다. 결국 많은 교사들은 적극적인 지도를 포기하고 그냥 한 해 조용히 돌보고 다음 학년으로 진급시키는 것에 목적을 두게 된다. 기존의 업무에다 북한이탈 청소년 업무를 더하는 것은 북한이탈 청소년에 대한 적절한 교육 지원을 보장할 수 없다. 업무의 부담 외에도 직접적으로 북한이탈 청소년을 대면하는 교사들이 북한이탈 청소년에 대한 전문적인 이해가 부족하다면 이들의 요구를 정확하게 파악하여 교육을 진행하는 것은 불가능한 일이다.

학교생활에서 북한이탈 청소년에게 직접적인 도움을 줄 수 있으며, 그들이 도움을 받을 수 있는 존재로 느끼는 사람들은 바로 교사이다. 북한의 중학교에서는 졸업할 때까지 6년 동안 담임이 같으며, 이러한 경우 담임교사는 학교생활뿐만 아니라 개인적인 문제, 가정생활, 졸업 후 진로문제까지 학생들의 생활에 대해 전반적인 영향력을 행사한다. 그러나 북한이탈 청소년이 편입한 남한 학교의 교사들은 해마다 담임이 바뀌고, 북한이탈 청소년에 대한 전문적인 이해가 없는 상태에서 이들을 대하다 보니, 이들은 교사와의 관계에서 원하는 만큼의 지원을 받지 못하고 있다고 생각하게 된다. 교사들도 이들에 대한 전문적인 정보가 부족한 상태에서 담당하게 되어 학습 부진과 또래 관계의 어려움 등을 맡은 기간 동안 개선한다는 것이 불가능한 일로 느껴지게 되는 것이다.

그러므로 학교생활에서 좀 더 적극적인 교사의 지원을 가능하게 하려면 북한이탈 청소년을 담당하는 교사들에게 기본적인 오리엔테이션만 제공하는 것으로는 부족하다. 북한이탈 청소년은 특수한 경험과 배경을 가진 학생들이므로 일반 청소년과는 다른 각도에서 접근하여 그들이 교육적 성과를 올릴 수 있도록 지원하는 것이 필요하다. 그러므로 남북한 교육체계를 전반적으로 이해하고 자신이 가르치는 교과에서 남북한 차이를 알고 있는 전문적인 교사가 북한이탈 청소

년을 담당할 수 있을 때 더욱 교육적 효과가 높아질 수 있다.[5)]

북한이탈 청소년을 담당하는 전문 교육 인력의 부족은 이들에 대한 전문적인 교사 양성이 부족한 이유도 있지만, 이미 북한이탈 청소년 교육에 경험이 있는 교사들을 활용할 수 있는 시스템이 마련되지 않은 이유도 있다. 일단 정규 공립학교의 교사는 일정 기간이 지나면 학교를 순회하게 되어 있다. 북한이탈 청소년을 담당하여 수년 동안 경험과 노하우를 축적한 교사들이 북한이탈 청소년이 없는 학교로 전근을 가게 되면 그동안의 경험을 활용할 수 없는 것은 당연하다.

또한 북한이탈 청소년을 담당하는 교사들의 업무가 과다하여 북한이탈 청소년 담당을 꺼리는 이유도 있다. 기존의 업무에 북한이탈 청소년 업무를 가중시키다 보니 교사들이 지치고 힘들어 북한이탈 청소년에 대한 교육을 기피하게 된다.[6)] 북한이탈 청소년을 전문적으로 담당하는 인력의 보충, 업무에 대한 경감 대책이 마련되지 않는다면 북한이탈 청소년 교육의 효과를 기대하기 어려울 것이다.

3) 지원체계 간의 연계 부족

북한이탈 청소년을 담당하는 모든 관련자들의 요구가 지원체계 간의 연계와 협력이다. 지원체계 간의 연계와 협력이 없이는 이들에게 필요한 지원을 효과적으로 제공할 수 없고, 효율성이 떨어지는 것이 당연한 일이다. 북한이탈 청소년을 위한 적응교육 지원이 정부보다

---

5) 교육과학기술부에서는 이를 위해 북한 출신 전문 인력을 발굴하여 재교육한 후 방과후 교사, 멘토 교사로 활용할 계획이다. 교육과학기술부 보도자료 (2009. 8. 13).

6) 2008년 새터민 담당교사 208명을 대상으로 설문조사를 한 내용을 바탕으로 볼 때 근무시간이 너무 길고, 업무 부담이 크다는 결과가 나왔다. 권이종 · 이상오 · 김용구, 「새터민 청소년 교육 지원을 위한 법 · 제도 보완 방안」(통일부, 2008), pp.42-44.

민간단체를 중심으로 먼저 활성화되면서, 정부 주도의 공교육과 민간단체 중심의 대안교육 간의 의사소통이 원활하지 않았고, 각 단체들에 따라 산발적이고 단편적인 교육 형태를 갖게 되었다. 자생적으로 생겨난 대부분의 대안교육 시설들은 정부의 적극적인 지원을 받지 못해 재정적 어려움을 겪고 있으며 정부에서도 이들 대안교육 시설들에 대한 관리 감독의 권한을 가지고 있지 않아, 이들 기관이 가지고 있는 북한이탈 청소년에 대한 교육 노하우를 활용하거나 공교육과 교육 방향에 대한 통일성을 요구하지 못하고 있는 실정이다. 또한 현장에서 필요로 하는 지원과 정부에서 실시하는 지원사업 간의 의사소통도 원활하지 않다. 현장에서는 필요한 지원을 제대로 제공받지 못해 담당자들의 업무 부담이 높고, 북한이탈 청소년에게 적절한 지원을 할 수 없다고 생각하고 있으며, 정부에서는 현장의 요구들이 너무나 다양하기 때문에 이러한 요구들을 하나로 묶어 체계적으로 지원하기 어려워하고 있다.

그러므로 정부와 민간단체에서 북한이탈 청소년을 담당하고 있는 담당자들이 모여, 북한이탈 청소년이 성공적으로 남한사회의 일원이 될 때까지 필요한 지원을 어떻게 제공할 것인지에 대해 상호간의 역할 분담과 책임을 분명하게 하고, 필요한 지원에 대해 상호 협력이 가능하도록 협의할 수 있는 제도가 필요하다. 그래서 북한이탈 청소년이 어느 기관에서 교육을 받든지 누구나 공평하게 필요한 교육적 지원을 받을 수 있도록 교육과정을 체계화할 필요가 있다.

특히 북한이탈 청소년을 담당하고 있는 교사, 지원 담당자, 복지사 등 실질적인 업무를 하고 있는 사람들 간의 정보 교류와 협력은 필수적인 요소이다. 하지만 학교, 지역사회, 종교단체, 민간단체 등 다양한 기관에서 북한이탈 청소년 담당 실무자들이 수급되기 때문에 소속 기관이 달라 의사소통이 어렵다. 그뿐만 아니라 각 기관들 간의 의사소통 부족으로 역할 분담이나 책임 소재가 분명하지 않기 때문에 북한이탈 청소년 지원 업무를 소홀히 할 위험성이 발생할 수 있다. 그리고 직접적으로 북한이탈 청소년을 지원하는 과정에서 알게 된 정보나 구체적인 지원 내용 등에 대한 정보가 교류되지 않아 단편적인 지원이 중복적으로 이루어지거나 교육 내용이 누락되는 경우도 발생하게 된다.

북한이탈 청소년을 담당하는 지원 실무자나 지원체계 간의 의사소통뿐만 아니라 교육을 담당한 교사와 학부모 사이의 의사소통도 원활하지 않아 북한이탈 청소년과 학부모의 요구를 정확하게 파악하기 어려운 면이 있다. 북한이탈 청소년을 담당하고 있는 교사와 학부모에 대한 설문조사에서, 북한이탈 학부모의 경우 북한에서처럼 교육은 학교에서 전담해 주기를 바라는 반면에 교사의 입장에서는 가정에서 학생들을 제대로 관리하지 않는다고 생각하고 있어, 북한이탈 청소년의 부모와 교사 사이의 원활한 의사소통과 협력이 절실함을 보여주고 있다.[7] 교사와 학부모 사이의 정보 교류와 협력은 북한이탈 청소년 교육에 가장 필수적인 요소이다. 가정과 학교의 연계 교육이 이루어지지 않는다면 교육의 효과를 기대하기 어렵기 때문이다.

이상의 논의에서 볼 때 북한이탈 청소년 지원체계 간의 네트워크를 활성화하기 위해서는 필요한 경우에 정보와 지원을 요청할 수 있는 중간 기관과 지원 실무자 간의 상호 협의가 가능한 모임이 절실하게 필요하다. 이러한 모임이나 기관이 있어야 북한이탈 청소년을 담당하는 전문 인력 인프라가 구성되고 북한이탈 청소년의 요구와 필

7) 대부분의 교사들이 북한이탈 청소년의 학부모와 면담은 1회(22%) 내지 2회(16.5%)에 그치는 경우가 많아 북한이탈 청소년을 담당한 교사와 학부모 간의 의사소통이 원활하지 않음을 알 수 있다. 그리고 북한이탈 학부모와의 관계에서 어려운 점으로 든 것은(복수응답) 준비물과 숙제를 잘 안 챙겨 보낸다(42.9%), 아이의 학교생활에 무관심하나(29.9%), 아이들의 생활관리를 잘 안 한다(26.0%), 대화가 잘 안 된다(20.8%), 불평과 항의가 많다(19.5%) 등이었다. 같은 논문, pp.169-192.

요한 전문 인력을 연결시켜 줄 수 있어 북한이탈 청소년이 어디에 있든지 공평하게 지원을 받을 수 있게 될 것이다.

또한 일선에서 북한이탈 청소년을 담당하는 교육자들과 학생, 학부모가 함께 정보를 나눌 수 있는 정보 네트워크의 형성도 북한이탈 청소년 교육의 효과를 높이고 정보 교류를 활성화하는 데 도움이 될 것이다. 이는 시간과 여력이 부족한 학부모나 교육 담당자들도 정보를 교류하고 협력하는 데 참여가 가능하게 하며, 필요한 정보와 자료를 즉각적으로 구할 수 있다는 장점이 있다.

현재 북한이탈 청소년 교육을 담당하고 있는 사람들과 새롭게 교육을 담당하게 될 사람들이 함께 참여하는 지원 실무자 간의 네트워크가 형성되어야 한다. 이는 현재 교육을 담당한 사람과 다음에 교육을 담당한 사람 사이에 정보 전달이 용이하게 하여 북한이탈 청소년의 교육이 지속적이고 일관성 있게 진행되도록 한다. 현재 대부분의 북한이탈 청소년에 대한 교육은 현재 담당자가 교육한 내용을 다음 담당자가 알 수 없기 때문에 북한이탈 청소년과의 면담을 통해 수집한 정보만으로 새로운 교육을 시행하게 된다. 그래서 북한이탈 청소년 입장에서는 교사가 바뀔 때마다 교육 내용이 중복되는 것을 감수해야 하며, 교육을 담당한 교육자 입장에서는 교육과정과 교육 내용을 선정할 때 어려움을 겪게 된다. 그러므로 지원 실무자 간의 네트워크 형성은 업무의 효율성을 상승시키는 효과를 가져올 것이다.

3. 전환교육 코디네이터 제도의 필요성

1) 교육의 평등권 보장

현대 민주주의 국가는 대부분 국민이 평등하게 교육받을 권리를 보장하고 있다. 평등하게 교육받을 권리란 동등한 교육의 기회 제공과 개인의 능력에 따라 알맞은 교육을 받을 수 있는 권리를 모두 포함하고 있다. 우리나라에서도 헌법 제31조에서 '능력에 따라 균등하게 교육받을 수 있는 권리'를 규정하고 있으며, 이것은 모든 아동이 학교에 취학할 수 있는 '취학권'과 학교에 다니는 모든 아동이 그들의 소질을 최대로 개발할 수 있는 '학습권'이 모두 보장될 때 가능하게 된다.8) 또한 평등의 개념을 지나치게 '동일성의 원리'로만 이해할 경우 획일주의에 빠질 수 있으므로, 능력과 필요, 취향이 다른 개개인에게 '다름'에 따른 적절한 교육을 다양하게 제공하는 것을 평등으로 보는 '적합성의 원리'로 이해해야 한다.9) 북한이탈 청소년에 대한 교육적 지원을 남한의 소외계층 청소년에 대한 지원과 비교하며 지나치게 과하다고 보는 경향이 있으나, 이러한 적합성의 원리에 따르면 불리한 상황에 처해 있는 북한이탈 청소년에게 필요한 적절한 교육적 지원을 하는 것은 정당한 것이다. 오히려 남한 청소년들과 공정한 경쟁을 할 수 없는 이들을 학교교육 제도 속에 투입시키고 스스로 살아남기를 바라는 것이 평등의 원리에 어긋난다고 볼 수 있다.

북한이탈 청소년의 경우 남한의 청소년들과 비교할 때 청소년기의 기본적인 발달 과업을 수행하는 과정에서 많은 장애를 겪을 수밖에 없다. 비슷한 또래들과 비교할 때 기초 실력이나 대인관계 기술, 필요한 지원을 요구할 수 있는 사회적 관계망의 부족 등 스스로 진로를 선택하고 학습을 해나갈 수 있는 기본 바탕이 부족하기 때문이다. 또한 남한사회의 문화에 익숙하지 않기 때문에 필요한 지원을 요청하거나 획득하는 방법도 미숙하며, 부모 역시 이러한 북한이탈 청소년

8) 김정권, 『개별화 교육의 배경, 개별화 교육 프로그램의 이론과 실제』(대구: 대구대학교 출판부, 1996), p.13; 이유훈 · 김형일, 『개별화 교육계획의 구안과 실행』(서울: 교육과학사, 2008), p.9.

9) 이돈희, 「수요자 중심 교육과정의 정당성」, 『교육과정 연구』 14(1)(1996), p.4.

에게 필요한 지원을 제공하기 어렵다. 청소년기에 성인으로 삶을 준비하며 스스로 독립적인 삶을 살아갈 수 있는 준비를 하는 것이 기본적인 발달 과업이라면 어떤 상황의 청소년이라도 스스로 그런 능력을 갖출 수 있도록 지원해야 한다.

전환교육은 본래 장애를 가지고 있어 스스로 독립적인 삶을 준비하기 어려운 장애 학생들을 지원하는 교육 서비스이다. 북한이탈 청소년이 특정 장애를 가지고 있는 것은 아니지만 급격한 환경의 변화로 인해 스스로 청소년기의 발달 과업을 수행하기 어려운 상황에 놓여 있다. 장애의 다양한 정의 속에는 이러한 환경적 요인에 의한 불리한 조건도 포함되어 있다. 장애의 개념에 대한 다양한 정의를 살펴보면 ILO와 UN의 장애인 권리선언과 한국 장애인복지법에서는 장애를 손상과 기능장애의 두 차원으로 나누어 정의하고 있으나, WHO의 국제 장애 분류에서는 손상, 기능장애, 그리고 사회적 불리의 세 차원으로 장애의 개념을 나누어 정의하고 있다.[10] 여기에서 사회적 불리는 단순한 행동의 제한이 아닌 사회적 역할 제한이나 근로 제한의 의미를 포함하고 있다. 장애를 사회적 불리의 개념으로 정의할 때 여성, 노인, 소수민족과 같이 환경적 요인으로 인해 활동에 제한을 받을 수 있는 사람들이 이에 해당한다고 볼 수 있다. 이러한 맥락에서 북한이탈 청소년의 경우는 손상이나 기능장애는 아니지만 급격한 환경 변화로 인해 사회적 역할이나 근로에 있어 제한을 받을 수 있는 사회적 불리를 경험하고 있는 것이다. 그러므로 북한이탈 청소년들에게도 성인으로 독립적인 생활을 준비하는 과정에서 장애 학생들과 마찬가지로 적극적인 지원이 제공되어야 한다.

또한 최근 특수교육계는 장애라는 용어 대신 '특수교육 요구 아동'이라는 용어를 사용한다.[11] 이는 장애를 바라보는 시각의 전환을 의

10) 이지연 · 김은주, 「중등단계 특수교육 대상 학생의 진로지도 현황 및 정책과제」(한국직업능력개발원, 2003), p.19.

미하는 것으로 장애를 모든 사람에게 가능한 '다양성'으로 인정하여 장애에 관한 개념을 더 긍정적으로 수용하고 모든 학생의 개인적 요구를 존중할 수 있는 교육의 기능과 역할을 강조하는 것이다. 즉, 장애를 가진 학생이나 일시적으로 특수한 교육적 요구가 필요한 학생들이 자신의 교육에 필요한 사항을 사회에 요청할 수 있으며, 사회는 이들에 대해 획일적인 지원보다는 개별적인 지원을 수행해야 한다는 것을 의미한다.

전환교육 코디네이터 제도는 특수한 교육적 요구를 하는 학생들에 대한 개별적인 교육 지원을 효과적으로 수행할 수 있는 제도이다. 일반적인 교육과정에서 제공할 수 없는 특수한 교육적 지원이 필요한 학생들에게 전환교육 코디네이터가 파견되어 성인 단계까지 필요한 지원을 스스로 탐색하고 지원받을 수 있도록 도와주는 것이다. 전환교육 코디네이터는 개인의 성장 단계에 맞추어 필요한 교육 내용과 성인 단계로의 준비를 탐색하고 이들을 지원할 수 있는 지원 기관이나 전문가들을 연결하는 역할을 한다. 그러므로 전환교육 코디네이터 제도는 개인의 개별적인 교육 요구를 충족시켜 모든 국민이 적절한 교육을 받을 수 있는 권리를 보장하는 제도이다.

북한이탈 청소년들도 스스로 독립적인 성인으로 성장하는 데 필요한 준비를 하기 어려운 특수한 교육적 요구를 가진 집단이다. 게다가 북한이탈 청소년 각자가 가진 배경이 다양하여 집단을 대상으로 한 단일한 교육 지원으로는 효과를 거두기 어려운 상황이다. 전환교육 코디네이터 제도는 이러한 북한이탈 청소년의 특수한 교육적 요구를 충족시켜 줄 수 있는 제도로 북한이탈 청소년들이 건전한 성인으로 성장하는 데 필요한 적절한 지원을 할 수 있을 것이다.

11) 같은 논문, p.1.

2) 개인별 맞춤 교육

북한이탈 청소년 적응교육의 기본 목표는 이들이 남한사회 구성원으로서 자신의 삶을 개척하는 건전한 성인으로 자라나게 하자는 것이다. 더 나아가서 이들이 성공적으로 정착할 경우 통일 이후 남북한 사회통합의 역군으로 활약할 수도 있을 것이다. 그러므로 우리는 북한이탈 청소년들이 더 성공적으로 적응할 수 있도록 체계적으로 지원하는 방안을 마련해야 한다.

지금 이루어지고 있는 북한이탈 청소년 적응교육은 심각한 정서적 충격과 학력 결손, 남한사회에 대한 이질감 등의 눈앞에 닥친 현실적인 문제를 해결하는 일에 급급하여, 북한이탈 청소년의 개별적인 발달 과정이나 개인적인 요구를 반영하는 작업과 건전한 성인으로 자라나는 데 필요한 능력을 기르는 교육 등이 조화되지 못하고 있다. 대부분의 북한이탈 청소년 교육기관에서는 남한의 문화를 이해하고 남한사회에 적응하는 데 필요한 학력을 인정받기 위한 교육에 초점을 맞추고 있다. 주로 현재 다니고 있는 학교의 졸업이나 상급학교 진학, 필요한 자격증의 획득을 목표로 하고 있는 경우가 많아 오히려 학교를 졸업한 이후나 상급학교로 진학한 후에 더 심각한 부적응을 겪게 되는 상황도 발생하고 있다.

좀 더 근본적인 문제해결을 위해서는 북한이탈 청소년의 개인적인 발달 과정에 따라 스스로 자립하여 건전한 성인이 될 수 있는 맞춤형 교육이 필요하다. 대부분의 북한이탈 청소년은 특례입학을 통해 남한 청소년들도 가기 어려운 대학들에 입학할 수 있고, 학비도 전액 면제되는 혜택이 주어지고 있어 많은 학생들이 고졸 자격을 획득하여 대학에 입학하고 싶어 한다. 하지만 대학에 입학한 북한이탈 청소년들이 학업을 따라가지 못해 중도에 탈락하는 비율이 높고, 기초학력이 턱없이 부족함에도 불구하고 대학 입시를 위해 시간을 낭비하는 학생들도 있다. 또한 현실적인 상황이나 자신의 능력에 대한 이해가 부족한 상황에서 일반 학교에 편입학한 학생들이 학교생활에 적응하지 못하고 좌절감과 소외감으로 중도탈락하거나 일탈의 유혹에 빠지기도 한다.

북한이탈 청소년이 남한사회에서 남한 청소년에 비해 기본적인 자원이 부족한 것은 사실이다. 하지만 이들이 남한사회에 적응한다는 것이 곧 남한 청소년이 되는 것을 지향하자는 말은 아니다. 북한이탈 청소년들이 자신이 가진 모습을 있는 그대로 인정하고 자신의 장점을 살려 남한사회에 맞게 발전시켜 나갈 수 있는 기회를 제공해야 한다. 현재의 교육 지원 정책은 북한이탈 청소년이 남한 청소년과 비교하여 자신의 부족한 점을 보충하는 것에 목표를 두고 있어 쉽게 좌절하거나 포기할 수 있다. 특히 나이가 많은 청소년일수록 남한 청소년과의 격차를 좁히는 데 한계가 있음을 인정할 수밖에 없다. 전환교육 코디네이터 제도는 다른 사람과 비교하거나 경쟁하지 않고 개인의 발달 상황이나 현실적인 상황을 고려하여 자신의 속도에 맞게 교육과정을 선정하고 필요한 지원을 받을 수 있도록 지원하는 개인별 맞춤 교육이다. 즉, 북한이탈 청소년들이 자신의 약점에 초점을 맞추지 않고 자신이 가진 장점과 능력을 확인하고 자신의 성장 속도에 알맞은 교육과정과 진로를 선택할 수 있도록 지원하고자 하는 것이다. 전환교육 코디네이터는 먼저 자신의 능력이나 욕구, 선호, 흥미 등을 정확하게 이해하고, 남한사회에 존재하는 수많은 직업과 자신이 처한 현실에 대한 이해를 할 수 있는 기회를 제공하여 북한이탈 청소년이 스스로 진로를 선택하고 계획하게 도와준다. 그리고 자신이 정한 진로 선택에 필요한 교육과정을 선정하고 필요한 지원을 받을 수 있도록 지원 실무자 및 지원 기관과의 연결을 도와준다.

현재 학교교육에서 심각한 학력 결손과 방황으로 학교생활의 하위 그룹으로 전락하고 있는 북한이탈 청소년들을 그대로 방치할 경우,

사회의 부담과 불안을 가져오는 미래의 하층민 그룹으로 전락할 가능성도 있다. 그러므로 초기 비용이 좀 많이 들더라도 북한이탈 청소년들에게 개별적인 특징에 알맞은 진로 지도와 적극적인 지원을 제공하여 성공적인 성인으로 자랄 수 있도록 하는 것이 북한이탈 청소년뿐만 아니라 사회 전체에도 이익이 될 것이다.

전환교육 코디네이터 제도는 북한이탈 청소년이 장기적인 전환계획을 수립하고 그 계획에 필요한 교육을 받을 수 있도록 전문 코디네이터가 돕는다. 가장 먼저 북한이탈 청소년이 가진 미래에 대한 계획과 현실적인 상황을 고려하여, 현실적인 전환계획을 수립할 수 있도록 지원한다. 두 번째로 북한이탈 청소년이 전환계획에 맞게 교육을 받을 수 있도록 지원 실무자나 지원 기관을 연결시켜 준다. 세 번째로 전환교육이 순조롭게 진행되고 있는지를 점검하여 다음 전환계획에 반영될 수 있게 한다. 이러한 전 과정을 옆에서 같이 도와주는 전환교육 코디네이터가 있어 학생이나 학부모가 지원 기관이나 지원 실무자를 찾지 못해 도움을 받지 못하거나, 자신의 요구나 현실적인 능력을 제대로 파악하지 못해 전환계획의 수립에 어려움을 겪지 않도록 지원한다. 북한이탈 청소년과 학부모는 남한사회에 대해 생소하므로 자발적으로 자신의 인생을 선택하고 필요한 자원을 찾아내기 어렵기 때문에 전환교육 코디네이터가 필요한 자료를 수집하고 정보를 제공하여 이들이 현명한 선택을 할 수 있도록 돕는 것이다.

3) 교육의 효율성 향상

전환교육 코디네이터 제도는 기존의 북한이탈 청소년 교육 지원이 가지고 있은 문제점을 해결하는 데 중요한 역할을 할 수 있다. 전환교육 코디네이터는 북한이탈 청소년과 이들에 대한 지원체계에 대하여 전문적인 지식을 가지고 있는 사람으로, 북한이탈 청소년이 초기

적응교육을 받은 직후부터 성인으로 독립적인 생활을 할 수 있을 때까지 개인별로 밀착되어 관리하는 역할을 한다. 그러므로 전환교육 코디네이터는 북한이탈 청소년에 대한 개인적인 기록 파일을 관리하고, 전체적인 전환교육계획이 수립될 수 있도록 북한이탈 청소년과 필요한 실무자들을 지원하며, 전환교육이 진행되는 과정을 점검하여 피드백 될 수 있도록 관리하는 역할을 한다.

먼저 전문적인 전환교육 코디네이터를 둠으로써 북한이탈 청소년의 개인적 입장에서는 지속적으로 자신의 진로와 교육에 대해 의논할 수 있고 필요한 지원을 요구할 수 있는 단일한 창구를 가지게 된다. 낯선 남한사회에서 자신이 가진 능력을 어떻게 활용하고 남한사회에 자리를 잡기 위해 더 보완해야 할 능력이나 자격이 무엇인지 가늠하기 어렵고, 필요한 것을 파악한다고 하더라도 어느 기관의 누구에게 요청을 해야 하는지도 모르는 상황에서, 자신의 상황에 대하여 정확한 자료와 누적 파일을 가지고 의논할 수 있는 상대가 있다는 것은 남한사회에 적응하는 과정에서 심리적으로 안정되는 효과를 가져올 것이다. 그뿐만 아니라 필요한 지원을 적절한 시기에 받을 수 있고, 자신의 선택에 대해 전문적인 견해를 가진 사람들로부터 조언과 확인을 받을 수 있다는 것은 남한사회 적응에서 겪을 수 있는 많은 어려움들을 사전에 차단하거나 자신감을 가지고 극복할 수 있게 할 것이다.

또한 전환교육 코디네이터라는 북한이탈 청소년을 담당하는 전문 역할을 분리함으로써 북한이탈 청소년을 담당하고 있는 교사들의 업무를 경감시킬 수 있다. 기존의 멘토 교사나 학교 및 기타 교육기관에서 북한이탈 청소년을 담당하던 전문 인력을 활용하여 북한이탈 청소년 개개인의 교육과정을 관리하는 업무를 전담하게 하는 것이다. 그래서 북한이탈 청소년을 담당하는 교사들은 전적으로 북한이탈 청소년 교육에 전념할 수 있게 하고 필요한 자료나 지원을 전환교육 코디네이터와 의논할 수 있게 하면, 북한이탈 청소년을 담당하는 교사들의 업무 부담도 줄어들게 되고 더욱 효과적인 교육 지원이 가능하게 될 것이다. 북한이탈 청소년에 관련된 지원 실무자들 사이의 의사소통과 연계를 조정하는 중간자적 역할을 전환교육 코디네이터가 담당함으로써 지원 실무자들은 자신이 맡은 역할에만 충실할 수 있게 되며 상호간에 필요한 자료나 지원을 필요한 시기에 제공받을 수 있어 업무의 효율성이 높아질 수 있다.

그리고 북한이탈 청소년 개개인에게 주어지는 교육적 지원이 체계적으로 관리됨으로써 북한이탈 청소년이 어느 기관 어느 지역에서 교육을 받든지 공평한 교육적 지원을 받을 수 있게 되며, 교육 담당자들이 바뀌더라도 전환교육 코디네이터를 통해 축적된 자료를 제공받을 수 있어 교육의 과정이 일관성을 유지할 수 있게 되어 효율성이 증가할 것이다. 그리고 개인별로 계획된 전환교육이 제대로 실행되고 있는지 결과물을 수집하여 다시 전환교육계획에 피드백 될 수 있도록 함으로써 개인별 교육 진행 상황을 북한이탈 청소년과 학부모, 지원 실무자들이 모두 정확하게 이해할 수 있어, 교육의 내용이나 방향이 일관성 있고 체계적으로 관리될 수 있을 것이다.

4. 전환교육 코디네이터의 역할

1) 학생과 학부모의 요구 및 상황 진단

전환교육을 실시할 때 가장 중요한 것이 학생의 요구를 파악하는 것이다.[12] 전환교육의 목표가 자신이 만족할 만한 삶을 살아갈 수 있

12) 전환 요구를 파악하는 방법 중의 하나는 종합적인 전환계획 점검표(Transition Planning Inventory: TPI)를 작성하는 방법이 있다. 전환계획 점검표는 전환교육 영역별로 필요한 점검 내용을 정리한 것이다. 이것으로 불충분한

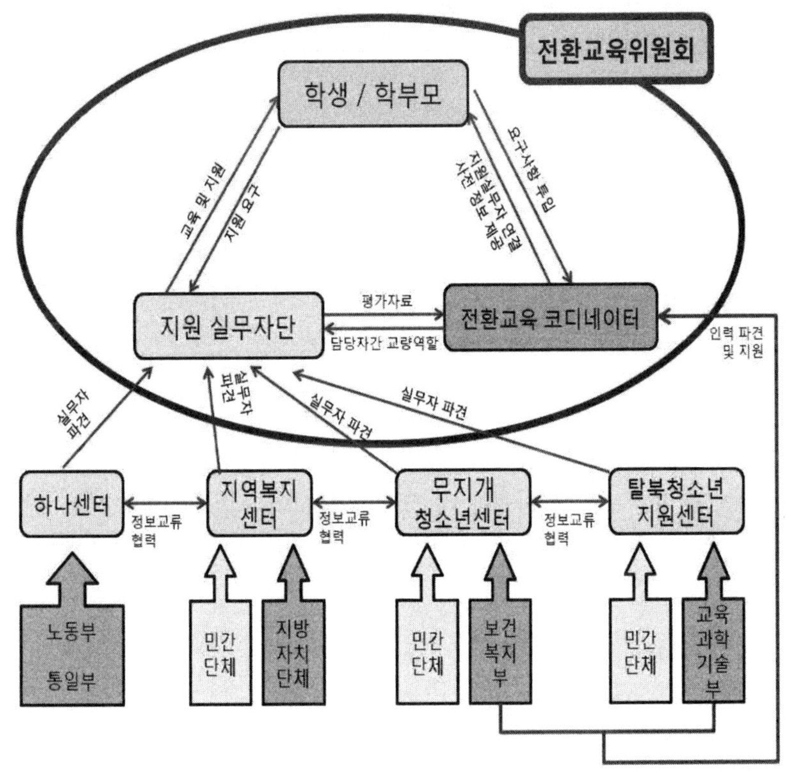

도록 지원하는 것이기 때문에 자신이 원하는 삶이 어떤 것인지, 그리고 그런 삶을 살아가기 위해 현재 자신이 가야 할 길이 어디인지를 파악하는 것이 그 첫 번째 단계이다. 자신의 현재 상태를 정확하게 파악하여 앞으로 변화하고 싶은 부분에 대한 요구에 접근할 수 있도록 지원하는 것이 좀 더 효율적으로 전환을 도울 수 있는 방법이다.

북한이탈 청소년의 경우 사회주의 사회에서 개인의 요구보다는 사회의 요구에 더욱 민감하게 반응하도록 사회화되었고, 생사를 넘나드

부분은 심층 면담을 통해 보완해야 한다. 김동일 · 이대식 · 신종호, 『학습장애아동의 이해와 교육』(서울: 학지사, 2009), pp.398-399.

는 위기를 겪으면서 개별적인 요구보다는 생존의 요구가 더욱 절실한 경험을 한 학생들이다. 그래서 자신의 흥미, 선호도, 적성 등의 개인적인 특성이나 잠재적 능력보다는 사회에서 안정적으로 살아가는 것을 목표로 하는 경우가 많다.

하지만 자신에 대한 정확한 이해가 부족한 상태에서 상급학교나 직업을 선택할 경우에는, 전환을 한 후에 적응하지 못하고 중도탈락하거나 원하는 만큼의 성과를 얻지 못해 좌절하는 경우가 발생하게 된다. 그러므로 북한이탈 청소년들이 스스로에 대하여 정확하게 파악할 수 있도록 객관적인 검사와 심층 면담, 학습 활동 관찰, 진로 상담, 진로에 대한 정보 등을 제공해야 한다. 남한사회에 대한 정보와 의논 상대가 부족한 상황에서 스스로 자신의 진로에 대해 모든 면에서 결정을 내려야 한다는 것은 북한이탈 청소년들에게 매우 부담스러운 일이다. 부모님도 방향을 알려주거나 필요한 지원을 하기 힘들고, 객관적인 정보를 획득하는 능력도 부족하다 보니 진로 선택을 할 때 주변 사람들의 소문이나 친한 사람들의 선택을 따라하는 경우가 많다.13) 특히 청소년의 경우 부모의 요구도 커다란 영향력을 미치므로 학생과 학부모의 요구를 정확하게 파악하고 진로 및 학생에 대한 정확한 정보를 제공하며, 받을 수 있는 지원의 내용과 지원 기관 등에 대한 정보를 제공함으로써 필요한 지원을 적절하게 제공받을 수 있게 해야 한다.

전환교육에서는 전환교육계획의 수립에 학생과 학부모의 참여를 강조한다.14) 왜냐하면 학부모와 전문가, 실무자, 코디네이터 사이의

---

13) 북한이탈 청소년들이 진로 정보를 얻게 되는 경로로는 인터넷(38.4%), 학교(20.3%), 신문, 벽보 등의 매체(10.5%), 선후배 및 친구(9.4%), 가족이나 친지(7.2%)로 나타났다. 김경준 · 이수정 · 김현아 · 원재연 · 윤상석, 앞의 논문, p.106.

14) 박승희 · 박현숙 · 박희찬 옮김, 앞의 책, pp.132-133; 조인수, 『장애인 삶의 질 향상을 위한 전환교육』(대구: 대구대학교 출판부, 2005), pp.198-204.

신뢰와 협력이 있어야만 학생이 성공적인 전환을 할 수 있도록 구체적이고 세심한 지원이 가능하게 되기 때문이다. 전환교육계획이 수립되면 그 내용이 학생의 생활에 반영되므로 학생이 전환교육위원회[15]에 참여하는 것은 당연한 일이다. 학생들이 자신의 요구를 정확하게 표현하고 그에 필요한 교육과정을 선정하는 결정에 참여함으로써 삶에 대한 자기결정력을 향상시킬 수 있다.[16] 전환교육의 궁극적인 목적이 스스로 만족할 만한 삶을 영위하는 사람이므로 학생이 직접 전환교육계획에 참여하는 것은 스스로의 삶을 선택하고 그에 대한 책임감을 가질 수 있는 실질적인 훈련을 할 수 있는 기회가 된다.

전환교육 코디네이터의 핵심적인 역할 중 가장 첫 번째 과업은 학생과 학부모의 요구를 정확하게 파악하는 것이다. 전환교육 코디네이터는 북한이탈 청소년의 개인적인 요구와 부모의 요구, 환경적 특성들을 확인하고 이들에게 필요한 정보를 제공하는 역할을 해야 한다. 전환교육위원회가 개최되기 이전에 가정방문이나 면담을 통해 학생이 어떤 생각을 가지고 있으며 어떤 삶을 원하는지에 대하여 구체적으로 확인을 해야 한다. 그리고 북한이탈 청소년에게 주어지는 혜택이나 지원 시스템에 대한 정보를 이들에게 미리 제공함으로써 북한이탈 청소년들이 전환교육위원회에서 좀 더 구체적으로 자신의 요구를 표현할 수 있게 한다.

장애인들의 개인별 요구를 확인하는 다양한 면접 도구나 측정 자료들이 만들어져 있으나,[17] 북한이탈 청소년의 전환 요구를 확인하는

15) 전환교육위원회는 학생, 학부모, 전환교육 코디네이터, 교육 지원에 필요한 실무 담당자 등 교육 지원에 필요한 인사들로 구성된 모임이다. 인적 구성은 교육 지원의 성격에 따라 달라질 수 있다.

16) 조인수, 앞의 책, p.203.

17) 전환교육의 요구를 진단하는 방법 중의 하나로 종합적인 진단계획 점검표(Transition Planning Inventory)를 작성하는 방법이 있다. 정확한 진단을 위해서는 북한이탈 청소년의 특성에 맞는 진단 도구들이 개발되어야 한다. 김

도구들은 아직 따로 만들어져 있지 않다. 북한이탈 청소년의 특성을 반영한 전환계획 점검표를 작성하여 활용한다면 북한이탈 청소년의 전환 요구를 객관적으로 확인할 수 있을 것이다. 또한 점검표 이외에도 북한이탈 청소년과 관련된 주변 사람들, 교육을 담당한 실무자들, 그리고 부모와의 면담을 통해서도 북한이탈 청소년의 전환에 필요한 정보들을 수집할 수 있다. 전환교육 코디네이터는 교사, 학부모, 상담사, 멘토 교사, 사회복지사 등 북한이탈 청소년과 관련된 사람들과 정기적인 만남을 가짐으로써 전환교육이 진행되고 있는 상황이나 학생의 상태를 점검한다. 그리고 이렇게 수집된 정보들을 정리하여 지원 실무자들에게 전달함으로써 더 효과적으로 북한이탈 청소년의 전환교육이 진행될 수 있도록 지원한다.

2) 지원 실무자 간의 정보 교류와 협력 촉진

전환교육 코디네이터의 두 번째 역할은 전환교육을 담당하고 있는 지원 실무자가 북한이탈 청소년을 지원하는 데 필요한 정보를 수집하여 제공하고, 각 실무자들 간, 지원 업무를 담당하고 있는 지원 실무자와 기관 간의 다리 역할을 하는 것이다. 전환교육위원회가 실질적인 모임이 되기 위해서는 북한이탈 청소년의 상황과 자료를 관리하고 각 담당자들을 연결하며 모임을 개최하기 전에 참석하는 사람들이 각자의 역할과 책임에 관련한 준비를 하고 올 수 있도록 사전에 조정하는 전환교육 코디네이터의 역할이 필수적이다.

전환교육의 핵심은 학생별로 관리되는 개별 교육이다. 전환교육 코디네이터가 학생의 전체적인 전환교육계획을 숙지하고 그에 필요한 지원 실무자와 지원 기관 담당자, 전문가 등을 적시에 연결하여 학생

동일 · 이대식 · 신종호, 앞의 책, pp.398-399.

의 요구에 알맞은 전환교육이 될 수 있도록 관리하는 것이다. 담임교사나 멘토 교사와 같이 학생의 교육을 전담하고 있는 실무자들이 직접 모임을 주최하거나 가정방문, 학생의 환경에 대한 정보 수집 등을 모두 관리하기에는 업무 부담이 너무 크다. 그러므로 직접 교육을 담당한 사람들이 요구하는 정보를 찾아내고 전달하며 이들 간의 정기적인 교류를 위한 전환교육위원회를 개최하는 역할을 하는 담당자가 필요한 것이다.

예를 들어 학교의 경우 북한이탈 청소년을 직접 교육하는 업무를 담당하고 있으므로 교육에 필요한 자료를 제작하는 데 필요한 지원을 받을 수 있어야 한다. 다른 업무 부담도 많은 학교 현장에서 북한이탈 청소년에게만 쓰는 교육 자료와 평가 자료를 무조건 자체 제작하라는 것은 매우 부담스러운 일이므로, 교육개발원에 새로이 설치한 '탈북청소년 교육지원센터'와 같은 연구기관에서 다양한 교육 자료와 평가 자료를 개발하고 제작하여 배급해야 할 것이다. 이때 전환교육 코디네이터는 교사와 탈북청소년 교육지원센터를 연결하거나 전환교육위원회를 개최할 때 인적 구성 속에 필요한 기관의 담당자를 초청하면 되는 것이다.

북한이탈 청소년에 대한 직접적인 지원이나 교육을 담당한 실무자들은 각자 맡은 역할에 대한 책임감을 가져야 한다. 그리고 전환교육 코디네이터는 전환교육위원회에서 설정한 목표가 형식적인 것이 되지 않도록 정기적으로 실무자들과의 만남을 통해 교육 진행 과정에서 생성된 자료를 수집하고 필요한 지원을 확인해야 한다.

북한이탈 청소년의 교육에서 무엇보다 중요한 것은 교육 담당자와 학생 사이의 인간적인 교류를 하는 것이다. 학생들이 교사를 믿고 따를 수 있도록 환경을 조성했을 때 교육적 효과를 거둘 수 있으므로 교사들의 책임감이 무엇보다 중요하다. 하지만 과중한 업무 부담으로 인해 북한이탈 청소년 교육을 담당하기를 꺼리는 교사들도 있다. 그러므로 교사들의 업무 부담을 경감시킬 수 있는 인적, 물적 지원이 뒷받침되어야 북한이탈 청소년 교육이 더 내실 있게 진행될 수 있을 것이다. 전환교육 코디네이터는 전환교육위원회를 구성할 때 역할을 분담할 수 있는 교육행정기관의 실무자를 구성원으로 포함시키고 이들이 각기 필요로 하는 지원을 신속하게 연결시켜, 양쪽 실무자들의 업무 부담을 모두 감소시킬 수 있을 것이다.

3) 피드백을 위한 자료 수집과 관리

북한이탈 청소년의 성공적인 전환을 위해서는 각 분야의 교육 담당자들의 상호 정보 교류와 책임의 분담이 필요하다. 교육을 담당하고 있는 학교와 가정, 지역사회 실무자의 정보 교류는 북한이탈 청소년들의 생활 전반에 걸쳐 일관성 있는 교육을 시키는 데 필수적인 요소라고 할 수 있다.

예를 들어 학교교육의 담당자인 교사들이 학교 밖에서의 생활에까지 관심을 갖고 관리하기에는 지나치게 업무 부담이 커지므로, 학교 밖에서의 생활에 대해서는 자원봉사자나 지역사회 복지사들이 담당하고 서로 정보를 교류할 때 더욱 교육적 효과가 높아질 수 있다. 또한 방과 후나 주말을 이용한 교육은 단순한 보호나 관리가 아니라 남한사회 구성원으로 생활하는 데 필요한 일상적인 기술을 훈련할 수 있도록 교육과정이 마련되어야 한다. 그래서 스스로 일상생활에 필요한 자조 기술과 필요한 자원을 획득할 수 있는 방법, 방과 후 여가시간의 관리 등을 습득할 수 있는 환경을 조성하도록 해야 한다.

이러한 역할을 담당한 실무자의 경우 학교에서의 생활이나 가정생활에 대한 정보들이 누적되어 있을 때에 더 효과적으로 교육을 진행할 수 있게 된다. 그러나 현재 북한이탈 청소년에 대한 정보나 자료들은 개인별로 누적되어 관리되고 있지 않다. 그렇기 때문에 이들의 교육을 담당하는 실무자들은 새로운 학생들을 만날 때마다 사전 지식이 없는 상태에서 학생을 파악하고 적절한 교육과정이나 교수법을 찾아내는 데 많은 시간을 허비할 수밖에 없다.

그러므로 전환교육 코디네이터는 북한이탈 청소년에 대한 기초 정보와 전환교육 진행 과정에서 생성된 평가 자료, 교육과정의 결과와 북한이탈 청소년에 대한 다양한 자료들을 정리하여 전환교육을 담당하고 있는 실무자들에게 전달하는 일을 담당해야 한다. 그럼으로써 개인에게 필요한 교육 내용이 중복되거나 누락되는 일이 없게 하고, 필요한 교육이 체계적이고 일관성 있게 진행될 수 있게 조정하는 것이 코디네이터의 역할인 것이다.

북한이탈 청소년 교육을 위한 지원체계의 연구와 실제 지도에 있어 무엇보다 아쉬운 점은 북한이탈 청소년들에 대한 객관적인 자료를 확보할 수 없다는 것이다. 북한이탈 청소년의 특징상 개인별 정보 공개를 꺼리고, 정부에서도 전체적인 자료의 공개나 열람, 북한이탈 주민과의 접촉에 대해 개방적이지 않았기 때문에 대부분의 연구 자료들이 소수의 북한이탈주민이나 청소년에게서 수집된 정보를 활용하고 있다. 하지만 일부 청소년을 대상으로 추출된 자료를 북한이탈 청소년 전체에 일반화하는 것은 오류가 발생할 가능성도 높고 북한이탈 청소년의 개별적인 특성이 무시될 위험성도 존재한다. 그리고 북한이탈 청소년과 직접 접촉하여 학습을 진행할 때에도 학생의 현재 학업 수행 정도와 개인적 특성에 대한 이해가 없는 상태에서 진행되는 일회적인 지도는 북한이탈 청소년에게 크게 도움이 되지 않았던 면이 있다.

그러므로 북한이탈 청소년에 대한 개별적인 기록을 전체적으로 관리하고 지원 실무자에게 전달되어 활용될 수 있도록 하는 것은 전환교육의 성공을 위해 매우 중요한 일이다. 자료의 생성과 관리에서 무엇보다 중요한 것은 개인정보의 보호이다. 북한이탈주민의 경우 북한에 가족이 남아 있는 경우도 있어 개인정보가 공개되었을 경우 다른 가족이 피해를 볼 수 있으므로, 개인정보의 공개에 대해 무척 민감한 반응을 보인다. 하지만 북한이탈주민에 대한 정보는 북한이탈주민 연구와 북한이탈주민을 위한 정책 마련, 교육 지원에서 없어서는 안 되는 중요한 자료이기도 하다. 정확하고 신뢰도가 높은 자료를 확보해야 적절한 연구와 지원이 가능하기 때문이다.

개인정보의 공개에 대해서는 철저한 보안 대책과 공개 기준이 마련되어 있어야 한다. 각 정보의 공개 등급을 규정하고 지원 단체별로 활용할 수 있는 정보 보안 등급을 지정하여 일정 내용까지만 정보를 열람하고 활용할 수 있도록 하는 것이다. 그리고 북한이탈주민의 정보를 담당하는 사람들에게는 정보 보안에 대한 철저한 사전 교육을 통해 정보 보호에 대한 윤리의식과 책임감을 가질 수 있게 해야 한다.

5. 결론

북한이탈 청소년의 적응 지원은 성인 북한이탈주민에 대한 지원과는 다른 복합적인 면을 고려해야 한다. 이들은 체제와 문화가 다른 사회에 적응해야 하는 부담과 청소년 시기에 자아정체성을 형성하고 사회 구성원으로서의 역할을 준비해야 하는 부담을 동시에 안고 있다. 북한이탈 청소년이 남한사회에 성공적으로 적응한다는 것은 자신에 대한 긍정적인 자아정체성을 형성하고 남한사회의 구성원으로서 제몫의 역할을 할 수 있는 독립적인 성인으로 성장하는 것이다.

하지만 낯설고 새로운 남한사회에서 모든 것을 새롭게 익혀야 하는 북한이탈 청소년들이 자신이 가진 긍정적인 능력을 찾아내고 사회와 의사소통하여 적응하는 것은 매우 어려운 일이다. 또한 기존의 북한이탈 청소년 교육이 북한이탈 청소년이 가진 개인적인 특수성을 고려하지 않고 남한의 청소년들과 비교하여 부족한 부분을 보충하는 데 초점을 맞추어 진행되다 보니 북한이탈 청소년들은 자신에 대한 낮은 자존감과 노력해도 극복할 수 없는 한계에 부딪혀 좌절하고 절망하는 경우가 많았다. 특히 탈북한 이후 제3국에서 체류 기간이 길수록 교육 공백도 크고, 일상적인 생활 습관도 잡히지 않은 상태에서 남한 청소년들과 경쟁하는 것은, 적응할 수 있다는 의지보다는 아무것도 할 수 없을 것 같은 절망감을 갖게 만든다. 적응에 대한 의지가 상실된 경우 부딪힌 문제를 적극적으로 극복하려는 의지나 상황을 변화시키고자 하는 노력보다는 타락한 자본주의의 유혹에 빠지거나 무기력하게 삶을 이어가는 생활을 하게 된다. 이러한 기간이 길어질 경우 스스로 독립적인 생활을 할 수 있는 성인으로 성장하기보다는 사회의 소외계층으로 전락하여 사회복지 수혜계층이 됨으로써 사회적 비용을 상승시키고 북한이탈주민에 대한 남한사회의 인식을 나쁘게 하기도 한다.

그러므로 북한이탈 청소년들에 대한 적응교육의 목표는 남한 청소년과의 격차를 극복하는 것이 아니라 자신에 대한 긍정적인 자아상을 가지고 남한사회에 자발적으로 적응할 수 있는 능력을 키우는 것으로 변화되어야 한다. 북한이탈 청소년이 긍정적 자아상을 바탕으로 스스로 삶을 선택할 수 있도록 하는 체계적이고 일관성 있는 교육이 북한이탈 청소년들에게 제공되고, 북한이탈 청소년 지원을 담당하고 있는 실무자들의 업무를 경감시키며, 관련 인사 및 기관 간의 의사소통과 협력을 향상시킬 수 있는 제도로서 이 논문에서는 '전환교육 코디네이터 제도'를 제안하고 있다. 전환교육 코디네이터 제도는 북한이탈 청소년을 우리 사회의 평등한 일원으로서 인정하고 이들에게 필요한 지원을 좀 더 적극적으로 하기 위한 제도이다. 이 제도는 북한이탈 청소년의 미래에 대한 진로 교육과 현재 상황에 대한 적응교육을 복합적으로 고려하여 북한이탈 청소년이 남한으로 입국한 이후부터 성공적인 성인으로 자리 잡을 때까지 전문적인 코디네이터가 함께하며 지속적으로 도와주는 것이다. 전환교육 코디네이터는 북한이탈 청소년과 함께하며 이들에게 필요한 지원을 파악하고, 교사나 지원 실무자와 연결을 도와주며, 지원 기관 간의 정보 교류와 협력의 연결고리로서 역할을 한다.

이 제도의 가장 핵심적인 부분은 북한이탈 청소년이 성공적인 성인으로 성장할 때까지 장기적으로 관리하며 필요한 교육적 지원을 적절하게 제공하는 것이다. 북한이탈 청소년들이 현실의 문제를 극복하고 성공적인 성인으로 성장하기 위해서는 먼저 자신에 대한 긍정적인 자아상을 확립하고, 자신을 둘러싼 환경과 적극적인 상호작용을 할 수 있으며 사회 구성원으로서 자부심과 소속감을 느낄 수 있어야 한다. 전환교육 코디네이터 제도는 낯선 남한사회로 진입한 북한이탈 청소년들에게 남한사회의 따뜻한 보살핌을 전해 줄 수 있으며, 이들이 환경과의 적극적인 상호작용을 통해 스스로의 문제를 해결하고 극복할 수 있도록 도와줄 수 있다. 그리고 북한이탈 청소년의 지원을 담당하고 있는 지원 실무자들에게도 역할 분담과 책임 소재를 확실하게 하여 업무를 경감시키고 필요한 자료나 지원을 적절하게 제공함으로써 업무의 효율성과 교육적 효과를 높일 수 있다.

전환교육 코디네이터 제도가 효과적으로 실시되기 위해서는 전환교육을 위한 지원 기관 간의 협의를 통해 역할 분담과 협력 시스템을 형성해야 한다. 북한이탈 청소년이 남한으로 입국한 이후부터 성인이 되기까지 단계별로 필요한 지원에 대해 각 기관들의 역할을 분명하게 하고 다른 기관들로부터 필요한 지원을 제공받을 수 있도록 해야 한다. 탈북청소년 지원센터나 무지개 청소년센터와 같이 북한이탈 청소년 업무를 전담하는 지원체계가 기관들 간의 정보를 교류하고 필요한 인력 인프라를 구성하는 구심점으로서의 역할을 할 수 있을 것이다.

그리고 북한이탈 청소년의 개인별 자료가 축적되어 관리되어야 한다. 전환교육 코디네이터 제도는 북한이탈 청소년 개개인이 스스로 진로를 선택하고 필요한 능력을 키울 수 있도록 지원하는 제도이다. 그러므로 전환교육 코디네이터가 자신이 담당한 북한이탈 청소년에 관한 개인별 자료를 관리할 수 있도록 각 기관들이 필요한 자료를 제공하여야 한다. 물론 개인적인 이유나 보안상의 이유로 북한이탈 청소년들이 개인정보를 공개하기 꺼리는 경우가 많지만, 전환교육 코디네이터의 경우에는 전문적인 정보 관리에 대한 교육을 실시한 후 자신이 담당한 북한이탈 청소년에 대하여 교육적으로 필요한 정보들에 접근할 수 있도록 해야 한다. 북한이탈 청소년의 상황과 전체적인 교육계획에 대한 축적된 자료를 가지고 있어야 필요한 지원을 적절하게 제공할 수 있기 때문이다.

또한 전환교육 코디네이터가 자신의 역할에 대한 정확한 이해를 가지고 있어야 한다. 북한이탈 청소년 업무에 대한 전문적인 이해를 가지고 있는 교사나 실무자들 가운데 북한이탈 청소년의 관리 업무를 담당하고자 하는 사람들을 선발하여 전문적인 전환교육 코디네이터 교육을 실시하여야 한다. 자신이 담당하고 있는 학생들에 대한 자료를 관리하고, 이들과 관련된 지원 실무자들을 방문하여 필요한 지원이나 자료를 적절하게 제공하며, 학부모나 학생들과의 면담을 통해 그들의 요구를 파악하는 역할을 하기 위해서는 자신의 역할에 대한 자부심과 사명감을 가지고 있어야 한다.

또한 북한이탈 청소년에게 알맞은 개별적인 맞춤 교육이 실시되기 위해서는 북한이탈 청소년 교육에 필요한 교육 자료와 정확한 진단 도구들을 별도로 개발하는 일이 필요하다. 현재 상황을 정확하게 진단하고 각 개인의 상태에 알맞은 다양한 교재 및 교육 자료들이 개발되어야 정확한 전환교육계획이 수립될 수 있으며, 현상에서 전환교육 계획에 알맞은 교육이 실시될 수 있다. 남한 청소년들에게 사용되던 진단 도구들로는 북한이탈 청소년의 고유한 특성을 파악하고 진단하기 어려운 면이 있다. 북한이탈 청소년들에게 적절한 교육이 제공되기 위해서는 우선적으로 학력, 진로 탐색, 성격 등 다양한 진단 도구들의 개발이 지속적으로 진행되어야 할 것이다.

북한이탈 청소년에 대한 적응교육은 단지 남한으로 입국하는 북한이탈주민만의 문제가 아니라 통일사회의 남북통합 과정에서 겪게 될 우리 사회의 문제를 미리 경험하는 일이라고 볼 수 있다. 효과적인 적응교육 체계를 마련하는 것은 통일사회를 대비하는 남북통합의 교육 모델을 만드는 일에 중요한 경험이 될 것이다.

[참고문헌]

교육과학기술부 보도자료, 2009. 8. 13.

권이종 · 이상오 · 김용구, 「새터민 청소년 교육 지원을 위한 법 · 제도 보완 방안」(통일부, 2008).

김경준 · 이수정 · 김현아 · 원재연 · 윤상석, 「북한이탈 청소년 종합대책연구 III: 정규학교 재학 북한이탈 청소년들의 진로탐색에 대한 질적 연구」(한국청소년정책연구원, 2008).

김동일 · 이대식 · 신종호, 『학습장애아동의 이해와 교육』(서울: 학지사, 2009).

김정권, 『개별화 교육의 배경, 개별화 교육 프로그램의 이론과 실제』(대구: 대구대학교 출판부, 1996).

박승희 · 박현숙 · 박희찬 옮김, 『장애청소년 전환교육』(서울: 시그마프레스, 2006).

이돈희, 「수요자 중심 교육과정의 정당성」, 『교육과정 연구』 14(1)(1996).

이유훈 · 김형일, 『개별화 교육계획의 구안과 실행』(서울: 교육과학사, 2008).

이지연 · 김은주, 「중등단계 특수교육 대상 학생의 진로지도 현황 및 정책 과제」(한국직업능력개발원, 2003).

정병호 · 양계민 · 이향규 · 임후남 · 황순택, 「새터민 청소년 사회적응력 제고를 위한 교육방안 마련 연구』(수원: 경기도 교육청, 2006).
조인수, 『장애인 삶의 질 향상을 위한 전환교육』(대구: 대구대학교 출판부, 2005).
Sitlington, P. L., Clark, G. M., Kolstoe, O. P. *Transition Education and Services for Adolescents with Disabilities*(Boston: Allyn and Bacon, 2000).

[필자] (게재순)

이온죽(서울대학교)
박갑수(통일교육원)
손기섭(부산외국어대학교)
정희태(동아대학교)
이범웅(공주교육대학교)
박균열(경상대학교)
정순미(서울국제고등학교)
차승주(춘천교육대학교)
이인정(한국교원대학교)
오기성(경인교육대학교)
박찬석(공주교육대학교)
윤영돈(인천대학교)
신봉철(인천기계공업고등학교)
서승희(염경중학교)

북한의 사회와 문화 그리고 통일

1판 1쇄 인쇄 2010년 6월 5일
1판 1쇄 발행 2010년 6월 10일

지은이 이온죽 외
발행인 전춘호
발행처 철학과현실사

등록번호 제1-583호
등록일자 1987년 12월 15일

서울특별시 종로구 동숭동 1-45
전화번호 579-5908
팩시밀리 572-2830

ISBN 978-89-7775-724-0 93130
값 20,000원